紅色的起點

中國共產黨原形

葉永烈 著

現代中國在軍政鬥爭上一切大機密的發源地——
上海望治路一〇六號，中國中產黨第一次全國代表大會會址

不起眼的桌椅，導衍出了多少血淚交迸的歷史滄桑？
——一九二一年七月，中國共產黨第一次全國代表大會的會議室

中共實際上的創黨領袖——陳獨秀
（但他並未出席中共成立大會）

中共最早期的卓越領航人，為中共留下第一滴血
——李大釗（但他也未出席中共成立大會）

年輕時代的毛澤東——他出席了中共第一次全國代表大會，
但當時他只是列席人員，沒有全國代表的資格。

十五位改變現代中國命運的風雲人物——
（上）馬林（中）董必武（下）何叔衡

（上）李達（中）李漢俊（下）陳公博

（上）毛澤東（中）包惠僧（下）陳潭秋

（上）王盡美（中）周佛海（下）張國燾

（上）維經斯基（中）鄧恩銘（下）劉仁靜

中國現代史上一切大機密的發源地，
其實是國民黨前輩、同盟會員老李書城的家。
這張珍貴的相片攝於一九二〇年，上海三益里，
後排左起：李聲華、李漢俊、李書城、薛文淑。
前排左起：李聲簣、李書城之母、李聲宏。

因為突然發生旅社凶殺案，
中共「一大」匆匆移到嘉興南湖的畫舫上續開。
圖上為南湖畫舫，圖下為南湖煙雨樓（正前為畫舫）

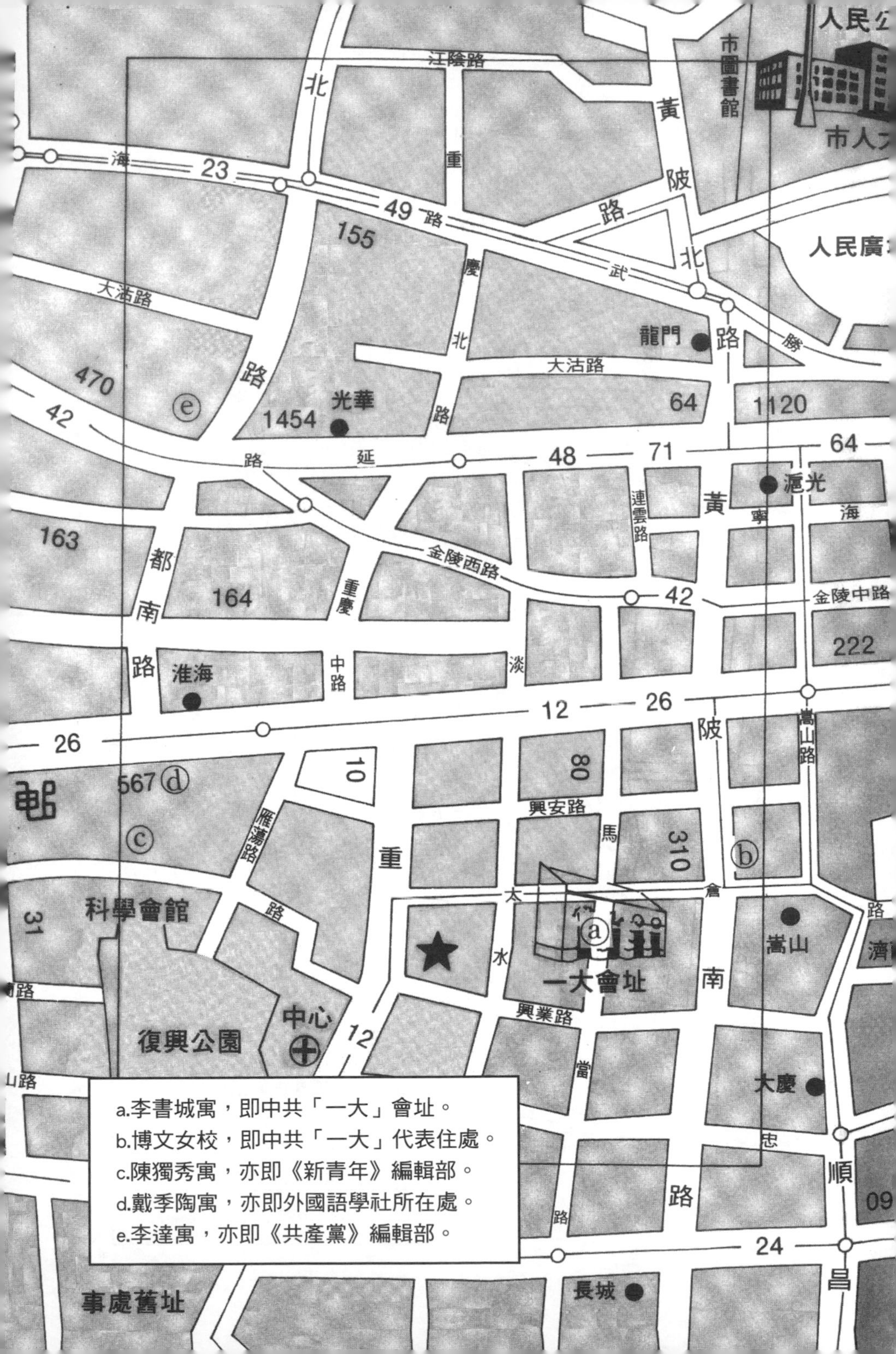

a.李書城寓，即中共「一大」會址。
b.博文女校，即中共「一大」代表住處。
c.陳獨秀寓，亦即《新青年》編輯部。
d.戴季陶寓，亦即外國語學社所在處。
e.李達寓，亦即《共產黨》編輯部。

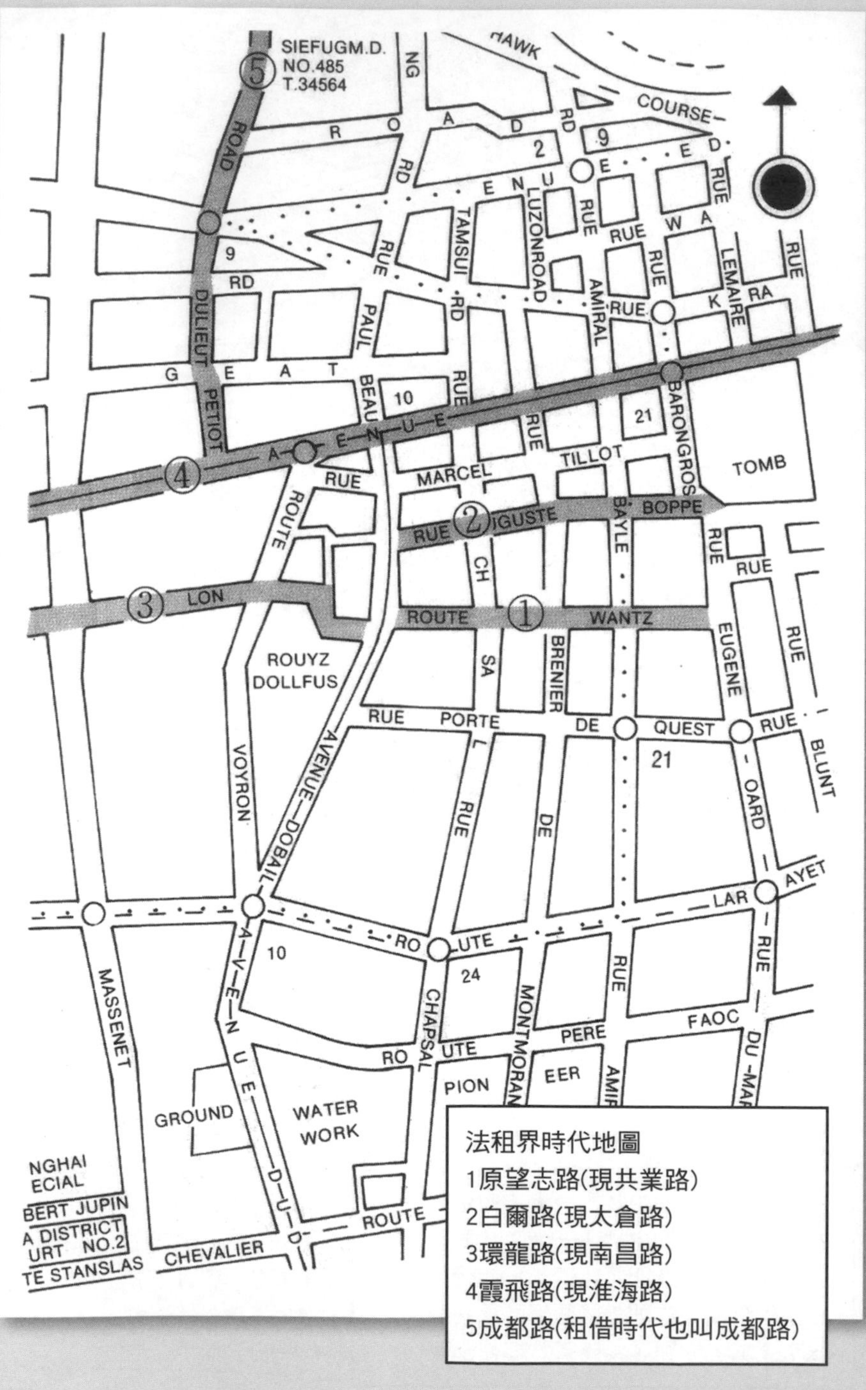
SIEFUGM.D.
NO.485
T.34564
HAWK
COURSE
ROAD
RD
DULIEUT
PETIOT
PAUL
TAMSUI
LUZONROAD
AMIRAL
LEMAIRE
BEAU
BARONGROS
TOMB
TILLOT
MARCEL
RUE
IGUSTE
BOPPE
BAYLE
LON
ROUTE
WANTZ
ROUYZ
DOLLFUS
BRENIER
EUGENE
PORTE
DE
QUEST
BLUNT
OARD
VOYRON
AVENUE—DOBAIL
LAR
AYET
MASSENET
CHAPSAL
MONTMORAN
PERE
FAOC
PION
EER
GROUND
WATER
WORK
CHEVALIER
NGHAI
ECIAL
BERT JUPIN
A DISTRICT
URT NO.2
TE STANSLAS
法租界時代地圖
1原望志路(現共業路)
2白爾路(現太倉路)
3環龍路(現南昌路)
4霞飛路(現淮海路)
5成都路(租借時代也叫成都路)

目錄

紅色的起點

中國共產黨原形

目錄

第四章　響應　229

第五章　聚首　286

第七章　錘煉　402

卷首語

不論你的政見如何，任何人都不能不承認這樣的一個事實：一百年前，中國共產黨不過只有五十多名黨員。然而，如今它已是擁有九千八百餘萬黨員的世界上黨員人數最多的黨，是中國大陸的執政黨。

在中國大陸，每十五個成年人之中，就有一個中共黨員，中共深刻地影響著每一個中國人——不論在大陸還是在海外。正因為這樣，中國共產黨當初是怎麼來的？這是一個眾所關注的敏感話題。

然而，由於雲遮霧障，百年來竟然沒有一部長篇細細描述中共之初！本書打破這久久的沉寂，成為第一部以三十多萬言篇幅真實展現這一重大歷史事件的長篇。

中共在上海誕生。本書作者以「地利優勢」，在滬作了長時問細緻採訪，又專程赴北京及嘉興南湖訪問，作者以客觀的筆調，忠於史實，寫出這本《紅色的起點》。

本書具有很強的可讀性，令君一口氣讀完，絕無同類讀物所常見的「八股味」。作者娓娓而道中共之由來，極少評論之言，把思索的餘地留給了讀者諸君……

序章　追尋

紅色「福爾摩斯」出了好點子

時間如東逝的流水。在歷史的長河中，追尋昔日閃光的浪濤，往往頗費周折……

一九五〇年初秋，金風驅走了酷暑，在上海市中心一條並不喧囂繁華的馬路——黃陂南路，一男一女緩緩而行。那女的東張西望，在尋覓著什麼。那男的跟在她的後邊，總是保持一定的距離。

那女的四十九歲，一身藍布衣褲，一頭直梳短髮，最普通的打扮。然而，那精心修剪過的一彎秀眉，那雙秋水寒星般的眼睛，風韻猶存，看得出曾經滄桑，非等閒之輩。

她叫楊淑慧，寫信或寫文章署「周楊淑慧」。她的知名度並不高。不過，那個冠於她的名字之前的「周」——她的丈夫周佛海，卻是個名噪一時的人物。在汪偽國民政府中，周佛海當過「行政院副院長」，當過「財政部長」，當過「上海特別市市長」，是一個聲名狼藉的大漢奸。一九四八年二月二十八日，病死於監獄之中。

那男的三十四歲，穿一身藍色幹部服。他在出門前脫下了軍裝，摘掉了胸前的「中國人民解放軍」符號。瘦瘦的他，戴一副近視眼鏡，舉止斯文，倒是一派知識分子風度。

他姓沈，名之瑜，就連他的子女也姓沈。其實他原姓茹，名志成。他的胞妹茹志鵑後來成了中國的名作家。

他本是畫家劉海粟的門徒，一九三五年就讀於上海美術專科學校。一九三七年畢業後，他留在這所美術學校當助教。戰爭的烽火燒掉了他的畫家之夢。

一九四〇年，他離開日軍鐵蹄下的上海，來到浙江西南偏僻的遂昌縣，在那裡加入中國共產黨。從此茹志成改名沈之瑜——因為茹是中國的稀有之姓，他不改名換姓很容易使弟妹受到牽連。

不久，這位畫家進入蘇中抗日根據地，在那裡當起參謀、文工團團長來。此後，他在陳毅將軍統帥之下，進軍大上海。不久後，他成為上海軍事管制委員會文藝處幹部，後任上海博物館館長。已於一九九〇年十二月二日在上海病逝，終年七十四歲。

沈之瑜跟楊淑慧是兩股道上跑的車。如今，他與她怎有閒工夫徜徉在黃陂南路上？

事情得從幾天前的一個電話說起……

「你馬上到海格大樓來一下。」（按：本書初版為「海格大樓」。一九九八年九月七日，據曾在中共上海市委宣傳部工作多年的丁景唐先生打電話告訴筆者，應為「建設大樓」。）

沈之瑜接到了姚溱的電話。

姚溱此人，當年以筆名「秦上校」、「丁靜」、「薩利根」活躍於一九四九年前的報刊，尤以軍事述評為世矚目。外界以為「秦上校」必定是一員武將，其實他乃一介書生。他十八歲加入中共。一九四六年，二十五歲的他在中共上海地下市委負責文教宣傳工作。一九四九年後，他被任命為中共上海市委宣傳部副部長。①

沈之瑜奉命趕往位於上海靜安寺附近的海格大樓。這是一棟九層的西班牙式建築，一九二五年由德國人海格籌資興建，便以他的大名命名為「海格公寓」。一九四九年後，此處成為中共上海市委的辦公大樓，人們也就改口稱「海格大樓」。那時，只要一說去海格大樓，便知是去中共上海市委。②

當沈之瑜一身軍裝跨入姚溱辦公室，姚溱當即把中共上海市委宣傳部幹部楊重光找來，三個人一起開了個小會。

「交給你們兩位一項重要的政治任務。」姚溱用蘇北口音很嚴肅地說出了這句話。

沈之瑜的目光注視著姚溱，急切地想知道這項不尋常的政治任務究竟是什麼。

「是這樣的……」姚溱頓時成了「秦上校」似的，以命令式的口吻下達任務，「這項任務是陳毅同志提議，經市委討論同意——尋找中國共產黨第一次代表大會會址。因為我們黨是在上海誕生的，明年七月一日是建黨三十週年紀念日。作為中共上海市委，要把尋找黨的誕生地看成是自己的一項重要的政治任務。」

沈之瑜一聽，顯得十分興奮。他是個老上海，對上海熟門熟路。他問姚溱：「有線索嗎？」

「聽說是在法租界開會。」姚溱答道。

「法租界大著呢！」沈之瑜雙眉緊鎖，「洋涇浜以南，城隍廟以北，這一大片地方原先都是法租界。長長的淮海路橫貫法租界。那時淮海路叫霞飛路，是以法國將軍霞飛的名字命名的。這麼大的範圍，怎麼找法？」

「你別著急，我給你一把『鑰匙』！」姚溱笑了起來，「市公安局局長楊帆同志跟我說過，他把周佛海的老婆從監獄中放出來③，她能幫助你們尋找！」

「周佛海的老婆怎麼會知道中共『一大』在哪裡開的？」沈之瑜感到頗為奇怪。

「因為周佛海當年是中共『一大』的代表！」姚溱說出了其中的緣由。

沈之瑜一聽，打心底裡佩服公安局局長楊帆的「神通」。

楊帆也經過一番改名換姓，他本名石蘊華。早在三十年代，他便在上海文化界從事地下工作。後來，他在新四軍軍部擔任軍長項英的秘書，從事保衛工作。那封以項英的名義發往延安，向中央申明「藍蘋（即江青）不宜與主席結婚」的電報，便是楊帆起草的。多年的地下工作、保衛工作，使楊帆變得精明、幹練。他眼觀六路，耳聽八方，留神種種訊息。

楊帆手下，有一員來歷不凡的公安驍將，名叫周之友。在上海市公安局裡，很少有人知道周之友的身分——周佛海之子！

一九二二年十月二十日下午二時半，周佛海之子降生於日本鹿兒島④。當時，二十五歲的周佛海正在日本留學，與楊淑慧同居，生下了兒子。周佛海給兒子取名周幼海，又叫周小海。後來，周佛海名聲沸揚，種種關於他的家庭的報導也見諸報章雜誌，周幼海之名也為世人所知。

天上風雲變幻，地上人事也變幻莫測。當周佛海從中共黨員成為中共叛逆，以致成了汪精衛的漢奸同黨，由紅變黑，他的兒子卻走上革命之路，於一九四六年經田雲橋介紹，加入中國共產黨。周幼海改名周之友，悄然從事地下工作，成為楊帆麾下的一員戰將。

一九四九年後，楊帆出任上海市公安局局長，周之友成為他手下一名副科長。

當陳老總提出要在上海尋找中共「一大」會址，楊帆不愧為紅色的「福爾摩斯」，馬上想及周之友之母、周佛海之妻楊淑慧——她是一把「鑰匙」！

周之友還向楊帆提供了一個重要線索：「父親周佛海寫過《往矣集》一書，內中提及他出席中共『一大』時的情形！」

只是此「案」不屬上海市公安局的工作範疇，楊帆便把「鑰匙」以及線索都交給了中共上海市委宣傳部副部長姚溱。

聽姚溱如此這般一說，沈之瑜和楊重光心中有了底……

《往矣集》記述了如煙往事

從海格大樓裡出來，沈之瑜心急如焚，直奔圖書館。

隨著周佛海身敗名裂，他的著作也被查禁。沈之瑜出示中共上海市委宣傳部的介紹信，這才在一堆封存的書中找到那本《往矣集》。

真箇是「俱往矣」，這本一九四二年一月由上海平報社出版的《往矣集》⑤，記述著周佛海的如煙往事。此人擅長文筆，曾不斷把往事凝固在鉛字之中，在《往矣集》中留下他人生旅程中的腳印。

沈之瑜迅速翻過周佛海那篇記述童年的《苦學記》，目光滯留在他回憶加入中共經過的《扶桑笈影溯當年》一文。文中，有這麼一段，詳細寫及他一九二一年七月從日本來滬參加中共第一次全國代表大會的經過，並提及了開會的地點：

「接著上海同志的信，知道七月間要開代表大會了。湊巧是暑假期中，我便回到上海。黨務發展得真快，不單是我們去年計畫的上海、漢口、長沙、北京、廣州，都成立了組織，就是濟南也有了支部。當時陳炯明在粵主政，還沒有叛變，約仲甫⑥去粵，擔任廣東教育委員會委員長。所以代表大會，他不能親來主持。

「廣東代表是公博⑦，北京是張國燾、劉仁靜，長沙是毛澤東和一位姓何的老先生⑧，漢口是陳潭秋、包惠僧⑨，上海是李達、李漢俊，濟南是誰記不清了⑩。丁默村雖然不是代表，卻是C・Y・（共產主義青年團）的活動分子，也在上海。我便算是日本留學生的代表。

「其實鹿兒島方面，沒有一個人參加，東京只有一個施存統。我算是代表施和我自己兩人。第三國際加派了馬令⑪來做最高代表。我和毛澤東等三四人，住在貝勒路附近的博文女校樓上。當時學生放了暑假，所以我們租住。沒有床，我們都在樓板上打地鋪。伙食，當然是吃包飯。在貝勒路李漢俊家，每晚開會。馬令和吳庭斯基⑫也出席。……」

在周佛海的這一段記述中，提出兩個地點：

代表的住宿地是「貝勒路附近的博文女校」；

開會的所在是「貝勒路李漢俊家」。

這麼一來，尋覓的範圍一下子從偌大的法租界縮小到貝勒路及其附近。

不過，這縮小了的範圍仍不小。貝勒路北起延安東路，南至徐家匯路，馬路兩側有兩千多座房子，何況李漢俊於一九二七年十二月十七日在漢口遇害，原屋早已易主。

貝勒路處於法租界之中。一九〇六年，法租界工部局以法國遠東艦隊司令貝勒的名字給這條馬路命名。那時是一條荒僻的路，路邊稀稀拉拉立著幾十幢低矮的平房，馬路南段兩側是一大片農田。一九四三年一月九日，汪偽國民政府行政院院長汪精衛與日本駐華「大使」重光葵在南京簽署了《關於交還租界及撤廢治外法權之協定》。從這年八月一日起，上海撤銷了租界，貝勒路也隨之改名，以湖北省黃陂縣縣名命名，改稱「黃陂南路」——援用上海路名慣例，通常以省名命名南北走向的馬路，以縣、市名命名東西走向的馬路。因省名有限，用於命名南北走向的主要馬路；貝勒路雖南北走向，但不是交通要道，故以縣名命名。⑬

就在沈之瑜花了一個夜晚的時間讀畢周佛海的《往矣集》之後，便急於想見到周佛海之妻，以便著手尋覓中共「一大」會址。

隔了一天，當沈之瑜剛在軍管會辦公室坐定，大門口警衛室便打來電話，說是一位姓楊的女人求見。

「哦，她來了！」沈之瑜一邊朝大門口疾步走去，一邊暗暗佩服上海市公安局局長楊帆工作的高效率。

果真是周佛海之妻。她自我介紹說：「我是楊淑慧。市公安局楊局長要我來找您。」她說話不緊不慢，每一個字都講得很清楚。

「你好……」在部隊裡說慣了「同志」的沈之瑜，這時不得不改用拗口的稱呼，「周太太！」

「沈同志。」在辦公室坐定之後，楊淑慧徐徐說道：「李漢俊先生的家，我去過幾次，印象不很深了。不過，當年的陳獨秀先生的家，也就是《新青年》編輯部，我在那裡住過，記得很清楚，能不能先去找那個地方？」

「行，行。」沈之瑜答應道：「陳獨秀的家在哪裡？」

「我記得，在法租界環龍路老漁陽里二號。」楊淑慧一口氣說了出來。

「環龍路，也就是現在的南昌路。」沈之瑜對上海的馬路十分熟悉。

那時，除了首長，一般人都沒有小轎車，沒有吉普車，沈之瑜、楊重光和楊淑慧在南昌路上步行著。

頭一回出師告捷。因為南昌路基本上保持當年的模樣，南昌路四十七號原是一所法國學校，外貌也依然如故，楊淑慧一眼就認出來——老漁陽里正是在它對面，如今的南昌路一百弄。

弄堂裡，一排排石庫門的房子，猶如從同一個模子裡澆出來的。這樣的房子，都是一樓一底，一個小天井，天井四周是高牆，牆正中是一扇黑漆大門。一幢房子，大約有七、八十個平方米，給一家人家住正好。獨門出入，與鄰無干。一九四九年前，上海曾大批地建造了這樣的石庫門房子。

楊淑慧步入弄堂，找到了二號。她對沈之瑜和楊重光說：

「一九二一年，在召開中共『一大』的時候，陳獨秀不在上海，而在廣州。他的夫人高君曼帶著兩個孩子住在這座樓的樓上。開會期間，李達和夫人王會悟也住在這裡⑭。我和周佛海結婚以後，也曾經住過這裡的亭子間，所以印象很深。」

楊淑慧面對這幢熟悉的房子，心中勾起無限往事。此時，她彷彿回到當年的情境，帶著沈之瑜、楊重光繞著房子走了一圈，像一位道地的解說員一般說道：

「這房子兩上兩下。從大門一進來是客堂間——陳獨秀的會客室。我印象最深的是，客堂間裡掛著一塊小黑板，上面寫著『會客談話以十五分鐘為限』。客堂間裡還有一隻皮面靠背搖椅，陳獨秀常常坐在這隻搖椅上。」

楊淑慧領著沈之瑜、楊重光步入屋內，指著客堂後、廚房前那狹長的過道小天井，說道：

「這裡原先有一個水泥的水斗，上面有個自來水龍頭，平常是用來洗拖把的。有時，我們用木塞塞住水斗的出水口，放滿了水，用來浸西瓜。……」

楊淑慧滔滔不絕地說起當年的情形，清楚地表明，這裡確實是《新青年》編輯部所在地，陳獨秀的故居，也是中共成立之後最早的中央工作部所在地。找到這一革命遺址，沈之瑜和楊重光頗為興奮。

看見楊淑慧已經有點疲乏，沈之瑜道：「今天就到此收兵了吧。過幾天再找『一大』會址。」

於是，沈之瑜跟楊重光作了分工：沈之瑜負責尋找貝勒路上李漢俊家，楊重光則去尋找貝勒路附近的博文女校，來了個兵分兩路，雙管齊下。

「恆昌福麵坊」原來是塊寶地

博文女校是當年毛澤東、周佛海等中共「一大」代表住宿的地方。這所學校早在一九三二年便從上海灘消失了。不過，尋找一所早已關門的學校的校址，畢竟要比尋找當年李漢俊家容易一些。

楊重光派出了沈子丞，前往上海市教育局，翻閱一九四九年前的上海中小學註冊簿。總算順利，博文女校記錄在案：

「博文女校創辦於一九一七年，董事長黃宗漢，校長黃紹蘭……」

該校曾三度遷址：最初在貝勒路，後來遷至蒲石路（今長樂路），一九二〇年時遷入白爾路（後改名蒲柏路，今名太倉路）。

據此線索，楊重光前往太倉路尋訪老居民。雖然路名更換、門牌變動，在老居民的協助下，還是找到了一幢鑲嵌著紅磚的青磚二層樓房——這便是毛澤東、周佛海等當年下榻之處。

棘手的是尋找李漢俊的住處——中共「一大」會址。沈之瑜約了楊淑慧，沿著貝勒路慢慢地走著、走著，誠如本書開頭所寫及的那樣……

走走停停，停停走走，楊淑慧的雙眉緊蹙著。她有點為難了：

「沈同志，李漢俊先生家裡，我去過幾次，可是現在我僅有的一點印象影跡皆無了。我記

得，當時李家的房子是新造的，前門正對著馬路，路邊一片荒涼。大門對面是一片菜地，那裡有一家吹玻璃的棚屋作坊。可是，眼下的貝勒路兩旁全是房子，已經面目全非了，昔日的影子沒有了！」

「別著急，慢慢地找。」沈之瑜安慰她道。

慢慢地踱著，楊淑慧極力搜索著當年殘存的印象。三十年前，她曾隨丈夫周佛海去拜訪過李漢俊，也曾給李家送過信件。然而，畢竟已經三十年了，天翻地覆，人世滄桑……

行行復行行。她走到了貝勒路與另一條馬路的交叉路口，猛然間有一種似曾相識的感覺。她向路人打聽那條橫馬路的名字。

「這是興業路。」她得到這樣的答覆。

興業路？她還是平生頭一回聽見這一路名。她搖搖頭，否定了自己頭腦中閃過的那似曾相識的印象。

看到她迷茫、疲憊的神態，沈之瑜對楊淑慧說道：「我看你有點累了，早點休息吧，改日再找。」

過了數日，楊淑慧忽地來到了沈之瑜的辦公室。她面含喜色，看得出，有好消息！

果真，有了眉目：原來，這幾天她又獨自到貝勒路細細尋訪，終於證實她那似曾相識的印象是不錯的。

那興業路，是與貝勒路一起，在一九四三年改名的。興業路原名望志路，是在一九一四年以當時上海法國公董局總工程師望志的名字命名的。在一九四三年根據《關於交還租界及撤廢治外法權之協定》的規定，廢除了「望志路」這一路名，改用廣西東南部的興業縣縣名來命名，稱為「興業路」——與興業路平行的另一條馬路，便用廣西東北部的興安縣縣名來命名，叫「興安路」。⑮

在黃陂南路與興業路的交叉口，亦即當年的貝勒路與望志路的交叉口，楊淑慧對一家橫寫著「恆昌福麵坊」大字招牌的房子凝視良久，覺得很像當年的李漢俊家。不過，當年的房子是青磚中鑲著紅磚，而如今旁邊卻是白色粉牆，上面寫著一個四塊床板那麼大的「醬」字，這是她從未見過的。房前是一個菜攤。在貝勒路上反反覆覆逡巡，她唯覺得此處與記憶印象相似。她把自己的意見，告訴了沈之瑜。

這樣，尋找李漢俊的舊居，總算找到了一點頭緒。但是，印象只是印象，有待於進一步查證。於是，沈之瑜前往那裡調查。那裡的居民都說，醬園的董老闆是「老土地」，住的時間最長，最熟知那兒的情況。

那家醬園，掛著「萬象源」招牌。老闆叫董正昌，賣醬油、酒、醋、鹽之類。他娓娓道來，這才廓清三十個春秋的變幻。

原來，在一九二〇年夏秋之際，一位姓陳的老太太出資在那裡建造了一排五幢房子。每幢房子一樓一底，獨門出入，黑漆大門，黃銅門環，米色石條門框，門楣上裝飾著紅褐色浮雕，外牆是清水青磚，鑲嵌著紅磚——當時的上海，流行著這種式樣的石庫門民居。

這一排石庫門房子，坐落在望志路上，自東向西，門牌分別為一〇〇號、一〇二號、一〇四號、一〇六號、一〇八號（後來改為興業路時，門牌改為七十號、七十二號、七十四號、七十六號、

七十八號）。

姓陳的老太太建造了這五幢房子，並不是給自己居住，而是出租，坐收租金。租下一〇六號、一〇八號兩幢房子的，是一位姓李的先生。李先生把兩幢房子的隔牆打通，變二為一。後來，李先生搬走了。

一九二四年，董正昌把這五幢房子全部租下。他對這五幢房子進行了大規模的改建：把一〇〇號、一〇二號、一〇四號改為三樓三底，把一〇四號的天井改成廂房，又把外牆砌高，粉成白色，寫上巨大的「醬」字。這樣，那三幢房子成了「萬象源醬園」。他又把一〇六、一〇八號改成二樓二底，把一〇六號天井改成廂房，租給了親戚居住——他成了二房東。

後來，他的親戚在一〇六號開了當鋪。不久，又改開「恆昌福麵坊」，屋裡安裝了搖麵條的機器，生產掛麵，外牆也刷成白色。如此這般，那一排房子變得面目全非。難怪楊淑慧來來回回走了好幾趟，這才敢說那兒有點像……

董正昌所說的那位姓李的先生，顯然是李書城——李漢俊的胞兄。

李書城當年的「官兒」不小。他是孫中山的總統府顧問、國務院參議，租下那兩幢房子居住。弟弟李漢俊從日本留學歸來，住在哥哥家中。周佛海的《往矣集》中說中共「一大」是在李漢俊家中召開，亦即在李書城家中召開。李家，也就是後來的「恆昌福麵坊」——望志路一〇六、一〇八號，便是中共「一大」會址！

一個重大的歷史之謎，終於初步弄清了……

毛澤東、董必武投來關注的目光

中共上海市委很謹慎，沒有馬上把興業路上那一排房子確定為中共「一大」會址。市委派人把興業路、《新青年》編輯部、博文女校三處拍了照片。

一九五一年五月，中共上海市委派楊重光帶著照片專程赴京。

楊重光是這樣回憶的：

「市委叫我把照片送到北京中南海。到京後，接待我的胡繩同志答應把這些照片呈請中央領導同志看看。兩天後，胡繩告訴我，毛主席和董老（引者注：董老，即董必武。毛澤東和董必武均為中共「一大」代表）都看了照片。他們說：博文女校是『一大』召開期間代表們住的地方，開會地點是在『一大』代表李漢俊的哥哥李書城的家裡。李書城在新中國成立後任農業部長，胡繩要我找他弄清確切的地址。我到農業部找到李書城。他說：『那時我家在法租界望志路一〇六、一〇八號，現在路名和門牌都改了。』……」

這麼一來，中共「一大」會址得到了證實。

不過，畢竟事關重大，中央又委託李達前往上海，實地看一看。

李達，毛澤東的老朋友，毛澤東總是稱他「鶴鳴兄」——他字永錫，號鶴鳴。他是中共「一大」代表，和李漢俊共同籌備中共「一大」，他當然比楊淑慧更加熟悉李漢俊的家。當時，李達擔任湖南大學校長（自一九五〇年二月至一九五三年元月）。

李達來到上海興業路，步入「恆昌福麵坊」。他連連點頭說：「是在這裡，漢俊的家是在

這裡。」

李達的認可富有權威性，於是，興業路上那一排石庫門房子，被肯定為中共「一大」會址。中共上海市委開始動員「恆昌福麵坊」喬遷。

「喲，我們住的原來是一塊寶地！」「恆昌福麵坊」的老闆得知內中原委，高高興興答應搬走。

不過，搬遷總要有個過程，搬遷之後還要修繕。這樣，一九五一年七月一日——中國共產黨三十週年大慶，作為中共誕生地的興業路七十六號、七十八號，還掛著「恆昌福麵坊」招牌。

一九五一年九月十六日，在上海蒲柏路十四號，兩位幹部模樣的人物，正在辦理承租私房的手續。這兒是「戴瑞記經租處」——陳老太的帳房所在處。那兩位租房者，是上海市公共房屋管理處的幹部。他們受中共上海市委的委託，向大房東陳老太租下興業路七十六號和七十八號兩幢石庫門房子。

「今日起租？」帳房問。

「今日起租。」幹部答。

「租金四十二點四折實單位。」

「好，按月照付。」

雙方就這樣談定了租賃手續。

所謂「折實單位」，是中共取得政權的初期所實行的一種以實物為基礎，而以貨幣折算的單位。當時的房租、工資、公債之類都按折實單位計算，為的是不受物價波動的影響。

這種制度一直實行到一九五四年底才告結束。在起租時，每折實單位約合人民幣舊幣五千五百餘元，即現在人民幣五角五分，亦即月租為人民幣新幣二十三元左右。

這樣，李漢俊的舊居，被中共上海市委租了下來。

二十來天之後——一九五一年十月八日，中共上海市委發出通知：把興業路上的中共「一大」會址、老漁陽里二號《新青年》編輯部和博文女校，都闢為革命紀念館。為此，成立了管理委員會，由夏衍牽頭，擔任主任，委員有惲逸群、陳虞孫、方行、沈之瑜、楊重光。管理委員會負責這三處革命紀念館的修復、整理以及籌備建館工作。

後來，又增加了周而復、葉以群為管理委員。

在這個管理委員成立後的兩個月——一九五一年十二月十八日，興業路上的小菜場，被遷往淡水路。這樣，那排石庫門房子前面不再嘈雜了。

一九五二年五月二十二日，中共上海市委收購了興業路七十六號、七十八號——不再是向陳老太租賃了。在管理委員會指導下，對中共「一大」會址進行了初步修繕，屋裡也作了些布置。

葉飛的耳朵尖，成為中共「一大」會址的第一個參觀者。他當時擔任中共福建省委第一書記、福建省省長、中國人民解放軍福建軍區司令員，兼任中共中央華東局書記處書記。他在一九五二年六月三日來到興業路。那時，中共「一大」會址尚在內部整理之中，從不對外接待。

葉飛之行，很快在中共中央華東局內傳開來了。

在「七一」前夕——一九五二年六月三十日，魏文伯、曾希聖、柯慶施光臨興業路，成為那裡的第二批參觀者。

終於，在翌日——一九五二年七月一日的上海《解放日報》，首次公開披露了消息，在第二版上登載新聞《上海市革命歷史紀念館經一年修建已初步完成》。在同一版上，還發表了楊重光的文章《星星之火，可以燎原——記上海三個革命歷史紀念館》。

現摘錄楊重光的文章於下：

「在上海復興公園北面興業路、南昌路、太倉路這幾條毗連的路上，有三座在中國革命歷史上有著極其重要意義的房屋。這就是中國共產黨誕生的地方——黨舉行第一次全國代表大會的房屋，黨成立後的第一個總部，以及在黨的第一次全國代表大會前後毛主席等代表住宿的地方。去年中共上海市委曾派了專人，經過幾個月的勘察和對證，找到了原來的房屋，經過了修建、恢復了房屋的原狀，正式成立了上海革命歷史紀念館第一館、第二館和第三館。在紀念中國共產黨成立三十一週年的今天，這幾個紀念館的成立，應是極有意義的事。

「五四運動促成了中國工人運動和馬克思列寧主義的結合，在五四運動的後一年，先後在中國好幾個中心城市，如：上海、北京、長沙、漢口、廣州、濟南等地，成立了共產主義小組。一九二一年七月一日，中國各地的共產主義小組選舉了十二個代表（引者注：現在也有人認為應是十三個），在中國工業的中心和當時的工人運動中心——上海，舉行了中國共產黨第一次全國代表大會。

「上海革命歷史紀念館第一館就是中國共產黨第一次全國代表大會故址。在三十一年以前，這裡是望志路一〇八號，現在是興業路七十八號，也是黃陂南路（即前貝勒路）樹德里七號。這是一座臨街的兩層的普通弄堂房子。在三十一年以前，即一九二一年七月一日（引者注：實際上應是七月二十三日），中國共產黨就在這座房屋的樓上（引者注：後來經董必武等實地回憶是在望志路一〇六號樓下），正式成立了。當時出席的代表十二人，代表了約五十個黨員。毛澤東同志代表湖南黨的組織。當時會議室的布置很簡單，只有一個大菜臺，周圍可坐十餘人。……

「中國共產黨第一次全國代表大會通過了中國共產黨的第一個黨章（引者注：應為中國共產黨的第一個綱領。中國共產黨第一個黨章是中共「二大」通過的），選舉了黨的中央機關，組織了中國共產黨。從此，在中國出現了完全新式的、以共產主義為目標的、以馬克思列寧主義為行動指南的、統一的中國工人階級的政黨。……」

就在消息見報的當天上午十一時，上海市市長陳毅以及潘漢年、方毅、劉長勝、陳丕顯、王堯山等趕往興業路，參觀了中共「一大」會址。

當天，蘇聯塔斯社記者聞訊，也趕到興業路。於是，在上海發現中共「一大」會址的消息，迅速傳到了國外。

不過，那時，興業路七十六號上的「恆昌福麵坊」幾個大字仍刷在牆上。屋裡，則掛起了馬克思像、列寧像以及毛澤東手跡「星星之火，可以燎原」。

這年冬天，國家文物管理局局長王冶秋從北京來，參觀了中共「一大」會址之後，說了一番很重要的話：「革命歷史紀念館的布置應該完全恢復當年原狀，使來館景仰者能想像當時情

景生肅然起敬之感。」

於是，馬克思像、列寧像、毛澤東手跡被取下來了——因為當年開會時，牆上沒有掛。於是，「恆昌福麵坊」招牌被鏟掉了，巨大的「醬」字被鏟掉了，外牆上的石灰被鏟掉了，「混水牆」變成當年的清水牆——露出了青磚與紅磚。

王冶秋還叮囑：「做成模型送北京。」

模型在一九五三年春做好了。這年六月十九日，中共上海市委派沈子丞帶著模型前往北京，送到中共中央宣傳部。王冶秋、胡喬木看了模型之後，轉呈毛澤東、董必武觀看。

董必武看了說：「是這座房子。」

毛澤東看了則說：「叫包惠僧去上海看一看。」

於是，一九五三年八月十日，中共中央宣傳部李蘭天、杜民奉命來到北京西四羊市大街四十八號，尋訪內務部研究員、五十九歲的包惠僧。

他本名包道享，又名包悔生，後來改名包惠僧。他也是中共「一大」的出席者，歷盡風風雨雨，一九四九年十一月從澳門返回北京，安排在內務部工作。毛澤東記起了這位老朋友，要他寫點回憶文章，並到上海實地踏勘。

一九五四年三月，包惠僧與李書城夫人薛文淑一起來到上海。

包惠僧出席過中共「一大」，而薛文淑則是當年望志路一〇六號的女主人。他們詳細回憶當年的情景，使中共「一大」紀念館的布置越來越接近於原貌。只是薛文淑指出會議是在樓下開的，一時定不下來——因為李達說是在樓上開的。當然，薛文淑的回憶顯然比李達可靠。因為薛文淑是那裡的主婦，天天在樓下吃飯，餐桌便是那張長方桌，而中共「一大」的代表們是圍著長方桌開會的，理所當然是在樓下。

不過，薛文淑沒有出席會議，而李達是中共「一大」代表，李達的話勢必比薛文淑更富有權威性——儘管李達只在那裡開過幾天會。人們仍遵從李達的意見，把會議室布置在樓上，供人瞻仰。

一九五六年春節，事先沒有接到任何通知，一輛轎車駛入興業路。從車上下來一位白髮長者，留著白色髭鬚，那面孔是報上照片裡常可見到的。

哦，是最高人民法院院長、中共「一大」代表、七十歲的董必武。

董必武作了「裁決」。他說：「當年開會不在樓上，而是在樓下，會議室應該布置在樓下。」

董必武說出了令人信服的理由：「當時不似現在，人家有女眷，我們怎麼好走到樓上去開會呢？何況那時我們的會議還有外國人參加。」

董必武的話，一錘定音。從此，那長方桌從樓上搬到樓下，完全恢復了歷史原貌。

董必武興致勃勃，當場揮毫題詞。他借用《莊子・內篇・人間世》的一句話，寫下自己的無限感慨：

「作始也簡，將畢也巨。」⑯

這八個字，概括了中國共產黨從小到大、從弱到強、從「簡」到「巨」的歷程。中共「一大」紀念館自從一九五二年建立以來，已經累計接待了海內外參觀者一千多萬人次。

如今，中共「一大」紀念館的展覽場地已經顯得狹小，自一九九八年六月起開始擴建——原紀念館保持原貌，在西面新建一幢仿造上海石庫門式的建築。擴建之後，陳列面積比原先擴大了四倍。

美國發現中共「一大」文獻

費盡周折，在歷史的長河中，終於找到了中共「一大」會址，恢復了當年的原貌。

然而，會址只是表明中國共產黨第一次全國代表大會在什麼地方召開。會議的內核——中共「一大」文件，卻茫然不知所蹤。

健在的「一大」代表們都記得，「一大」曾通過一個綱領和一個決議——中國共產黨的第一個綱領和第一個決議。顯然，這是中國共產黨極端珍貴、重要的歷史文獻。尋找這兩篇歷史文獻，其意義絕不亞於尋找中共「一大」會址。

遺憾的是，這兩篇文獻當時只有手抄稿，並沒有正式發表過。在那樣動盪的歲月，幾份手稿能夠保存下來嗎？滄海橫流，何處尋覓？

早在一九三七年——在中共「一大」召開後的第十六個年頭，尼姆．威爾斯女士在訪問陝甘寧邊區時，便向中共「一大」代表董必武問起了中共「一大」文獻的下落。

在尼姆．威爾斯所著的《中國共產黨人》一書第一卷《紅塵》中，記述了董必武的回憶：

「原來陳獨秀要參加會議並確定為這次會議的主席。但是，那時他必須在廣東，於是張國肅代替他。關於這次會議的所有記載都丟失了。我們決定制定一個反對帝國主義、反對軍閥的宣言。但是，黨的這個最早的文件，我們一份也沒有了。……」

是的，是「都丟失了」！「一份也沒有了！」

一年又一年流逝，中共「一大」文件杳無音信，遍尋無著……

完全出乎意料的事，發生在大洋彼岸——與中國萬里之遙的美國紐約。

一九六〇年，坐落在紐約的美國排名第七號的哥倫比亞大學，一位名叫韋慕庭（C.Martin Wilbur，按照音譯，應譯為C・馬丁・維爾巴，他卻給自己取了一個中國式名字「韋慕庭」）的美國人，處於極度興奮和極度忙碌之中。

他是哥倫比亞大學的中國史教授，曾和夏連蔭編過《關於共產主義、民族主義及在華蘇聯顧問文件，一九一八年—一九二七年》（哥倫比亞大學出版社一九五六年版），對中國共產黨的歷史頗有研究。

霍華德・林頓先生告訴他的消息，使他的心情久久不能平靜：哥倫比亞圖書館最近在整理資料時，從塵封已久的故紙堆裡，發現一篇一九二四年一月該校的碩士論文。論文是用英文打字機打印。作者署名為「Chen Kung-po」，而論文的題目令人注意——《The Communist Movement In China》（《共產主義運動在中國》）。

在一九二四年一月，哥倫比亞大學的學生怎麼會寫出這麼一篇碩士論文？

「Chen Kung-Po」這名字，跟「陳公博」同音。稍知一點中國歷史的人，都知道此人乃僅次於汪精衛的第二號大漢奸，在汪偽政府中擔任過「立法院院長」、「上海市市長」要職。在汪

精衛死後，他取而代之，任汪偽國民政府主席兼行政院長。此人怎麼可能寫出《共產主義運動在中國》的論文？

也許是與「陳公博」同音的「陳恭伯」或者「陳功柏」吧？

韋慕庭教授趕緊調閱學校的微型膠捲檔案。從《註冊登記簿》第三卷，即「一九一二年—一九二六年畢業生登記簿」上，查到了「Chen Kung-Po」其人，有三次註冊記錄：

第一次，一九二三年二月二十八日註冊，他填寫的生日是「一八九一年八月二十八日」，「生於廣州」。

第二次，一九二三年九月二十七日註冊，他填寫的生日為「一八九一年九月二十九日」。

第三次，一九二四年九月註冊，生日只寫「一八九二年」。

真是個道地的怪人，他的生日怎麼在不斷「變化」著，每一回都不一樣！

趕緊去查日本一九四一年出版的《日本名人錄，附滿洲國及中國名人》，查到陳公博，生於一八九〇年，廣東南海人。這表明陳公博很可能就是那位「Chen Kung-Po」。

他的生日不斷「變化」，大概是因為他不會把中國陰曆換算為西曆。他的生日可能是陰曆八月二十八日，頭一回寫的是陰曆。第二回換算成西曆而又少算一日——應是九月三十日。第三回也許是筆誤，也許又一次算錯，寫成「一八九二年」。至於把出生地寫成「廣州」，是因為廣東南海的名聲太小，美國人不熟悉，乾脆寫成「廣州」。

那麼，陳公博怎麼會寫起《共產主義運動在中國》呢？

韋慕庭在仔細讀畢《共產主義運動在中國》之後，認為這篇論文倘若不摻雜著虛假的話，將是一重大發現：此文論述了中國共產黨的建立，是極為難得的中國共產主義運動早期歷史文獻——寫於中共「二大」之後的第三年。

此文的重要性還不在於論文本身，而在於它的附錄。

附錄全文收入六篇文獻：

附錄一　中國共產黨的第一個綱領（一九二一年）；

附錄二　中國共產黨關於黨的目標的第一個決議案（一九二一年）；

附錄三　中國共產黨宣言（一九二二年七月第二次代表大會通過）；

附錄四　中國共產黨第二次全國代表大會決議案（一九二二年）；

附錄五　中國共產黨章程（一九二二年）；

附錄六　中國共產黨第三次代表大會宣言（一九二三年）。

在這六篇附錄中，附錄一、二、四、五是散失多年，連中國共產黨自己也未曾找到的重要歷史文獻！

作為歷史學家，韋慕庭擱下了手頭別的工作，全力以赴來考證這篇一九二四年的碩士論文。他把論文交給了多年的合作者——夏連蔭女士，請她對論文本身進行初步評價。

他自己則集中力量，考證那個陳公博：他拜晤了紐約市立大學的唐德剛博士。幾年前，唐博士曾一次次訪問當時僑居美國的胡適博士，為胡適錄音，寫作《胡適的自傳》。

唐德剛熟知中國的情況，何況胡適當年也是哥倫比亞大學的學生（哲學系，一九一五年至一九一七年）。胡適參加過《新青年》編輯工作，後來擔任過國民黨政府駐美大使、北京大學校長、中央研究院院長，甚至與蔣介石競選「總統」。唐德剛迅速地向韋慕庭提供了許多關於陳公博的背景材料。唐德剛讀了那篇論文，對文中一些疑難之處作出了解釋。

他從納撒尼爾·B·塞耶先生那裡，得到了日文的關於陳公博的材料。他從中得知，陳公博寫過一本回憶錄《寒風集》，內中談及參加中共「一大」的經過——陳公博當年也是中共「一大」代表！

他千方百計尋覓《寒風集》。雖然哥倫比亞大學圖書館洛氏大樓頂層收藏許多中文書籍，但是卻沒有《寒風集》。他求助於斯坦福大學胡佛圖書館，也找不到這本書。當他得知堪薩斯大學正在跟住在香港的中共「一大」代表張國燾聯繫出版回憶錄時，韋慕庭給張國燾寫了信，問他有沒有《寒風集》。

張國燾此人，跟陳公博一樣，最初參加過中共「一大」，是中共早期重要活動家之一。後來，他成了中共的叛徒，不得不在一九四九年冬躲到香港棲身。他給韋慕庭寄去了《寒風集》。韋慕庭以急切的心情，趕緊打開一九四四年十月由上海申報社所印的《寒風集》。

此書分為甲篇、乙篇兩部分。甲篇是陳公博寫的自傳性回憶文章：《少年時代的回憶》（寫於一九三五年）；《我的生平一角》（寫於一九三三年）；《軍中瑣記》（關於一九二六年北伐的，寫於一九三六年）；《我與共產黨》（寫於一九四三年）；《改組派史實》（寫於一九四四年）；《補記丁未一件事》（寫於一九四四年）。乙篇則是陳公博的文學作品，收入《我的詩》、《偏見》、《瞭解》、《貧賤交與富貴交》、《不可為的官》、《上海的市長》、《海異》。

韋慕庭的目光停留在甲篇第一九一頁起的《我與共產黨》一文。這篇文章可以說用無可辯駁的證據，證明了「Chen Kung-po」即陳公博。

在這篇文章的前言中，陳公博寫道：

「這篇文章我本來決定要寫的，但我同時希望藏之書櫥，待身後才發表。我不是想自己守秘密，我曾參加過共產黨，並且是中共第一次全國代表大會的代表，這是公開的事實，就是日本出版的《中國共產黨》也有這樣的記載。……」

陳公博既然是中共「一大」代表，那麼，他在一九二四年寫出《共產主義運動在中國》，也就合情合理了。在《我與共產黨》一文中，陳公博詳細記述了他參加中共「一大」的經過，寫及「一連四日都在李漢俊的貝勒路家內開會」。

陳公博還談及，中共「一大」曾就綱領和決議案進行激烈的爭論。「應否發出，授權新任的書記決定。我回廣東之後，向仲甫先生（引者注：仲甫即陳獨秀，當時在廣州，未出席中共「一大」，但被選為書記）痛陳利害，才決定不發。」這清楚表明，中共「一大」的綱領和決議案是由陳公博帶到廣州去的，他當然有可能抄了一份留在自己手頭。

另外，陳獨秀「決定不發」，使中共「一大」文獻沒有發表，於是留存於世的唯有手稿——正因為這樣，此後多年找不到中共「一大」文獻。

在《我與共產黨》一文中，陳公博還寫及「在民國十二年（引者注：即一九二三年）二月十二日隨『美國總統』號赴美」。他說：

「抵紐約之後，我入了哥倫比亞大學的大學院（引者注：似應為「文學院」），那時我又由哲學而改研究經濟。……

「我抵美之後，接植棠（引者注：即譚植棠，北京大學畢業生，一九二〇年曾與陳公博一起在廣州辦《廣東群報》。一九二一年初在廣州參加共產主義小組，後來曾任中共粵區委員）一封信，說上海的共產黨決定我留黨察看，因為我不聽黨的命令，黨叫我到上海我不去，黨叫我去蘇俄我又不去。

「我不覺好笑起來，我既不留黨，他們偏要我留黨察看，反正我已和他們絕緣，不管怎樣，且自由他。但我和共產黨絕緣是一件事，而研究馬克斯（引者注：即馬克思）又是一件事，我既研究經濟，應該徹頭徹尾看馬克斯的著述。我一口氣在芝加哥定（引者注：即預訂）了馬克斯全部著述，他自己著的《資本論》和其他小冊子，甚至他和恩格斯合著的書籍都買了。……」

陳公博在一九二三年二月十二日從日本橫濱赴美，而哥倫比亞大學檔案表明他在二月二十八日註冊，完全吻合。

陳公博在美國研讀馬克思著作，而且「倏忽三年，大學算是名義上研究完畢了，碩士學位已考過」，這也與那篇碩士論文的寫作相吻合。

韋慕庭越來越意識到那篇在哥倫比亞大學「沉沒」多年的碩士論文的重要性——當然，這也難怪，在一九二四年那樣的年月，美國的教授們誰會注意一個二十多歲的中國學生關於中國共產主義運動的論文呢？

韋慕庭著手詳細考證論文。他的書桌上堆滿了關於中共黨史的參考書：埃德加・斯諾的《西行漫記》，布蘭特、許華茨、費正清合著的《中國共產主義文獻史》（哈佛大學出版社一九五二年版），陳公博的《中國歷史上的革命》（上海復旦書店一九二八年版），蕭旭東（蕭瑜）的《毛澤東和我都是窮人》（錫拉丘茲大學出版社一九五九年版），日本外事協會的《中國共產主義運動史》（東京，一九三三年版），許華茨的《中國的共產主義和毛的興起》（哈佛大學出版社一九五一年版），沈雲龍的《中國共產黨之來源》（臺北，一九五九年版），湯良禮的《中國革命內幕史》（倫敦，喬治・拉特利奇——森斯有限公司一九三〇年版）……

通過何廉教授的介紹，韋慕庭訪問了陳公博在美國的一位家庭成員，得知關於陳公博更為詳盡的身世。

韋慕庭著手寫作論文。他的論文作為陳公博的《共產主義運動在中國》的緒言。由於得到哥倫比亞大學社會科學研究會的贊助，一九六〇年哥倫比亞大學出版了《共產主義運動在中國》一書，收入韋慕庭的緒言和陳公博三十六年前的論文。

韋慕庭在緒言中指出：

「直到現在，人們還不知道保存有（中國共產黨）第一次全國代表大會所產生的文件；董必武認為所有的文件都已喪失。而附錄一和附錄二就是——我認為，那就是中國共產黨第一次全國代表大會的文件。……」

中國共產黨第一次全國代表大會的文獻終於在大洋彼岸被發現。陳公博沉寂了三十六年的論文，走出了冷宮。

不過，陳公博的論文是用英文寫的，因此美國所發現的是中共「一大」文件的英文稿。

這些新發現的中共「一大」文件，其真實性是毋庸置疑的。令人遺憾的是，《中國共產黨的第一個綱領》英文稿在第十條和第十二條之間，竟缺了第十一條！韋慕庭只能作如下推測：「陳公博的稿本無第十一條，可能是他列印新的一頁時遺漏了，或在第十條以後排錯了。」

在蘇聯找到了俄文稿

不論怎麼說，美國韋慕庭教授的發現和研究，是對中共黨史研究做出了貢獻。

不過，在一九六〇年，哥倫比亞大學印出《共產主義運動在中國》，在美國除了幾位研究中國史的專家有點興趣，並沒有多少人注意這本書。

當時，中美處於嚴重對立狀態，兩國之間沒有外交關係。韋慕庭的論文，被浩淼的大洋阻隔。大洋彼岸並不知道中共「一大」文獻在美國被找到的消息。

中國的中共黨史專家們也在尋覓著中共「一大」文獻……

一九五〇年，中國的中共黨史專家發現了一篇蘇聯人葛薩廖夫寫的《中國共產黨的成立》。此文的寫作時間，比陳公博的碩士論文晚不了多少時候。葛薩廖夫當時在中國，跟第三國際來華代表有過接觸。這篇文章，有一定的歷史價值。

這麼一篇歷史文獻，竟是從一部藍色封皮、線裝的書中發現的。那部書的書名頗為驚人：《蘇聯陰謀文證集彙編》！

這是一部文言文寫的書。沒有標明什麼出版社出版。經過查證，此書「來歷不凡」：

一九二七年四月六日清晨，奉系軍閥張作霖不顧外交慣例和國際公法，突然包圍、襲擊了蘇聯駐華大使館以及附近的遠東銀行、中東鐵路辦事處、庚子賠款委員會，抓走了在蘇聯大使館西院的中共領袖李大釗。他們還搜查了蘇聯大使館，非法搜去許多文件，內中便有葛薩廖夫用俄文寫的《中國共產黨的成立》一文。

張作霖下令把搜到的文件譯成中文（文言文），編成一本書——《蘇聯陰謀文證集彙編》。這本印數很少的線裝奇書，在中共取得政權後被找到一套。於是，那篇《中國共產黨的成立》也就得以重見天日。

葛薩廖夫的《中國共產黨的成立》，詳細記述了中國共產黨成立的經過，提到了中共「一大」討論第一個綱領的情況，談及關於綱領的激烈的爭論——可惜，沒有收入第一個綱領的原文。不過，發現葛薩廖夫的文章，畢竟使人們對中共「一大」的綱領有了一些側面的瞭解。

重大的進展，是在一九五六年九月中共「八大」之後，中共中央辦公廳主任楊尚昆前往莫斯科，與蘇共交涉，要求把共產國際有關中共的檔案交還中共。

蘇共經過仔細研究，答應交還一部分。於是，從莫斯科運回了幾箱檔案。中共黨史專家細細檢視這批檔案，居然從中找到了中共「一大」文件的俄譯稿！

不言而喻，中共「一大」召開之際，第三國際派代表出席會議，把中共「一大」文件的俄譯稿帶回了蘇聯，保存在共產國際的檔案庫裡。

查遍幾箱檔案，沒有發現中共「一大」文件的中文原件。於是，俄譯稿被還原譯成中文。

在當時，中共「一大」的文件屬黨內重要機密。倒譯的中文稿經過中共中央馬恩列斯著作編譯局再三斟酌，刊載於內部機密刊物《黨史資料彙報》第六號、第十號上。

為了鑒定從蘇聯運回的這些文件是否可靠，倒譯的中文表述是否準確，中央檔案館籌備處辦公室在一九五九年八月五日，派陳銘康和李玲把文件送到中共「一大」代表董必武那裡，請這位歷史親歷者作鑒定。

整整一個月之後——一九五九年九月五日，董必武寫下了親筆覆函：

「我看了你們送來的《黨史資料彙報》第六號、第十號所載『中國共產黨第一次代表大會』、『中國共產黨第一個決議』及『中國共產黨第一個綱領』，這三個文件雖然是由俄文翻譯出來的，但未發現中文文字記載以前，我認為是比較可靠的材料，又『中國共產黨第一次代表大會』一文沒有載明時間，其他兩個文件上載明的時間是一九二一年，也就是『一大』開會的那一年，可說是關於我黨『一大』文字記載最早的一份材料。……」

董必武認可了這一批中共「一大」文件。因此，在美國教授韋慕庭發現陳公博的論文之前，中共已經發現了「一大」的文件俄文稿。

美國教授聲稱自己是中共「一大」文獻的第一個發現者——這也難怪，因為中共當時沒有公開發表過發現「一大」文件俄文稿的消息。

嚴格地說，美國韋慕庭教授是中共「一大」文獻英文稿的第一個發現者和鑒定者。

不過，韋慕庭教授的發現，過了十二年之久，才傳到大洋彼岸來……

那是一九七二年，北京中國革命博物館黨史陳列部的李俊臣，結束了「五七」幹校的勞動，回到了城裡。

自從「文革」開始以來，他已好多年沒有機會查看外國文獻了，回到北京之後，他才有機會到北京圖書館翻閱資料。

前些年日本出版的《東洋文化》雜誌上的一篇文章，引起了李俊臣的注意。

這位三十一歲的壯實男人，從十八歲起便在革命博物館當解說員。喜歡鑽研學問的他，漸漸對中共黨史發生興趣，著手研究。他看到《東洋文化》刊載藤田正典教授的論文《關於中國共產黨一全大會、二全大會、三全大會文件的研究》，聚精會神地讀了起來。

儘管他不懂日文，感謝「老天爺」，日文中有一大半漢字，使他能大致猜出文章的意思。比如，「一全大會」顯然也就是「第一次全國代表大會」……

他不光看正文，而且連文末的注釋也不放過。從一條注釋中，他得知重要資訊——美國哥倫比亞大學出版了陳公博的《共產主義運動在中國》一書！

他求助於友人周一峰，希望把藤田正典的論文譯成中文。周一峰何許人也？周作人之子！他日語純熟，而且當時正在北京圖書館裡工作，是最合適不過的翻譯。

然而，一向小心謹慎的周一峰一聽要翻譯關於中國共產黨的論文，而且又涉及什麼陳公博——當年周作人曾與陳公博一樣都當過漢奸，他理所當然地推辭了，要李俊臣「另請高明」。

李俊臣看出他的顧慮，趕緊說道：「你來講，我來記。出什麼問題我負責。」

好不容易，周一峰答應了。

當藤田正典的論文譯成中文，李俊臣也就知道了美國韋慕庭教授在十二年前的研究成果。

李俊臣趕緊查找韋慕庭在十二年前編的那本書。一查，北京圖書館裡居然有這本書！就像當年陳公博的碩士論文在哥倫比亞大學圖書館「冷置」了多年一樣，這本英文版《共產主義運動在中國》也在北京圖書館「冷置」了多年，無人注意。

於是，韋慕庭的緒言及陳公博的論文，被譯成了中文。

跟俄文版還原譯成的中文稿一對照，兩種版本的中共「一大」文件只有翻譯上的字句稍有不同，意思完全一致！這清楚表明，英文稿、俄文稿在當時是根據同一中文原稿翻譯的。最令人驚訝的是，《中國共產黨的第一個綱領》英文稿缺了第十一條，而俄文稿同樣缺了第十一條——這更表明兩種外文稿同源於一種中文稿！

當然，那中文原稿中為什麼會缺了第十一條，則成了歷史之謎：或許是起草者把第十一條誤編為第十二條，只是漏了一個號碼，原件內容無遺漏；或許是手稿中漏寫第十一條；也可能是第十一條引起很大的爭議，付諸大會表決時被刪去……

這個歷史之謎，要待有朝一日發現中共「一大」文件中文原稿時，才能判定。

在歷史的雪泥鴻爪中苦苦追索，一九二一年七月在上海召開的那次極端秘密、只有十幾個人參加而又極其重要的會議——中共「一大」，這才漸漸「顯影」，被時光淹沒的歷史真相慢慢變得清晰起來。尋找中共「一大」會址和中共「一大」文件，只是這些年來苦苦追索中的兩樁往事。

這些年來，關於中共「一大」的一系列課題，成為中外學者們競相探討的「熱點」：

中共「一大」究竟是哪一天開幕？

中共「一大」在哪一天閉幕？

出席會議的代表究竟是十二個還是十三個？

那位共產國際遠東書記處所派的代表尼科爾斯基，究竟是怎樣一個人？

……

雖然中共「一大」的召開已經是八十多年前的往事，然而這些追索迄今仍在進行中。就在筆者著手採寫本書時，尼科爾斯基尚是一個謎。中共黨史研究專家告訴筆者，在任何檔案中都沒有查到關於尼科爾斯基的生平材料。可就在筆者採寫本書的過程中，忽聞這個被稱為「一個被遺忘的參加中共『一大』的人」的身世查明了，趕緊前往北京作詳細瞭解……

筆者正是在中外眾多學者專家數十年來研究中共「一大」的基礎上，著手寫這本書。

以上權且作為全書的序章。

注釋

①從一九五九年起，姚溱被任命為中共中央宣傳部副部長。一九六六年七月二十三日逝世。

②如今「海格大樓」早已改為靜安賓館。

③這是一九八九年九月四日下午本書作者訪問沈之瑜時，他所回憶的姚溱原話。本書作者於翌日又向上海市公安局老幹部牟國璋查詢，據他告知楊淑慧並未在上海市監獄關押，但上海市公安局知道她住在哪裡。

④據楊淑慧回憶說是「民國十年」，顯然她記錯了。

⑤《往矣集》還曾由另幾家出版社印過不同版本。

⑥仲甫，即陳獨秀。

⑦公博，即陳公博。

⑧即何叔衡。

⑨包惠僧是否作為湖北代表出席會議，說法不一。

⑩即王盡美和鄧恩銘。

⑪現通譯為馬林。

⑫吳庭斯基，應為尼科爾斯基。

⑬有關貝勒路的沿革史料，係上海市地名辦公室劉方鼎及上海盧灣區地名辦公室陳法清向筆者提供。

⑭據王會悟回憶，她與李達在一九二〇年下半年於此舉行婚禮後，一直住到中共「一大」召開。

⑮許多人誤以為「興業路」路名是一九四九年後取的，「事業興隆」之意。其實是一九四三年取的。於無意之中，取了一個含義深遠的路名，一直沿用至今。

⑯《莊子》原文為：「其作始也簡，其將畢也必巨。言者，風波也；行者，實喪也。」

第一章　前奏

出現在奧地利的神秘人物

暮春初夏的維也納，最為宜人，也最為迷人。每年這個時節，遊人從四面八方擁向這座古城——自從奧匈帝國解體，奧地利共和國在一九一八年宣告成立，這兒成了奧地利共和國的首都。

湛藍的多瑙河從市區緩緩穿過。古色古香的皇宮、議會廳以及直插碧空的教堂尖頂，在金色的陽光下發出璀璨的光芒。

在繁華的輪街街頭的廣場上，矗立著貝多芬的雕像。而在皇宮花園裡，莫札特的石像矜持軒昂。這座音樂之都，與舒伯特、勃拉姆斯、海頓、施特勞斯以及貝多芬、莫札特的大名緊緊相連。

在遊人最盛的日子裡，音樂節在這兒舉行，空氣中飄蕩的音符更增添了歡樂悅耳的氣氛。

一九二一年，在音樂節前夕，一列蒸汽機車呼哧呼哧喘著粗氣，駛入維也納車站。在一大群優哉遊哉的下車旅客之中，一位步履匆匆的旅客顯得與眾不同。

此人年近四十，熊腰虎背，身材高大，連鬢鬍子，衣著隨便，看上去一派軍人氣質或者工人模樣。可是，那一副金絲邊框近視眼鏡，開闊的前額，卻又顯示出知識分子風度。

他雙手拎著一大一小兩隻箱子，走出車站，跳上一輛馬車。來到一家中等的旅館裡，他訂房間時用德語說道：「給我頂層的單人房間。」

「好的，先生。」老闆用德語答道，滿足了他的要求。德語是這裡通用的語言。

他在房間裡放好箱子，鎖上房門，外出辦事。奇怪，此人竟沒有回來過夜。

一天、兩天、三天過去了，那房間仍然空蕩蕩的，不見那位旅客的蹤影。

難道他在奧地利有親朋好友的家可住？既然他有住處，為什麼又要在旅館裡租房間呢？真是一位奇怪的旅客！旅店的老闆壓根兒沒想到：這位旅客此刻正在一個特殊的「住處」——維也納警察局的監牢裡！

他，被拘捕了！

他是在申請前往中國時被拘捕的。他持有荷蘭護照。他在旅館的旅客登記冊上簽了「Andresen（安德列森）這樣的名字，而他的護照上則寫著他的姓名叫「Hendricus J.F.M.Sneevliet」（亨德立克斯・斯內夫利特）。

其實，對於他來說，在不同的場合改名換姓猶如在不同的季節改換衣服一樣，毫不足奇。亨德立克斯・斯內夫利特倒是他的真實姓名。他的化名，多得令人眼花繚亂：

不久前，他在蘇俄莫斯科用的是「Maring」（馬林）。此外，他還用過化名「Marting」（馬丁）、「Marling」（馬靈）、「Mareng」（馬倫）、「Malin」（馬琳）、「Slevelet」（斯列夫利特）、「Dr. Simon」（西蒙博士）、「Mr.Philip」（菲力浦先生）、「Brouwer」（布羅維爾）、「Joh Vanson」（樂文松）。他甚至還有中國名字「Gni Kong-Ching」（倪恭卿）！

後來，他還取過中國筆名「Sun-to」——「孫鐸」呢！

以上共計十四個名字——這尚不包括他臨時用一兩天、甚至臨時用一次的那些連他自己都記不得的化名！顯而易見，此人非等閒之輩，從事特殊的工作。

他來自莫斯科，要前往中國上海，理所當然地引起了奧地利警方的注意。剛剛建立世界上第一個紅色政權才三年多的蘇俄，震撼著歐洲，引起了資本主義世界的「地震」。

從一九一八年三月十五日開始，英軍在摩爾曼斯克登陸，協約國（即美、英、法、意、日等國）開始公開干涉俄國革命。四月五日，日本和英國的海軍陸戰隊在蘇俄東方的海參崴登陸。八月十六日，美軍也在海參崴登陸。經過艱苦卓絕的浴血奮戰，新生的蘇維埃沒有被外敵的鐵腕卡死在搖籃裡，反而在反擊侵略者的戰鬥中變得壯實、強大。

雖然入侵者被趕出了蘇俄國土，但是，資本主義世界跟這個第一個社會主義國家之間的敵意越發加深了。

特別是從一九一九年三月起，到一九二一年初夏，短短一年多時間，保加利亞、南斯拉夫、美國、墨西哥、丹麥、英國、法國這七個國家，相繼成立了共產黨，引起了資本主義世界深深的不安。

各國共產黨的紛紛成立，革命浪潮此起彼伏：一九一八年一月二十七日芬蘭共產黨領導了芬蘭革命，芬蘭赤衛隊佔領了首都赫爾辛基的政府機關。翌日，宣告芬蘭革命政府——民代表蘇維埃成立。芬蘭蘇維埃政權存在了三個月，最終被消滅。

緊接著，一九一八年六月二十四日，匈牙利共產黨奪取政權，在首都布達佩斯宣布成立工人蘇維埃。這一紅色政權遭到鎮壓之後，同年十一月三日德國基爾港水兵在德國共產黨領導下起義，升起了紅旗，宣布成立「蘇維埃」……

地處中歐，與蘇俄只隔著捷克斯洛伐克和匈牙利的奧地利，時時提防著蘇俄的影響。即便是在琴聲四起，《藍色的多瑙河》的旋律在「音樂之都」維也納飄蕩的歌舞昇平時節，維也納警察局仍以警惕的目光，注視著那些夾雜在遊人之中、來自蘇俄的「赤色分子」。

維也納外事局的專員帶著斯內夫利特的荷蘭護照，特地來到荷蘭王國駐奧地利的大使館。大使先生很明確地作出答覆：「此人是共產黨！」於是，斯內夫利特被押進了維也納警察局看守所。

得到了風聲，斯內夫利特的朋友弗里德里希·阿德勃帶著一位奧地利律師，趕到了維也納警察局。

「你們為什麼拘捕斯內夫利特？」阿德勃質問道。

「因為他是共產黨！」警官傲慢地答道。

「你們有什麼證據證明他是共產黨？」阿德勃反駁道：「你們別忘了，他是外國人——荷蘭人！這兒不是荷蘭！他只是路過奧地利，希望得到前往中國的簽證。他是奧地利的客人。他在維也納沒有觸犯奧地利的任何法律，你們怎麼可以隨便拘捕一個外國人？」

「警官先生，恰恰是你們的行為違反了奧地利法律！」這時，那位律師也發話了。

警官無言以對，兩道濃眉這時緊緊地擰在一起。過了半晌，才從牙縫裡擠出一句話：「我們研究一下，給予答覆。」

「在你們沒有釋放斯內夫利特之前，我每天都要和律師一起，到這裡跟你們交涉一次，表示我們的抗議！」阿德勃用非常堅定的語氣說道。

那家旅館頂層的單人房間空蕩蕩地度過了六個晝夜，終於響起了開門聲。斯內夫利特終於回來了。他的身後跟著四個人——阿德勃和律師，還有兩名奧地利佩槍的警察。

斯內夫利特用粗壯有力的手，拎起兩隻皮箱，就離開了那個房間——他竟然沒有在那裡住過一夜。

他在警察的押送下，前往維也納火車站。因為奧地利政府下了「逐客令」——把斯內夫利特驅逐出境！

斯內夫利特是在一九二一年四月十五日離開維也納，四月二十一日從義大利威尼斯踏上義大利的「英斯布魯克」號（原名「阿奎利亞」號）輪船，朝東方進發，駛向上海……

時間淡化了檔案的神秘面紗。據收藏在北京中國革命博物館內的英文檔案表明，早在一九二〇年十二月十日，北京的英國駐華公使艾斯敦爵士已致函北京的荷蘭駐華公使歐登科・維廉・亞梅斯，便已提及了這位ＳＩＡ行動機密的斯內夫利特先生。

公函全文如下：

北京荷蘭公使
歐登科先生閣下
親愛的同仁：

茲接我政府電，謂某名為H·斯內夫利特者約為荷蘭人，確已負有荷屬東印度（引者注：即今印尼）進行直接的布爾什維克宣傳的使命赴遠東。電報命令我設法在他向英國駐華公使申請護照的簽證時，阻止他得到簽證。

我沒有關於這個人行動的任何材料，只知道他約在二年前從荷屬東印度到了荷蘭。如果閣下獲悉斯內夫利特去申請英國簽證的消息能告知我，我將不勝感激。

你忠實的 艾斯敦

翌日，荷蘭駐華公使歐登科即覆函艾斯敦，非常清楚地透露了斯內夫利特的身分和前往遠東的使命。公函原文如下：

北京 比爾比·艾斯敦
爵士 公使閣下
親愛的比爾比爵士：

現回覆閣下的來函，奉告下述情況：幾個星期前，我收到海牙外交部的一封電

報，內稱斯內夫利特受莫斯科第三國際派遣去東方完成宣傳使命，電報指示我提請中國政府注意。我已照辦並補充說，如果中國當局認為拒絕斯內夫利特在中國登陸是可行的，我將不會反對他們這樣做。但我迄今尚未得到覆函。如果我能夠給你關於此人活動或打算的情報，我非常高興地向你提供。

你忠實的　歐登科

檔案所披露的秘密表明，早在一九二〇年十二月，荷蘭政府（當時設在海牙）和英國政府都已密切注視斯內夫利特的行蹤，並已「提請中國政府注意」。

正因為這樣，一九二一年四月，當斯內夫利特在維也納出現時，那裡的警察便關注著這位來歷不凡的人物。

在斯內夫利特被逐出奧地利之後，據荷蘭海牙殖民地事務部所存檔案表明，奧地利維也納警察局於一九二一年四月二十一日致函荷蘭駐維也納公使館，內中非常清楚地告知斯內夫利特的動向：

「斯內夫利特持有一九一八年爪哇所發護照，其上蓋有前往德國、奧地利、瑞士、義大利、中國和日本的簽證，其他身分證件則一概沒有。經驗證其身分和雇聘與解雇證明之後，斯不願在維也納逗留，遂於一九二一年四月十五日離此前往義大利威尼斯市，並擬於一九二一年四月二十日自威尼斯市乘直達上海的火輪繼續其旅行。

「在上海，他將作為一家英國（引者注：應為日本）雜誌《東方經濟學家》的記者進行活動。據本警察局所掌握的材料，一九二一年三月在海牙舉行的國際反軍國主義大會期間，曾有傳言說斯內夫利特到東方也將為進行反軍國主義的宣傳而建立聯繫。」

當斯內夫利特在威尼斯踏上東去的輪船，由於接到維也納警察局的密告函，荷蘭、英國以至日本駐奧地利的大使，都高度重視這一「赤色分子」的動向。各國大使緊張地行動起來，紛紛發出密電，那充滿著音符的維也納上空頓時夾雜著不協調的無線電波。

荷蘭大使館發密電通知荷蘭駐上海領事館，還通知了荷屬東印度（即今印尼）。

英國大使館發密電通知英屬亞洲國家——錫蘭（即今斯里蘭卡）、新加坡，也通知了英國管轄下的香港。因為這些地方是斯內夫利特前往中國時可能經過的。另外，還通知了英國駐上海領事館。

日本政府也收到了日本駐奧地利大使的密電。

如臨大敵，嚴陣以待，斯內夫利特的中國之行，驚動了這麼多的大使、警察、密探……

列寧委派他前往中國

斯內夫利特究竟是何等人物？

鑒於他後來在中國的常用名字是馬林，以馬林著稱於世，此後行文為照顧習慣，改用馬林。

一九二二年七月三十日蘇聯《真理報》所載《中國共產主義運動的現狀》一文，清楚地表

明了馬林的重要地位。只是《真理報》公開發行，不能把這位做秘密工作的人物的姓名捅出去，因此文中以「×同志」作為代詞。

《中國共產主義運動的現狀》原文如下：

在共產國際執行委員會的同一次會議（引者注：指一九二二年七月十七日會議）上，×同志作了關於中國問題的報告。×同志在中國待了一年半，不久前剛回來。他仔細地研究了這個大國混亂不堪的政治和經濟情況。他認為，中國的政治操於列強之手，而中國社會各階級（中國國內尚無完全成形的階級）並不發生有力的影響。在孫中山政府統治下的南方進行著民族主義運動，它得到僑居國外的中國大資產階級幫助。

由社會主義和馬克思主義的書刊哺育的知識分子是這個國家最活躍的一股力量。但是，這場革命的民族主義運動在一般中國人民中間，在農民中間卻引不起絲毫反響。農民的大多數是租種小塊土地的小佃農，他們在國家的政治生活中不起任何作用。情況是如此之獨特，與其他國家農民的境遇相比又是如此之不同，以至直到如今也無法為他們制定出任何一個總的土地綱領。

處於外國資本家統治之下，而又是大工業中心的華中（上海），還不具備由中世紀行會組織和秘密組織向現代工會轉化的可能性。南方的情形則不同，在這裡，居於領導地位的孫中山的黨對工人階級也有著明顯的影響，無產階級同這一組織之間甚至有內部聯繫。這一點從最近有組織的海員大罷工中可以看出。廣東的許多工會小組組織得很好，很集中。那裡已擁有五萬名有組織的工人，其中海員工會最強大，有一萬二千之多。

隨後，報告人詳盡地描述了中國極其複雜的內部關係，在那裡，大國之間爾虞我詐，彼此傾軋，為此他們競相利用中國的各個派別。孫中山反對北京的鬥爭，是南方擁護改革、反對北方滿洲反動統治階級的民主制（引者注：原文如此）的鬥爭。

在這場鬥爭中，孫中山看來遭到了失敗。雖然南方發展共產主義運動的條件很有利，在某種程度上甚至政府也希望運動有所發展，可是我們在那邊的同志卻未能充分利用這一形象去加強聯繫工人群眾。他們推行宗派主義政策，而把自己毫無起色的工作和背離群眾迫切利益的現象歸咎於什麼非法地位。中國青年，尤其大學生，乃是極易接受社會主義的人。但還談不上進一步研究馬克思主義。

現在，紅色工會國際和共產國際在中國，特別在南方，具有卓有成效地推進工作的十分適宜的土壤，因此，問題應當認真地加以討論。……決定委託×同志起草致中國共產黨和日本共產黨的信。

能夠在莫斯科共產國際執行委員會上作關於中國問題的長篇報告，又能代表共產國際執行委員會起草致中國共產黨、日本共產黨的信，這位「×同志」——馬林確非等閒之輩。難怪當他光臨奧地利，會引起那麼一番不小的風波！

共產國際，亦即「第三國際」。

「第一國際」是馬克思、恩格斯在一八六四年創立的，叫「國際工人協會」，著力於組織各國的工人運動。「第一國際」在一八七六年解散。

「第二國際」是恩格斯在一八八九年創立的，是各國社會民主黨和社會主義工人團體的國際聯合組織。後來，由於大多數社會民主黨公開背叛了無產階級，「第二國際」在第一次世界大戰爆發後解體。

「第三國際」是列寧在一九一九年創立的，是全世界共產黨和共產主義組織的國際聯合組織，稱「共產國際」。它的通俗、形象的稱呼是「世界共產黨」。因為它不僅僅是各國共產黨的聯合組織，它和各國共產黨之間是領導與被領導的高度統一的上下級關係。執行委員會是共產國際的領導機構，列寧是共產國際的領袖。

馬林是在一九二〇年七月在莫斯科見到了列寧，受到了列寧的賞識。那時，共產國際第二次代表大會正在蘇俄召開。馬林是作為印尼共產黨的代表，出席了大會。

「馬林同志，您從荷蘭的殖民地——東印度來，我想請您參加共產國際的『民族和殖民地委員會』工作好嗎？」列寧緊握著馬林的手，這麼說道。

「好，我非常樂意參加這個委員會，願為殖民地人民的民族解放鬥爭出力。」馬林一口答應下來。他用流暢的英語跟列寧談話。他能講英語、德語、法語和荷蘭語，也稍懂俄語。正因為這樣，他奔走於世界各國，能用多種語言與人交談。

列寧是民族和殖民地委員會的主席，馬林被任命為秘書。在委員之中，有墨西哥代表團負責人、印度人羅易。

列寧非常重視民族和殖民地問題，要在共產國際的第二次代表大會上作《民族和殖民地問題》講話。列寧寫出了提綱初稿，向羅易，也向馬林徵求意見。

「列寧同志，我對您的提綱有不同的意見。」羅易很直率地說道。

「歡迎，歡迎。」列寧的眼角皺起了魚尾紋，笑瞇瞇道：「羅易同志，我事先把提綱初稿列印出來，就是希望能夠聽取各種意見。」

「列寧同志，我認為您的提綱初稿中，低估了殖民地國家中無產階級的存在及其意義，低估了這些國家中革命的工農運動。」羅易開門見山地說道：「共產國際不應支持落後國家的資產階級民主運動，而應當只幫助建立和發展革命政黨所領導的共產主義運動。」①

「羅易同志，你的意見很好。」列寧說道：「我建議你也寫一份提綱，根據你所熟知的印度和亞洲其他受英國壓迫的大民族的情況寫成提綱，在大會上發言。」

這樣，列寧和羅易相繼在大會上發言。

在七月二十八日第五次全體大會上，馬林作了發言，談了自己的見解，也談了對列寧和羅易提綱的看法：

「同志們，荷屬東印度問題是最重要的問題之一。……由於過去七年我的工作是和東印度運動密切聯繫在一起的，我希望大會對我作為一個革命的馬克思主義者在這些國家中所取得的經驗將給予關注。我認為在議事日程中沒有別的問題比民族和殖民地問題對世界革命運動的進一步發展更為重要的了。……

「我看在列寧同志和羅易同志的提綱之間沒有什麼不同。他們的解釋是一致的。……同革

命的民族主義者合作是必須的，假如我們拒絕民族解放運動，扮演一個空談理論的馬克思主義者，那麼我們就只是做了一半工作。……」②

馬林在大會發言中，提到了應當重視中國的革命者：

「我願建議在這裡通過的提綱，由共產國際用幾種東方文字印刷，特別在中國和印度的革命者中間分發。……我們應給東方革命者在蘇俄學習理論的機會，以使遠東能成為共產國際的一個有朝氣的成員。」

在這次代表大會上，馬林當選為共產國際執行委員會委員——相當於這個「世界共產黨」的政治局委員！他，躍入共產國際領導人的行列。

馬林的躍升，當然是由於列寧的信賴。而他，正是以豐富的革命經驗和超群的工作能力，贏得了列寧的垂青……

馬林，這個荷蘭人，怎麼會對東方的殖民地的革命如此熟悉？他怎麼會成為印尼共產黨的代表？

在眾多的歐洲國家中，荷蘭和葡萄牙是兩個奇特的國家。這是兩個小國，論面積不到十萬平方公里，論人口不過一千萬上下，可是卻曾成為不可一世的「海上霸王」：在十五到十六世紀，葡萄牙憑藉自己強大的船隊遠征海外，佔領了很多殖民地，成了「殖民地大國」。緊接著，在十七世紀，荷蘭猛烈地向海外擴張，一躍而為世界上最大的海上殖民帝國。荷蘭的殖民者遠征亞洲，印度尼西亞淪為「荷屬東印度」。

一八八三年，馬林降生在盛開鬱金香的荷蘭海港鹿特丹。鹿特丹不僅是荷蘭第一大港，迄今仍是世界最大的海港，萬國商船雲集。萊茵河、馬斯河在那裡注入北海。一座座風車在這片地勢低窪的土地上緩緩轉動，把水排到長長的海堤之外。

馬林在這「歐洲的門戶」長大。中學畢業後，來到荷蘭首都阿姆斯特丹，考入荷京大學學習政治經濟學，開始懂得革命的道理。

一九〇二年，十九歲的馬林加入了荷蘭的社會民主黨，開始他的政治生涯。他在鐵路部門從事工會工作，表現出他的很強的組織才能。

一九一三年，三十歲的馬林被派往萬里之遙的荷屬東印度從事革命工作。

印尼號稱「千島之國」。最為繁華的是爪哇島，那裡集中著全國百分之六十五的人口。馬林在爪哇島的三寶瓏，擔任那裡商會的秘書。不久，他便兼任三寶瓏鐵路電車工會機關刊物《堅韌報》主編。在那裡的荷蘭人大都是殖民地統治者，而馬林卻站在被壓迫者一邊，成為那裡革命的組織者。

馬林深感政黨的重要性。一九一四年五月九日，在馬林的倡議下，發起了「東印度社會民主聯盟」（印尼共產黨的前身）。他也意識到宣傳工作的重要，親自創辦了荷蘭文的《自由呼聲報》。後來，他又創辦了印尼文的《人民呼聲報》，擅長作文的他，寫了不少宣傳馬克思主義的文章。

一九一七年十一月，列寧成功地領導了俄國的十月革命。消息傳到荷屬東印度，馬林興奮不已，發表了好多篇文章，為十月革命歡呼雀躍。荷屬東印度總督早已把馬林視為眼中釘。這時，抓住了馬林的文章作為把柄，通緝馬林，並由三寶瓏法院對馬林進行了審訊。

一九一八年十二月五日，馬林被荷屬東印度總督下令驅逐出境。馬林不得不回到荷蘭。但是，他仍通過他在荷屬東印度的戰友，領導著那裡的革命活動。

一九二〇年五月二十三日，荷屬東印度社會民主聯盟舉行第七次代表大會，決定把黨的名稱改為「印尼共產黨」。就在這個月，馬林從荷蘭前往蘇俄，以印尼共產黨代表的身分參加了共產國際「二大」的籌備工作。

在莫斯科，列寧一次又一次會見馬林，跟他討論民族和殖民地問題——因為馬林有著在殖民地領導革命的豐富經驗……

列寧那睿智的目光，關注著世界的東方，尤為關心東方的舉足輕重的大國——中國。

列寧說，「東方各民族對帝國主義的態度和他們的革命運動」，目前具有「最重大的意義」。然而，中國還沒有共產黨！列寧在考慮著、物色著恰當的人選，派往中國，幫助中國革命者建立中國共產黨——共產國際的中國支部。

馬林闖進了列寧的視野。不言而喻，他是非常合適的人選。這樣，馬林在當選為共產國際執行委員會委員和民族殖民地委員會秘書之後，又接到共產國際一項新的使命：共產國際駐中國代表。

馬林的這項新的使命的任務是：考察包括中國在內的遠東各國的情況和建立聯繫，調查是否有希望和可能在上海建立共產國際遠東局，幫助建立中國共產黨。

不過，馬林在接到共產國際和列寧的委派之後，沒有馬上前往中國。他到蘇聯巴庫出席了東方人民代表大會。然後，又回到荷蘭，希望辦理撤銷荷屬東印度對他的驅逐令手續。

一九二一年三月二十三日，他向荷屬東印度總督寄遞的撤銷驅逐令的申請書被駁回。他又到義大利處理一些事務。

在一九二一年暮春夏初，他出現在維也納，開始他的中國之行……

「馬客士」和「里林」名震華夏

遙遠的東方有一條龍。

中國，中國，五千年的文明史，燦爛的文化，遼闊的河山，眾多的人口。

中國，中國，一八四〇年開始的鴉片戰爭，使中國一步步淪為帝國主義列強的半殖民地。

然而，中國仍在渾渾噩噩地沉睡著。

法國統帥拿破崙幹過許多錯事，說過許多錯話，那句關於中國的命運的話倒是千真萬確：中國是東方的睡獅，一旦蘇醒過來，它將是無可匹敵的！

當二十世紀的曙光照耀在東方睡獅身上，漫漫長夜終於漸漸過去。這時，一個德國人的名字及其學說開始傳入中國。此人名叫馬克思，也被譯為「馬客士」、「馬客偲」、「麥喀士」。

最早用中文介紹馬克思的，是一八九九年二月（己亥正月）上海廣學會出版的《萬國公報》第一二一期所載《大同學》第一章。③

「其以百工領袖著名者，英人馬克思也。馬克思之言曰：糾股辦事之人，其權籠罩五洲，實過於君相之範圍一國。吾儕若不早為之所，任其蔓延日廣，誠恐遍地球之財幣，必將盡入

其手。」

雖然此處把馬克思誤為英國人，但畢竟第一次把馬克思介紹給中國讀者。

緊接著，一八九九年四月出版的《萬國公報》，則稱「德國之馬客偲，主於資本者也」。這一回，把馬克思的國籍說對了，而「主於資本者」是指致力於「資本」的研究。

到了一九〇二年，廣有影響的《新民叢報》也介紹了馬克思。《新民叢報》的主筆，乃是與康有為一起發動「公車上書」、「百日維新」的赫赫有名的清末舉人梁啟超。他在《新民叢報》上發表《進化論革命者頡德之學說》，提及：「麥喀士，日耳曼社會主義之泰斗也。」

這樣，長著絡腮大鬍子的馬克思，開始為中國人所知——其實，早在馬克思於一八八三年逝世前，他已是歐洲名震各國的無產階級領袖和導師。

過了四年——一九〇九年，馬克思和恩格斯合著的名篇《共產黨宣言》被用方塊漢字印了出來（儘管只是摘譯，不是全文）。那是朱執信在《民報》上發表了《德意志社會革命家小傳》一文，內中摘譯《共產黨宣言》的幾個片段。這樣，「共產黨」這一嶄新的名詞，也就傳入中國了。

共產黨——「Communist Party」，這是馬克思、恩格斯在一八四七年十二月至一八四八年一月寫作《共產黨宣言》時第一次使用的新名詞。當時，他們在英國倫敦把「正義者同盟」改組成為「共產主義者同盟」，為「共產主義者同盟」起草綱領。

這個綱領最初叫《共產主義者同盟宣言》，在起草過程中改為《共產黨宣言》——儘管此時建立的組織仍叫「共產主義者同盟」。「共產主義者同盟」是第一個國際無產階級秘密革命組織。它是無產階級政黨的雛形。後來遭到嚴重破壞，於一八五二年十一月宣告解散。

此後歐洲、美洲各國成立的工人政黨，大都以社會民主黨或社會黨命名，不叫共產黨。正因為這樣，恩格斯所創建的第二國際，是各國社會黨（社會民主黨）的國際聯合組織。

後來，大多數的社會民主黨蛻化，經列寧提議，把俄國社會民主工黨改名為俄國共產黨（布爾什維克），以區別於那些已經蛻變的社會民主黨。俄國共產黨成了第一個用「共產黨」命名的無產階級政黨。

受列寧影響，各國紛紛建立共產黨（也有個別仍叫社會民主黨的）。正因為這樣，列寧所創立的第三國際叫做共產國際——各國共產黨的國際性組織。

把英文「Commune」譯成「公社」、「工團」，因此「Communist Party」似乎怎麼也不會譯成「共產黨」。不過，朱執信是從日文版《共產黨宣言》轉譯的。在日文中，「Communist Party」譯為「共產黨」。這樣，也就移到中文裡來了。

當時的《民報》是孫中山領導的中國同盟會的機關報，在日本東京出版，因此採用日譯名詞「共產黨」也就很自然了。

一九一二年，《新世界》也發表了節譯的《共產黨宣言》。

就在這個時候，中國有人振臂高呼，要建立「中國共產黨」！

迄今，仍可以從一九一二年三月三十一日上海同盟會「激烈派」主辦的《民權報》上，查到這麼一則啟事：

中國共產黨徵集同志：

本黨方在組織，海內外同志有願賜教及簽名者，請通函南京文德橋閱報社為叩，此布。

這則啟事是誰登的，是誰在呼籲組織「中國共產黨」，不得而知。不管怎麼說，這可算是呼籲建立中國共產黨的第一聲。

當然，政黨畢竟是時代的產兒。在中國爆發辛亥革命、推翻清王朝的年月，還不是建立共產黨的時候。在這裡，引用毛澤東的一句話，倒是頗為妥切的：「十月革命一聲炮響，給我們送來了馬克思列寧主義。」④

一九一七年十一月七日，俄國爆發了十月革命。三天之後——十一月十日，上海由葉楚傖、邵力子主編的廣有影響的《民國日報》，當即登出醒目大字新聞標題：〈突如其來之俄國大政變　臨時政府已推翻。〉報導稱，「彼得格勒戌軍與勞動社會已推倒克倫斯基政府」，「主謀者為里林氏」。「里林」何人？哦，「Lenin」，列寧！

《時報》、《申報》、《晨鐘報》也作了報導。十一月十一日，《民國日報》刊登《俄國大政變之情形》，詳細報導了十月革命的經過。於是，「里林」、「里寧」、「李寧」（均為列寧）成為中國報刊上的新聞人物。《勞動》雜誌還刊載《俄羅斯社會革命之先鋒李寧事略》。

身為《民國日報》經理兼總編輯的邵力子，在一九一八年元旦發表社論指出：「吾人對於此近鄰的大改變，不勝其希望也。」

這位邵力子，乃清末舉人。人們往往只記得他是一九四九年國民黨政府派出的與中國共產黨談判的代表團成員之一。其實，他早年激進，不僅是孫中山的中國同盟會會員，而且後來成為中國共產黨最早的黨員之一。正因為這樣，他才會為「里林」的勝利發出最熱烈的歡呼聲。

十月革命的炮聲震驚了上海，也震動了古都北京。一位身材魁梧、留著濃密八字鬍的北京大學教師，那觀察問題的目光要比邵力子銳利、深邃得多。他以為，俄國的勝利，靠的是「馬爾格斯學說」。這位北京大學圖書館主任，著手研究「馬爾格斯學說」。好多位教授與他共同探討「馬爾格斯學說」的真諦。

北京的警察局正在那裡起勁地「防止過激主義傳播」，聽說北京大學有人研究「馬爾格斯學說」，嗅覺異常靈敏的密探也就跟蹤而至。

「不許傳播過激主義！」密探瞪圓雙目，對那位八字鬍先生發出了聲色俱厲的警告。

「先生，請問你知道什麼是『馬爾格斯學說』嗎？」那位圖書館主任用一口標準的京腔，冷冷地問道。

密探瞠目以對，張口結舌，答不出來，只得強詞奪理道：「管他什麼『馬爾格斯學說』，反正不是好東西！」

「先生之言錯矣！馬爾格斯是世界上頂頂大名的人口學者。『馬爾格斯學說』，是研究人口論，與政治無關，與『過激主義』無關！」圖書館主任如此這般解釋道。

這時，另幾位教授也大談起「馬爾格斯人口論」是怎麼回事。密探弄不清楚什麼「馬爾格斯」、「馬爾薩斯」，只得悻悻而去。

那位八字鬍先生，姓李，名大釗，字守常，乃中國第一個舉起傳播馬克思主義旗幟的人。那時，他在文章中稱馬克思為「馬客士」，但是，在組織馬克思學說研究會時卻稱「馬爾格斯學說研究會」，為的是令人誤以為是「馬爾薩斯學說研究會」，避開警方的注意。

李大釗非等閒之輩。他是河北樂亭縣人氏，曾在北洋法政專門學校學習法政六年，又東渡扶桑，在日本東京早稻田大學政治本科深造三年，既懂日文，又懂英文。在日本，他研讀過日本早期工人運動的著名領袖幸德秋水的許多著作，從中懂得馬克思主義的基本原理。回國後，出任北京大學圖書館主任。一九二〇年七月任北京大學教授。

外人以為他大約是位精熟圖書管理的人物，其實，他一連九年學習法政，他的專長是政治學。也正因為這樣，十月革命一聲炮響，他迅即著手深入研究「馬爾格斯學說」——他的理解要比別人深刻得多！他廣泛閱讀日文版、英文版的馬克思著作。他成為中國最早、最重要的馬克思主義者。

在蘇聯十月革命勝利一週年的日子裡——一九一八年十一月十五日，北京大學在天安門前舉辦演講會。李大釗登上講壇，發表了著名的演說——《庶民的勝利》。

緊接著，他又奮筆寫下了《Bolshevism的勝利》（亦即《布爾什維克主義的勝利》）。《新青年》雜誌第五卷第五號同時推出了李大釗的《庶民的勝利》和《Bolshevism的勝利》兩文，對蘇聯十月革命進行了深刻的評價：

「二十世紀的群眾運動……集中而成一種偉大不可抗的社會力。這種世界的社會力，在人間一有動盪，世界各處都有風起雲湧、山鳴谷應的樣子。在這世界的群眾運動的中間，歷史上殘餘的東西，什麼皇帝咧，貴族咧，軍閥咧，官僚咧，軍國主義咧，資本主義咧——凡可以障阻這新運動的進路的，必挾雷霆萬鈞的力量摧毀他們。他們遇見這種不可擋的潮流，都像枯黃的樹葉遇見凜冽的秋風一般，一個一個地飛落地下。由今以後，到處所見的，都是Bolshevism戰勝的旗。到處所聞的，都是Bolshevism的凱歌的聲。人道的警鐘響了！自由的曙光現了！試看將來的環球，必是赤旗的世界！」

「資本主義失敗，勞工主義戰勝。……這件功業，與其說是威爾遜（Wilson）等的功業，毋寧說是列寧（Lenin）的功業；是列卜涅西（Liebknecht）的功業，是馬客士（Marx）的功業。

「一九一七年的俄國革命，是二十世紀中世界革命的先聲。」

「他們的戰爭，是階級戰爭，是全世界無產庶民對於世界資本家的戰爭。」

這裡提及的威爾遜，是當時的美國總統；「列卜涅西」即卡爾·李卜克內西，德國社會民主黨和第二國際的左派領袖之一；「馬客士」即馬克思。

李大釗力透紙背的這番宏論，表明東方睡獅正在被十月革命的炮聲所震醒。中國人已經在開始研究「馬客士」和「里林」了！

《新青年》「一枝獨秀」

李大釗的論文，發表在《新青年》雜誌上。

《新青年》，是沉寂的中國的聲聲鼙鼓，是低迴烏雲下的一面豔麗紅旗。《新青年》在

千千萬萬讀者之中，撒下革命的種子。它為中國共產黨的誕生，作了思想上的準備。

毛澤東當時也是《新青年》的熱心的讀者之一。

一九三六年，當那位勇敢的美國記者埃德加•斯諾闖進延安，抓住夜晚的空隙訪問毛澤東。「毛澤東盤膝而坐，背靠在兩隻公文箱上，他點燃了一支紙煙」，曾如此回憶道：

「《新青年》是有名的新文化運動的雜誌，由陳獨秀主編。我在師範學校學習的時候，就開始讀這個雜誌了。我非常欽佩胡適和陳獨秀的文章。他們代替了已經被我拋棄的梁啟超和康有為，一時成了我的楷模。」⑤

就連後來成為中共上海市委第一書記、上海市市長、國務院副總理、中共中央政治局委員的那位柯慶施，當時自稱「在這社會上，已經鬼混十八九年」，曾給《新青年》主編陳獨秀寫了一封信：

> 獨秀先生：
>
> 我在《新青年》雜誌裡，看見你的文章，並且從這許多文章中，看出你的主張和精神。我對於你的主張和精神，非常贊成。因為我深信中國舊有的一切制度，的確比毒蛇猛獸，還要厲害百倍；他一日存在，那就是我們四萬萬同胞的禍害一日未除，將來受他的虐待，正不知要到什麼地步。咳！可憐！可痛！……⑥

那位高擎《新青年》大旗的陳獨秀，與李大釗並駕齊驅，人稱「北李南陳」。

當時青年中流傳這樣的小詩：

北李南陳，兩大星辰，
漫漫長夜，吾輩仰承。

陳獨秀年長李大釗十歲，一八七九年出生於安徽安慶。安慶曾是安徽省省會。陳獨秀，名慶同，字仲甫，常用的筆名為實庵。獨秀原本也是他的筆名。

安慶有獨秀山。據傳，二十世紀五十年代毛澤東坐船沿長江駛過安慶，問左右道：「先有陳獨秀，才有獨秀山，還是先有獨秀山，才有陳獨秀？」左右一時竟答不上來。

其實，答案是明擺著的：獨秀山之名由來已久。此山在安慶城西南六十里，山並不險峻，只是平地而起，一枝獨秀，故名「獨秀山」。出生在那裡的陳慶同，最初曾以「獨秀山民」為筆名，首次用於一九一四年十一月十日出版的《甲寅雜誌》⑦上，意即「獨秀山之民」。

不過，「獨秀山民」畢竟顯得囉唆，一望而知是筆名。他捨去「山民」兩字，用「獨秀」為筆名。這「獨秀」用多了，有時加上姓，就演變成「陳獨秀」。當然，這麼一來，不知內情者，以為他頗為自命不凡——自詡「一枝獨秀」。

其實，他借「獨秀」之名表示對故鄉的懷念。後來，以「陳獨秀」署名的文章越來越多，以至世人把他的筆名當作姓名，而他的本名卻鮮為人知了。

陳獨秀亦非等閒之輩，他曾四次去日本求學：

頭一回，一九〇一年，他二十二歲，先在東京專門學校進修日語，然後在高等師範學校就讀。學習半年後回國。

第二次，一九〇二年，他二十三歲，再入東京高等師範學校學習。一年後回國。

第三次，一九〇六年，他二十七歲，入東京正則英語學校，然後轉到早稻田大學學習英語。一年後回國。

第四次，一九一四年，他三十五歲，在日本雅典娜法語學院學習法語。一年半後回國。

當年的日本，是中國革命分子的大本營。孫中山、李大釗、魯迅、蔡元培、章士釗等等，在那裡組織各種各樣的革命團體，辦報紙，出書刊。學得日語、英語、法語的他，在日本讀了許多革命書籍。他的思想日漸激進。來來往往於安慶—上海—日本，陳獨秀參與過暗殺清朝大官的密謀，辦過《安徽俗話報》，參加過「勵志會」、「中國青年會」、「愛國會」、「光復會」、「岳王會」、「歐事研究會」等等。他是一名非常活躍的革命分子。

在辛亥革命中，陳獨秀有過一番轟動。安徽省於一九一一年十一月十一日宣布獨立，脫離清政府。孫毓筠新任安徽都督，特聘陳獨秀為安徽都督府秘書長。陳獨秀從杭州返回故鄉安慶，權重一時。

不久，陳獨秀的密友柏文蔚任安徽都督，仍任命陳為安徽都督府秘書長。柏文蔚經常不在安慶，都督府實際上常由陳獨秀主持。安徽人當時稱：「武有柏，文有陳，治皖得人。」

好景不常。袁世凱得勢，安徽易幟。一九一三年八月二十七日，袁世凱任命的安徽新都督倪嗣沖佔領安慶，下令「捕拿柏文蔚之前秘書長陳仲甫」，抄了陳獨秀的家。陳獨秀逃往上海。不久，只得亡命日本——第四次赴日。

在日本，陳獨秀「窮得只有件汗衫，其中無數蝨子」。這位曾在安徽叱吒風雲的都督府秘書長，一下子從青雲之上跌落到不名一文。

經過這般大起大落，他冷靜思索，悟明要從思想上影響民眾，尤其是啟蒙青年，才能推進中國革命。

一九一五年夏，當三十六歲的陳獨秀從日本回國，落腳上海，便著手籌辦《青年雜誌》。

陳獨秀的摯友汪孟鄒之侄汪原放，在《回憶亞東圖書館》一書中寫及《青年雜誌》的創辦經過：「據我大叔（引者注：即汪孟鄒）回憶，民國四年（一九一五年），仲甫亡命到上海來，『他沒有事，常要到我們店裡來（引者注：指亞東圖書館。當時的亞東圖書館是出版社兼書店）。他想出一本雜誌，說只要十年、八年的工夫，一定會發生很大的影響，叫我認真想法。我實在沒有力量做，後來才介紹他給群益書社陳子沛、子壽兄弟。他們竟同意接受，議定每月的編輯費和稿費二百元，月出一本，就是《新青年》（先叫做《青年雜誌》，後來才改為《新青年》）』。……《新青年》愈出愈好，銷數也大了，最多一個月可以印一萬五六千本了（起初每期只印一千本）。」⑧

陳獨秀獨挑重擔，《青年雜誌》在一九一五年九月十五日出版了創刊號。

陳獨秀寫了創刊詞《敬告青年》，鮮明地向青年們提出六點見解：

一、自由的而非奴隸的；

二、進步的而非保守的；

三、進取的而非退隱的；

四、世界的而非鎖國的；

五、實利的而非虛文的；

六、科學的而非想像的。

陳獨秀指出：「國人而欲脫蒙昧時代，羞為淺化之民也，則急起直追，當以科學與人權並重。」他以為科學與人權（民主）乃「若舟車之有兩輪焉」。這樣，《青年雜誌》一創刊，就高高舉起了科學和民主這兩面大旗。

《青年雜誌》旗幟鮮明，思想活躍，文鋒犀利，切中時弊，很快就在讀者中產生了廣泛影響，發行量扶搖直上。

一年之後，《青年雜誌》改名《新青年》。改名的原因，如汪原放在《回憶亞東圖書館》一書中所述：「我還記得，我的大叔說過，是群益書社接到上海青年會的一封信，說群益的《青年雜誌》和他們的《上海青年》（週報）名字雷同，應該及早更名，省得犯冒名的錯誤。想不到『因禍得福』，《新青年》雜誌和他們的宗教氣十分濃厚的週報更一日日的背道而馳了。」

《青年雜誌》更名為《新青年》後，其名聲更加響亮，提倡新思想、新文化，為新青年服務。《新青年》「一枝獨秀」，使陳獨秀聲名鵲起。

蔡元培「三顧茅廬」

北京，離天安門不遠處的西河沿，一家中等的中西旅館。

清早，一位年近半百有著紳士風度的人物，內穿中式對襟棉襖，外穿呢大衣，一副金絲邊眼鏡，長長的山羊鬍子，前往中西旅館，探望六十四號房間的旅客。

「他還沒起床吧！」茶房答道。

「不要叫醒他，不要叫醒他。」來客用浙江紹興口音連連說道：「請給我一張凳子，我坐在他的房間門口等候就行了。」

六十四號房間的旅客是一位忙碌的人物，白天不見蹤影，夜間又要看戲，遲遲才歸。唯早晨貪睡晚起。那位訪客來過幾回未遇，索性一大早起來，在房間門口坐等。

那位忙碌的旅客非別人，陳獨秀也。

一九一六年十一月二十六日，他和亞東圖書館老闆汪孟鄒同車離滬赴京，為的是在北京為亞東圖書館招股，募集資金。

那位坐在門外靜候的人，比陳獨秀年長十一歲，當年名滿華夏。此人來歷不凡，清朝光緒年間（一八九二年）的進士，授翰林院編修。這位受四書五經薰陶的書生，居然舉起反清義幟，於一九〇四年任革命團體光復會會長。翌年，加入孫中山的同盟會，成為上海分部的負責人。辛亥革命後，被孫中山委任為南京臨時政府教育總長。此後，袁世凱當權，他憤而棄職，遊學

歐洲。回國後，於一九一六年十二月二十六日，被任命為北京大學校長。

此人便是蔡元培。

蔡元培深知單槍匹馬赴任，難以駕馭那舊勢力盤根錯節的北京大學。這所由創建於一八九八年的京師大學堂發展而來的最高學府，封建餘孽頗為猖獗。那辜鴻銘居然拖著長辮子走上講壇，那劉師培言必稱「孔孟」……蔡元培思賢若渴，尋覓一批新思想、新文化的新人物，作為新興北京大學的棟樑之才。

在這個當口，蔡元培見到北京醫專校長湯爾和。

湯爾和早在一九〇二年留學日本時便與陳獨秀相識。湯爾和當即推薦了陳獨秀——儘管湯爾和後來跟陳獨秀並無多少來往。湯爾和是從《新青年》雜誌上識得陳獨秀的才氣，因此把十多本《新青年》交給蔡元培，說道：「你看看《新青年》——那是陳獨秀主編的。」

一九〇四年十二月，在上海，蔡元培與陳獨秀有過一面之交，他們都是暗殺團成員。此後多年沒有交往。這時，蔡元培讀了《新青年》，深深佩服陳獨秀的睿智和博學，尤愛陳獨秀的新思維、新見識，決定聘任陳獨秀為北京大學文科學長。事有湊巧，陳獨秀到京後，曾去北京大學看望過沈尹默。沈尹默把消息告訴蔡元培。蔡元培得知陳獨秀來京就趕緊前往拜訪。

就在蔡元培獲得北京大學校長正式任命的當天上午，蔡元培就去中西旅館看望了陳獨秀。與陳獨秀同住的汪孟鄒在日記中曾寫道：

「十二月二十六日，早九時，蔡子民（引者注：蔡元培號子民）先生來訪仲甫，道貌溫言，令人起敬，吾國唯一之人物也。」

如此「道貌溫言」，又如此親自上門敦請，陳獨秀卻未肯答應下來！

蔡元培簡直如同那位「三顧茅廬」的劉備一般，一回回光臨中西旅館，只是難得一遇陳獨秀。乾脆，他一早前來坐等！

至誠則金石為開。陳獨秀吱唔一聲啟開房門，見蔡元培已在那裡靜候，大吃一驚，連聲道：「失敬，失敬。」

「仲甫先生，孑民今日仍為聘請之事而來。」蔡元培進屋剛剛坐定，便道出來意。

「謝謝先生好意，只是仲甫才疏學淺，難以擔此重任——日前曾再三說明。」陳獨秀仍重複二十六日上午說過的話。

「先生有何難處，望直言。孑民願盡力為先生排憂解難。」蔡元培真誠地說道。

沉思了一晌，陳獨秀說出了心裡話：「仲甫再三推辭，內中有兩個原因。」

「願聞其詳。」蔡元培雙目注視著陳獨秀。

「第一，仲甫從未在大學上過課，既無博士頭銜，又無教授職稱，怎可充當堂堂文科學長？」陳獨秀說道。

「先生可以不開課，專任文科學長。」蔡元培為之排遣道：「至於教授職稱，憑先生學識，完全可以授以教授職稱——待先生進北大之後，當可辦理有關教授職稱手續。此事不難。」

「第二，仲甫身為《新青年》主編，每月要出一期雜誌，編輯部在上海，無法脫身。」陳獨秀又說出另一原因。

「此事亦不難解決，先生可把《新青年》雜誌搬到北大來辦！」蔡元培主意真多，又為陳

獨秀解決了具體困難。他說：「北大乃人才濟濟之地。先生到北大來辦《新青年》，一定比在上海辦得更有影響。」

這下子，陳獨秀心中的憂慮頓時煙消雲散，面露笑容。

「先生答應啦？」蔡元培問道。

「我回滬後料理好雜事，即赴京就任。」陳獨秀爽快地說道。

「一言為定！」

「一言為定！」

兩隻手緊緊地握在一起。

握畢，陳獨秀卻又道：「文科學長之職，我只可暫代。我推薦一人。此人眼下正在美國。倘若他返回中國，即請他擔任文科學長。此人之才，勝弟十倍。」

「先生所薦何人？」蔡元培趕緊追問。

「胡適先生！」陳獨秀道。

「久聞適之先生大名，倘若仲甫先生代為引薦，適之先生歸國之後能到北大任教，則北大既得龍又得鳳了！」蔡元培興奮地說道：「當然，文科學長一職，仍由先生擔任，適之先生可另任新職。」

「不，不，文科學長一職，只是此時無人，弟暫充之。」陳獨秀謙讓道。

就在這次中西旅館晤談後十來天，一九一七年一月十三日，蔡元培向陳獨秀發出由北京政府教育總長范源濂簽署的「教育部令第三號」：

「茲派陳獨秀為北京大學文科學長。此令。」

一月十五日，蔡元培校長簽署的布告，張貼在北京大學：

「本校文科學長夏錫琪已辭職，茲奉令派陳獨秀為北京大學文科學長。」

消息傳出，北大震動。青年學生熱烈歡呼，遺老遺少不以為然。

既然任命已公之於眾，陳獨秀也就在一月下旬赴京上任。

北京大學原在北京地安門內馬神廟，自一九一六年九月起在北京漢花園另建新校舍。漢花園即今日的沙灘。陳獨秀被安排住在與漢花園只一箭之遙的北池子箭桿胡同九號——那裡也就成了《新青年》編輯部的所在地。

群賢畢至北京大學

陳獨秀行魂未定，便有人敲門。開門相見，兩人哈哈大笑。

來訪者乃北京大學國文系教授錢玄同——他的兒子錢三強後來成了中國著名的核子物理學家。

錢玄同是文學理論家、文字音韻學家，當年在日本時與魯迅同聽章太炎講文字學。章太炎即章炳麟，一九〇四年曾與蔡元培發起組織光復會。

錢玄同跟陳獨秀一見面，便舊事重提：「仲甫兄，還記得嗎?光緒三十四年，我在太炎先生隔壁房間裡，跟黃季剛聊天。忽聽見有人在跟太炎先生談話，用安徽口音說及清朝漢學家多

出皖蘇。黃季剛聽著聽著，便火了，用一口湖北話大聲說道：『湖北固然沒有學者，然而這不就是區區；安徽固然多有學者，然而這也未必就是足下。』隔壁之安徽人，聞言大吃一驚。這位安徽人，如今居然成了北京大學文科學長哩！」

兩人相視，又一陣哈哈大笑。

陳獨秀亦深諳訓詁音韻學，曾被章太炎視為畏友。他跟錢玄同都擅長此道，又是舊識，何況思想同趨激進，相見甚歡。不言而喻，錢玄同加入了《新青年》陣營。

錢玄同前腳剛走，又一位教授後腳踏了進來。此人也是在北大文科任教，擅長舊體詩詞，又擅長書法，尤以行書著稱。一個多月前，陳獨秀和汪孟鄒來北京時，陳獨秀曾特地去北京大學拜訪此人——沈尹默。蔡元培知道陳獨秀抵京，那「信息」便是從沈尹默那裡得到的。

又是相見哈哈大笑。陳獨秀拍了拍沈尹默的肩膀道：「想不到，老兄的名字已小有名氣了！」

「仲甫，你那『字俗入骨』一句話，我迄今還時時不忘！」沈尹默笑道。

沈尹默跟陳獨秀相識，也有那麼一番趣事：

那是一九一〇年初，陳獨秀在杭州陸軍小學堂擔任歷史、地理教員。同校有個教員叫劉季平（又名劉三），喜愛文學，跟陳獨秀過從頗密。

一天，陳獨秀在劉季平家，看見牆上新懸一紙，上寫一首五言詩。陳獨秀精於舊體詩詞，當即吟誦一番，細品詩意。

陳獨秀指著詩末落款問道：「這個沈尹默，何許人也？」

「我的友人沈士遠之弟也，排行第二，又喚沈二。」劉季平答道：「前幾天士遠和他一起來寒舍飲酒，幾盅下肚，沈二詩興大發，口占一首五言詩。翌日，他又將詩寫在宣紙上送來，要我指教。仲甫兄，你精熟詩詞，請你不吝賜教。」

「這位沈尹默先生住在何處？」陳獨秀道：「我當面跟他說。」

「也好，也好。」劉季平把沈尹默的住處告訴了陳獨秀。

於是，陳獨秀往訪沈尹默。剛剛邁進大門，便喊道：「沈尹默先生在嗎？」

「在下便是。」沈尹默趕緊起身相迎。

「我叫陳仲甫。」陳獨秀跟他一見面，便大聲說道：「昨天我在劉三家看到你寫的詩，詩做得很好，其字俗入骨，可謂『詩在天上，字在地下』！」

沈尹默聞言，雙頰頓紅。他從未遇見過如此直爽的人，那火辣辣的話使他很不自在。受陳獨秀深深一刺激，沈尹默痛下決心練字。他跟陳獨秀三天兩頭相聚，陳獨秀不僅做詩，還寫篆字給他。從此沈尹默刻意鑽研書法，先學褚遂良，後遍習晉唐諸名家，對蘇軾、米芾、黃庭堅也多有留心，心悟神通，宣導以腕運筆，自成一家，博得書法家之美譽。

如今，陳獨秀前來北京大學任職，沈尹默又像當年在杭州一樣與他朝夕相聚。沈尹默自然也成了《新青年》編輯部的一員猛將。

陳獨秀進北大之際，劉半農亦應聘擔任北京大學預科教授。用現今的話來說，劉半農屬「自學成才」的人物：他出生於長江之畔的江蘇省江陰縣，那裡的黃山要塞炮臺名聞遐邇。劉半農之父劉寶珊乃一介寒士，生三子，劉半農居長。次子劉天華是中國二胡泰斗，亦是靠自學

而步入音樂聖殿。劉半農只讀過中學，此後做中華書局的編輯員，靠著自學而使學問漸豐。從一九一六年起，劉半農便投稿於《新青年》，跟陳獨秀有了文字之交。陳獨秀來到北大，便提攜劉半農出任預科教授。於是，劉半農亦加入了《新青年》編輯部。

劉半農因無高深學歷而任預科教授，曾在北大受到猛烈攻擊——其真正原因是劉半農在《新青年》上發表一系列新思想文章。後來劉半農於一九二〇年留學英法，獲法蘭西國家文學博士，此是後話。

就在陳獨秀進入北大後半年，經他聯絡、推薦、聘請，那位在美國哥倫比亞大學攻讀博士學位的胡適從大洋彼岸歸來，出任北京大學中國哲學史教授，使《新青年》又添一員虎將。

胡適原名洪騂，後改名適，字適之，安徽績溪人，他的父親胡傳是清朝貢生，做過地方小官。胡傳曾把安徽茶葉販到上海，在上海川沙縣開了一爿茶葉店，於是胡家落腳上海。

胡傳元配早亡，無子嗣。繼室曹氏，生三子四女。曹氏死於戰亂。胡傳四十八歲那年，娶年方十七的農家姑娘馮順弟為填房。翌年——一八九一年，馮順弟在上海生下一男孩，這便是胡適。

胡適在二十歲那年，赴美留學。他最初學農，入康奈爾大學農學院。兩年後，又改修哲學。二十四歲，獲康奈爾大學文學學士學位。然後，他考入哥倫比亞大學，師從杜威，攻讀博士學位。

一九一七年五月，胡適參加博士學位考試，被評為「大修通過」（但未正式獲得博士學位）。六月離美。七月抵滬探母。八月，赴北京大學就任哲學研究所主任兼文科教授。

早在《青年雜誌》創刊伊始，汪孟鄒便將雜誌寄給了胡適。於是，胡適從美國源源不斷寄來文稿，後來成了《新青年》的主要撰稿人之一，與陳獨秀信函交馳，聯絡頻繁。

陳獨秀剛剛就任北京大學文科學長之職，便給胡適去函：「孑民先生盼足下早日回國，即不願任學長，校中哲學、文學教授俱乏上選，足下來此亦可擔任。」此信使胡適下定歸國之心。

胡適的到來，理所當然，加入了《新青年》編輯部。

就在胡適步入北大校園幾個月後——一九一七年十一月，一顆耀眼巨星也進入北大。此人便是「北李」——李大釗。那時，章士釗辭去北大圖書館主任之職，力薦李大釗繼任。於是，「北李」、「南陳」同聚於北大，共商《新青年》編輯之事。

就在《新青年》不斷添翅增翼之際，錢玄同又從北京宣武門外冷寂的古屋裡，把一個埋頭抄碑文的人，拖進了《新青年》的軌道。此人出手不凡，在《新青年》上頭一回亮相，便甩出一篇《狂人日記》，使舊文壇發生了一場不小的地震！

那年月，同鄉的概念頗重，北京城裡有著各式各樣的同鄉會館。紹興會館坐落在北京宣武門外。據說，那裡院子中的一棵槐樹上，吊死過一個女人，所以無人敢住，倒是一個剃著板刷般平頭的紹興漢子不信鬼，獨自在那兒下榻。他圖那兒清靜，又不用付房租，就在那兒終日抄錄古碑文。

地點冷僻，況且抄碑者心似枯井，與外界極少來往，幾乎沒有什麼客人驚擾。只有他的一位穿長衫的老同學，偶爾光臨。他倆在日本曾同為章太炎門生，所以攀談起來，倒也投機。這

位來訪者，便是《新青年》編輯錢玄同。那位抄碑者姓周名樹人，後來以筆名魯迅著稱於世。他倆曾有過一番看似平常卻至關重要的談話。魯迅在《吶喊》〈自序〉中這般描述：

「你鈔了這些有什麼用？」有一夜，他翻著我那古碑的鈔本，發了研究的質問了。

「沒有什麼用。」

「那麼，你鈔他是什麼意思呢？」

「沒有什麼意思。」

「我想，你可以做點文章……」

我懂得他的意思了，他們正辦《新青年》，然而那時彷彿不特沒有人來贊同，並且也還沒有人來反對，我想，他們許是感到寂寞了，但是說：

「假如一間鐵屋子，是絕無窗戶而萬難破毀的，裡面有許多熟睡的人們，不久都要悶死了，然而是從昏睡入死滅，並不感到就死的悲哀。現在你大嚷起來，驚起了較為清醒的幾個人，使這不幸的少數者來受無可挽救的臨終的苦楚，你倒以為對得起他們麼？」

「然而幾個人既然起來了，你不能說決沒有毀壞這鐵屋的希望。」

是的，我雖然自有我的確信，然而說到希望，卻是不能抹殺的，因為希望是在於將來，決不能以我之必無的證明，來折服了他之所謂可有，於是我終於答應他也做文章了，這便是最初的一篇《狂人日記》。從此以後，便一發而不可收，每寫些小說模樣的文章，以敷衍朋友們的囑託，積久就有了十餘篇。……

借助錢玄同的激勵和介紹，魯迅先是成為《新青年》的作者，繼而加入編者的隊伍。到了一九二〇年秋，魯迅應聘擔任北京大學講師，進入了北大。

其實，在與錢玄同作那番談論之前，魯迅已經注意《新青年》。據《魯迅日記》載，一九一七年一月十九日，他曾給當時在紹興的周作人寄十本《新青年》。這十本《新青年》，或許是陳獨秀所贈，也許是蔡元培所送。

一九一七年三月，由於魯迅、許壽裳的推薦，蔡元培決定聘請周作人為北京大學國史編纂處編譯員，於是周作人從紹興來到北大。同年九月，周作人成為北京大學文科教授，講授歐洲文學史。

錢玄同向魯迅約稿，魯迅又介紹了弟弟周作人。於是，周氏兄弟進入《新青年》行列。

在蔡元培出任北京大學校長之後，力主改革，招賢納士，眾星匯聚北京大學，而陳獨秀身為文科學長、《新青年》主編，也就把一批具有新思想的教授、學者，納入《新青年》編輯部。《新青年》新增一批驍將，面目一新，戰鬥實力大大加強。

如沈尹默所回憶：

「《新青年》搬到北京後，成立了新的編輯委員會，編委七人：陳獨秀、周樹人、周作人、錢玄同、胡適、劉半農、沈尹默。並規定由七人編委輪流編輯，每期一人，周而復始。」⑨

後來，到了一九一九年一月，《新青年》第六卷第一號刊載《本誌第六卷分期編輯表》，又

稍作調整：「第一號，陳獨秀；第二號，錢玄同；第三號，高一涵；第四號，胡適；第五號，李大釗；第六號，沈尹默。」

以北京大學為中心，以《新青年》為陣地，一個嶄新的文化陣營在中國出現了。在沉悶的中國大地，《新青年》發出一聲聲驚雷：

胡適的《文學改良芻議》，陳獨秀的《文學革命論》，吹響了文學革命的號角，提倡白話文、白話詩；

陳獨秀的《駁康有為致總統總理書》、《憲法與孔教》、《孔子之道與現代生活》，魯迅的《狂人日記》，舉起了反孔教的旗幟；

陳獨秀的《有鬼論質疑》，易白沙的《諸子無鬼論》，魯迅、錢玄同、劉半農的隨感錄，向封建迷信發起了進攻；

李大釗的《庶民的勝利》、《Bolshevism的勝利》以及後來的長篇論文《我的馬克思主義觀》，毫不含糊地在《新青年》上歌頌蘇俄十月革命，宣傳馬克思列寧主義。

初出茅廬的「二十八畫生」

就在《新青年》雜誌推出一篇又一篇彪炳顯赫的雄文之際，在一九一七年四月號，登出了一篇《體育之研究》。此文的作者的名字是讀者所陌生的，即「二十八畫生」！

顯而易見，這是一個筆名。作者不願透露真姓實名。那是陳獨秀從一大堆來稿中，見到這篇寄自湖南的《體育之研究》。雖說文筆尚嫩，但是有自己獨特的見解，何況《新青年》雜誌的文章很少涉及體育，便把此文發排了。

推算起來，這是「二十八畫生」頭一回跟陳獨秀結下文字之交。

當時，這位「二十八畫生」，還只是個二十四歲的湖南小夥子。直到他後來成為中國共產黨領袖，笑談「二十八畫生」的來歷時，人們才恍然大悟：

「你把我的姓名數一數，總共多少筆劃？」

哦，「毛澤東」——整整二十八畫！

《體育之研究》是迄今發現的毛澤東公開發表的最早的文章。也就是說，毛澤東的「處女作」是在《新青年》雜誌上發表的！

寫《體育之研究》時，用毛澤東自己的話來說：「在這個時候，我的思想是自由主義、民主改良主義、空想社會主義等思想的大雜燴。我憧憬『十九世紀的民主』、烏托邦主義和舊式的自由主義，但是我反對軍閥和反對帝國主義是明確無疑的。」⑩

毛澤東的《體育之研究》寫罷，曾請他的恩師楊昌濟先生指教。

楊昌濟是毛澤東在湖南省立第一師範求學時的老師。毛澤東這樣談及楊昌濟：

「給我印象最深的教員是楊昌濟，他是從英國回來的留學生，後來我同他的生活有密切的關係。他教授倫理學，是一個唯心主義者，一個道德高尚的人。他對自己的倫理學有強烈信仰，努力鼓勵學生立志做有益於社會的正大光明的人。我在他的影響之下，讀了蔡元培翻譯的一本倫理學的書。我受到這本書的啟發，寫了一篇題為《心之力》的文章。那時我是

一個唯心主義者，楊昌濟老師從他的唯心主義觀點出發，高度讚賞我的那篇文章。他給了我一百分。」⑪

當一九〇九年春，楊昌濟從日本去到倫敦北澱大學學習時，在那裡結識一位名叫章士釗的中國留學生。

一九一七年，章士釗任北京大學教授兼圖書館主任，便向蔡元培推薦楊昌濟到北京大學出任倫理學教授。蔡元培當即以校長名義，給楊昌濟寄去聘書。於是，楊昌濟於一九一八年春由長沙來到北大任教。

這年六月，楊昌濟把家眷也接往北京，在鼓樓後豆腐池胡同十五號安家。他和妻子向振熙、兒子楊開智、女兒楊開慧住在一起。

這時，楊昌濟在北京大學結識了一位年輕的哲學講師，叫梁漱溟。此人的本家兄長梁煥奎與楊昌濟有著舊誼。梁漱溟跟楊教授切磋哲學，相談甚洽。於是，常常造訪豆腐池胡同楊府。

在一九一八年八月中旬起，每當梁漱溟晚間叩響楊府大門，常見一位個子高高的湖南小夥子前來開門。他跟梁漱溟只是點點頭，偶爾說一兩句寒暄之語，聽得出湖南口音很重。開了門，他便回到自己屋中，從不參與梁漱溟跟楊昌濟的談話。

這位楊府新客，便是「二十八畫生」！

那是「二十八畫生」——毛澤東，平生頭一回來到首都北京。舉目無親而且又是借了錢到北京的他，投宿於恩師楊昌濟家中。當時，湖南的一批學生要到歐洲勤工儉學，毛澤東支持他們出國，但他自己並不想去歐洲。他和這些學生一起來到北京。

北京對於毛澤東來說，開銷太大了。他不得不尋求一份工作。

在北京大學圖書館裡，楊昌濟找到了主任李大釗：「李先生，我有一位學生從湖南來——毛澤東。此生資質高，為人勤奮。不知李先生能否為他在圖書館裡安排差使？」

「好，好，你請他來。」李大釗一口應承。

翌日，楊昌濟便領著瘦長的毛澤東，去見李大釗——這是二十五歲的毛澤東頭一回與二十九歲的李大釗會面。

李大釗帶著毛澤東來到北京大學紅樓一層西頭第三十一號的第二閱覽室，讓他當助理員。

「你每天的工作是登記新到的報刊和閱覽者的姓名，管理十五種中外報紙，月薪八元。」李大釗對毛澤東說道。

這對於來自外鄉農村的毛澤東來說，已是很大的滿足了。

過了好多年，當毛澤東跟斯諾談及這段經歷時，他說：「李大釗給了我圖書館助理員的工作，工資不低，每月有八塊錢。」⑫

其實，當時的北京大學校長蔡元培，月薪六百元；文科學長陳獨秀，月薪四百元；教授，月薪起碼二百元。

在一九三六年，毛澤東還曾對斯諾談及如下回憶：

「我的職位低微，大家都不理我。我的工作中有一項是登記來圖書館讀報的人的姓名，可是對他們大多數人來說，我這個人是不存在的。在那些來閱覽的人當中，我認出了一些有名的新文化運動頭面人物的名字，如傅斯年、羅家倫等等，我對他們極有興趣。我打算去和他們攀

談政治和文化問題，可是他們都是些大忙人，沒有時間聽一個圖書館助理員說南方話。

「但是我並不灰心。我參加了哲學會和新聞學會，為的是能夠在北大旁聽。在新聞學會裡，我遇到了別的學生，例如陳公博，他現在在南京當大官了；譚平山，他後來參加了共產黨，之後又變成所謂『第三黨』的黨員；還有邵飄萍。特別是邵飄萍，對我幫助很大。他是新聞學會的講師，是一個自由主義者，一個具有熱烈理想和優良品質的人。一九二六年他被張作霖殺害了。

「我在北大圖書館工作的時候，還遇到了張國燾——現在的蘇維埃政府副主席；康白情，他後來在美國加利福尼亞州加入了三K黨！段錫朋，現在在南京當教育部次長。也是在這裡，我遇見而且愛上了楊開慧。她是我以前的倫理學教員楊昌濟的女兒。在我的青年時代，楊昌濟對我有很深的影響，後來在北京成了我的一位知心朋友。

「我對政治的興趣繼續增長，我的思想越來越激進。……」⑬

毛澤東用這樣一句話，概括了他在北京大學時的收穫：「我在李大釗手下在國立北京大學當圖書館助理員的時候，就迅速地朝著馬克思主義的方向發展。」

毛澤東有了工作之後，有了收入，就搬到北京大學附近的景山東街三眼井胡同七號，一間普通的民房裡，跟蔡和森、羅學瓚、張昆弟等八人住在一起，「隆然高炕，大被同眠」。

毛澤東也去拜訪了比他大十四歲的陳獨秀。

「我第一次同他見面在北京，那時我在國立北京大學，他對我的影響也許超過其他任何人。」

毛澤東還去拜訪那位從美國歸來的胡適——雖然胡適只比他大兩歲，可是吃過洋麵包，掛著「博士」、「教授」頭銜，比毛澤東神氣多了。

毛澤東曾組織在北京的新民學會會員十幾個人，請蔡元培、胡適座談，「談話形式為會友提出問題，請其答覆，所談多學術及人生觀的問題」。⑭

毛澤東在北京大學工作了半年，經上海，回湖南去了。這位「二十八畫生」，當時尚未在中國革命中嶄露頭角，然而這半年，北京大學、《新青年》、「北李南陳」給予他的深刻影響，使他走上了馬克思主義的道路。

大總統的午宴被「五四」吶喊聲淹沒

一九一九年五月，魯迅所言那間「絕無窗戶而萬難破毀」的「鐵屋子」，終於被眾多清醒過來的人用憤怒的鐵拳砸出了一扇窗戶。

驚天動地的吶喊聲，在五月四日爆發……

那天中午，北京的「總統府」裡，還顯得十分平靜。總統徐世昌正忙於午宴。

這位「徐大總統」是在一九一八年九月登上總統寶座的。那時，孫中山在廣州組建護法政府，任海陸軍大元帥。北洋軍閥頭目段祺瑞與孫中山對抗，在北京組織新國會，選舉徐世昌當大總統。

徐世昌此人，二十四歲時便與袁世凱結為金蘭。此後中進士，當上清政府的軍機大臣，

東三省首任總督。袁世凱得勢時，他成了北洋政府的國務卿。袁世凱去世，馮國璋任總統，一九一八年十月馮國璋下臺，徐世昌成了北洋軍閥元老，順理成章成了大總統。

徐大總統設午宴，為的是替章宗祥洗塵。章宗祥早年畢業於日本東京帝國大學法學科，日語純熟。後來投奔袁世凱門下，當過袁世凱總統府秘書北洋政府司法總長。從一九一六年六月起，改任駐日公使，參與同日本的秘密談判。三天前從日本返回北京，向徐大總統密報與日談判內幕。徐大總統頗為滿意，故為之洗塵。

午宴只請瞭解對日談判核心機密的三位要員作陪：錢能訓、陸宗輿、曹汝霖。錢能訓乃國務總理，當然參與機要。

陸宗輿乃幣制局局長。本來幣制局局長未必參與機要，但陸宗輿乃前任駐日公使，多次與日本外相密談，所以也成為陪客之一。此人早年畢業於日本早稻田大學政經科，與日本政界有著瓜葛。自一九一三年十二月起任駐日全權公使。此後，章宗祥繼任公使。

曹汝霖為交通總長。照理，交通總長亦與此事無關。曹汝霖在座，那是因為他也與日本有著密切關係。他曾就學於日本早稻田大學、東京法政大學，熟悉日本事務。此後，他當過袁世凱政府的外交次長，參與對日秘密談判。

如此這般，五人聚首，原因很明白：一個大總統，一個國務總理，加三個「日本通」。

席間，觥籌交錯，眉飛色舞。尤其是在章宗祥悄聲講起對日密談的新進展時，舉座皆喜。

正在興高采烈之際，承宣官忽地入內，在總統耳邊悄然細語，總統臉色陡變。承宣官走後，總統徐世昌只得直說：「剛剛吳總監來電話報告，說是天安門外有千餘學生，手執白旗，高呼口號，攻擊曹總長、陸局長、章公使。請三位在席後暫留公府，不要出府回家，因為學生即將遊行。潤田、閏生、仲和三公，請留公府安息，以安全為重。」

徐世昌提及的吳總監，即警察總監吳炳湘。潤田、閏生、仲和分別為曹汝霖、陸宗輿、章宗祥的號。

總統這幾句話，如一盆冷水澆下，誰都放下了筷子，無心再吃——雖說剛剛送上一道鳳尾大蝦，熱氣騰騰，那是為浙江吳興人章宗祥特備的海鮮菜。

曹汝霖、陸宗輿、章宗祥面面相覷，不知所措。或許是酒力發作，或許是心虛之故，前額沁出了汗珠。

曹、陸、章各懷心腹事。前幾天，他們已風聞，學生指責他們為三大賣國賊：

那喪權辱國的「二十一條」，是曹汝霖、陸徵祥一九一五年在北京跟日本駐華公使日置益秘密談判而成的。談判進行了一半，日本公使忽地因墜馬受傷，無法外出，曹和陸竟趕到北京那「國中之國」——東交民巷使館區，在日置益的床前談定「二十一條」！

至於章宗祥，則在日本與日本外相後藤進行密談。當日本要求繼承德國在山東權益時，章宗祥竟表示「欣然同意」！

五月一日，上海英文版《大陸報》首先披露爆炸性消息：身為戰勝國的中國，在巴黎和平會議上，曾要求取消「二十一條」，歸還在大戰期間被日本奪去的德國在山東的種種權利，卻被由美國總統、英國首相、法國總理、義大利總理組成的「四人會議」所否決。

五月二日，廣有影響的北京《晨報》刊載徐世昌的顧問、外交委員會委員兼事務長林長民

的文章，透露了中國政府在巴黎的外交慘敗。

消息傳出，北京大學一片譁然，北京的大學生們群情激憤。於是，五月四日中午，就在徐世昌「歡宴」曹、陸、章之際，三千多北京的大學生集合在天安門前，發出憤怒的呼號：「取消二十一條！」「保我主權！」「嚴懲賣國賊曹汝霖、陸宗輿、章宗祥！」「妥速解散，不許學生集會，不許學生遊行！」總統徐世昌離席，要國務院總理錢能訓立即打電話給警察總監吳炳湘。

總統、總理都忙著去下命令，午宴半途而散。

躲在總統府裡如坐針氈，曹汝霖和章宗祥決定還是回家。於是，兩人同乘一輛轎車，駛出了總統府，途經前門，向東，拐入小巷，駛入狹窄的趙家樓胡同，出了胡同西口，往東，到達曹宅。曹汝霖邀章宗祥入寓小憩，兩人下車，見門口站著數十名警察。

往日，曹寓門口是沒有警衛的。一問，才知是警察廳派來的，為的是防止學生闖入曹寓。曹汝霖見有那麼多警察守衛，也就放心了，跟章宗祥步入客廳，沏上一杯龍井清茶。悠悠啜茗，算是鬆了一口氣。

一杯茶還未喝完，嘈雜之聲便傳入耳中，有人入內報告，學生遊行隊伍正朝此進發！

「不要吃眼前虧，還是躲避一下為好。」曹汝霖放下手中的茶盅，從紅木太師椅上站了起來，對章宗祥說道。

曹汝霖略加思索，喚來僕人，把章宗祥帶進地下鍋爐房躲藏。那鍋爐房又小又黑，堂堂公使大人此時也顧不得這些了，龜縮於內。曹汝霖則避進一個箱子間。這小小的箱子間，一面通他和妻子的臥室，一面通他兩個女兒的臥室。

據傳記文學出版社出版的曹汝霖的《一生之回憶》一書所載，曹汝霖當時的情景如下：

「我在裡面，聽了砰然一大聲，知道大門已撞倒了，學生蜂擁而入，只聽得找曹某打他，他到哪裡去了。後又聽得乒乒乓乓的玻璃碎聲，知道門窗玻璃都打碎了。繼又聽得瓷器擲地聲，知道客廳書房陳飾的花瓶等物件都擲地而破了。

「後又打到兩女臥室，兩女不在室中……走出了女兒臥房，轉到我婦臥房。我婦正鎖了房門，獨在房中，學生即將鐵桿撞開房門，問我在哪裡。婦答，他到總統府去吃飯，不知回來沒有。……我在小室，聽得逼真，像很鎮定。他們打開抽屜，像在檢查信件，一時沒有作聲。後又傾箱倒篋，將一點首飾等類，用腳踩踏。我想即將破門到小屋來，豈知他們一齊亂嚷，都從窗口跳出去了，這真是奇蹟。

「仲和（引者注：即章宗祥）在鍋爐房，聽到上面放火，即跑出來，向後門奔走，被學生包圍攢打。他們見仲和穿了晨禮服，認為是我，西裝撕破。有一學生，將鐵桿向他後腦打了一下，仲和即倒地。……

「吳總監（引者注：即警察總監吳炳湘）隨即趕到，一聲『拿人』令下，首要學生聽說，早已逃得無影無蹤了，只抓了跑不及的學生二十餘人（引者注：實為三十二人），送往警察廳。」

這便是震動全國的「火燒趙家樓」。

翌日，為了聲援被捕學生，北京各大學實行總罷課。一呼百應，北京各界、全國各地奮起響應。萬馬齊喑的中國，終於響起吶喊之聲——這是蘇俄十月革命的炮聲在中國的迴響之聲。

北京大學高擎「五四」火炬，衝鋒陷陣在前。北洋軍閥把槍口對準了北京大學，對準了校長蔡元培，對準了《新青年》主帥「北李南陳」……

「新世界」遊藝場竄出黑影

「全國看北京，北京看北大。」一時間，北京大學成了新聞中心。

五月九日，從北京大學爆出一條轟傳一時的新聞：校長蔡元培留下一紙辭職啟事，不知去向！

蔡元培突然出走，事出有因：「北京學生一萬五千人所為之事，乃加罪於北大之一校，北大一校之罪加之於蔡校長之一身。」

盛傳，北洋政府「以三百萬金購人刺蔡」。為了蔡元培的安全，眾友人力勸他火速離京，暫避風頭，於是，五月九日拂曉，蔡元培秘密登上南下火車，悄然前往浙江，隱居於杭州。

一個多月後——六月十一日，又從北大爆出一條新聞，掀起一番新的波瀾。

暮靄降臨北京城。鬧市之中，前門外珠市口西，門口懸著「浣花春」字號的川菜館裡，一張八仙桌，五位客人正在聚餐。沒有高聲猜拳，只是低聲悄語。

操一口皖腔、穿一身西服的是陳獨秀。不知什麼原因，那件西服顯得鼓鼓囊囊。另四位分別是《新青年》編輯高一涵、北京大學理科教授王星拱、北京大學預科教授程演生、內務部僉事鄧初，他們或者衣襟鼓起，或者帶著一隻手提包。

飯足，天色已一片濃黛。王星拱、程演生朝另三位點點頭，先走了。他倆前往城南遊藝園。事先約定，李大釗在那兒等他們。

陳獨秀和高一涵、鄧初一起出門，朝「新世界」走去。「新世界」是模仿上海的「大世界」，由一位廣東商人出資建造的遊藝場，主樓四層，坐落在離「浣花春」不遠的香廠路和萬明路交叉口。「新世界」是個熱鬧的所在，唱小曲的，說相聲的，演京戲的，放電影的，賣瓜子的，吃包子的，喝茶的，人聲嘈雜，熙熙攘攘。

陳獨秀怎麼忽然有閒情逛「新世界」？只見他們三人進了大門，幾條黑影也隨著閃了進去。進門之後，陳獨秀、高一涵跟鄧初散了開來。鄧初鑽進茶室，又走進戲園。陳獨秀和高一涵各處看了看，見到燈光明亮如晝，搖了搖頭，朝樓上走去。

陳獨秀這書生，頭戴一頂白色草帽。他原本為了不讓人認出來，但萬萬沒有想到，這頂白帽子給那幾條黑影帶來莫大方便。即使在人群簇擁之中，也很容易找到這頂白帽！

「走，到屋頂花園去瞧瞧！」高一涵熟悉那裡，便帶著陳獨秀走上四樓樓頂。

樓頂那屋頂花園，是盛暑納涼用的。這時還未到納涼時節，空蕩蕩的，一片漆黑。他倆從屋頂花園邊緣伸出頭來一瞧，第四層的露臺上黑壓壓一片人群，正在觀看露天電影。

「這兒太好了！」陳獨秀顯得非常興奮。他從懷裡掏出那鼓鼓囊囊的東西，朝下一撒，頓時，像天女散花一般飛舞。

正在聚精會神凝視銀幕的人們騷亂起來，仰起頭驚訝地望著夜空中飄舞的白紙，你爭我奪，秩序大亂。陳獨秀趁這機會，又甩了一大把紙片。就在這時候，黑暗中竄出一個人，朝陳獨秀說道：「給我一張。」

陳獨秀竟然隨手給了他一張。那人借著亮光一看標題：《北京市民宣言》。猛地，那人尖嗓高喊：「是這個！就是這個！」一下子，從暗處撲出幾條黑影，一下子就把陳獨秀扭住。原來，密探們盯住陳獨秀已經多時！

高一涵一見情況不妙，竄上天橋想逃。密探大喊：「還有一個！那邊還有一個！」

高一涵在緊急之中，把懷裡的傳單一古腦兒從天橋撒下，「登登登」跑過天橋，扔掉長衫、草帽，下了樓，鑽進混亂的人群。這下子，把尾隨抓捕的密探甩掉了。

高一涵跑到樓下一看，鄧初正在桌球場裡發傳單呢。高一涵連忙過去告訴鄧初：「獨秀被捕了！」

「別開玩笑！」鄧初還不相信哩。

就在這時，陳獨秀被一群密探簇擁著，押下樓來。陳獨秀一邊走，一邊高聲大叫：「暗無天日，竟敢無故捕人！」

陳獨秀這般大嚷，為的是讓高一涵、鄧初知道，儘快逃避……

子夜，萬籟俱寂。北京大學附近的箭桿胡同九號陳寓，響起了急促的擂門聲。

「誰呀？」屋裡傳出女人的驚訝的問話。

「開門！」門外一聲粗魯的命令式的答話，表明事態嚴重。

那女人意識到發生意外，連忙披衣下床。她叫高君曼，乳名小眾，陳獨秀的第二位妻子。

陳獨秀奉父母之命，在十八歲時與年長他三歲的高曉嵐結為夫婦。高曉嵐乳名大眾，文盲，小腳，與陳獨秀的思想幾乎相差一個世紀！婚後，生下三子，即延年、喬年、松年。後來，陳獨秀愛上高曉嵐同父異母之妹高君曼。高君曼乃北京師範學校畢業生，喜愛文學，思想新潮，跟陳獨秀志趣相投。

一九一〇年，陳獨秀與高君曼不顧陳、高家族的反對，在杭州同居。也正是在這個時候，沈尹默結識了陳獨秀。當陳獨秀出任北京大學文科學長之後，把高君曼也接來，在箭桿胡同同住。

高君曼未及開門，大門已被撞開，闖進一大群荷槍實彈的警察、士兵，屋裡、屋外足有百人之眾！陳家亦即《新青年》編輯部所在地，遭到了徹底的大搜查。《新青年》雜誌、陳獨秀的信件，都落到了警察手中！

當夜在城南遊藝園散發傳單的李大釗得知陳獨秀被捕的消息，焦急萬分。李大釗找來了北京大學德文班學生羅章龍⑮等人，要他們以北京學生的名義發電報給上海學生，把陳獨秀被捕的消息捅出去，動員輿論進行營救。

隔了一天——六月十三日，陳獨秀被捕的新聞見諸北京《晨報》。全國各大報《時事新報》、《民國日報》、《申報》、《時報》也都披載。一石激起眾怒，各界紛紛抨擊北洋政府。一時間，各地抗議電報紛至遝來，飛向北洋政府。

李達在《民國日報》上發表《陳獨秀與新思想》一文，說得痛快淋漓：

「陳先生捕了去，我們對他應該要表兩種敬意。一，敬他是一個拚命『鼓吹新思想』的人。二，敬他是一個很『為了主義肯吃苦』的人。

「捕去的陳先生，是一個『肉體的』陳先生，並不是『精神的』陳先生，『肉體的』陳先生可以捕得的，『精神的』陳先生是不可捕得的。

「要求快恢復『無罪的』、『有新思想的』、『鼓吹新思想的』陳先生的自由來。」⑯

那位已經回到湖南的「二十八畫生」毛澤東，在《湘江評論》創刊號上寫了《陳獨秀之被捕及營救》一文，讚譽陳獨秀為「思想界的明星」：

「陳君之被捕，決不能損及陳君的毫末，並且留著大大的一個紀念於新思潮，使他越發光輝遠大，政府決沒有膽子將陳君處死，就是死了，也不能損及陳君至堅至高精神的毫末。」

「我祝陳君萬歲！我祝陳君至堅至高的精神萬歲！」

孫中山在上海會見徐世昌派出的和平談判代表許世英時，也很尖銳地提到了陳獨秀被捕之事：「你們做的好事，很足以使國民相信，我反對你們是不錯的。你們也不敢把他殺死，死了一個，就會增加五十、一百個，你們儘管做吧！」

孫中山堅決要求徐世昌釋放陳獨秀。

許世英這位「內務總長」不敢怠慢，趕緊給徐世昌發去電報，轉告了孫中山的意見。

京師警察廳懾於重重輿論壓力，在陳獨秀被關押了九十八天之後，終於在一九一九年九月十六日，由安徽同鄉作保，釋放了他。

「北李」為「南陳」獲釋，熱烈歡呼，欣然命筆，寫了《歡迎獨秀出獄》一詩：

你今天出獄了，
我們很歡喜！
他們的強權和威力，
終究戰不勝真理。
什麼監獄什麼死，
都不能屈服了你；
因為你擁護真理，
所以真理擁護你。

你今天出獄了，
我們很歡喜！
相別才有幾十日，
這時有了許多更易：
從前我的「隻眼」⑰忽然喪失，
我們的報便缺了光明，減了價值；
如今「隻眼」的光明復啓，

卻不見了你和我們手創的報紙！⑱
可是你不必感慨，不必嘆息，
我們現在有了很多的化身，同時奮起；
好像花草的種子，
被風吹散在遍地。

你今天出獄了，
我們很歡喜！
有許多的好青年，
已經實行了你那句言語：
「出了研究室便入監獄，
出了監獄便入研究室。」
他們都入了監獄，
監獄便成了研究室；
你便久住在監獄裡，
也不須愁著孤寂沒有伴侶。

在陳獨秀出獄之後，中斷了快四個月的《新青年》終於又和讀者見面了。

就在陳獨秀出獄的那天——九月十六日，天津的十餘位男青年和十餘位女青年組織了一個嶄新的團體，取名「覺悟社」，出版刊物《覺悟》。

覺悟社的領導人，是一位二十一歲的小夥子，名喚周恩來。《覺悟的宣言》便是他寫的。

應周恩來之邀，李大釗在九月二十一日來到天津覺悟社演講。緊接著，《新青年》編輯部的錢玄同、劉半農、周作人也應周恩來和覺悟社之邀，前往天津演說……

騾車載著奇特的帳房先生去天津

幾個月後，李大釗又一次去天津。不過，這一回全然不同，沒有公開露過一次面，行蹤絕密。

那是一九二〇年二月中旬，年關逼近，家家戶戶門前貼起了「迎春接福」、「萬象更新」之類紅色橫幅。離正月初一——西曆二月二十日，眼看著只剩幾天了。

的篤，的篤，一輛騾車緩緩駛出北京城朝陽門，先南後東，朝著天津進發。

車上有兩位乘客，一位年約三十，留著八字鬍，戴金絲邊眼鏡，身材魁梧，一身皮袍，正襟危坐，手提包裡裝著好幾冊帳本，一望而知是年前收債的帳房先生。他講得一口北京話，路上一切交涉，都由他出面。

另一位坐在車篷之內，像是畏寒，一頂氈帽壓得低低的，一件棉背心油光可鑒，約莫四十歲。此人看上去像個土財主，抑或是那位帳房先生的下手。他總是「免開尊口」，要麼無精打采地閉目養神，要麼默默地凝視著道路兩旁那落盡葉子的禿樹。

那位「帳房先生」，便是李大釗。那位躲在車裡的，是陳獨秀。他倆喬裝打扮，秘密出京。風聲甚緊，警察在追捕陳獨秀……

事情是前些天報上關於陳獨秀的報導引起的：

《陳獨秀在武漢文華學校演講〈社會改造的方法與信仰〉》；

《陳獨秀在武昌高等師範學校演講〈新教育的精神〉》；

《湖北官吏對陳氏主張之主義大為驚駭，令其休止演講，速離武漢》；

《陳獨秀深憤湖北當局壓迫言論自由》。

……

京師警察廳頭目閱報大驚：陳獨秀乃保釋之人，每月都要填寫「受豫戒令者月記表」，在京的行動尚受約束，怎可事先不報告、擅自離京，更何況到了外地四處演講、宣傳「主義」，這怎麼行呢？

於是，箭桿胡同裡忽見警察在那裡站崗。這兒既非交通要道，又非大官住地，不言而喻，警察在「守株待兔」，等候著從湖北歸來的陳獨秀，要把他重新逮捕。

其實，陳獨秀早在一月下旬，便已經離開了北京，悄然前往上海。那是廣東軍政府委託汪精衛、章士釗等辦的西南大學，邀請陳獨秀抵滬商量有關事宜。陳獨秀抵滬後，又受胡適之薦，前往武漢。

如胡適所言：「那時華中地區的幾所大學聘請我去作幾次學術講演，但是我無法分身，因為杜威教授那時也在北京講演，我正是杜威的翻譯，所以我轉薦陳獨秀前往。對方表示歡迎……」⑲

於是，陳獨秀二月二日離滬，乘「大通輪」於二月四日抵達漢口。八日晚，陳獨秀乘火車北上，返回北京。

在火車上，陳獨秀和同行的幾位武漢地區的校長談笑風生。那幾位校長欲去北京物色教授到武漢任教。

火車迎著朔風，噴灑著黑煙，朝北京進發。

在北京大學校園裡，李大釗手持陳獨秀發來的電報，焦急萬分。因為早有學生報訊，陳寓門口有警察站崗，正張網捕陳。

李大釗把《新青年》編輯高一涵及幾位學生找到家中，商議對策，如此如此……

北京西站，陳獨秀剛剛走下火車，一位學生便迎了上去：

「陳先生！」

那位學生遞上李大釗的親筆信，陳獨秀才知道警察正在家門口「恭候」。陳獨秀只得隨著那位學生，前往友人、北京大學教授王星拱家。

剛一走進去，李大釗和高一涵已在裡面等他了。

「仲甫，你要趕緊離開北京，避一避風頭。」李大釗說道：「你如果再落到警察手裡，就很難出來了。」

「那就到上海去吧。」陳獨秀說：「汪孟鄒在上海，我到他那裡住一陣子。」

「你先歇息一下。」李大釗說：「我想辦法護送你出京。」

翌日，一輛騾車來到了王家門口，那位「帳房先生」已經跨在車把上。陳獨秀向王星拱家的廚師借了那件油光發亮的背心，又借了頂氈帽，躲進那騾車。

騾車雖慢，但走的是小道，能躲過警察的眼睛。

的篤，的篤，蹄聲清脆。小小騾車，載著「兩大星辰」——「北李南陳」，載著《新青年》的兩員主帥。

在僻靜的野外，「帳房先生」轉進車內，跟戴氈帽的那一位壓低了聲音，細細地商討著。騾車向南到達廊坊，再朝東折向天津，一路上慢吞吞地走了好幾天。「北李」和「南陳」從未有過這麼多的時間，可以如此專心致志地交談。

「是該建立中國共產黨了！建立中國的布爾什維克！」

就在這輛不斷搖晃著的騾車上，「北李」、「南陳」商議著這件嚴肅而重大的事情——「計畫組織中國共產黨」。[20]

「我著手在北京作建黨的準備，你在上海作建黨的準備。」李大釗對陳獨秀說的這句話，後來被歷史學家們稱為「北李南陳，相約建黨」。

輕聲細語，他倆探討著中國共產黨的性質、任務，研究著黨綱應該怎麼寫，包括些什麼內容。如此一路共商，時光飛快流逝，天津城近在眼前了。

「帳房先生」重新坐回了車把，車裡的那位又把氈帽壓得低低的。

進入天津城，他倆沒有朝火車站走去——因為那些警察很可能會在火車站「恭候」。

「仲甫，脫掉你的油膩的背心，擺出你教授的派頭來。我送你上外國輪船！」李大釗想出好主意。

陳獨秀脫下背心，托李大釗「物歸原主」。在碼頭，陳獨秀緊緊地握著李大釗的手，說道：「後會有期！」

陳獨秀踏上了掛著「洋旗」的船，一口英語，儼然一位「高等華人」。

當陳獨秀來到上海，已是陰曆除夕——二月十九日。上海街頭響著劈劈啪啪的鞭炮聲，酒吧、飯館裡傳出划拳聲，舞廳、戲院飄出樂曲聲，石庫門房子裡傳出「嘩嘩」的麻將聲，陳獨秀不由得鬆了一口氣……

在碼頭送別陳獨秀之後，李大釗的心中也放下一塊大石頭。

李大釗沒有馬上回北京。他不時回頭望望，看看有無「尾巴」。他朝「特別一區」走去。「特別一區」是天津的俄國舊租界。蘇俄十月革命之後，廢除了原先沙皇俄國在中國的租界。不過「特別一區」仍成為俄國人在天津聚居的所在。

李大釗和天津的少年中國學會會員章志等人秘密來到「特別一區」一幢小洋樓裡。在那兒，李大釗與俄共（布）友人進行了會談。

那位俄共（布）友人是誰呢？後來章志所寫的回憶文章《關於馬列主義在天津傳播情況》中沒有提及姓名，也就不得而知。

不過，極有可能是後來成為俄共（布）中央西伯利亞遠東人民處處長的伯特曼。

一九五七年在伊爾庫茨克出版的米勒著《在革命的烈火中》一書，提及伯特曼曾在一九一九年夏天在天津會見過李大釗，並稱李大釗是「了不起的馬克思主義者」。當然，伯特曼所說的會見李大釗是「一九一九年夏天」。

倘若不是伯特曼，那麼究竟是誰，尚不得而知。

不知怎麼會走漏了風聲——大約是「特別一區」那裡早已在密探監視範圍之中，李大釗的來訪引起了注意。

第二天，天津《益世報》就捅出了消息：「黨人開會，圖謀不軌！」李大釗見報，馬上通知那天同去會晤的天津友人預防不測。他於當天匆匆趕回了北京。

陳、李天津之行，把組織成立中國共產黨提到了議事日程上……

注釋

①楊雲若、楊奎松：《共產國際和中國革命》，上海人民出版社一九八八年版。

②引自《馬林在中國的有關資料（增訂本）》，人民出版社一九八四年版。

③最近又有人考證，說最早介紹馬克思的，是一八九八年上海廣學會出版的《泰西民法誌》中譯本，譯者胡貽谷，但迄今未找到一八九八年原版本。

④《論人民民主專政》，《毛澤東選集》第四卷，一四七一頁，人民出版社一九九一年版。

⑤埃德加・斯諾：《西行漫記》，一二五頁，三聯書店一九七九年版。

⑥《柯慶施致陳獨秀》（一九二〇年），《陳獨秀書信集》，水如編，二九一頁，新華出版社一九八七年版。

⑦引自任建樹：《陳獨秀傳》（上），十四頁，上海人民出版社一九八九年版。本書作者在寫作中，曾

得到任建樹先生的幫助。

⑧汪原放：《回憶亞東圖書館》，三十二頁，上海學林出版社一九八三年版。

⑨沈尹默：《我和北大》，《文史資料選輯》第六十一輯。

⑩埃德加．斯諾：《西行漫記》，一二五頁，北京三聯書店一九七九年版。

⑪埃德加．斯諾：《西行漫記》，一二一頁至一二二頁，北京三聯書店一九七九年版。

⑫埃德加．斯諾：《西行漫記》，一二七頁，北京三聯書店一九七九年版。

⑬埃德加．斯諾：《西行漫記》，一二七頁，北京三聯書店一九七九年版。

⑭《新民學會會務報告》第一號。

⑮一九八九年九月十五日，筆者在北京訪問了九十三歲高齡的羅章龍，請他回憶此事。

⑯一九一六年六月二十四日《民國日報》。

⑰「隻眼」是陳獨秀在《每週評論》上發表《隨感錄》所用的筆名，取意於南宋楊萬里的詩：「近來別具一隻眼，要踏唐人最上關。」

⑱指《每週評論》，由陳獨秀、李大釗創辦，一九一八年十二月二十二日創刊。陳獨秀被捕後，《每週評論》被北洋軍閥政府封禁，一九一九年八月三十日停刊。

⑲《胡適的自傳》，一九五頁，華東師範大學出版社一九八一年版。

⑳高一涵：《李守常先生傳略》，漢口《國民日報》，一九二七年五月二十四日、二十五日。

第二章　醞釀

鮮為人知的「俄國共產黨華員局」

新生的蘇俄關注著東方，列寧關注著東方。

在派出馬林作為共產國際的正式代表前往中國之前，俄共（布）早已秘密地試圖與中國的革命者建立聯繫。

種種絕密的內幕，隨著歲月的流逝而終於解密。

十月革命爆發之後，俄羅斯蘇維埃政權處於國內混亂、國際圍剿之中，中國北洋軍閥政府封鎖了中俄邊界，使中俄交通阻斷。列寧在萬般困難之中，仍想方設法尋覓著東方的戰友。在他看來，中國革命一旦興起，那就是對新生的蘇俄的最有力的支援。

列寧最初多次接見過的中國革命者，據蘇俄檔案記載，俄文的名字叫「Лау Сиу Джау」。早年的中譯名為「魯蘇杜」。

「魯蘇杜」何許人也？查遍所有中國共產黨黨員登記表，也找不到這樣的名字。

後來，根據「魯蘇杜」當年所擔任的職務——「中華旅俄聯合會會長」這一線索尋找，這才查清他的中文原名叫「劉紹周」，又名劉澤榮。

劉紹周，即便是《中國共產黨黨史人物詞典》上也查不到的人物。在當年，卻是列寧三次接見過的中國工人代表——歷史，差一點淹沒了他的名字！

劉紹周，他的俄語比漢語講得更流利，雖說他是地道的中國人。他一八九二年出生在中國廣東西江之畔的高要縣，那裡蔗林成片，以盛產「端硯」著稱；不過，他五歲時便離開了這片炎熱的土地，隨著父親來到俄國。俄國成了他的第二故鄉。他在那裡上完小學、中學，以至就讀於彼得堡大學物理系、彼得堡工業大學建築系。如此這般，他成了俄國的華僑。

俄國的華僑並不多。不過，在第一次世界大戰期間，大約十萬中國勞工根據俄國企業和中國包工所訂的合同，來到這寒冷的北方鄰國，成為那裡的苦力。於是，華工猛然增多。一貧如洗，使他們本能地站在俄國無產階級的一邊。

一九一七年三月（俄曆二月），俄國爆發了「二月革命」，推翻了作威作福三百多年的羅曼諾夫王朝。這次革命，只是資產階級民主革命。

華工、華僑和留俄的中國學生們聯合起來，在一九一七年四月十八日成立了中華旅俄聯合會。二十五歲的大學畢業生劉紹周富有組織才幹，當選為會長。

十月革命之後，在中華旅俄聯合會的基礎上，一九一八年十二月中旬在彼得格勒成立了旅俄華工聯合會，劉紹周又當選為會長。這個華工聯合會擁有近六萬會員，聲勢不小。劉紹周成

了華工們的領袖。

十二月三十日，劉紹周在莫斯科召開了旅俄華工聯合會第一次群眾大會，號召華工堅決和蘇聯工人站在一起，並肩戰鬥。華西里・亞歷山大羅維奇當選為莫斯科分會主席。

列寧注意到這支華工隊伍。劉紹周被任命為彼得格勒市蘇維埃委員。列寧還親筆作如下批示：「務請所有蘇維埃機關工作人員對劉紹周（澤榮）予以一切協助。」

受蘇聯外交部的委託，旅俄華工聯合會創辦了《旅俄華工大同報》，在華工中進行革命宣傳。

一九一九年三月二日至六日，當列寧在莫斯科召開共產國際第一次代表大會時，兩名中國代表出席了會議——雖然當時中國還沒有共產黨。

兩名中國代表之一，便是劉紹周。

劉紹周見到了列寧。後來，劉紹周回憶道：

「我第一次拜訪列寧同志是在一九一九年三月，當時我正列席共產國際第一屆大會，記得第一次去見這位偉大領袖時，是在下午大會休會時間……他還問我是否要在大會上發言……我回答了他的問話，告訴他準備在大會上發言，他說很好。」①

三月五日，共產國際「一大」召開第四次會議，由列寧主持。在季諾維也夫發言之後，列寧說：「現在請中國代表發言。」

劉紹周先用漢語念了一遍祝詞，又用俄語念了一遍。他的祝詞，刊登在翌日的《真理報》上。祝詞中說：

「本國際是俄國共產黨創立的。這個黨領導的政府，為世界勞動人民的利益，為各國人民的自由而對世界帝國主義宣戰。因此，這個黨獲得了中國人民的最真誠的友情。

「我作為中國組織的代表來參加共產國際代表大會，深感榮幸。我不僅代表我所在的小組，也不僅代表成千上萬散居在俄國各地的中國無產者，而且代表幾萬萬災難深重的中國人民，向旗幟鮮明地誓同殘暴的世界帝國主義進行鬥爭的共產國際致以熱烈的祝賀。」

列席共產國際「一大」的另一名中國代表，是華西里・亞歷山大羅維奇。其實他是一個中國人，年幼時母親病故，無依無靠，流浪在哈爾濱。哈爾濱離俄國不遠，這座城市裡居住著許多俄國僑民。一位俄國醫生喜歡這個孩子，收養了他，給他取了俄文名字「華西里・亞歷山大羅維奇」——他原本叫「張永奎」。俄國醫生把他帶回了俄國，從此他在俄國長大。他參加了旅俄華工聯合會，當選為該會莫斯科分會主席，成為僅次於劉紹周的中國旅俄華工領袖。

劉紹周和張永奎不是共產黨員，所以在共產國際第一次代表大會上只是列席代表，有發言權，無表決權。

在共產國際「一大」之後，一九一九年十一月十九日，列寧在克里姆林宮又一次接見了劉紹周。不過，當共產國際召開第二次代表大會時，劉紹周已是共產黨員了。雖說那時中國共產黨尚未正式成立，但劉紹周不再作為旅俄華工聯合會代表出席會議，而是代表著「俄國共產黨華員局」。

「俄國共產黨華員局」，是俄國共產黨中旅俄華僑黨員的中央機構。那是一九二〇年六月，旅俄華工第三次代表大會召開期間，為了統一、集中旅俄華僑中的俄共（布）黨員，於六月二十五日建立了「俄國共產黨華員局」。一九二〇年七月一日（很巧，正是七月一日），俄共（布）中央委員會組織部批准成立「俄國共產黨華員局」以及該局所擬定的黨章。劉紹周是華

員局的成員。

「俄國共產黨華員局」的主席是安恩學。關於安恩學的生平，現在所知甚少了。這裡只能勾畫出他粗線條的輪廓：他原本在中國東北鐵路工作。一九〇四年八月，在哈爾濱被當時的帝俄當局所逮捕，所控罪名據云是所謂「為日本進行間諜活動」。於是，他被發配到俄國的彼爾姆，淪為那裡的苦工。

他理所當然地積極參加了一九〇五年的俄國革命，然後又在十月革命中衝鋒陷陣。他在秋明組織了一支中國工人支隊，與蘇俄階級兄弟並肩戰鬥。一九一八年，他所領導的中國工人支隊加入了紅軍，為捍衛新生的蘇維埃政權而戰鬥。他加入了俄國共產黨。這樣，當俄國共產黨決定成立華員局的時候，安恩學被選入華員局，不久擔任了主席。

「俄國共產黨華員局」雖然並不等於中國共產黨，它是參加了俄國共產黨的華人的中央領導機構，不過，它畢竟是華人之中正式的共產黨組織——儘管如今它鮮為人知。

一九二〇年七月十九日至八月七日，當列寧主持召開共產國際第二次代表大會時，出席大會的中國代表除了劉紹周之外，安恩學取代了張永奎。劉紹周和安恩學都是以「俄國共產黨華員局」代表的身分參加會議。劉紹周第三次見到了列寧。

劉紹周在七月二十八日的第五次會議上，作了發言。列寧很注意地傾聽了劉紹周的發言。

劉紹周很清楚地用俄語說明了當時中國的形勢：

「一九一八年底中國進行著激烈的國內戰爭。南方成立了臨時革命政府，其目的是與北京政府作無情的鬥爭。領導南方政府的是中國第一次革命的著名領袖孫逸仙，但是，不久以後，孫逸仙由於與留在南方政府裡的舊官僚代表人發生衝突，退出了廣東政府。從那時起，他就不再正式參與政府事務。

「南方政府直到現在還繼續與北京政府作鬥爭，而且這種鬥爭是在孫逸仙集團宣布的口號下進行的。其主要內容為：恢復舊國會和舊總統的權力，撤銷北京政府。戰爭勝負未定，但是，無疑，南方政府勝利的可能性更大，儘管北方似乎在財政方面所處條件更加有利。近來，傳說，南方政府的軍隊佔領了湖南，即中部省分之一，並開赴北京。……」

劉紹周介紹了在中國發生的五四運動：

「當凡爾賽會議不僅什麼也沒給中國，而且還把日本在戰時損害中國的利益所提出的權益和領土要求確認歸諸日本時，中國人民是多麼失望啊。於是，在中國代表從凡爾賽會議回國以後，國內便掀起了反對政府和日本的強有力的運動。學生組織了聯合會，站在運動的最前面。……

「運動被暴力鎮壓下去了，而且，在許多場合下，遊行示威者被開槍掃射。儘管如此，不管一切，運動還是起了相當大的作用，因為它煥發了群眾的革命精神。

「後來，學生們明白了，光是他們什麼也幹不了，開始奔赴工人群眾的事業。中國工人也開始懂得他們是力量，雖然這是剛剛產生的工業無產階級的代表。……」

劉紹周在發言即將結束時，說了一段頗為重要的話：

「必須強調指出，目下中國乃是革命宣傳的廣闊場所。第三國際代表大會應該對這一事實給予極其高度的重視。援助中國革命不僅對中國本身具有意義，而且對全世界革命運動也具有意義，因為現在中國勞動群眾的強大的革命運動，是可以對抗貪得無厭的日本帝國主義的唯一

因素……」②

劉紹周在共產國際的會議上的這番發言，對於幫助共產國際瞭解中國情況，重視中國革命，起了很好的作用。

不過，大抵是受出席共產國際「三大」的一位中國代表——三十七歲的江亢虎的影響，劉紹周在發言中，對「中國社會黨」作了不恰當的介紹和評價：

「去年在上海我們舉行了一系列罷工，誠然，是純經濟性的罷工。但是，即使社會黨（其中心在上海），也在工人中間獲得了越來越高的聲望。這個黨是馬克思主義的。根據它的雜誌登載著質樸的名稱——《週報》，我們可以斷定，這個運動確實具有重要性。譬如，五月一日那期裡登著以下的口號：『不勞動者，不得食』，『全世界應當屬於無產階級』等等。這本雜誌孜孜不倦地宣傳社會主義思想，對抗民族主義，堅持與蘇維埃俄國結成親密的兄弟般的聯盟。……」

江亢虎是以中國社會黨代表的身分，出席共產國際「三大」的。

江亢虎原名紹銓，別名康瓠，江西弋陽人。一九〇〇年他在北京東文學社學習日文，後來前往日本留學。回國後出任北洋編譯局總辦、《北洋官報》總纂。後來，又去西歐遊歷，主張「三無主義」，即「無宗教、無國家、無家庭」。回到中國，創辦「社會主義研究會」。一九一一年十一月五日，江亢虎在上海把社會主義研究會改組，成立了中國社會黨。他擔任「上海本部部長」。

中國社會黨的黨綱有八條：贊同共和；融和種界；改良法律，尊重個人；廢除世襲遺產制度；組織公共機關，普及平民教育；振興直接生利之事業，獎勵勞動者；專徵地稅，罷免一切稅收；限制軍備。

應當說，在當時，這八條黨綱是有著進步作用的。中國社會黨順應時代潮流，曾得到了迅速發展，黨員人數猛增至五十二萬三千人，在滬、江、浙、京、津及南方各省建立了四百九十個黨支部。

一九一三年，袁世凱得勢，視中國社會黨為敵，殺害了中國社會黨北京支部部長陳翼德。江亢虎屈服於袁世凱的淫威，於一九一三年八月宣布中國社會黨解散。即便如此，江亢虎也無法在國內立足，只得出走美國，在那裡擔任加利福尼亞大學漢文助教、美國國會圖書館顧問。

獲知列寧創建共產國際，江亢虎設法與共產國際取得了聯繫，自稱中國社會黨「奉行馬克思主義」。於是，他得以出席共產國際「三大」。

實際上，中國社會黨只是中國的資產階級政黨。江亢虎在出席共產國際「三大」之後，於一九二二年八月回國，創辦南方大學，自任校長。他在一九二四年六月重組中國社會黨。一九二五年一月更名為中國新社會民主黨。一九二六年該黨再度解散，江亢虎又去美國。

一九三九年九月，江亢虎跌入了汪精衛的懷抱，出任汪偽國民政府的政府委員、銓敘部部長、考試院院長，淪為漢奸。

一九四六年十一月，江亢虎被國民政府以漢奸罪判處無期徒刑。

一九五四年十二月七日，七十一歲的江亢虎病死於上海提籃橋監獄，畫上了他的生命的句號。

把中國社會黨說成「這個黨是馬克思主義的」，讓江亢虎出席共產國際會議，這表明當時

的共產國際對中國情況的不瞭解。

劉紹周倒是旅俄華工的出色代表。他既出席了共產國際的「一大」、「二大」，是「俄國共產黨華員局」負責人之一，原本有可能參與創建中國共產黨。一次意外的火車事故，使他受傷。

一九二〇年十一月十八日，他在妻子陪同下，隨北洋政府派往蘇俄考察軍事、外交的張斯代表團回國，在中東鐵路理事會擔任理事。從此他脫離了俄國共產黨華員局的工作。

一九三三年後，他擔任北平大學法商學院和西南聯合大學俄語教授，著《俄文文法》一書。一九四〇年，當邵力子出任國民黨政府駐蘇大使時，請他出任駐蘇使館參贊。這樣，他又來到了蘇聯，不過，此時他的公開身分已變成國民黨政府官員。當然，那位駐蘇大使邵力子也是中國共產黨早期黨員，由於深知劉紹周跟蘇聯的關係，特地請他作為參贊。

此後，劉紹周又調任國民黨政府外交部駐新疆特派員。他畢竟曾是共產黨陣營中的一員。一九四九年九月，他協助中共、支持原國民黨政府新疆警備總司令部總司令陶峙岳反戈，使新疆避免了一場戰火之災。這樣，劉紹周被任命為新疆臨時外交辦事處處長。

後來，劉紹周調往北京，出任外交部條約委員會委員，外交部顧問，商務印書館副總編，第二、三、四屆全國政協委員。

這位受到列寧三次接見的元老人物（在中國很少有人得到如此殊榮），歷經滄桑，終於在一九五六年加入中國共產黨。

一九七〇年七月十八日，七十八歲高齡的劉紹周離開了人世。他除了留下《俄文文法》，還給後人留下了《領海概論》、《俄漢新辭典》等著作。人們對他的稱謂是「教授」、「新聞出版家」。在那「文革」歲月，他的早年勳績，幾乎被淡忘。

時至今日，在追溯七十年前中國共產黨「胚胎期」的歷史時，是該把這位貢獻甚巨的劉紹周如實地介紹給諸多讀者的時候了……至於另一位出席共產國際「一大」的代表張永奎，在二十年代初回國。一九七七年去世時為甘肅師範大學教授。

來自海參崴的秘密代表團

除了劉紹周、張永奎、安恩學，還有一位被歲月淡化而曾為中國共產黨的誕生出過大力的人物……

一九八二年十一月，山東平度縣的縣報《平度大眾》上的一則「尋人啟事」，使該縣西鄉馬戈莊的楊德信陷入了無限的興奮之中。

原來，那則啟事是中國共產黨平度縣委黨史徵集辦公室出面登的，為的是尋覓謝世已久的名叫「楊明齋」的中國共產黨早期黨員的史料。

最初，連楊明齋是哪裡人都不知道，從中國共產黨早期黨員王翔千之女黃秀珍（應姓王，化名時改姓黃）那兒聽說楊明齋是平度縣人，於是在《平度大眾》登啟事。楊德信的大爺正是楊明齋。這麼一來，才使楊明齋的早年身世有了眉目。儘管如此，迄今為止，尚未能找到一張楊明齋的照片，使後人一睹這位先輩的面容……

楊明齋是一位謎一樣的人物。兼通中俄兩國語言的他，曾在沙皇俄國的外交機關裡工作。

其實，那時的他，已是布爾什維克。他在那裡做秘密工作——為布爾什維克工作。

他，一八八二年出生在山東平度縣馬戈莊一位名叫楊仁鑒的農民家中。父親最初為他取名楊好德。他父親粗知詩書，總想把兒子培養成一個有文化的人，於是省吃儉用，把他送入私塾。十六歲那年，家中已無力供養楊明齋上學，他只好回家務農。不久，他成了親，挑起了家庭的重擔。

不幸的是，新婚不久，妻子便去世了。村裡有人去「闖俄羅斯」，正陷於苦悶之中的他，也隨著去了。這樣，一九〇一年春，十九歲的楊明齋來到了俄國東方的門戶——海參崴，在那裡做工。一邊做工，一邊也就學會了俄語。

此後，他進入廣漠荒僻的西伯利亞做工，成為勞苦的華工中的一員。一無所有的他，加入了俄國工人運動。他和布爾什維克日漸接近，以至成了布爾什維克中的一員。

楊明齋在十月革命之後，成為旅俄華工中一位活躍的人物，他組織華工們參加紅軍，為保衛蘇維埃而戰。不久，楊明齋被派往海參崴。當時，海參崴還在日本佔領之下，而楊明齋曾在這兒做過工，熟悉那裡的情況。

海參崴地處綏芬河口海灣東岸，原本是大清帝國的領土。一八六〇年，沙俄強迫清政府訂立了不平等的《北京條約》，從此那兒成了俄國的領地。沙俄在那裡築寨建港，改名為「符拉迪沃斯托克」，意即「控制東方」。

不過，那裡畢竟曾是中國的領土，那兒的居民之中，有三分之一是華人。楊明齋去到那裡，把華僑組織起來。他的公開身分是華僑聯合會負責人。他在這樣的公開身分掩護下，為布爾什維克做地下秘密工作。

那時，蘇俄的遠東地區——西伯利亞，處於日、英、美等帝國主義的干涉軍和白俄的高爾察克、謝苗諾夫部隊統治之下。到了一九一九年下半年，蘇俄紅軍越過烏拉爾山東進，抓住並槍決了高爾察克，西伯利亞落入了紅軍手中。海參崴也插上了紅旗。

就在紅軍長驅直進西伯利亞前夕，一九一九年三月，在西伯利亞西緣鄂木河畔的鄂木斯克城，一個秘密會議正在舉行。

那是俄共（布）第二次西伯利亞代表會議。會議除了研究東進問題，還決定成立一個秘密機構——「俄共（布）西伯利亞區委情報宣傳局」。這個情報宣傳局的任務是「建立和加強同東方及美國共產主義組織的聯繫」。這是俄共（布）成立的第一個專門研究、聯繫東方及美國共產主義組織的機構。

在中國發生聲勢浩大的五四運動之後，一九一九年六月，俄共（布）西伯利亞區委的負責人之一加蓬向俄共（布）中央建議，在西伯利亞區委成立「東方局」（又稱「東方民族部」），專門負責和東方各國的革命力量進行聯繫，並幫助這些國家建立共產黨。

當紅軍進入海參崴之後，楊明齋受到了重視。不言而喻，他身為布爾什維克，又是中國人，通曉中、俄兩國語言，是難得的，是可以與中國共產主義者建立聯繫的恰當人才。楊明齋參加了設在海參崴的俄共（布）遠東地區委員會的工作。

一九二〇年一月，一份來自海參崴的重要報告，送到了俄共（布）中央委員會。這份報告是由庫什納列夫和薩赫揚諾娃共同署名的。他倆都是俄共（布）遠東地區委員會的負責人。這份

報告向俄共（布）中央反映了他倆的意見：俄共（布）遠東地區委員會著手和中國的革命者建立經常的聯繫。

也就在這份報告送出不久，李大釗送走了陳獨秀，來到了天津「特別一區」那幢小樓。來自天津的重要信息，迅速傳到了海參崴。

李大釗不是江亢虎。中國的真正的馬克思主義者，開始與俄共（布）掛上了鉤。從海參崴派出的俄共老布爾什維克伯特曼住在天津，不斷發來準確、可靠的情報——他找到了中國的共產主義戰友！

俄共（布）中央仔細研究了遠東地區委員會負責人的報告，獲知了來自中國的最新信息，於一九二〇年三月批准建立了「俄共（布）遠東局」，作為俄共（布）專門負責同遠東各國革命者聯繫的機構。在海參崴，成立了「俄共（布）遠東局海參崴分局」，維廉斯基・西比利亞可夫被任命為分局的負責人。

俄共（布）遠東局選擇在海參崴建立分局，是由於海參崴這「東方的門戶」跟中國聯繫方便——那時，從莫斯科到海參崴的西伯利亞大鐵道遭到戰爭的破壞，一趟列車起碼要二三十天才能到達。

一九二〇年三月，就在建立遠東局不久，俄共（布）中央與共產國際磋商，並獲得了共產國際的批准、同意，給俄共（布）中央遠東局海參崴分局發去電報：派遣一個代表團前往中國。

據蘇共中央馬列主義研究院中央黨務檔案館所保存的檔案（全宗五一四，目錄號一，歸案卷號四，七頁。）表明，派遣這個代表團的使命是：「同中國的革命組織建立聯繫。」

又據日本波多野乾一所著《中國共產黨歷史》第五卷透露，列寧對這個代表團下達三項任務：

一、同中國社會主義團體聯繫，組織正式的中國共產黨及青年團；

二、指導中國工人運動，成立各種工會；

三、物色一些中國的進步青年到莫斯科東方大學學習，並選擇一些進步分子到俄國遊歷。

不過，作者並未注明列寧的三點指示的出處。施瓦茨著的《中國共產主義和毛澤東的興起》（B.I.Schwartz,"*Chinese Communism and the Rise of Mao*"）也有類似的記載，但同樣沒有注明原始材料出處。

不論怎麼說，代表團負有「同中國的革命組織建立聯繫」這一使命，是確切無疑的。

楊明齋被選入代表團。他的職務是翻譯。

代表團的負責人是俄國人格列高里・納烏莫維奇・維經斯基（又譯為「烏金斯基」、「威經斯基」、「魏金斯基」）。他又名查爾金。後在中國曾取了一個漢名，叫吳廷康；他還取了中國式的兩個筆名——魏琴、衛金。

中等身材，溫文爾雅，學問淵博，維經斯基給人以良好的印象。一八九三年四月，他出生在俄國維切布斯克州涅韋爾市，父親是森林工廠的管理員。一九〇七年，十四歲的維經斯基中學畢業以後，家裡無法繼續供他上學。他在維切布斯克印刷廠裡當排字工人。

三年後，他到白斯托魯克當會計。二十歲那年，貧困潦倒的他，前往美國謀生，邊學習邊做工。這是他人生道路上的重要經歷。

來到美國之後，他的眼界一下子開闊了，閱世不深的他，明白了許多道理。他的英語也講得流暢，這為他後來成為國際社會活動家準備了便利的條件。

一九一五年，二十二歲的他在美國加入了社會黨。他開始介入政治。

聽說十月革命勝利的消息，他歡欣鼓舞地從美國回到俄國，在海參崴加入了俄共（布）。不久，他到克拉斯諾亞爾斯克參加蘇維埃工作。

一九一八年十一月，原沙俄海軍上將、黑海艦隊司令高爾察克叛亂，在帝國主義武裝干涉者的支持下，在鄂木斯克建立了軍事獨裁政權——「俄國最高執政者和陸海軍總司令」，與列寧分庭抗禮。高爾察克曾佔領西伯利亞、烏拉爾和伏爾加河一帶。維經斯基奉命參加地下工作，反對高爾察克。

一九一九年五月，維經斯基在海參崴被白匪逮捕，關入監獄。他被判處無期徒刑，流放到黑龍江口外的庫頁島做苦役。他面臨著嚴峻的考驗。

維經斯基顯示了他的組織才能。他暗中聯合了島上被流放的政治犯，成功地進行了暴動，戰勝了白匪，獲得了自由。

一九二〇年一月，維經斯基回到了海參崴，參加了俄共（布）東方民族部的工作。

不久，當俄共（布）遠東局海參崴分局考慮派一個代表團去中國，物色人選時，選中了維經斯基。二十七歲的維經斯基被選中，是因為他具備了這樣一些條件：經歷過嚴峻的生死考驗，表明他對革命的赤膽忠心；他具有地下工作的經驗；流利的英語，使他便於在國外開展工作。

代表團的成員還有庫茲涅佐娃——維經斯基的妻子。馬馬耶夫充當他的秘書。馬馬耶夫的妻子馬馬耶娃也參加了代表團。二十五歲的馬馬耶夫本是蘇維埃紅軍軍官，馬馬耶娃則是莫斯科歌舞演員。她在代表團裡擔任打字員。這樣，兩對夫婦同行，看上去像去中國旅遊似的，便於遮人耳目。

俄共（布）遠東局海參崴分局負責人維廉斯基・西比利亞可夫向共產國際報告：已經組成赴中國的代表團。

代表團得到指示，增加一項使命：「考察在上海建立共產國際東亞書記處的可能性。」

喬裝的「新聞記者」訪問李大釗

一九二〇年四月初，北京最繁華的王府井大街不遠處一幢外國公寓裡，來了五位新客人。客人們一律持「蘇維埃俄羅斯共和國」護照。三男兩女，其中一位男子一望而知是中國人，卻能操一口流暢的俄語。

據云，五位客人是俄文報紙《生活報》的記者。他們都帶有《生活報》記者證。此次中國之行，為的是籌辦建立一家通訊社，名曰「華俄通訊社」。

這家通訊社將把中國的消息譯成俄文，發往俄國；同時把俄國的新聞譯成中文，供給中國各報刊，以促進中俄兩國的信息交流。在當時中俄兩國消息相互閉塞的情況下，《生活報》的記者們籌建這樣的一個通訊社，倒是確實需要的。當別的外國客人問起這五位俄國記者時，他們總是如此敘述自己來華的使命。

就在這個代表團抵達北京不久，又有兩位從不同途徑趕來的俄國人悄然到達北京，並與他

們取得了聯繫。

其中的一位是俄國婦女，也來自海參崴。不過，她的外貌跟正宗的俄羅斯女人不同。她是貝加爾湖沿岸的布里亞特蒙古人。她會講俄語，也會講蒙古語。她叫薩赫揚諾娃，俄共（布）遠東地區委員會的負責之一。在三個月前，向俄共（布）中央委員會致函，表示準備與中國革命者建立聯繫的便是她。

另一位是身材高大的男子，蓄著大鬍子，這位俄國人會講一口純正的法語——他本是俄國工人，後來僑居法國。他倒是一位名副其實的記者，從哈爾濱奉命趕來。他叫斯托揚諾維奇，又名米諾爾，俄共（布）黨員。

薩赫揚諾娃和斯托揚諾維奇前來北京，都是為了配合那個《生活報》記者代表團執行特殊的使命。

最先開始「採訪」的，是那位中國人——楊明齋。比起他的俄國同志來，他在北京活動要方便得多。雖然他的衣袋裡放著蘇俄護照，但是他一走出外國公寓，便融入在街頭那黃皮膚、黑眼珠的人群之中。

對於楊明齋來說，這兒雖然是他的祖國，不過新來乍到，仍有人地生疏之感。他畢竟十九歲便離鄉背井「闖俄羅斯」去了，在俄國度過了十九個春秋。他這次是頭一回來到北京。

楊明齋首先「採訪」的是號稱「中國通」的波列伏依。他來到了離王府井大街不遠的北京大學，跟這位在那裡任教的俄語教授用俄語交談著——雖說他們也可以用漢語交談，但是那時北京城裡懂俄語的畢竟不多，保密性更好一些。

波列伏依的中文名字叫「鮑立維」，又叫「柏烈偉」。在海參崴長大的他，常跟那兒的中國人打交道，會講漢語，懂中文。他居然研究起中國的《詩經》來，成了一位漢學家。

一九一八年下半年，他從海參崴來到天津，住在「特別一區」。臺灣王健民先生著《中國共產黨史稿》一書稱他是「第三國際駐天津文化聯絡員」，那是不正確的。他不是俄共（布）黨員，而是白俄，當然也就不可能是「第三國際駐天津文化聯絡員」。不過，他傾向革命，與俄共（布）的許多朋友有著友誼和聯繫。

他來到天津之後，確實跟北京、上海、天津的許多進步文化人進行聯絡。他既會講俄語，又會講漢語，成了溝通俄共（布）朋友和中國一些文化人之間的橋梁。

鮑立維對《新青年》雜誌非常注意，每期必讀。理所當然，他注意起李大釗和陳獨秀的大名。去北京的時候，他在北京大學圖書館裡跟李大釗談得非常投機。

他送給李大釗一些來自莫斯科的關於馬列主義的小冊子，使李大釗十分高興。布哈林著的《共產主義ＡＢＣ》英文本，便是其中的一本。於是，李大釗介紹鮑立維到北京大學擔任俄語教員，並編纂《俄華辭典》。

楊明齋拜訪了鮑立維，說是蘇俄《生活報》記者維經斯基希望報導中國共產主義運動的領袖人物，鮑立維伸出了左手的大拇指說：「李大釗！」又馬上伸出右手的大拇指說：「陳獨秀！」

鮑立維向楊明齋說起了北京大學，說起了《新青年》，說起了去年發生的五四運動，說起了「北李南陳」……這位貨真價實的「中國通」十分準確地勾畫出中國共產主義運動的簡貌，使楊明齋心中有了底。因為他和維經斯基「初來中國的時候，對於中國情形十分陌生。他們的

使命是要聯絡中國共產主義運動的領袖人物，但不知找誰是好。」③

楊明齋又去拜訪北京大學另一位俄籍教員阿列克塞·伊凡諾維奇·伊凡諾夫。此人也是一位「中國通」。他的中文名字叫「伊鳳閣」，又叫「伊文」。他也是漢學家，精通中文，而且比鮑立維來華更早。伊鳳閣所介紹的中國共產主義運動情況，大致跟鮑立維差不多，他同樣提到了「北李南陳」。

維經斯基決定訪問「北李南陳」。陳獨秀已經出走上海，他就請鮑立維、伊鳳閣介紹，前往北京大學圖書館主任室訪問李大釗。這是俄共（布）使者與中國共產主義運動領袖人物李大釗的第一次正式接觸。三十一歲的李大釗比維經斯基大四歲。

當時在場的李大釗的二十四歲的學生羅章龍，如今這樣回憶往事：

「李大釗是北大教授兼圖書館館長，他在當時寫下了不少水準很高、語言精彩的文章。《新青年》上宣傳馬列主義的文章數他的最多，他公開讚揚十月革命，是我國最早宣揚共產主義的代表人物。因此，他在那時，就享有很高的名望。維經斯基到北大會見李大釗是很自然的事。

「維經斯基訪問李大釗也不是盲目而來，而是事先做了些準備工作。首先維經斯基瞭解到李大釗先生是贊成十月革命的。他同李大釗見面談了一席話之後，便要求見見參加過五四運動、新文化運動的一些同學。這樣大釗先生就找了幾個同學和維經斯基見面。人數不多，其中有我和張國燾、李梅羹、劉仁靜等。這些人後來都成為北京共產主義小組的成員。

「我們同維經斯基見面的談話會，是在圖書館舉行的。會上，他首先介紹了十月革命。

他還帶來一些書刊，如《國際》、《震撼世界的十天》（引者注：即美國記者約翰·里德的長篇報告文學）等。後者是美國記者介紹十月革命的英文書。他為了便利不懂俄文的人也能看，所帶的書，除俄文版外，還有英文、德文版本。維經斯基在會上還詳細介紹了蘇俄的各項政策、法令，如土地法令，工業、礦山、銀行等收歸國有的政策，工廠實行工人監督與管理，蘇俄國民經濟最高委員會管理全國經濟工作的制度，列寧提出的電氣化的宏偉規劃等。

他還講到蘇俄在十月革命勝利後，面臨種種困難，為了解決困難，不得不臨時實行軍事共產主義、餘糧徵集制等等。這次談話內容相當廣泛。當時我們很想瞭解十月革命，瞭解革命後的俄國，他談的這些情況，使我們耳目一新，大家非常感興趣。這就使我們對蘇維埃制度從政治、經濟、軍事到文化都有了一個比較清楚的認識，看到了一個新型的社會主義社會的輪廓。

「維經斯基這個人工作很仔細。他來了之後，除了開座談會，介紹蘇俄情況，瞭解中國情況，還找人個別談話。通過個別談話，可以瞭解座談會上不易得到的情況。他是一個有知識、有工作經驗的人，對大家提出的問題，回答得恰如其分。他的英文、德文很好，能用英語直接與同學談話。他對中國的歷史、中國的問題頗有研究。關於五四運動，他問得很詳細；對帝國主義和中國軍閥相互勾結的情況看得也清楚；對五四運動、辛亥革命以前我國的歷史也很熟。他同李大釗先生談得很融洽，對李大釗先生評價很高。

「他在座談會上曾暗示說，你們在座的同學參加了五四運動，又在研究馬克思學說，你們都是當前中國革命需要的人才。他勉勵在座的人要好好學習，要瞭解蘇俄十月革命，正因為如此，中國應有一個像俄國共產黨那樣的組織。我們認為他談的這些話，很符合我們的心願。我

個人體會，通過他的談話，我們對十月革命，對蘇維埃制度，對世界革命都有信心了。……」

維經斯基對李大釗所講的最後一句話「中國應有一個像俄國共產黨那樣的組織」，是最為重要的話，使李大釗不禁記起一個多月前坐在那輛奔往天津的騾車上，他和陳獨秀關於建立中國共產黨的那次悄聲長談。維經斯基的見解，與「北李南陳」的心願不謀而合！

「維經斯基先生，你要瞭解中國的共產主義運動，不可不去上海訪問陳獨秀先生。他是《新青年》雜誌創始人、主編。」李大釗說道。

「李先生，我也早已聽說陳獨秀先生的大名，不知您能否代為介紹？」維經斯基趕緊說道。

「行，行，我寫一封親筆信給他，你帶在身邊。他看了信，就會願意接受你的採訪。」由於維經斯基一直是以記者的身分跟李大釗接觸，所以李大釗這麼說道。

李大釗拿起毛筆，當即揮就一封信，交給了維經斯基。

李大釗的這封信如今已無從尋覓。據當時的李大釗的學生張國燾後來回憶：

「李大釗先生介紹維經斯基、楊明齋去會晤陳獨秀先生，似乎並不知道他們的秘密使命。因為李大釗先生和維經斯基後來都沒有說過他們之間有過甚麼初步的商談。大概李真的以為維經斯基是一位新聞記者。維氏與陳獨秀先生在初步接觸時，尚隱藏著他的真實身分。似乎也可以推知李當時的介紹信只是泛泛的。」

張國燾也未親眼見過那封介紹信，只是「推知」而已。他的回憶，僅供參考罷了。

帶著「考察在上海建立共產國際東亞書記處的可能性」這一重要而秘密的使命，維經斯基決定前往上海。他的妻子庫茲涅佐娃、翻譯楊明齋，以及那位從海參崴趕來的薩赫揚諾娃，與他同行，共赴上海。

馬馬耶夫夫婦仍留住在北京王府井附近，繼續跟李大釗保持聯繫。

那位來自哈爾濱的斯托揚諾維奇也去上海。一九二〇年秋經北京的黃凌霜介紹，前往廣州，住在東山，以「遠東共和國電訊社記者」的身分，發表了許多關於中國革命的報導。

就在維經斯基一行離開北京不久，俄共（布）遠東局海參崴分局的另一領導人維廉斯基・西比利亞可夫抵達北京。

他和斯托揚諾維奇一樣，也以「遠東共和國」的名義在中國活動。「遠東共和國」是在一九二〇年四月六日宣告成立的，所轄區域包括蘇俄整個遠東地區，首都設在赤塔。它在形式上是資產階級共和國，實際上是由俄共（布）領導。列寧建立遠東共和國，為的是在遠東建立一個緩衝國，便於同協約國打交道。

一九二二年冬，當紅軍把日軍全部趕出遠東之後，遠東共和國併入了蘇俄。維廉斯基是以「遠東共和國優林外交使團秘書」的身分在北京進行活動。

維廉斯基曾召集北京的俄共（布）黨員，開了一次秘密會議。維廉斯基在會上很明確地指出：「在中國建立共產黨已經具備客觀條件。」④

此後，維廉斯基在中國工作多年，出任蘇俄駐北京的帕依克斯使團顧問。

俄共（布）及共產國際從不同途徑派出各種身分的人物來華活動，表明了他們對於建立中國共產黨的無比關切。

三益里的四枝筆投奔陳獨秀

且說陳獨秀在陰曆除夕——二月十九日下了那艘掛著「洋旗」的船，躲掉警察的追捕，終於踏上熙熙攘攘的上海，不由得鬆了一口氣。

這一回悄然潛逃，上海沒有一個人知道他的光臨。他叫了一輛黃包車，下榻於並不醒目的惠中旅舍。

連日奔波，受了風寒，他有點不適。稍事休息，他便朝五馬路（今廣東路）踱去。

在五馬路棋盤街西首，坐北朝南，原本有一座兩開間的中德藥店。一年前，這裡改換門庭，掛上了「亞東圖書館」五個正楷大字，裝上了四扇玻璃門。門口一塊小招牌上寫著：「經理北京大學出版書籍，發售圖書雜誌儀器文具。」

西邊的玻璃大櫥窗裡，陳列著《新青年》樣本，還有錢玄同著《文字學音篇》，楊昌濟著《西洋倫理學史》、《倫理學之根本》，梁漱溟著《新編印度哲學概論》等書。

陳獨秀見到這些書，不由得感到分外親切。推門進去，店堂裡正坐著那回跟他同往北京、同住中西旅館的汪孟鄒。一見陳獨秀突然出現在面前，汪孟鄒驚叫一聲：「仲甫兄！」陳獨秀朝他搖了搖手，汪孟鄒會意，馬上帶他上樓，細細敘談。

汪孟鄒和陳獨秀是密友，都是安徽人。早在一八九七年，汪孟鄒入南京江南陸師學堂求學以前，兩人便已密切交往，後來汪孟鄒成為有名的出版商，並與陳獨秀結為莫逆之交。

一九一三年，汪孟鄒聽從陳獨秀的主意，到上海開辦書店——也就是亞東圖書館。起初，亞東圖書館坐落在四馬路的小弄堂惠福里。陳獨秀以為縮在弄堂裡，幹不成大事。於是，汪孟鄒鼓起勇氣，盤下中德藥店的房子，總算上了大馬路。

亞東圖書館成了陳獨秀在上海的一個據點。這家書店「經理北京大學出版書籍」，便全然由於北京大學文科學長陳獨秀的關係。

這一回，已經被免除北京大學文科學長一職的陳獨秀，在亞東圖書館樓上，跟汪孟鄒說出了自己出逃北京以後的計畫：到廣州去！

在陳獨秀看來，「廣東人民性質活潑勇健，其受腐敗空氣薰陶，或不如北京之盛。以吾人現在之想，改造廣州社會，或輕易於北京，故吾人此行，殊抱無窮希望也。」⑤

邀請陳獨秀去廣州的是章士釗和汪精衛，到那裡籌建西南大學。因此，這次陳獨秀只是途經上海，小住數日罷了。

在惠中旅舍住了幾天，北京警方似乎並沒有派人追捕，陳獨秀就搬到亞東圖書館來住。樓上有四間房，陳獨秀和汪孟鄒相鄰而居，有時聊天，有時看書，不像在旅館裡那麼寂寞。

就在陳獨秀托汪孟鄒購買赴穗船票之際，忽於三月五日接章士釗從廣州打來電報，說是因廣州政潮突起，不宜辦校，校址還是設在上海為宜，他和汪精衛不日來滬面商。

陰差陽錯，原本只是路過上海的陳獨秀，也就在滬滯留了。

亞東圖書館人來人往，非長住之地。何況陳獨秀倉惶離京，家眷尚在箭桿胡同居住，不知那在屋前站崗的警察如何對待他的家眷。陳獨秀希望在上海找一安靜的住所，接來家眷同住，

而且把《新青年》編輯部從北京遷回上海。

汪孟鄒給陳獨秀出了個好主意：柏文蔚在上海的公館正空著——他被委任為「鄂西靖國軍總司令」、「長江上游招討使」，攜眷上任，何不住到柏公館去？

柏文蔚，當年的安徽都督，陳獨秀是他的秘書長——「武有柏，文有陳」。陳獨秀如今要住進柏文蔚的公館，柏家當然一口應承。

柏公館在何處？那便是本書小引中寫及的周佛海之妻找到的第一個目標——環龍路老漁陽里二號（今南昌路一百弄二號）。那裡是法租界。

這是一幢一樓一底的石庫門房子。樓上成了陳獨秀的臥室。那兒，原本是柏文蔚用的一張考究的大銅床、一隻紅木櫃、一張大書桌，現在都由陳獨秀使用。樓下的客堂間，也就成了陳獨秀的會客室。

陳獨秀是一位富有「磁力」的人物。在北京，他的箭桿胡同的家，高朋滿座，李大釗、胡適、錢玄同、劉半農、沈尹默以及周氏兄弟——魯迅和周作人，是那裡的常客。

眼下，本來頗為冷落的柏公館，由於陳獨秀的到來，變得熱鬧起來。常常坐著自己專用的黃包車來的，是《民國日報》經理兼總編、副刊《覺悟》主編邵力子。

《覺悟》副刊在當時頗有影響，與北京《晨報》的副刊、上海《時事新報》副刊《學燈》，號稱全國「三大副刊」。《覺悟》副刊登過陳獨秀的文章，邵力子跟他算是「文友」。

邵力子的家，離環龍路不太遠——法租界白爾路三益里五號（今西門路泰和坊）。「三益里」是因王姓三人出資建造的，「三人得益」，故名三益里。

邵力子是個大忙人，所以包了一輛黃包車，總是來去匆匆。他在陳獨秀那裡坐了片刻，便要離去。

他的雜務實在太多，不光是那張《民國日報》要耗去他大部分精力，而且他常常要到各學校發表演說。他甚至還擔任「上海河南路商界聯合會會長」之職，要參加「上海市馬路商界聯合會總會」的工作。他是上海著名的國民黨黨員。

然而，他卻傾向激進，接受馬克思主義。他曾在《民國日報》的《覺悟》副刊上發表《主義與時代》一文，聲稱：社會主義已在人們心目中有很大影響，「這絕非單為好奇的心理所促成，實在是時代潮流中已有需要這個主義的徵兆」。

也正因為他熱烈讚頌社會主義，他跟陳獨秀有著共同的語言，也就不時光臨漁陽里二號。

來自三益里的「高朋」，不光是邵力子，還有他家斜對門的三位「大秀才」。

邵寓斜對門的三益里十七號，住著李氏兄弟。這「二李」的大名，在本書小引中已經提及——李書城、李漢俊。後來，中共「一大」便是在李氏兄弟寓所召開。不過，此時李氏兄弟尚未遷往貝勒路，而是住在此處——三樓三底的寬敞的石庫門房子。

在筆者訪問李書城家屬時，其遺孀薛文淑如此回憶：

「在三益里居住時，書城與外界往來甚少，不大出門，來訪的人也不多，整天在家看書。漢俊則與他相反，每天都很忙。他住在旁邊樓下，我住在中間樓上，常常能見到朋友們找他。經常來的多是與他年齡相仿、穿長袍的先生，也有一兩位比他年長，還有兩位剪短髮、穿裙子的青年女性給我印象較深，但除了邵力子，其他來客我都不知道姓名。

「我是剛從家鄉（引注者：薛文淑為上海松江縣人）到上海的，對外界一無所知，更不知道革命之類的事。但是我覺得漢俊的這些朋友很異常，他們在一起經常發生爭論，有時像是在吵架，我以為一定是鬧翻了，可是第二天這些人還是照常來，從表情上看不出有什麼不愉快。

「他們常深更半夜才出門，總是弄得聲響很大。我對這些人的情況感到奇怪，曾對書城提出，但書城說『漢俊他們的事，你就不要去管』，可見他對漢俊的事是瞭解的。

「書城早年投身推翻清朝的革命活動，但他對以後袁世凱篡位、國民黨的退讓及軍閥混戰的狀況深感失望，而將希望寄託在他弟弟身上。早年因家境窮困，漢俊從小就受到書城照料，並隨他去日本讀書。漢俊以優異成績在東京帝國大學工科畢業後，因國內根本沒有搞建設的條件，便從事革命活動，這些都是書城予以支持和鼓勵的。

「他們兩人的性格都很剛直，脾氣都不好，但他們之間卻很友愛和睦。書城母親的規矩很多，她特別喜歡清靜，對別人走路的要求是『輕手輕腳』，說話的要求是『輕言細語』。我們全家一日三餐都是在一張大桌子上吃飯，大家都遵照母親『食不言，睡不語』的規定，能夠例外輕聲說話的只有書城兄弟，他們總像在討論什麼似的，一般都是漢俊先說什麼，然後書城點頭表示同意，漢俊對他哥哥也十分尊敬。……」

李書城家屬贈給筆者一幅珍貴的照片——當年李家在三益里的合影。這張照片雖然殘缺，但李氏兄弟都在畫面之中。兄弟倆長得很像，個子相仿，都戴一副金絲邊眼鏡，但李書城留著八字鬍，看上去比李漢俊老成得多——雖然他只比弟弟大九歲。

李氏兄弟乃湖北潛江人。父親李金山是潛江縣私塾教師，生三男四女，長子李書麟早逝，次子李書城便儼如長子，照料弟妹。

一九〇二年，十二歲的李漢俊在李書城的摯友吳祿貞幫助下，東渡日本。李漢俊極為聰穎，一口日語講得如同「正宗」日本人一般。他還精通英語、德語、法語。尤其是德語，非常流利。

李漢俊最初喜歡數學，後來拜日本著名的馬克思主義經濟學家、東京帝國大學經濟部教授河上肇為師，轉向研究馬克思主義。當時，日文版馬克思主義著作甚多，而他懂德文又使他可以直接閱讀馬克思原版著作。這樣，李漢俊成為當時中國最為精通馬克思主義理論的人之一。

李漢俊衣著很隨便，看上去像個鄉下人。在上海，他曾去一家豪華賓館看望一位德國教授，看門的印度人以為他是「癟三」不許他入內。不料，他以英語向看門者說明來意，使那位印度人吃了一驚，只得讓他入內。過了一會兒，德國教授送他出門，一路上兩人以德語談笑風生。那位印度人方知自己「以衣取人」，看「扁」了來者，趕緊向他道歉。

李氏兩兄弟之中，李書城不去環龍路漁陽里，而李漢俊則成了陳獨秀客堂間裡的常客。李漢俊帶來另兩位「大秀才」拜訪陳獨秀。他們便是戴季陶和沈玄廬。

戴、沈、李乃《星期評論》編輯部的「三駕馬車」。那時候，時興「評論」。在北京影響甚廣的，是陳獨秀、李大釗創辦的《每週評論》，創刊於一九一八年十二月二十二日。上海這「三駕馬車」效仿《每週評論》，在一九一九年六月八日創辦了《星期評論》。此後一個多月，毛澤東在長沙創辦了《湘江評論》——七月十四日問世。在這些「評論」之中，《星期評論》的發行

量最大，達十幾萬份。

《星期評論》的編輯部最初設在上海愛多亞路新民里五號（今延安東路）。一九二〇年二月，遷往三益里李漢俊家，難怪有許多「穿長袍的先生」和「穿裙子的青年女性」常常進出李寓。

與李漢俊同編《星期評論》的戴季陶，亦非等閒之輩。戴季陶本名良弼，又名傳賢，原籍浙江吳興，生於四川廣漢。他比李漢俊小一歲，而經歷比李漢俊「顯赫」得多。

李漢俊十二歲赴日，戴季陶十五歲赴日。戴季陶也是得兄長之助，才得以東渡。戴的長兄賣掉了土地，資助他從四川前往遙遠的日本。事出意外，年幼的戴季陶途經上海時，被流氓盯住，搶去他的錢財。戴季陶痛哭流涕，幸虧一位四川同鄉也去日本，看他實在可憐，帶他踏上了東渡輪船。

囊中空空如也的戴季陶進入日本大學法律系，發奮攻讀，學業優秀，日語流暢。富有社會活動能力的他，發起組織留日同學會，小小年紀，被推選為會長。在艱難困苦之中，度過了留學生涯。回國之後，擅長文筆的他，考入《天鐸報》社當記者。由於文章出色，迅即升為主筆。他從「不共戴天」這一與「戴」相關聯的成語中，取「天仇」為筆名，發表眾多抨擊清朝政府的文章。

戴季陶命運的轉捩點是一九一一年十二月二十五日。

這天，二十歲的他在上海碼頭，歡迎、採訪自海外歸來的孫中山，心中無限敬佩。孫中山也看中了這位才華橫溢的年輕人，邀他去南京參加中華民國成立大典和大總統就職儀式。

不久，孫中山赴日訪問，戴季陶被任命為翻譯兼機要秘書。從此，他成為孫中山的忠實門徒。在日本，孫中山與許多日本重要人物密談時，唯戴季陶在他身邊。此後，孫中山受袁世凱排擠，流亡日本，戴季陶亦侍奉在側。

一九一四年，孫中山在日本成立中華革命黨，戴季陶被任命為浙江支部長。

一九一七年七月，孫中山在廣州出任大元帥，戴季陶被任命為大元帥府秘書長。

一九一八年五月四日，因桂系軍閥操縱國會，決議改組軍政府，孫中山憤然宣布辭去大元帥之職。五月二十一日，孫中山離廣州前往上海，戴季陶同行。孫中山在上海先是住在環龍路六十三號。兩個多月後，遷入華僑們集資購贈的莫利愛路二十九號（今香山路七號）住宅⑥。於是，戴季陶也就在上海住了下來。

他原本讀過許多馬克思主義著作，當李漢俊在一九一八年底從日本回到上海，便與他過從甚密，一起探討馬克思主義。他們對陳獨秀、李大釗主編的《每週評論》每期必讀，商議在上海創辦《星期評論》。戴季陶的社會聲望比李漢俊高得多，創辦時由戴季陶任主編。

沈玄廬此人，年長於李漢俊和戴季陶七八歲。他本名沈定一，字劍侯，浙江蕭山人。他當過清朝的官——雲南廣通縣知縣、武定知州、省會巡警總辦。後來，他因幫助中國同盟會發動河口起義，被人告發，無法在國內立足，只得流亡日本。

在日本，沈玄廬研讀各種社會政治學說之後，以為社會主義學說最為正確。這樣，他開始鑽研日文版的社會主義理論書籍。

一九一六年，沈玄廬回國，出任浙江省議會議長。當《新青年》創辦之後，這位當年的清

朝「縣官」，積極為之撰稿。在戴季陶、李漢俊籌備創辦《星期評論》之際，沈玄廬熱心加入，成為「三駕馬車」之一。

沈玄廬雖說年近四十，倒有許多天真可愛之處。比如，他主張平等，在家中要兒子、兒媳直呼其名，使他的許多朋友驚訝不已！

自從陳獨秀住進了環龍路漁陽里，相距不遠的三益里四枝筆桿——邵力子、李漢俊、戴季陶、沈玄廬，便不斷被漁陽里的「磁力」吸引過去了。

此外，還有一位常來拜訪陳獨秀的「筆桿子」，叫張東蓀。他原名萬田，字聖心，浙江餘杭縣人。他早年畢業於日本東京帝國大學，追隨孫中山。

一九一一年，與梁啟超一起，在上海創辦《時事新報》。一九一二年，出任南京臨時政府大總統府秘書。此後，他擔任北京大學、中國公部大學、燕京大學教授。一九一九年在北京創辦《解放與改造》雜誌，南下上海之後，與陳獨秀有舊，故常來敘談。

此人也寫得一手好文章，而且也讀過一些日文版社會主義學說著作。張東蓀回上海，依然主編《時事新報》。

不論是邵力子、李漢俊、戴季陶，也不論是沈玄廬、張東蓀以至陳獨秀，都曾在日本留學，都懂日文。這些「秀才」，最初都是從日文版的圖書中，懂得馬克思主義的。

漁陽里石庫門房子中的密談

「清明時節雨紛紛。」四月的上海，毛毛細雨不住地飄飄灑灑。

四月下旬，渾身水濕的一列客車駛入上海站。不論是維經斯基夫婦，還是薩赫揚諾娃和楊明齋，都不習慣於上海潮濕的雨天。他們登上黃包車，把車前的油布擋得嚴嚴實實的。與他們同來的朝鮮人安氏，也雇了一輛黃包車。

打頭的一輛黃包車裡，坐著楊明齋。對於他來說，上海比北京更為陌生。他平生頭一回來到這中國第一大城市，那「阿拉、阿拉」的上海話，簡直叫他難以聽懂。不過，比較起同行的三位俄國人和一位朝鮮人來說，他畢竟該負起「嚮導」之責。

他在北京時，便聽說上海大東旅社的大名，所以下了火車，用他那一口山東話吩咐黃包車夫拉往大東旅社。黃包車夫一聽大東旅社，就知道該往什麼方向拉。後頭的幾輛黃包車，也就跟著在雨中魚貫而行。

坐在這種人力車上，楊明齋心中真不是個滋味兒，然而他卻必須裝出一副「高等華人」的派頭。

黃包車駛入繁華的南京路，在高懸著「統銷環球百貨」六個大字的永安公司附近拐彎，便歇了下來。楊明齋撩起車前的油布一看，迎面就是大東旅社的招牌。

永安公司是上海南京路上的四大公司之一，大東旅社是永安公司附設的旅館，就在永安百

貨商場的樓上。永安公司是在一九一八年九月五月開業，翌日則是大東旅社剪綵大典。在當年的上海灘上，大東旅社名列一流旅館之中。

楊明齋一行下車之後，便見到大門兩側掛著金字對聯：「天下之大，居亞之東。」那「大東」之名，便是從這副對聯中各取末一個字組成的。

進門之後，穿著白上衣、黑長褲的茶房便領著他們上了電梯。五樓，一條長長的走廊，走廊兩側是一間間客房。客房裡相當考究，打蠟地板，皮沙發，大銅床，既掛著蚊帳，又裝著水汀。剛剛在沙發上坐定，茶房便送來滾燙的冒著蒸氣的毛巾，給客人們擦臉。

楊明齋安頓好俄國人、朝鮮人住下，便下了樓。在南京路如潮般的人群中，楊明齋打聽著四馬路在哪裡。哦，原來跟南京路平行的、相隔不過數百公尺的馬路，便是四馬路。順利地找到了亞東圖書館，從汪孟鄒那裡知道了陳獨秀的地址，楊明齋便趕往環龍路漁陽里。

陳獨秀平生頭一回見到這位陌生的山東人，起初有點不悅，因為他那兒來來去去的都是熟人，怎麼會讓一個素昧平生的人知道他的住處？

當楊明齋從懷中掏出一封信，一看信封上李大釗那熟悉的筆跡，陳獨秀馬上變得熱情起來，連聲說：「請，請進！」

陳獨秀關切地問起李大釗的近況，問起北京大學的近況。看罷信，知道李大釗介紹蘇俄《生活報》記者吳廷康先生前來訪問，陳獨秀馬上答應了。

「我去看望吳先生。」陳獨秀說。

「不，不，在旅館裡談話不方便。我陪他到你這兒來。」楊明齋說道。

依然春雨瀟瀟。兩輛黃包車從喧鬧的霞飛路（今淮海中路）拐進了安靜的環龍路，停在漁陽里弄口。楊明齋撐開雨傘，維經斯基穿著雨衣，壓低了雨帽，消失在弄堂裡。

兩位客人出現在漁陽里二號的客堂間，陳獨秀關緊了大門。

「久仰！久仰！」

雖然維經斯基來華之後才聽說陳獨秀的名字，不過，他在北京的那些日子裡，陳獨秀的大名差不多每天都闖進他的耳朵。他已經非常清楚陳獨秀在中國共產主義運動中的地位。正因為這樣，他從北京專程趕往上海，「採訪」這位「南陳」。說不上「久」，但「仰」卻是確確實實的。

初次的會晤，只在三人中進行。維經斯基講俄語，陳獨秀講漢語，楊明齋當翻譯。雙方的談話，大都是彼此介紹各自國家的情況，維經斯基向陳獨秀介紹十月革命後的蘇俄，陳獨秀則向維經斯基介紹五四運動後的中國。

第一次談話在客客氣氣中開始，客客氣氣中結束。維經斯基和陳獨秀的第一次會面，似乎雙方都在觀察著對方。也許，維經斯基對陳獨秀的揣摩更多一些。

雨漸漸住了。天氣日益轉暖。在楊明齋的陪同下，維經斯基一回又一回光臨漁陽里。他和陳獨秀的談話，從客堂間轉到樓上，聲音慢慢壓低。

當陳獨秀知道了這位「記者」的真實身分，他們之間的關係變得異常密切。他們開始討論在中國建立共產黨這一問題……

維經斯基搬出了大東旅社，因為那個地方離環龍路遠了一些，況且長期住在那裡也不方便。維經斯基和他的代表團遷往法租界霞飛路七一六號住了下來。⑦為了便於對外聯繫，他們在英租界愛華德路掛出了蘇俄《生活報》記者站的牌子。維經斯基在上海「安營紮寨」，開始認真執行他在海參崴接受的使命。

在楊明齋的幫助下，維經斯基以《生活報》記者的身分公開在上海活動。他「採訪」了很多人。據檔案記載，他會見過上海學生聯合會的正、副評議長狄侃和程天放，會見過東吳大學學生代表何世楨……

大約是白居易的詩句「漁陽鼙鼓動地來」太動聽的緣故，上海除了環龍路有個漁陽里，在霞飛路還有個新漁陽里（今淮海中路五六七弄）。新漁陽里與漁陽里只有一箭之距，維經斯基常往新漁陽里六號跑……

張東蓀和戴季陶拂袖而去

新漁陽里六號，最初原是李漢俊住的。一九一八年底，李漢俊從日本回來，租下此屋居住。後來，李漢俊遷往三益里，與哥哥李書城同住。他把新漁陽里六號轉給戴季陶住。維經斯基訪問了戴季陶之後，覺得這位國民黨黨員的家中更適合於召開一些座談會。於是，除了在陳獨秀家進行密談，各種聚會便在戴季陶那裡舉行。

最初參加那裡聚會的是陳獨秀、戴季陶、沈玄廬、李漢俊、張東蓀。邵力子有時來坐一會兒，又匆匆坐著他的黃包車走了。

維經斯基產生了這樣的設想：「把《新青年》、《星期評論》、《時事新報》結合起來，乘五四運動的高潮建立一個革命同盟，並由這幾個刊物的主持人物聯合起來，發起成立中國共產黨或是中國社會黨。」⑧

《新青年》的主持人是陳獨秀、李大釗，《星期評論》的主持人是戴季陶、沈玄廬、李漢俊，《時事新報》的主持人是張東蓀——維經斯基最早的建黨藍圖裡，包括了這些「筆桿」。

開了幾回座談會，經過一段時間的醞釀，維經斯基終於把建黨的設想，明確地向這幾位「筆桿」提了出來。

「這樣一來，首先就嚇倒了張東蓀，他立即退出了這個運動。」⑨

張東蓀為什麼一聽要成立中國共產黨或中國社會黨，就要打「退堂鼓」呢？

「據說張東蓀所持的理由是：他原以為這個組織是學術研究性質，現在說這就是共產黨，那他不能參加。因為他是研究系，他還不打算脫離研究系。」⑩

所謂「研究系」，原是梁啟超、湯化龍等成立的「憲法研究會」。後來演變為「不再過問政治，專心從事學術研究」的「研究系」，以北京《晨報》和上海《時事新報》為機關報。

張東蓀作為《時事新報》主編，是「研究系」首領之一。在他看來，社會主義學說可以作為「學術」進行「研究」，而他不願介入政治——參加共產黨。

這位葉公好龍式的「社會主義者」，告退了。從此，他不再參與新漁陽里的座談。

維經斯基所設想的「三刊同盟」一下子少了一家。

張東蓀雖然退出，而出席座談會的人仍不斷增加。當年曾出席座談會的北京大學文科畢業生袁振英，在一九六四年曾作如下回憶：

「一九二〇年五月，陳獨秀約我同戴季陶、施存統、沈玄廬、陳望道、李漢俊、金家風、俞秀松、葉天低、李季、周佛海、楊明齋和李達、劉少奇等社會主義者（引者注：袁振英此處所回憶的名單有誤，有些人是在五月後才參加座談會的，如李達、劉少奇等），同俄國代表到戴季陶宅新漁陽里六號，密商組織共產黨的辦法，由張繼和柏文蔚出頭，由戴季陶起草共產黨綱領（原注：這一點是聽說的，綱領是交給陳獨秀，由陳拿給大家討論）……」⑪

一討論起提綱來，意想不到，一個重要的角色又打起了「退堂鼓」。

此人便是中國共產黨綱領最初的起草者、會場的寓主、《星期評論》主編戴季陶！

戴季陶為什麼要退出呢？有各式各樣的說法——當時從日本回國省親，路過上海而出席會議的周佛海如此說：

「當時有第三國際遠東代表俄國人維經斯基在座。維大意說：『中國現在關於新思想的潮流，雖然澎湃，但是，第一，太複雜，有無政府主義、工團主義、社會民主主義、基爾特社會主義，五花八門，沒有一個主流，使思想界成為混亂局面。第二，沒有組織。做文章，說空話的人多，實際行動，一點都沒有。這樣決不能推動中國革命。』他的結論，就是希望我們組織『中國共產黨』。當天討論沒有結果。東蓀是不贊成的，所以以後的會議，他都沒有參加。我和雁冰（引者注：即沈雁冰，筆名茅盾）是贊成的。經過幾次會商之後，便決定組織起來。南方由仲甫負責，北方由李守常（李大釗）負責。當時所謂『南陳北李』。上海當時加入的有邵力子、沈玄廬等。戴季陶也是一個。不過他說，孫先生在世一日，他不能加入別黨，所以《中國共產黨黨綱》的最初草案，雖然是他起草的，他卻沒有加入。」⑫

邵力子說得很婉轉：「戴季陶退出時，說因有不方便處。」⑬

茅盾則說：「戴季陶不幹的理由，是怕違背了孫中山的三民主義。」⑭

李達道出了背後的情形：「在這個時候，『中國共產黨』發起的事被列入了日程。維經斯基來中國的主要任務是聯繫，他不懂得什麼理論，在中國看了看以後，說中國可以組織中國共產黨，於是陳獨秀、李漢俊、陳望道、沈玄廬、戴季陶等人就準備組織中國共產黨。孫中山知道了這件事，就罵了戴季陶一頓，戴季陶就沒有參加組織了。」⑮

中國共產黨還處於「胚胎期」，尚未正式成立起來，便有這麼兩員「大將」拂袖而去。戴季陶甚至從新漁陽里六號搬走了，離去時聲言：「我無論如何一定從旁贊助，現在暫時退出。」

戴季陶搬走了，楊明齋租下了新漁陽里六號，搬了進來。於是，這裡更成了維經斯基召集各種座談會的場所。人們並沒有因張東蓀、戴季陶的離去而動搖，反而更加堅定地得出一致的結論：走俄國人的路！

戴季陶走了，李漢俊著手起草黨章。李達記得，黨章草案「由李漢俊用兩張八行信紙寫成，有七八條，其中最主要的一條是『中國共產黨用下列的手段，達到社會革命的目的：一、勞工專政，二、生產合作』。我對於『生產合作』一項表示異議，陳獨秀說『等起草黨綱時再改』。」

這個黨，叫什麼名字？叫「中國社會黨」，還是叫「中國共產黨」？又引起一番爭論。

連陳獨秀也定不下來，於是，寫信跟李大釗、張申府商量。

張申府又名張崧年，北京大學講師，與李大釗關係甚為密切。據張申府回憶：

「信寫得很長，主要講創黨的事，信中說：『這件事情在北大只有你和守常可以談』（大意如此）。為什麼呢？

一是因為陳獨秀在北大當過文科學長，認識的人很多，但有些人不搞政治，不適於談，而建黨的事是秘密進行的。二是陳獨秀在北京時，他和守常以及我經常在一起，他常到北大圖書館李主任辦公室來（在紅樓一層靠東南角的兩間房子裡），我們的觀點一致。他辦《新青年》，我們經常寫稿。

「民國七年（引者注：即一九一八年）十一月底辦《每週評論》，我們又在一起。每期刊印是在宣武門外一個報館裡，我曾與李大釗同志去校對，彼此很瞭解，所以陳獨秀說：『這件事情在北大只有你和守常可以談。』不是偶然的。當時建黨究竟叫什麼名字，這沒有確定，徵求我們的意見。我和守常研究，就叫共產黨。這才是第三國際的意思，我們回了信。」

這樣，黨的名稱定了下來。

作為建黨的第一步，一九二〇年五月在上海組織了「馬克思主義研究會」。負責人是陳獨秀。小組的成員有李漢俊、沈玄廬、陳望道、俞秀松、沈雁冰、邵力子、楊明齋等。稍後加入的是施存統。

陳望道「做了一件大好事」

就在醞釀、籌備建立中國共產黨的那些日子裡，一本薄薄的小書的出版，如同下了一場及時雨。

這本書比如今的小三十二開本還要小。封面上印著一位絡腮鬍子的人物的半身水紅色人坐像（再版本改用藍色），一望而知是馬克思。在馬克思坐像上端，赫然印著《共黨產宣言》五個大字。

這初版本在一九二〇年四月出版時，印顛倒了書名。連書名印顛倒了，都沒有發覺，這表明當時人們對於共產黨極度陌生，從未聽說。

這一印錯書名的書，迄今只存兩本，被確定為《共產黨宣言》中譯本的最早版本。這一版本現存於浙江溫州圖書館。這一珍本上蓋著「蔭良藏印」。蔭良，即戴樹棠的字。

在一九二〇年八月再版時，錯印的書名得以糾正，印為《共產黨宣言》。現存於北京圖書館的《共產黨宣言》珍本，是這一再版本，但是封面損壞。上海圖書館保存著完整的《共產黨宣言》再版本。

中共中央文獻研究室保存著一九二〇年九月所印的《共產黨宣言》中譯本再版本。在《共產黨宣言》中譯本的封面上還印著「社會主義研究小叢書第一種」，「馬克思、安格斯合著，陳望道譯」。這「安格斯」，亦即恩格斯。中譯本全文共五十六頁。

《共產黨宣言》是馬克思、恩格斯的名著，他們在一八四七年十二月至一八四八年一月為共產主義者同盟起草的綱領。

縱觀馬克思、恩格斯眾多的著作，這篇短小精悍的《共產黨宣言》概括了其中的精華。可以說，欲知馬克思主義為何物，共產黨是什麼樣的政黨，第一本入門之書，第一把開鎖之鑰匙，便是《共產黨宣言》。

尤其是此文寫得氣勢磅礴，文字精練，富有文采，又富有鼓動性，可謂共產主義第一書。世上能夠讀懂讀通煌煌巨著《資本論》者，必定要具備相當的文化水準和理解能力，而《共產黨宣言》卻是每一個工人都能讀懂、能夠理解的。

《共產黨宣言》最初是用德文出版的。一八五〇年出版了英譯本。接著，出版了俄文版（一八六三年）、丹麥文版（一八八五年）、法文版（一八八六年）、西班牙文版（一八八六年）、波蘭文版（一八九二年）、義大利文版（一八九三年）……《共產黨宣言》風行歐洲，倒是應了它的開頭的第一句話：「一個幽靈，共產主義的幽靈，在歐洲徘徊。」

「幽靈」東行，開始在中國「徘徊」。

一九〇五年，朱執信在《民報》第二號上，介紹了《共產黨宣言》的要點。

一九〇八年，在東京出版的《天義報》，譯載了《共產黨宣言》第一章以及恩格斯一八八八年為英文版《共產黨宣言》所寫的序言。此後，《共產黨宣言》曾一次次被節譯，刊載於中國報刊。

一九一九年，年僅十九歲的張聞天在八月出版的《南京學生聯合會日刊》上，發表《社會問題》一文，文末節錄了《共產黨宣言》第二章的十條綱領。然而，《共產黨宣言》在中國一直沒有全譯本。要成立共產黨，要瞭解共產主義，怎可不讀《共產黨宣言》呢？

第一個籌劃把《共產黨宣言》譯成中文的是戴季陶。他在日本時，便買過一本日文版《共產黨宣言》，深知這本書的分量。他曾想翻譯此書，無奈，細細看了一下，便放下了。因為此書的翻譯難度相當高，譯者不僅要諳熟馬克思主義理論，而且要有相當高的中文文學修養。開頭第一句話，要想妥切地譯成中文，就不那麼容易。

戴季陶主編《星期評論》，打算在《星期評論》上連載《共產黨宣言》。他著手物色合適的譯者。邵力子得知此事，向戴季陶舉薦一人：杭州的陳望道！

陳望道乃邵力子密友，常為《民國日報》的《覺悟》副刊撰稿。邵力子深知此人功底不凡，當能勝任翻譯《共產黨宣言》。

陳望道此人瘦削，那顴骨顯得更為突出，臉色黝黑，如同農夫。不過，他在書生群中頗為不凡，從小跟人學過武當拳，輕輕一躍，便可跳過一兩張八仙桌。

他原名陳參一，浙江義烏人。中學畢業後，曾到上海進修過英語，準備去歐美留學。後來未能去歐美，卻去了日本。興趣廣泛的他，在日本主攻法律，兼學經濟、物理、數學、哲學、文學。

一九一九年五月，他結束在日本的四年半的留學生活，來到杭州。應校長經亨頤之聘，在浙江第一師範學校當語文教師。

浙江第一師範學校是浙江頗有聲望的學校。校長經亨頤曾留學日本，是浙江名流，後來曾任國民黨中央執行委員，其女經普椿為廖承志夫人。經亨頤廣納新文化人物入校為師，先後前來任教的有沈鈞儒、沈尹默、夏丏尊、俞平伯、葉聖陶、朱自清、馬敘倫、李叔同、劉大白、張宗祥等。

陳望道進入浙江第一師範學校之後，與夏丏尊、劉大白、李次九四位語文教師銳意革新，宣導新文學、白話文，人稱「四大金剛」。一九一九年底，發生「一師風潮」，浙江當局要撤換經亨頤，查辦「四大金剛」。邵力子在《民國日報》上發表評論，聲援一師師生。各地學生也紛紛通電聲援。浙江當局不得不收回撤換、查辦之命令。

不過，經此風潮，陳望道還是離開了浙江第一師範學校。就在這時，戴季陶約陳望道翻譯《共產黨宣言》，給了他日文版《共產黨宣言》，還給了他英文版《共產黨宣言》作為對照之用。⑯（據說，英文版《共產黨宣言》是陳獨秀通過李大釗從北京大學圖書館裡借出來的。）

一九二〇年二月下旬，陳望道回到老家——浙江義烏縣城西分水塘村過春節，便著手翻譯《共產黨宣言》⑰這個小村跟馮雪峰的故里神壇、吳晗的故里苦竹塘，構成一個三角形。

陳望道避開來來往往的親友，躲進老家的柴屋裡。這間屋子半間堆著柴禾，牆壁積灰一寸多厚，牆角布滿蜘蛛網。他端來兩條長板凳，橫放上一塊鋪板，就算書桌。在泥地上鋪幾捆稻草，算是凳子。入夜，點上一盞昏黃的油燈。

他不時翻閱著《日漢辭典》、《英漢辭典》，字斟句酌著。這是一本很重要的書，又是一本很難譯的書。頭一句話，便使他絞盡腦汁，這才終於譯定為：「一個幽靈，共產主義的幽靈，在歐洲徘徊。」

其後，羅章龍曾試圖將德文版原著《共產黨宣言》譯成中文，也深感「理論深邃，語言精練」。為了譯第一句話，羅章龍亦「徘徊」良久。如他所言：「對於這句話研究時間很長，覺得怎樣譯都不甚恰當，『幽靈』在中文是貶意〔義〕詞，『徘徊』亦然。」⑱

羅章龍反覆琢磨，結果仍不得不沿用陳望道的中譯文，然後加了一段注解，加以說明：「有一股思潮在歐洲大陸氾濫，反動派視這股思潮為洪水猛獸，這就是共產主義。」羅章龍思索再三，還是採用陳望道的譯文，足見陳望道譯文的功力和嚴謹。

江南的春寒，不斷襲入那窗無玻璃的柴屋。陳望道手腳麻木，就請母親給他灌了個「湯婆子」。煙、茶比往日費了好幾倍。香菸一支接著一支。宜興紫砂茶壺裡，一天要添加幾回茶葉。每抽完一支菸，他總要用小茶壺倒一點茶洗一下手指頭——這是他與眾不同的習慣。⑲

一九二〇年四月下旬，當陳望道譯畢《共產黨宣言》，正要寄往上海，忽聽得郵差在家門口大喊「陳先生電報」。拆開一看，原來是《星期評論》編輯部發來的，邀請他到上海擔任編輯。二十九歲的陳望道興沖沖提起小皮箱，離開了老家，前往上海，住進了三益里李漢俊家。

斜對面是邵力子家。陳望道把《共產黨宣言》譯文連同日文、英文版交給了李漢俊，請他和陳獨秀校閱譯文。

陳望道住進三益里，使三益里又多了一枝筆。他到漁陽里見了陳獨秀。正在籌備建立中國共產黨的陳獨秀，便邀陳望道參加在新漁陽里舉行的座談會。

當李漢俊、陳獨秀校閱了《共產黨宣言》，再經陳望道改定，準備由《星期評論》發表的

時候，突然發生了意外：編輯部在三樓陽臺上開會，「決定《星期評論》停辦」！⑳

風行全國發行量達十幾萬份的《星期評論》，為什麼突然停辦？

一九二〇年六月六日《星期評論》被迫停刊。在終刊號所載《〈星期評論〉刊行中止的宣言》，道出了內中的緣由：

「我們所辦的《星期評論》，自去年六月八日出版以來，到現在已經滿一年了。……近兩個月以來，由官僚武人政客資本家等掠奪階級組織而成的政府，對於我們《星期評論》因為沒有公然用強力來禁止的能力，於是用秘密干涉的手段，一方面截留由各處寄給本社的書報信件，一方面沒收由本社寄往各處的雜誌，自四十七期以後，已寄出的被沒收，未寄出的不能寄出。我們辛辛苦苦作戰，印刷排字工人辛辛苦苦印成的《星期評論》，像山一樣地〔的〕堆在社裡……」

顯而易見，《星期評論》受到了注意，還來不及連載《共產黨宣言》，就被扼殺了。

此處摘錄一九二〇年元旦出版的《星期評論》第三十一期上《紅色的新年》，便可略見當年《星期評論》的風貌：

（一）

一九一九年末日的晚間，

（二）

有一位拿錘兒的，一位拿鋤兒的，黑漆漆地在一間破屋子裡談天。

拿錘兒的說：

「世間的表面，是誰造成的！你瞧！世間人住的、著的、用的，哪一件不是錘兒下面的工程！」

（三）

拿鋤兒的說：

「世界的生命，是誰養活的！你瞧！世界上吃的、喝的、抽的，哪一件不是鋤兒下面的結果！」

（四）

他們倆又一齊說：

「唉！現在我們住的、看的、用的、吃的、喝的、抽的，都沒好好兒的！我們那些錘兒下面的工程，鋤兒下面產的結果，哪兒去了！」

（五）

咚！咚！咚！

遠遠的鼓聲動了！

勞動！勞動！

不平！不平！

不公！不公！

快三更啦！

他們想睡，也睡不成。

（六）

朦朦朧朧的張眼一瞧，
黑暗裡突然透出一線兒紅。
這是什麼？
原來是北極下來的新潮，從近東卷到遠東。
那潮頭上擁著無數的錘兒鋤兒，
直要錘勻了鋤光了世間的不平不公！
呀！映著初升的旭日光兒，一霎時遍地都紅！
驚破了他們倆的迷夢！

（七）

喂！起來！起來！
現在是什麼時代？
一九一九年末日二十四時完結了，
你瞧！這紅色的年兒新換，世界新開！如此鮮明的進步色彩，宣傳「北極下來的新潮」（指十月革命），《星期評論》遭禁。

前來就任《星期評論》編輯的陳望道，尚未走馬上任，就告吹了。

幸虧因陳獨秀來滬，《新青年》編輯部（其實也就是他一個人）隨之遷滬，正需要編輯。於是，陳望道成了《新青年》編輯，從三益里搬到漁陽里二號陳獨秀那裡住了。

《新青年》已是全國最有影響的刊物，居各刊物之首，在國內四十三個省市設有九十四個代派處。一九二〇年五月一日，《新青年》推出面目一新的《勞動節紀念號》，版面比往常多了兩倍，有四百來頁。

這一期刊出李大釗的《五一運動史》，刊出蘇俄第一次對華宣言全文，刊出十五個團體、八家報刊熱烈讚頌這一宣言的文章——這一宣言是歷史性的文件，全稱為《俄羅斯蘇維埃聯邦社會主義共和國對中國人民和中國南北政府的宣言》，以蘇俄副外交人民委員加拉罕署名，早在一九一九年七月二十五日便已發出，鄭重宣布蘇維埃政府廢棄沙皇政府在中國的一切特權和不平等條約。

由於中國軍閥政府的阻撓，這一宣言遲遲未能在中國報刊發表。《新青年》以不尋常的姿態，對這一宣言報以暴風雨般的掌聲。這一不尋常的姿態，表明陳獨秀明顯地倒向蘇俄。

誠如蔡和森所言，《新青年》最初曾是「美國思想宣傳機關」，後來則既「宣傳社會主義」，也宣傳過美國「杜威派的實驗主義」，而從「勞動節紀念號」開始，「完全把美國思想趕跑了」，「由美國思想變為俄國思想」。

陳獨秀除了編《新青年》，想方設法把《共產黨宣言》付印。隨著《星期評論》的停刊，局面已顯得緊張，公開出版《共產黨宣言》會遭到麻煩。

陳獨秀跟維經斯基商量此事，維經斯基拿出了一筆錢作為經費。於是，在辣斐德路（今復興

中路）成裕里十二號，租了一間房子，建立了一個小型的印刷所——「又新印刷所」。取名「又新」，意即「日日新又日新」。

「又新印刷所」承印的第一本書便是《共產黨宣言》。一九二〇年八月初版印一千冊，銷售一空。緊接著，在九月裡再版，又印一千冊。

為了讓讀者買到《共產黨宣言》，沈玄廬通過邵力子，在九月三十日《民國日報》的《覺悟》副刊上，非常巧妙地發了一則新書廣告式的短文《答人問〈共產黨宣言〉底發行》（「底」為「的」），署名玄廬。此文妙不可言，故全文照錄於下：

> 慧心，明泉，秋心，丹初，P・A：
>
> 你們來信問《陳譯馬格斯共產黨宣言》的買處，因為問的人多，沒工夫一一回信，所以借本欄答覆你們問的話：
>
> 一、《社會主義研究社》（引者注：《共產黨宣言》是以「社會主義研究社」名義出版的），我不知道在哪裡。我看的一本，是陳獨秀先生給我的，獨秀先生是到新青年社拿來的，新青年社在「法大馬路大自鳴鐘對面」。
>
> 二、這本書底內容，《新青年》、《國民》——北京大學出版社——《晨報》都零零碎碎譯出過幾章或幾節的。凡研究《資本論》這個學說系統的人，不能不看《共產黨宣言》，所以望道先生費了平常譯書的五倍工夫，把彼全文譯了出來，經陳獨秀、李漢俊兩先生校對。可惜還有些錯誤的地方，好在初版已經快完了，再版的時候，我

很希望陳望道先生親自校勘一道！

此文以答讀者問形式刊出，而讀者的名字實際上是沈玄廬自擬的。他提醒讀者，此書「不能不看」，又強調譯者如何精心翻譯，而且書要再版。到何處去買呢？文中點明了地址。可是，又故意來個「障眼法」，說此書是供那些「研究《資本論》這個學說系統的人」看的。借用曲筆，為《共產黨宣言》一書來了個「免費廣告」！

《共產黨宣言》的發行，使那些「研究《資本論》這個學說系統的人」——馬克思主義的信仰者們，得到了莫大的鼓勵。誠如成仿吾在一九七八年為依照德文原版譯出的《共產黨宣言》新譯本的《譯後記》中所寫的那樣：

「當時的日譯本很可能是非常粗糙的，陳譯本也就難免很不準確。但是它對於革命風暴前的中國革命的幹部和群眾起了非常重要的教育作用，僅僅『有產者』、『無產者』、『階級鬥爭』以及『全世界無產者，聯合起來！』這樣的詞句，就給了在黑暗中尋找光明的革命群眾難以估計的力量。」

是的，《共產黨宣言》具有力透紙背、震撼人心的鼓動作用，使許多人豁然開朗，明白了許多道理：

「共產主義已經被歐洲的一切勢力公認為一種勢力」；

「至今一切社會的歷史都是階級鬥爭的歷史」；

「在當前同資產階級對立的一切階級中，只有無產階級是真正革命的階級」；

「無產階級，現今社會的最下層，如果不炸毀構成官方社會的整個上層，就不能抬起頭來，挺起胸來」；

「每一個國家的無產階級當然首先應該打倒本國的資產階級」；

「無產階級用暴力推翻資產階級而建立自己的統治」；

「資產階級的滅亡和無產階級的勝利是同樣不可避免的」；

「共產黨人是各國工人政黨中最堅決的、始終起推動作用的部分」；

「共產黨人可以把自己的理論概括為一句話：消滅私有制」；

「共產黨人不屑於隱瞞自己的觀點和意圖。他們公開宣布：他們的目的只有用暴力推翻全部現存的社會制度才能達到。讓統治階級在共產主義革命面前發抖吧。無產者在這個革命中失去的只是鎖鏈。他們獲得的將是整個世界」。

馬克思和恩格斯在七十多年前發出的聲音，通過一個個方塊字，終於在中國響起。這本小書，最清楚不過地說明了為什麼要建立共產黨，共產黨究竟是什麼樣的政黨。確實，這本書的出版，為正在籌備建立中的中國共產黨送來了及時雨！

陳望道立了一大功。陳望道寄贈兩本《共產黨宣言》中譯本給周作人，其中一本請周作人轉給魯迅。㉑

魯迅當天就讀了，並對周作人說了如下讚語：「現在大家都議論什麼『過激主義』來了，但就沒有人切切實實地把這個『主義』真正介紹到國內來。其實這倒是當前最緊要的工作。望道在杭州大鬧一陣之後，這次埋頭苦幹，把這本書譯出來，對中國做了一件大好事。」

添了一員虎將——李達

走了張東蓀，走了戴季陶。

來了陳望道，又來了李達。

一九二〇年八月，一位身材壯實、三十歲的男子，剛從日本歸來，前往漁陽里二號拜訪陳獨秀。這位湖南口音的來訪者，原本只是看望陳獨秀，卻被陳獨秀留住了，從此竟住在漁陽里二號，成為《新青年》雜誌的新編輯。

此人便是李達，號鶴鳴——毛澤東總是喊他「鶴鳴兄」。

李達的到來，使正在籌備之中的中國共產黨，添了一員虎將。

李達曾如此回憶道：

「我回到上海以後，首先訪問陳獨秀，談起組織社會革命黨派的事，他說他和李漢俊正在準備發起組織中國共產黨，就邀請我參加，做了發起人，這時的發起人一共是八人，即陳獨秀、李漢俊、沈玄廬、陳望道、俞秀松、施存統（當時在日本）、楊明齋、李達。每次開會時，吳廷康（即維經斯基）都來參加。……」㉒

當時的李達，正處於熱戀之中。時值暑假，李達作為留日學生總會理事從日本回到上海，參加中國學生聯合總會的工作。學聯有時跟女聯在工作上有些來往。

女聯，亦即上海中華女界聯合會，會長徐宗漢乃黃興夫人。黃興，同盟會的元老，辛亥革命時的革命軍總司令。偶然，李達在徐宗漢那裡，結識了她手下做文秘工作的一位小姐，名叫王會悟。王會悟眉清目秀，知書達理，與李達相識後，彼此很快就產生了愛慕之情。

李達，一八九〇年出生於湖南零陵縣一戶佃農的家庭。在兄弟五人之中，唯有他得到了讀書的機會。在李達上中學的時候，有兩件事給了他莫大的影響。

一件事是學校裡收到一封從長沙寄來的信，拆開來一看，那信竟是用鮮血寫成的！寫信者名叫徐特立（後來他成為毛澤東的老師）。他斷指寫血書，號召青年學生們投入反日救國運動。這封血書震撼了李達的心靈。他敬佩那位不惜用鮮血寫信的徐特立……

另一件事是同學們為了抵制日貨，把日本生產的文具堆在操場上，用火燒毀。點火時，發覺火柴也是日本貨！可是，點火的同學在點火之後，不得不把這盒日本火柴留下來。因為倘若把這盒火柴也燒掉的話，下一回燒日貨就沒有火柴了！

他意識到中國實在太落後了。抱著「實業救國」的願望，在一九一三年考取湖南留日官費生，去日本學理工科。

在日本，他的心境是矛盾的，痛苦的：

「我們一群留日的青年們，一方面感到恥辱，一方面滋長著反日情緒。老實說，我們是要忍耐著，在那裡學習一點東西，以便將來回國搞好我們自己的國家。可是，當時國內的情勢怎樣呢？由於資產階級的軟弱性，使得辛亥革命終於流產，出現了封建軍閥頭子袁世凱獨裁的政治局面。袁世凱被人民推翻以後，又出現了直系、奉系、皖系各派軍閥互相混戰的局面；同時，南方也出現了川、滇、粵、桂各派新軍閥互相爭鬥的局面。各派新舊軍閥都勾結一個帝國主義國家作後臺，發動內戰。全國人民在蔓延的戰火中，受著軍閥們的剝削和壓迫，都感到活不下去。

「另一方面，一九一四年第一次世界大戰發生以後，英、美、法、日、俄等帝國主義國家因忙於歐洲戰爭，暫時放鬆了對於中國的侵略，日本帝國主義趁機大舉對中國進行經濟的、政治的侵略。它攻佔了德國所盤踞的膠州灣，佔領了山東，又以最後通牒的形式，向北洋軍閥政府提出『二十一條』亡國條約，形成了日本獨佔中國的局面。這件事激起了留日學生們極大的義憤，我們和全國人民一道，開展了『反日救亡』運動。我們發通電，開大會，表示抗議。可是在當時的日本，連開會的會場也很難找到。費了九牛二虎之力租到一所會場，剛剛開會，警察又把我們驅散。這時我們沉痛地感到，日子是過不下去了。如果不尋找新的出路，中國是一定要滅亡了。可是新的出路在哪裡呢？這對我們仍是茫然的。當時我們就像漫漫長夜裡摸索道路的行人一樣，眼前是黑暗的，內心是極端苦悶的。」㉓

積憤終於在極度的苦悶中爆發，燃起了反抗的火焰。

一九一八年五月，當段祺瑞政府與日本簽訂了反蘇賣國的《中日陸軍共同防敵軍事協定》、《中日海軍共同防敵軍事協定》，聲言為了「共同防敵」，日本軍隊可以開入中國東北全境。消息傳出，三千中國留日學生義憤填膺，責罵北洋軍閥政府賣國行徑。

中國留日學生組成了「留日學生救國團」，決定「罷學歸國」、「上京請願」。這個救國團的領袖人物之一，便是李達。

五月中旬，李達率「留日學生救國團」一百多人抵達北京。北京大學學生們在北京大學西

齋飯廳召開了歡迎大會。主持大會的，便是後來成為五四運動學生領袖之一的許德珩。李達和許德珩都在會上發表了演說。

五月二十一日，留日學生救國團和北京大學等校學生一起，向段祺瑞政府示威請願。雖然這次請願沒有取得多大效果，不過，卻使李達由「實業救國」轉向了「革命救國」。

回到日本之後，李達找來許多日文版馬克思主義著作，埋頭鑽研起來。他讀了馬克思的《資本論》第一卷，讀了列寧的《國家與革命》等等。

一年之後——一九一九年六月十八日和十九日，由邵力子主編的上海《民國日報》的《覺悟》副刊，接連刊出《什麼叫社會主義》、《社會主義的目的》兩文，署名「鶴」（取自李達的號鶴鳴）。這位「鶴鳴」先生終於「鳴」起來了，「鳴」出了社會主義之聲，清楚表明了他向「左」轉。

原本埋頭數理化的他，如今埋頭於翻譯馬克思學說著作。那在《民國日報》發表的文章，只是他在翻譯之餘寫下的心得而已。他譯出數十萬言的馬克思主義理論著作：《唯物史觀解說》、《馬克思經濟學說》、《社會問題總覽》。

這樣，李達成了中國早期為數不多的對馬克思主義理論有較深瞭解的人物。

也正因為這樣，李達跟陳獨秀才見了一次面，陳獨秀馬上抓住了他：「你搬過來，到我這兒住，幫我編《新青年》！」

陳望道搬過來了，李達搬過來了，漁陽里二號裡住著三位「筆桿子」，同編《新青年》，同商建立中國共產黨大計。

當然，隨著李達遷入漁陽里二號，那位王小姐也就常常光臨那裡。

這時，陳獨秀的夫人高君曼也終於帶著女兒子美、兒子和年，從北京南下，住進了漁陽里二號。

陳獨秀的髮妻高曉嵐所生長子陳延年、次子陳喬年，原在上海震旦大學學習。就在陳獨秀抵滬前夕，陳延年、陳喬年獲准赴法勤工儉學，於一九二〇年一月離滬，坐船經香港、海防、西貢、新加坡、吉布地、蘇伊士運河、塞得港，到達馬賽，在二月三日乘火車到達巴黎。

作家茅盾加入了「小組」

那時節，常常出入於漁陽里二號的，還有一位文弱書生，名喚沈德鴻，字雁冰。後來他寫小說，署筆名「茅盾」，遂以茅盾知名，而本名沈德鴻卻鮮為人曉（儘管他在一九二〇年使用的是原名，但為了照顧讀者習慣，此處仍用茅盾）。

這位以寫《林家鋪子》、《子夜》、《春蠶》著名的作家，在中共取得政權後當過十五年的文化部長，是人所共知的非黨人士。一九八一年三月七日以八十五歲高齡去世。

在茅盾病歿之後，中共中央根據他生前的請求和一生的表現，決定恢復他的中國共產黨黨籍。這「恢復」兩字，表明他原本是中國共產黨黨員。恢復他的黨籍之後，黨齡從何時算起呢？中共中央的決定中寫明「從一九二一年算起」！

茅盾，跟那位進出漁陽里二號的王小姐，說起來還有點沾親帶故。如同他在《我的學生時

代》㉔一文中所回憶的：

「父親把我送到一個親戚辦的私塾中去繼續念書。這親戚就是我曾祖母的侄兒王彥臣。王彥臣教書的特點是坐得住，能一天到晚盯住學生，不像其他私塾先生那樣上午應個景兒，下午自去訪友、飲茶、打牌去了，所以他的『名聲』不錯，學生最多時達到四五十個。王彥臣教的當然是老一套，雖然我父親叮囑他教我新學，但他不會教。我的同學一般都比我大，有大六七歲的，只有王彥臣的一個女兒（即我的表姑母）和我年齡差不多。這個表姑母叫王會悟，後來就是李達（號鶴鳴）的夫人。」

茅盾，王會悟的同鄉——浙江省桐鄉縣人。他從小便與王會悟認識，同在烏鎮長大。烏鎮，十萬人口的城鎮，一條河沿鎮穿過，一艘艘烏篷船往來河上，一派江南水鄉風光，令人記起茅盾筆下的《春蠶》、《林家鋪子》。

一九一三年，十七歲的茅盾考取北京大學預科第一類。教他國文的，便是沈尹默，教文字學的則是沈尹默之弟沈堅士。

「沈尹默教國文，沒有講義。他說，他只指示研究學術的門徑，如何博覽，在我們自己。」

在北京大學預科念了三年，他經親戚介紹，進入上海商務印書館編譯所工作。他的英文不錯，所以在該所英文部工作。後來調到國文部。這時候的他，在中國文壇上還默默無聞。

他開始給張東蓀主編的《時事新報》投稿。最初，他信仰無政府主義，覺得這個主義「很痛快」，「主張取消一切」。慢慢的，他讀了一些英文版的馬克思主義的書，轉向了馬克思主義。

陳獨秀來到了上海，住進了漁陽里。陳獨秀原本不認識茅盾，聽張東蓀說起茅盾能譯英文稿，便約他見面。

「哦，原來你也是北大的！」陳獨秀聽茅盾說起了北京大學，說起了沈尹默老師，一見如故。只是陳獨秀那很重的安徽土話，使茅盾聽起來很吃力。

陳獨秀拿出一疊英文的《國際通訊》（《國際通訊》是共產國際的刊物，每週三期，用英、法、德、俄四種文字出版）交給茅盾，說道：「你把裡面關於蘇俄的介紹翻譯出來，供《新青年》刊登。」

於是，茅盾常常進出漁陽里二號。

於是，當陳獨秀、維經斯基召開座談會，茅盾也參加了。

於是，茅盾參加了一個「小組」。

關於這個「小組」，茅盾在一九五七年四月所寫《回憶上海共產主義小組》一文中如此敘述：「我記得小組的成員有：陳獨秀、張東蓀、沈玄廬、李達、邵力子、李漢俊、周佛海，還有一些別人（引者注：此處張東蓀有誤，他未加入「小組」）。小組開會在陳獨秀家裡。會議不是經常開，主持人多是陳獨秀。開會時，有一個蘇聯人，中國名字叫吳廷康，很年輕，好像是顧問，他是共產國際派來做聯絡工作的。……

「小組在當時有個名稱，我忘記了，但不叫共產黨，也不叫馬克思主義研究會。小組沒有黨章，我記得在嘉興南湖開會前一兩個月，陳獨秀叫我翻譯《國際通訊》中很簡單的《俄國共產黨黨章》，作為第一次黨代表大會的參考。那時候，我覺得有些字不好譯，例如『核心』這

個名詞，現在對它我們很熟悉了，在當時就不知道用什麼字譯得易懂明瞭。我們參加小組，沒有學習黨章，也沒有文字上的手續，只有介紹人。

「小組是秘密的。黨成立後，有『社會科學研究會』作為公開活動的場所。……」

茅盾還翻譯過列寧的《國家與革命》第一章。

茅盾是中國共產黨最早的黨員之一。正因為這樣，中共中央在一九八一年決定恢復茅盾的黨籍時，黨齡從一九二一年算起。

至於茅盾的黨籍，為什麼直到他去世後的第四天才得以追認，那是由於其中有著錯綜複雜的歷史原因……

最初，茅盾一直作為一名中國共產黨黨員在活動著。

在中國共產黨成立之後，差不多每天都有好幾封寫著「沈雁冰先生轉鍾英小姐台展」的信，寄到上海商務印書館。

「鍾英小姐」是誰？原來，「鍾英」是中國共產黨「中央」的諧音。那些來自各地的信，是各地中國共產黨組織寄給中共中央的信，由茅盾代轉。因為茅盾當時有著公開的職業，比較方便。外地中國共產黨組織來人，也常找茅盾接頭，再由他介紹到中共中央機關。

在國共第一次合作時，根據中國共產黨組織上的指派，茅盾加入了國民黨。當毛澤東擔任國民黨中央宣傳部代理部長時，茅盾是宣傳部的秘書。當時，毛澤東和楊開慧住在廣州東山廟前西四街三十八號，茅盾以及蕭楚女也住在那裡。茅盾跟毛澤東有了許多交往。

一九二七年四一二反革命政變之後，茅盾受到了通緝。他不得不轉入地下，以寫作謀生，寫了《幻滅》、《動搖》、《追求》三部曲，交《小說月報》發表。

他不再署名過去常用的「沈雁冰」，而是臨時取了個筆名「矛盾」。《小說月報》編輯葉聖陶覺得此名太假，令人一看便知是筆名，就在「矛」上加了個草頭，成了「茅」。從此，「茅盾」之名不時出現在中國文壇上。

一九二八年七月，茅盾化名方保宗，剃去了蓄了多年的八字鬍，亡命日本。從此，他與中國共產黨黨組織失去了聯繫。

此後，他在一九三〇年四月五日，從日本回到了上海。他加入了左翼作家聯盟。他曾向中國共產黨地下組織提出，希望恢復組織生活，未果。但是，他和魯迅站在一起，為左翼作家聯盟做了許多工作。他寫出了長篇力作《子夜》。

一九四〇年，茅盾受新疆軍閥盛世才迫害，帶著一家從烏魯木齊逃往西安。在西安遇朱德將軍，遂與朱德一起來到延安。毛澤東熱情地握著這位老朋友的手。茅盾鄭重地提出，希望恢復黨組織生活。

毛澤東當然瞭解茅盾的情況。不過，根據工作的需要，中共中央認為，茅盾作為一位著名作家，留在黨外對革命事業更加有利。這樣，茅盾一直以一位非中國共產黨人士的面目，在中國文壇上活動著。

也正因為這樣，茅盾在去世之後，才被追認為中國共產黨黨員。

在他去世後第四天，中共中央作出的決定的全文如下：

「我國偉大的革命作家沈雁冰（茅盾）同志，青年時代就接受馬克思主義，一九二一年就在

上海先後參加共產主義小組和中國共產黨，是黨的最早的一批黨員之一。一九二八年以後，他同黨雖失去了組織上的關係，仍然一直在黨的領導下從事革命的文化工作，為中國人民的解放和社會主義建設事業奮鬥一生，在中國現代文學運動中做出了卓越貢獻。他臨終以前懇切地向黨提出，要求在他逝世後追認他為光榮的中國共產黨黨員。中央根據沈雁冰同志的請求和他一生的表現，決定恢復他的中國共產黨黨籍，黨齡從一九二一年算起。」

一九八一年四月十日，在舉行茅盾遺體告別儀式時，他的遺體上醒目地覆蓋著一面紅旗，旗面綴有金黃色的鐮刀和錘頭組成的圖案……

陳獨秀出任「小組」的書記

茅盾當年在上海所參加的「小組」，用他的話來說：「小組在當時有個名稱，我忘記了，但不叫共產黨，也不叫馬克思主義研究會。」

這個「小組」是在一九二〇年八月成立的。如果說，一九二〇年五月在上海成立的「馬克思主義研究會」是邁出了建立中國共產黨的第一步，那麼這個「小組」的成立則是邁出了第二步。這個「小組」是在「馬克思主義研究會」的基礎上成立的。不過，由於有人退出，有人加入，「小組」的成員跟「馬克思主義研究會」的成員不盡相同。

這個「小組」的成員，據中國共產黨黨史專家們的反覆考證，有以下十七人：陳獨秀、李漢俊、李達、楊明齋、陳望道、茅盾、俞秀松、沈玄廬、邵力子、施存統、周佛海、沈澤民（茅盾之弟）、李啟漢、林伯渠、袁振英、李中（原名李聲蟹）、李季。這十七人中，年齡最大的是陳獨秀，四十一歲，最小的是沈澤民，二十歲。

這個「小組」究竟叫什麼名字？

施存統在一九五六年回憶說：「一開始就叫『共產黨』。」㉕

李達在一九五四年回憶說：「一九二〇年夏季，中國共產黨（不是共產主義小組）在上海發起。」㉖

邵力子在一九六一年這麼說：「研究會成立半年多，逐漸轉變成共產主義小組的性質。」㉗

林伯渠在一九五六年則說：「我在上海一共參加共產主義小組座談會四五次。」㉘

袁振英在一九六四年回憶：「共產黨小組或共產主義小組都是一樣的，是內部的名稱。」㉙

周佛海在一九四二年稱之為「籌備性質的組織」。㉚

陳望道在一九五六年則說，還是叫「馬克思主義研究會」。㉛

現今可查到的這個「小組」的七位成員，七種說法。

查閱當年的報刊，則又有第八種說法，即這個「小組」名叫「社會黨」。

一九二〇年十月十六日《申報》上，曾披露這麼一條消息：

「社會黨陳獨秀來滬勾結俄黨和劉鶴林在租界組織機器工會，並刊發雜誌，鼓吹社會主義，已飭軍警嚴禁。」

《申報》稱陳獨秀為「社會黨」，倒是有根有據的，因為陳獨秀在這個「小組」成立不久，便在《新青年》雜誌上公開宣稱「吾黨」即「社會黨」。

那是一九二〇年九月一日出版的八卷第一號《新青年》，刊出陳獨秀的《對於時局的我見》一文。此文是由於「昨天有兩個相信社會主義的青年，問我對於時局的意見」，於是「我以社會主義者的見地，略述如左」。

陳獨秀的「略述」，令人詫異地提及了「吾黨」：

「吾黨對於法律底〔的〕態度，既不像法律家那樣迷信他，也不像無政府黨根本排斥他，我們希望法律隨著階級黨派的新陳代謝，漸次進步，終久有社會黨的立法，勞動者的國家出現的一日。」

此處清楚表明，「吾黨」即「社會黨」。

下文，又一處如此行文：

「在社會黨的立法和勞動者的國家未成立以前，資產階級內民主派的立法和政治，在社會進化上決不是毫無意義；所以吾黨遇著資產階級內民主派和君主派戰爭的時候，應該幫助前者攻擊後者……」

這位五四運動的領袖人物的文章，本來就引人注意。他口口聲聲說起了「吾黨」，警方馬上意識到他組織了「社會黨」。正因為如此，《申報》的消息用警方的口吻，稱之「社會黨陳獨秀」。

也有人稱這個「小組」為「中國共產黨發起組」。不過，這是後人取的名稱，並非當時的名稱，沒有被採用。

現在對於這個「小組」的正式的、統一的稱呼，叫「上海共產主義小組」（中國共產黨黨史研究室二〇〇二年出版的《中國共產黨歷史》，把各地成立的小組均稱為「早期組織」）。

對於這個「小組」，中國共產黨黨史專家們如此論述：

「實質上，共產主義小組就是黨的組織。」

「共產主義小組是以列寧建立的俄國布爾什維克黨為榜樣建立起來的。」

「共產主義小組的性質是中國無產階級的先鋒隊組織，它的工作方向，即奮鬥目標是在中國實現共產主義的社會制度。」

「參加共產主義小組的人，絕大部分是接受了馬克思列寧主義的革命知識分子，他們承認無產階級的歷史使命，並且努力和工人群眾相結合，在實際鬥爭中逐漸鍛煉成為無產階級的先進分子。」㉜

這個「小組」推選負責人，眾望所歸，當然公推陳獨秀。在維經斯基看來，「中國的共產主義運動必須找有學問的人才能號召」，而陳獨秀正符合這個條件。這樣，不論是「小組」的成員們，還是蘇俄的代表，都一致以為非陳莫屬。

「小組」的負責人叫什麼好呢？叫「小組長」？叫「主任」？維經斯基沿用俄共（布）的習慣，說應當叫「書記」。

「書記」一詞，在中國倒是古已有之。如《新唐書．高適傳》：「河西節度使哥舒翰表為左驍衛兵曹參軍，掌書記。」不過，古時的「書記」，是指主管文書的人。後來，中國的「書記」是指抄寫員。

當楊明齋把維經斯基的意見譯成中文，「小組」的組員們都感到新鮮。就這樣，陳獨秀擔任了「上海共產主義小組」的首任「書記」。從此以後，「書記」一詞在中國共產黨廣泛應用，黨的各級組織負責人稱之為「總書記」、「黨委書記」、「總支書記」、「支部書記」，以至到了後來設立了「書記處」，設立了「書記處書記」。

有了「小組」，有了這個「小組」的書記，中國共產黨的第一個早期組織，在上海誕生了。

就在上海小組誕生的那些日子裡，列寧在蘇俄首都莫斯科主持召開了共產國際第二次代表大會。列寧關切著世界的東方，關切著中國的革命。正因為這樣，列寧在大會上所作的發言，便是《民族和殖民地問題》。

派出維經斯基前往中國，雖然是得到了共產國際的同意，但畢竟不是共產國際直接委派的。列寧跟出席共產國際第二次代表大會的中國代表——俄國共產黨華員局的劉紹周和安恩學晤面，在考慮著再直接派出共產國際的代表前往中國，幫助建立中國共產黨……

注釋

①劉澤榮：《回憶同偉大列寧的會晤》，北京《工人日報》，一九六〇年四月二十一日。

②引自《共產國際與中國革命資料選輯》（一九一九—一九二四），二十一頁至三十四頁，人民出版社一九八五年版。

③張國燾《我的回憶》，見《「一大」前後》（二），人民出版社一九八五年版。

④《黨史研究資料》一九八一年第六、七期。又見楊雲若、楊奎松著《共產國際和中國革命》。

⑤《民國日報》一九二〇年二月二十三日。
⑥尚明軒著《孫中山傳》，北京出版社一九七九年版。
⑦這一地址幾乎無人知曉，但一九三三年三月出版的《陳獨秀評論》一書中仿魯的《清算陳獨秀》一文，卻偶然透露了這一鮮為人知的住處，並說該址於三十年代已成了「道路協會」會址。
⑧包惠僧：《黨的「一大」前後》，見《「一大」回憶錄》，知識出版社一九八〇年版。
⑨同上。
⑩茅盾：《我走過的道路》（上），一七五頁，人民文學出版社一九八四年版。
⑪《共產主義小組》（上），中共黨史資料出版社一九八七年版。
⑫周佛海：《往矣集》，上海平報社一九四二年版。
⑬邵力子：《黨成立前後的一些情況》，見《共產主義小組》（上），中共黨史資料出版社一九八七年版。
⑭茅盾：《我走過的道路》（上），一七五頁，人民文學出版社一九八四年版。
⑮李達：《中國共產黨的發起和第一次、第二次代表大會經過的回憶》，見《共產主義小組》（上），中共黨史資料出版社一九八七年版。
⑯據陳望道的學生陳光磊在一九九〇年三月八日告訴筆者，陳望道生前與他談及，周恩來在五十年代問及《共產黨宣言》最初依據什麼版本譯的，陳望道說主要據英譯本譯。
⑰《陳望道文集》第三卷，《五四運動和文化運動》，上海人民出版社一九八一年版。
⑱羅章龍：《椿園載記》，八九頁，北京三聯書店一九八四年版。
⑲倪海曙：《春風夏雨四十年——回憶陳望道先生》，知識出版社一九八二年版。

⑳關於上海馬克思主義研究會活動的回憶——陳望道同志生前談話記錄》，《復旦學報》一九八〇年第三期。

㉑這是陳光磊對筆者所談的。他記得，陳望道說過，當時與周作人通信甚多，寄《共產黨宣言》是由周作人轉去的，不是直接寄給魯迅。後來許多文章寫成陳望道直寄魯迅。

㉒《李達自傳》，《黨史研究資料》一九八〇年四月第八期。

㉓李達：《沿著革命的道路前進》，《中國青年》一九六一年第十三、十四期合刊。

㉔茅盾：《我的學生時代》，《東方》一九八一年第一期。

㉕施存統：《中國共產黨成立時期的幾個問題》。

㉖李達：《給上海革命歷史紀念館負責同志的信》。

㉗邵力子：《黨成立前後的一些情況》，引自《「一大」前後——中國共產黨第一次代表大會前後資料選編》（二），六十二頁，人民出版社一九八〇年版。

㉘林伯渠：《黨成立時期的一些情況》，引自《「一大」前後——中國共產黨第一次代表大會前後資料選編》（二），三十一頁，人民出版社一九八〇年版。

㉙袁振英：《袁振英的回憶》。

㉚周佛海：《往矣集》，上海平報社一九四二年版。

㉛陳望道：《回憶黨成立時期的一些情況》，引自《「一大」前後——中國共產黨第一次代表大會前後資料選編》（二），二十頁，人民出版社一九八〇年版。

㉜《共產主義小組概述》，見《共產主義小組》，中共黨史資料出版社一九八七年版。

第三章 初創

「S·Y·」和它的書記俞秀松

上海共產主義小組的建立，意味著向正式建立中國共產黨邁進了一大步。維經斯基來華的主要使命是「組織正式的中國共產黨及青年團」。建黨已在上海開始了，緊接著的任務便是建團。

幫助各國建團，原本是青年共產國際的任務。那是在一九一九年三月成立共產國際之後，在同年十一月，歐洲十四國共產主義青年組織的代表匯聚柏林，成立了青年共產國際。蘇俄共青團的十七歲的代表拉扎里·沙茨金在前往柏林之前，列寧與他作了一次長談。

沙茨金不負列寧的重託，艱難地穿越正處於戰爭之中的幾個國家的邊境，這才秘密到達柏林。開完代表會議，他又成功地返回了蘇俄。

設在柏林的青年共產國際，那時還顧不上東方，沒有派出代表前往中國幫助建團。這樣，建團使命也就由維經斯基兼顧。

在中國，第一個共產主義小組是在上海誕生。第一個青年團組織，也是在上海誕生。

那是一個炎熱的星期日——一九二〇年八月二十二日，八位年輕人在上海霞飛路新漁陽里六號聚會。陳獨秀、維經斯基、楊明齋也來到了那裡。

陳獨秀的身分是上海共產主義小組的書記，維經斯基作為俄共（布）遠東局的代表，楊明齋作為翻譯。

那八位年輕人是：俞秀松、李漢俊、陳望道、沈玄廬、施存統①、袁振英、金家鳳、葉天底。在這八個人之中，俞秀松、李漢俊、陳望道、沈玄廬、施存統、袁振英六人是上海共產主義小組成員。

會議決定成立青年團——名稱定為「上海社會主義青年團」，亦即「S．Y．」（「社會主義」和「青年團」的英文的開頭字母分別為「S」、「Y」）。

青年團的名稱，在中國有過幾度變遷：

一九二二年五月正式成立時，稱「中國社會主義青年團」；

一九二五年，改稱「中國共產主義青年團」；

一九三五年十一月，為了適應抗戰形勢，便於動員廣大青年參加抗戰，共青團改組，成立了「中華民族解放先鋒隊」、「青年救國會」、「青年抗日先鋒隊」等；

一九四六年，試建「中國新民主主義青年團」；

一九四九年四月，正式成立「中國新民主主義青年團」；一九五七年五月，改名為「中國共產主義青年團」。

上海社會主義青年團成立之初，沒年齡限制，連四十一歲的陳獨秀也是團員——凡是上海共產主義小組的成員，全都是團員。直至中國共產黨正式成立時也是如此，即黨員同時是團員。

到了一九二二年底，這才明確團員有年齡限制，即二十三歲以下。這樣，一批超過這一年齡的團員，退出了「S・Y」。個別超齡的而仍需留在團內工作的，稱「特別團員」。

在上海社會主義青年團的八個發起人之中，年紀最輕的是俞秀松，二十一歲。陳獨秀指派這位上海共產主義小組的年輕成員，擔任上海社會主義青年團的負責人。負責人的職務，根據維經斯基的意見，也叫「書記」。這樣，俞秀松成為上海社會主義青年團的第一任書記。

俞秀松這個後來跟史達林有著友誼的人物，能幹而思想敏銳。他原名壽松，字柏青，曾用過化名王壽成。他後來在蘇聯工作時，叫「納利馬諾夫」。

他的浙江口音很重——他出生在杭州南面不遠的諸暨縣，那裡是西施的故鄉。

對於俞秀松來說，人生的重要一步，是在一九一六年跨出的。那年他十七歲。考入杭州的浙江第一師範學校。在那裡，他成為「四大金剛」的門生。這「四大金剛」便是前面已經提及的浙江第一師範學校的四位具有新思想的國文教員——陳望道、夏丏尊、劉大白、李次九。

這位來自小縣城的農村青年，受到新文化的洗禮。他很快就博得一個雅號，曰「三W主義」——英語中的誰、為什麼、怎麼樣都以「W」為開頭字母，他遇事總愛問「誰、為什麼、怎麼樣」。

五四運動風暴驟起，消息從北京傳入杭州城，浙江第一師範學校成了浙江的「北大」。

滿腔憤懣，總想一吐為快，於是俞秀松和一班同學籌備辦一個刊物。參加者有二十七人，有第一師範的俞秀松、宣中華、周伯棣、施存統、傅彬然，第一中學的查猛濟、阮毅成，浙江公立甲種工業學校的汪馥泉、孫敬文、蔡經銘、倪維熊、楊志祥和沈端先。沈端先比俞秀松小一歲，他就是後來以筆名夏衍出名的作家。

學生們沒有錢，怎麼辦刊物？每人捐了一塊「袁大頭」（當年的銀元上刻著袁世凱頭像，人稱「袁大頭」）又向校長經亨頤、向「四大金剛」、向沈玄廬募捐，拿到一點錢。

刊物在一九一九年八月下旬開始籌辦，定於十月十日出版創刊號，取名《雙十》——因為辛亥革命在一九一一年十月十日爆發，稱為「雙十節」。

據夏衍回憶：「第一、二次集會的時候，我記得宣中華沒有參加，但是《雙十》出版之後，俞秀松和宣中華就明顯地成了這個小刊物的領導人。俞秀松，諸暨人，比我大一歲，但比我們這些人老練得多，最少可以說，他和宣中華兩個，已經不單是反帝的愛國主義者，而是明顯的受過十月革命洗禮的鬥士了。」②

《雙十》出了兩期，編者們便不滿足於「中華民國」了。他們轉向激進，俞秀松提議把刊名改為《浙江新潮》。俞秀松親自寫了《發刊詞》，表明了這群二十歲的熱血青年們的熱望：

「第一種旨趣，就是謀人類——指全體人類——生活的幸福和進化。」

「第二種旨趣，就是改造社會。」

「第三種旨趣，就是促進勞動者的自覺和聯合。」

「第四種旨趣，是對於現在的學生界，勞動界加以調查、批評和指導。」

這班「小青年」的活動能力倒頗大，從報紙中所載「本刊代派處」便可見一斑：廣及上海、黑龍江、湖南、湖北甚至日本，內中既有「上海亞東圖書館」，也有「長沙馬王街修業學校毛澤東君」，均為這張小小的報紙的「代派」，亦即發行。

《浙江新潮》第二期上，爆炸了一顆「原子彈」，使杭州城地動山搖。

《浙江新潮》第二期登了施存統寫的《非孝》。施存統又名施復亮，與俞秀松同齡，是浙江「一師」販賣部的負責人。他事母甚孝，但對父親的殘暴甚為反感，於是有感而發，寫了《非孝》。

孝，向來是「忠孝節義」的封建道德的四大支柱之一。這篇《非孝》一出，當即一片譁然。浙江省省長齊耀珊、教育廳長夏敬觀這批「大人物」都披掛上陣，指責這小小的刊物《浙江新潮》宣導「非孝、非孔、公妻、共產」。

由於刊物上注明「本社通訊處由浙江杭縣貢院前第一師範轉」，而「大人物」們本來就視「一師」為眼中釘，因此借此發難，要撤辦校長經亨頤，驅逐「四大金剛」。

在學潮中，宣中華這位俞秀松的同鄉，被選為杭州學生聯合會理事長，領導學生們罷課，反抗浙江反動當局。

《浙江新潮》才出了兩期，便被警察封存。

當時在北京的陳獨秀，敏銳地注意到二十歲的俞秀松所主編的小報《浙江新潮》，在一九二〇年元旦出版的《新青年》第七卷第二號上，發表一則隨感，深為讚賞，全文如下：

隨感錄　七四

《浙江新潮》——《少年》

《浙江新潮》是《雙十》改組的，《少年》是北京高等師範附屬中學「少年學會」出版的。《少年》的內容，多半是討論少年學生社會的問題。很實在，有精神。《浙江新潮》的議論更徹底，《非孝》和攻擊杭州四個報——《之江日報》、《全浙公報》、《浙江民報》、《杭州學生聯合會週報》（引者注：這篇「攻擊」文章署名「沈宰白」，即沈端先，亦即夏衍）——那兩篇文章，天真爛漫，十分可愛，斷斷不是鄉愿派的紳士說得出來的。

我讀了這兩個週刊，我有三個感想：

（一）我禱告我這班可敬的小兄弟，就是報社封了，也要從別的方面發揮《少年》、《浙江新潮》的精神，永續和「窮困及黑暗」奮鬥，萬萬不可中途挫折。

（二）中學生尚有這樣奮發的精神，那班大學生、那班在歐美、日本大學畢業學生，對了這種少年能不羞愧嗎？

（三）各省都有幾個女學校，何以這班姐妹們卻是死氣沉沉！難道女子當真不及男子，永遠應該站在被征服的地位嗎？

獨秀

陳獨秀確實有眼力，看出了《浙江新潮》「這班可敬的小兄弟」的勇氣和銳氣。果真，《浙江新潮》的主編俞秀松後來成為中國共產黨的一員勇將；另一主編宣中華後來受到列寧接見，也是中國共產黨骨幹，於一九二七年「四．一二」政變的第五日死於龍華；《非孝》作者施存統亦成為中國共產黨早期的重要角色；至於「那兩篇文章」的另一作者夏衍，後來成為中國共產黨在上海電影界地下工作的組織者、領導者。

《浙江新潮》在浙江被禁，俞秀松想在上海印第三期，但到了上海未能辦成。正巧，看到報載少年中國學會王光祈在北京發起「工讀互助團」的啟事，便在一九一九年底來到北京。

俞秀松在北京大學見到了陳獨秀，並經陳獨秀介紹，來到北京東城騎河樓鬥雞坑七號，參加了北京工讀互助團第一組，同時也在北京大學哲學系旁聽。

在工讀互助團三個月，難以維持生活。他下定了決心，在一九二〇年三月寫給駱致襄的信中宣稱：「我此後不想做個學問家（這是我本來的志願），情願做個『舉世唾罵』的革命家！」

他在一九二〇年三月二十七日離京返滬，找到了老師沈玄廬，經介紹到《星期評論社》工作。這時，他的老師陳望道從浙江來到上海，也在《星期評論社》。

俞秀松、施存統、沈玄廬、陳望道這四位來自浙江第一師範學校的「浙江新潮」人物，進出於漁陽里二號，團結於陳獨秀周圍，都加入了上海共產主義小組。

陳獨秀頗為賞識俞秀松的才幹。正因為這樣，在籌建上海社會主義青年團之際，他指派了這位具有「奮發的精神」的俞秀松擔任了書記。

新漁陽里六號掛起魏碑體招牌

上海霞飛路新漁陽里六號那幢石庫門房子，人進人出，變得頗為熱鬧。

戴季陶早就搬走了，只是那裡的玻璃窗上，還留著他當年興高采烈時，龍飛鳳舞般題的詩。

楊明齋是這幢房子的新的承租人。不過，他只住在樓上小小的亭子間裡。那裡放著的一張寫字桌、一張單人鋪，便是他的一切。樓下，客堂間，居然放著一張可供十二個人同時圍著進餐的紫紅色的大圓桌。灶間，安上了大鍋，居然還有專門燒飯的人。

樓下的廂房裡，放了一排排長凳、課桌，掛起了黑板。樓上的廂房、客堂間，架起了棕棚，架起了鋪板，有好多人住在那裡。新漁陽里六號完全成了一個對外公開的機關。

它居然還被登在一九二〇年九月二十八日的《民國日報》廣告上。那廣告全文如下：

> **外國語學社招生廣告**
>
> 本學社擬分設英、法、德、俄、日本語各班，現已成立英俄日本語三班，除星期日外每班每日授課一小時，文法讀本由華人教授，讀音會話由外國人教授，除英文外各班皆從初步教起。每人選習一班者月納學費二元。日內即行開課，名額無多，有志學習外國語者請速向法界霞飛路新漁陽里六號本社報名。此白。

這裡本是上海共產主義小組的誕生地，上海社會主義青年團的誕生地，怎麼忽地變成了「外國語學社」？

大門口，真的掛起了白底黑字、魏碑體的招牌「外國語學社」！

原來，這是一個特殊的「外國語學社」：社會長乃楊明齋。社秘書為俞秀松。俄文的教師最多，即楊明齋、庫茲涅佐娃（即維經斯基夫人）以及王小姐。王小姐是張作霖駐莫斯科公使李家鰲的外甥女，叫王元齡。日文教師李達。法文教師李漢俊。英文教師袁振英。至於學生，少時二三十人，多時五六十人。學生除了上海市的，還有從外地來的。外地學生有的就住在那裡。屋裡不時傳出俄語聲、日語聲、法語聲、英語聲，真的像個「外國語學社」的樣子。雖說在報上公開登了招生廣告，其實，那只是使這個「外國語學社」合法化罷了。

這兒的學生，其實是通過各種途徑介紹入學的。介紹者，往往是上海共產主義小組的成員。從外地來的，一般也都是由進步團體介紹而來的。來到這裡學習的青年，大都加入了上海社會主義青年團。因此，「外國語學社」成了上海社會主義青年團的活動場所，培養人才的場所。

在這裡以學習俄語的青年最多，為的是分批把他們送往蘇俄訓練，為中國共產黨培養未來的幹部。

在這批學生之中：

有後來成為中央人民政府副主席、中華人民共和國主席的劉少奇（他住在樓上廂房）；

有成為中共中央書記處書記、中共中央秘書長，在一九四九年四月被選為中國新民主主義青年團名譽主席的任弼時；

有任弼時的叔伯兄弟任作民，後來任中共湖南特委書記、中共中央西北局秘書長。

有成為中共中央政治局委員、國務院副總理、中共上海市委第一書記、上海市市長的柯慶施，當時叫柯怪君，也住在樓上廂房；

有在一九二七年擔任中共中央政治局常委、中央組織局主任的羅亦農（又名羅覺）；

有成為中國人民解放軍海軍司令員、大將、國防部副部長的蕭勁光；

有成為中國左翼作家聯盟候補常委的作家蔣光慈（曾名蔣光赤）；

有成為魯迅密友、著名翻譯家、散文家、北京大學教授的曹靖華；

有在一九二五年擔任中華全國總工會執行委員兼組織部部長的李啟漢。

……

楊明齋除了在新漁陽里六號主辦外國語學社，還在那裡的亭子間辦起了中俄通訊社（後來改為華俄通訊社）。這個通訊社把來自蘇俄的大量報導譯成中文，供給中國報刊刊登；又把中國的重要消息用電報發往莫斯科，溝通了中國與蘇俄之間的信息。當時中國報刊上的《布爾什維克沿革史》、《列寧小史》、《列寧答英記者底（的）質問》等等，便是中俄通訊社提供的。

刷新《新青年》，與胡適分道揚鑣

就在上海共產主義小組成立不久，一九二〇年九月一日出版的第八卷第一號《新青年》雜誌，面目一新。

這一期的封面上畫著地球和一東一西伸進畫面兩隻緊握著的手，暗喻中國人民和蘇俄人民手攜手。

這一期雜誌新闢「俄羅斯研究」，由楊明齋等撰寫介紹蘇俄新貌的文章。

這一期雜誌推出了「重頭文章」，即陳獨秀的《談政治》，把他和胡適、張東蓀的分歧公開化了。陳獨秀寫道：

「我們中國不談政治的人很多，主張不談政治的只有三派人：一是學界，張東蓀先生和胡適之先生可算是代表；一是商界，上海底（的）總商會和最近的各馬路商界聯合會可算是代表；一是無政府黨人。……」

胡適，新文化運動的風雲人物，《新青年》雜誌的台柱。如今，《新青年》的主編在《新青年》上點名批判胡適，意味著《新青年》編輯部內部產生了巨大的分歧。

陳獨秀鮮明地指出：

「你談政治也罷，不談政治也罷，除非逃在深山人跡絕對不到的地方，政治總會尋著你的；但我們要認真了（解）政治底（的）價值是什麼，決不是爭權奪利的勾當可以冒牌的。」

陳獨秀談及了《新青年》：

「外邊對於本雜誌的批評，有許多人說《新青年》不討論政治問題，是一個很大的缺點。」

陳獨秀說及了胡適：

「最近胡適之先生著《爭自由的宣言》中已經道破了。這篇文章開口便說：『我們本不願

意談實際的政治，但是實際的政治卻沒有一時一刻不來妨害我們。』要除去這些妨害，自然免不了要談政治了。」

胡適原先曾是陳獨秀的「親密戰友」。正因為這樣，當蔡元培恭請陳獨秀出任北京大學文科學長時，陳獨秀卻說他只是暫代，待胡適從美國歸來請他擔此重任。

胡適，曾與陳獨秀有過親密的合作，曾是《新青年》的一枝筆，擂響了新文化運動的鼙鼓，被陳獨秀稱讚為「今日中國文界之雷音」：

一九一七年一月，胡適在《新青年》上發表《文學改良芻議》，提出振聾發聵的「八不主義」，即不用典、不用陳腐套語、不講對仗、不避俗字俚語、須講求文法、不作無病呻吟、不模仿古人、須言之有物。此文的發表，在中國平靜的文壇上掀起一陣狂瀾。

胡適在《新青年》上積極提倡白話文，反對文言文，主張「必須用白話來做文學的工具」。他用白話作自由詩，寫白話文學劇本，寫白話文，領一代之先。

胡適在《新青年》上抨擊孔教，抨擊舊禮教，主張女子解放，提倡教育改革……

倘若用「豐功」兩字形容當年胡適對新文化運動的貢獻，也並不過分。

然而，一起衝鋒陷陣，一起吶喊前進，陳獨秀、李大釗向「左」轉，胡適向右轉，漸漸分道而馳。《新青年》在分化。

最初的論戰在李大釗和胡適之間展開。

那是一九一九年六月十一日陳獨秀被捕，《新青年》雖然暫停，但主持《每週評論》的是胡適。猶如一輛汽車換了個司機，胡適駕著《每週評論》仍在繼續出版。胡適代替陳獨秀編的

《每週評論》離開了陳獨秀、李大釗的「軌道」。

胡適把《每週評論》第二十六、二十七號編成了《杜威講演錄》專號。杜威是胡適的老師，實驗主義的創始人。

在第三十一號《每週評論》上，胡適發表了《多研究些問題，少談些主義！》，表明了他對他的信奉馬克思主義的朋友陳獨秀、李大釗的不滿：

「不去實地研究我們現在的社會需要，單會高談某某主義……是很危險的。」

「空談好聽的『主義』是極容易的事，是阿貓阿狗都能做的事。」

正在河北樂亭縣大黑蛇村老家度暑假的李大釗（他在離京前看到第三十一號《每週評論》），寫下了致胡適的公開信——《再論問題和主義》，寄往北京給胡適。胡適把此文在第三十五號《每週評論》上登出。李大釗駁斥胡適道：

「我們的社會運動，一方面固然要研究實際問題，一方面也要宣傳理想的主義，這是交相為用的，這是並行不悖的。」

「《新青年》和《每週評論》的同人，談俄國的布爾扎維主義的議論很少。……我可以自由，我是喜歡談談布爾扎維主義（引者注：即布爾什維克主義）。」

「因為有了假冒牌號的人，我們愈發應該一面宣傳我們的主義，一面就種種問題研究實用的方法，好去本著主義作實際的運動，免得阿貓、阿狗、鸚鵡、留聲機來混我們騙大家。」

「我們唯有一面認定我們的主義，用他作材料、作工具，以為實際的運動；一面宣傳我們的主義，使社會上多數人都能用他作材料、作工具，以解決具體的社會問題。那些貓、狗、鸚

鵡、留聲機，儘管任他們在旁邊亂響，過激主義哪，洪水猛獸哪，邪說異端哪，儘管任他們亂給我們作頭銜，那有閒工夫去理他！」

然而，胡適一邊刊登李大釗寫給他的公開信，一邊又寫了《三論問題與主義》、《四論問題與主義》，與李大釗論戰。思想的裂痕已發展成為難以彌合的鴻溝。

在上海共產主義小組建立之後，作為書記的陳獨秀決定把《新青年》作為這個小組的宣傳陣地。於是，刷新《新青年》，不但以陳望道、李漢俊、沈雁冰、李達這四位上海共產主義小組成員作為《新青年》編輯，而且在一九二〇年九月一日的八卷新一號起，全面宣傳馬克思主義。陳獨秀寫的《論政治》，公開與胡適決裂。

後來，當胡適垂垂年邁，回首往事，他這麼追述道：

「事實上，陳獨秀在一九一九年還沒有相信馬克思主義。在他的早期的著作裡，他曾坦白地反對社會主義。在他寫給《新青年》雜誌的編者的幾封信裡面，我想他甚至說過他對社會主義和馬克思主義並沒想得太多。李大釗在一九一八年和一九一九年間，已經開始寫文章稱頌俄國的布爾扎維克的革命了，所以陳獨秀比起李大釗來，在信仰社會主義方面卻是一位後進。

「陳獨秀在和北京警察搞了一段不幸的關係之後（引者注：指北京警察逮捕陳獨秀），便離開北京，一去不復返了。其後只有一兩次他喬裝路過北京（但未停留），數年之後他在有一次秘密路過北京時，曾來看我。但是無論怎樣，自一九二〇年一月以後，陳獨秀是離開我們北京大學這個社團了。他離開了我們《新青年》團體裡的一些老朋友；在上海他又交上了那批有志於搞政治而傾向於馬、列主義的新朋友。時日推移，陳獨秀和我們北大裡的老夥伴愈離愈遠。我們也就逐漸的失去我們的學報。因為《新青年》雜誌，這個（傳播）『中國文藝復興』的期刊，（在陳氏一人主編之下）在上海也就逐漸變成一個（鼓吹）工人運動的刊物，後來就專門變成宣傳共產主義的雜誌了。」③

胡適諷刺刷新後的《新青年》雜誌，「差不多變成了《Soviet Russia》（引者注：即當時一本英文刊物《蘇維埃俄羅斯》）的漢譯本」！

兩位「老夥伴」不光擺開「鉛字陣勢」，在報刊上鏖戰不休，而且見了面，一個講蘇俄好，一個講美國好，也爭個沒完沒了。陳獨秀摯友汪孟鄒之侄汪原放的一段回憶，惟妙惟肖地勾畫出這對「老夥伴」之間無可挽回的分裂。

那是一九二五年冬，胡適來到上海治痔瘡，借住於亞東圖書館。汪原放回憶道：

「這位總書記（引者注：指陳獨秀）有時會在夜間悄悄地來看望這位『五四』時期的盟友。可是每次見面，總是以兩人激烈的爭吵而告終。一個講社會主義好，另一個講資本主義好；一個講馬克思主義，另一個講實用主義（引者注：應為實驗主義）；一個講蘇聯如何如何，另一個講美國如何如何，各不相讓。

「有一天他們爭得面紅耳赤，大概胡適被陳獨秀的批駁刺痛了，他一下子站起來……氣急敗壞地用手杖在地板上篤篤敲了幾下，但他畢竟忍住了氣，用紳士風度說了句：『仲甫，我有事，你坐罷！』下樓去了。陳獨秀氣呼呼坐了好一會……也去了。……過不了幾天，陳獨秀會再來，重新挑起一場爭論。」

在《新青年》的「老夥伴」之中，倒是魯迅仍與陳獨秀同行。陳獨秀一回回寫信給周作

人，請周作人敦促魯迅為《新青年》寫小說：

「我們很盼望豫才先生為《新青年》創作小說，請先生告訴他。」（一九二〇年三月十一日函）

「魯迅兄做的小說，我實在五體投地的佩服。」（一九二〇年八月二十二日函）

「豫才兄做的小說，實在有集攏來重印的價值，請你問他，倘若以為然，可就《新潮》、《新青年》剪下，自加訂正，寄來付印。」（一九二〇年九月二十八日函）

正因為這樣，魯迅後來在一九三三年六月上海天馬書店出版的《創作的經驗》一書的《我怎麼做起小說來》一文中，這麼提及陳獨秀：

「但是《新青年》的編輯者，卻一回一回的來催，催幾回，我就做一篇，這裡我必得紀念陳獨秀先生，他是催促我做小說最著力的一個。」④

《新青年》是當年享有崇高威信、發行甚眾的雜誌，它的急劇地向「左」轉，使馬克思主義的影響迅速推及全國。

跟張東蓀展開大論戰

在大動盪之中，分化是必然的。不光是「老夥伴」胡適轉向，「新夥伴」張東蓀也轉到了對立面。陳獨秀的《論政治》之中，點了胡適的名，也點了幾個月前還在新漁陽里六號高談社會主義的張東蓀的名。

就在《論政治》剛剛發表，英國的一位名人受梁啟超之邀，來到中國講學。他叫伯特蘭・羅素（Bertrand Russell，一八七二至一九七〇年）。他成為名人，由於他同兼三種身分：他是道地的數學家，曾與懷特海合著《數學原理》三卷，他的「羅素悖論」對二十世紀的數學產生過頗大的影響；他又是一位唯心主義哲學家，創立「中立一元論」，在當時被譽為世界三大哲學家之一；他又反對侵略戰爭，宣導世界和平，在第一次世界大戰中曾被判刑下獄，獲得人們的同情和讚頌。這麼一位大名人光臨中國，自然引起一番熱鬧。

羅素在中國各地演講，鼓吹「基爾特社會主義」。基爾特——Guild，亦即行會。「基爾特社會主義」，亦即勞資合作的改良主義。

張東蓀是梁啟超的「老夥伴」，一起創辦《解放與改造》雜誌，同創「研究系」。當這位由梁啟超請來的貴客前往湖南講演時，張東蓀便專程奉陪。

返滬之後，一九二〇年十一月五日，張東蓀在他主編的《時事新報》上發表《由內地旅行而得之教訓》。十一月六日，又發《由內地旅行而得之又一教訓》。這兩文驀地引起一番論戰，空前的激烈。

與張東蓀的論戰，除了此前《新青年》雜誌上陳獨秀的《論政治》之外，早在一九二〇年五月十六日，《星期評論》第五十號便已刊登署名漢俊（即李漢俊）的《渾樸的社會主義者底〔的〕特別的勞動運動意見》，批駁了張東蓀在五月七日《時事新報》上發表的《為促進工界自覺者進一言》一文，尖銳地指出張東蓀「是走頭〔投〕無路的社會主義，走頭〔投〕無路的社

會主義者」。

算起來，這一回是第三次向張東蓀開火，那火力格外的猛烈。張東蓀的文章剛一登出，馬上引起上海共產主義小組的注意，決定立即組織反擊。因為他的文章鼓吹：「我們也可以說有一個主義，就是使中國人從來未過過人的生活的都得人的生活。而不是歐美現行的什麼社會主義、什麼國家社會主義、什麼無政府主義、什麼多數派主義等等，所以我們的努力，當在另一個地方。」

就在張東蓀文章發表的翌日——十一月七日，邵力子主編的《民國日報》的《覺悟》副刊連發兩文，批駁張東蓀。兩文的作者分別為望道（陳望道）和江春（李達），言辭空前尖銳激烈。

陳望道的《評東蓀君底〔的〕「又一教訓」》，那話火辣辣的，指出張東蓀「轉向」了：

「東蓀君！你現在排斥一切社會主義……卻想『開發實業』，你所謂『開發實業』難道想用『資本主義』嗎？你以為『救中國只有一條路』，難道你居然認定『資本主義』作唯一的路嗎？」

「東蓀！你旅行了一番，看見社會沈〔沉〕靜，有些灰心，想要走舊路嗎？」

「我怕東蓀君轉向，社會更要沉靜，又怕東蓀君這時評就是轉向的宣言！」

李達的文章比陳望道的更為尖銳，筆下毫不留情。文章的標題便叫《張東蓀現原形》：

「張東蓀本來是一個無主義無定見的人，這幾年來，他所以能夠在文壇上沽名釣譽的，就是因為他有一種特長，會學時髦，會說幾句言不由衷的滑頭話。

「他作文章，有一種人所不能的特長，就是前言不顧後語，自己反對自己。這時因為他善變，所以前一瞬間的東蓀與後一瞬間的東蓀是完全相反的。總之，張東蓀是文壇中一個『迎新送舊者』。」

李達翻出張東蓀過去在《解放與改造》雜誌上寫的《我們為什麼要講社會主義？》，與張東蓀的「新作」相對比，來了個以子之矛攻子之盾，揭露了張東蓀的「前言不顧後語」。

緊接著，十一月八日，《覺悟》的主編邵力子也親自披掛上陣，發表《再評東蓀君底〔的〕「又一教訓」》。邵力子畢竟是報人，跟張東蓀是同行，話說得溫和一些，但擺出一層層道理向「東蓀君」「請教」，「請東蓀君仔細想想」。

二十多天後——十二月一日出版的《新青年》第八卷第四號，乾脆把張東蓀通盤端了出來，刊登了張東蓀的文章和駁張東蓀的文章，還刊登了陳獨秀與張東蓀的往來信件，共十三篇。

陳獨秀在這組文章之前，加上了《關於社會主義的討論》的醒目標題。這一批判不僅僅只是批判張東蓀，陳獨秀還發表了致羅素的公開信，對這位「世界名人」進行批判，勸他不要「貽誤中國人」——因為張東蓀的文章中販賣的是羅素的貨色。

此後，李達還在《新青年》上發表《討論社會主義並質梁任公》。梁任公即梁啟超。批判的鋒芒，刺向了當年中國的名人、張東蓀的盟友梁啟超了。

經過這番大論戰，張東蓀這個曾在新漁陽里六號討論過馬克思主義、社會主義的人物，向右轉向。一九三四年，他與張君勱在北平組織「中國國家社會黨」（後來改為「中國民主社會

黨」），任中央總務委員會委員。

不過，這個「中國國家社會黨」沒有幹出什麼名堂來，他便去上海光華大學、北平燕京大學當教授。他擔任過國民黨政府參議員。後來，他參加中國民主同盟，擔任中央常委。

一九四九年之後，他擔任中央人民政府委員、政務院文化教育委員會委員。一九七三年病逝於北京。

《共產黨》月刊和《中國共產黨宣言》

就在《民國日報》的《覺悟》副刊登出陳望道、李達駁斥張東蓀文章的那天——一九二〇年十一月七日，一份既秘密又公開的新雜誌，在上海創刊。

說它秘密，因為這份新的雜誌的編輯部地址保密，雜誌上所有文章一律署化名，雜誌的印刷、發行也保密。

說它公開，因為這份新的雜誌的要目廣告，卻公開刊登在《新青年》雜誌上。《新青年》廣為發行，也就使這份新雜誌廣為人知。

這份新雜誌的刊名，是中國有史以來未曾有過的，就叫《共產黨》！

這份新雜誌是由上海共產主義小組主辦，主編為李達。用《共產黨》作為刊名，表明這個「小組」要邁向下一步——正式建立中國共產黨。

以「共產黨月刊社」名義在《新青年》雜誌上刊登廣告，在中國頭一回公開亮出了「共產黨」的旗幟。

這份新雜誌選定十一月七日作為創刊之日，是經過仔細考慮的。十一月七日是個什麼樣的日子？只要聽一聽維經斯基這天在上海發表的題為《中國勞動者與勞農議會的俄國》的演說，便清楚了：

「今天是西曆十一月七日，正是三年前俄國勞工農民推倒資本家和軍閥，組織勞農議會共和國的成功日！也可以說今天是全地球各國勞動者的慶賀紀念日！……」⑤

正是選擇了十月革命三週年的紀念日，作為《共產黨》月刊的創刊之日。

陳獨秀為《共產黨》創刊號寫的《短言》，相當於發刊詞，非常明確地提出「跟著俄國共產黨」：

「經濟的改造自然占人類改造之主要地位。吾人生產方法除資本主義及社會主義外，別無他途。資本主義在歐美已經由發達而傾於崩壞了，在中國才開始發達，而他的性質上必然的罪惡也照例扮演出來。代他而起的自然是社會主義的生產方法，俄羅斯正是這種方法最大的最新的試驗場。……

「要想把我們的同胞從奴隸境遇中完全救出，非由生產勞動者全體結合起來，用革命的手段打倒本國外國一切資本階級，跟著俄國的共產黨一同試驗新的生產方法不可。……」

《共產黨》創刊號刊登了《俄國共產政府成立三週年紀念》、《俄國共產黨的歷史》、《俄羅斯的新問題》（即列寧在俄共（布）「九大」的演說）以及專門介紹列寧的文章。

文章的作者們用種種化名：

「江春」、「胡炎」，李達也；

「P生」即沈雁冰，由他的筆名「丙生」衍生，因為「丙」的英文拼寫開頭字母為「P」；

「漢」，那是李漢俊；

「CT」，則是施存統。

《共產黨》月刊發行量達五千份，通過各種管道像飛機播種似的撒向全國，為籌建中國共產黨起了很大的作用。

李達與王會悟小姐由愛而婚，在漁陽里二號客廳裡舉行了新式的簡單的婚禮。操辦婚宴的，是陳獨秀夫人高君曼。李達和王小姐的新房也就成了《共產黨》月刊的編輯部所在地。就在創辦《共產黨》月刊的那些日子裡，由陳獨秀執筆，「小組」的筆桿子們參加討論，起草了一個綱領性的文件——《中國共產黨宣言》。

這是中國共產黨最早的宣言，不是陳公博論文附錄中所附的兩篇宣言。那兩篇，一篇是一九二二年七月中共「二大」所通過的《中國共產黨宣言》，另一篇是一九二三年的《中國共產黨第三次代表大會宣言》。

這篇最早的《中國共產黨宣言》，沒有公開發表過。它的中文稿原件，迄今不知下落。

一九五六年，當蘇共中央向中共中央移交中共駐共產國際代表團的檔案，內中存有這篇宣言的中文稿。但這一中文稿不是原件，是根據英譯稿倒譯成的。譯者為「Chang」，亦即「張」（也可譯成「章」、「常」、「昌」、「長」等）。

這位姓「張」的譯者，曾在《中國共產黨宣言》前面加了一段說明，全文如下：

【譯者的說明】

親愛的同志們！這個宣言是中國共產黨在去年十一月間決定的。這宣言的內容不過是關於共產主義原則的一部分，因此沒有向外發表，不過以此為收納黨員之標準，這宣言之中文原稿不能在此地找到，所以兄弟把它從英文稿翻譯出來。

決定這宣言之時期既然有一年多了，當然到現在須要有修改和添補的地方。我很希望諸位同志把這個宣言仔細研究一番，因為每一個共產主義者都得要注意這種重要的文件——共產黨宣言。並且會提出遠東人民會議中國代表團中之共產主義者組討論。討論的結果，將要供中國共產黨的參考和採納。

Chang

一九二一年十二月十日

這個「Chang」，要麼是張太雷，要麼是張國燾，因為在出席遠東人民會議的中國代表團成員之中，只有兩「張」。這兩人的英語都不錯。不過，據中國共產黨黨史專家們分析，由於張太雷「不僅負責大會的組織工作，而且負責英文翻譯」，因此由張太雷譯出的可能性更大些。

至於原先的中文稿，是由誰譯成英文，已很難查考。很可能是陳獨秀寫出《中國共產黨宣言》之後，由李漢俊譯成英文，交給維經斯基，而維經斯基把英文稿帶到了蘇俄。當然，這只是「可能」罷了。

《中國共產黨宣言》可以說是籌建中國共產黨的綱領，是中國共產黨第一篇重要歷史文獻。現據「張」的中譯稿，摘錄於下：

第一部分是「共產主義者的理想」，指出——

「共產主義者主張將生產工具——機器，工廠，原料，土地，交通機關等——收歸社會共有，社會共用。」

「共產主義者要使社會上只有一個階級（就是沒有階級）——就是勞動群眾的階級。」

第二部分是「共產主義者的目的」，指出——

「共產主義者的目的是要按照共產主義者的理想，創造一個新的社會。但是要使我們的理想社會有實現之可能，第一步就得剷除現在的資本制度。要剷除資本制度，只有用強力打倒資本家的國家。」

「資本家政府的被推翻，和政權之轉移於革命的無產階級之手；這不過是共產黨的目的之一部分，已告成功；但是共產黨的任務是還沒有完成，因為階級爭鬥還是繼續的，不過改換了一個方式罷了——這方式就是無產階級專政。」

第三部分是「階級鬥爭的最近狀態」，指出——

「無產階級專政的任務是一面繼續用強力與資本主義的剩餘勢力作戰，一面要用革命的辦法造出許多共產主義的建設法，這種建設法是由無產階級選出來的代表——最有階級覺悟和革命精神的無產階級中之一部分——所制定的。」

「一直等到全世界的資本家的勢力都消滅了，生產事業也根據共產主義的原則開始活動了，那時候的無產階級專政還要造出一條到共產主義的道路。」

這篇《中國共產黨宣言》雖然沒有馬克思、恩格斯寫的《共產黨宣言》那麼氣勢宏偉、文采飛揚，但寫得簡明扼要，通俗明白。這篇在中國共產黨正式誕生之前寫下的宣言，其中的原則迄今為中國共產黨所遵奉。

有了如此明確的《中國共產黨宣言》，中國共產黨的正式成立已為時不遠了。

《共產黨》月刊的創辦和《中國共產黨宣言》的擬就，把黨的名稱——中國共產黨確定下來。建黨的工作緊鑼密鼓地進行著。

上海共產主義小組成了中國共產黨的發起組。以上海為中心，跟全國各地以至海外中國留學生中的共產主義者們聯絡著，商量著……

穿梭於京滬之間的「特殊學生」張國燾

「南陳北李，相約建黨。」陳獨秀在維經斯基幫助下，在上海建立了中國共產黨的發起組，第一個熱烈地作出響應的是北京的李大釗……

一九二〇年七月中旬，一位來自北京的二十三歲的小夥子，敲響了上海漁陽里二號黑漆的大門。他一見到陳獨秀便連聲喊「陳教授」。他在陳獨秀這裡住了下來。

此人是北京大學極其活躍的學生。雖然他是理科學生，如今卻已是以政治為職業了。他穿梭於京滬之間：

一九一九年六月，當全國學聯在上海成立時，他作為北京學聯的代表到上海出席大會，住了一個來月。

一九一九年底，為了躲避警察搜捕，他從北京逃到上海，與張東蓀、戴季陶、汪精衛、胡漢民過從甚密，直至一九二〇年五月才返回北京。

隔了兩個來月，這一回他又來上海——正值暑假，而北京的局勢又日漸吃緊。

這位活躍分子，便是張國燾，字愷蔭，又名張特立。一八九七年十一月二十六日，他出生在江西萍鄉。他的家，如他自己所說，是「地主鄉紳之家」。張國燾的父親當過浙江省象山縣知事，算是一縣之「父母官」。

在中學時，張國燾便喜歡英語和自然科學。一九一六年十月，這位「江西老表」來到北京，一舉考入北京大學理學院預科。

起初，他埋頭於數理化，不聞窗外事。自從陳獨秀擔任北京大學文科學長，那一期又一期在北京大學出版的《新青年》，叩響了他的心扉。他開始思索和關注國家的命運。北大，中國新文化運動的中心。他身處在這中心之中，受到新思潮的啟蒙。

李大釗深刻地影響了他。如他自己所述，「由於他（李大釗）的影響，使我增加了對與〔於〕社會主義的興趣」。與此同時，他「與無政府主義的黃凌霜、區聲白等同學也來往頻繁。中文版的無政府主義書刊如克魯泡特金、巴枯寧等人的著作我都涉獵過。」

五四運動風起雲湧，張國燾嶄露頭角。「五四」前夕——五月三日晚，在北京大學法科禮堂的全體學生大會上，張國燾和許德珩等上臺慷慨發言。

五月四日，張國燾是遊行隊伍中的活躍人物。他擅長社交，聯絡各界人士。這樣，他也就被推選為北京大學學生會幹事——這成為他一生政治生涯的起點。

依然是李大釗，給了他莫大的影響。他晚年所著《我的回憶》，自一九六六年起在香港《明報月刊》連載，內中這麼寫及李大釗：

「李大釗先生是北京信仰馬克思主義的中心人物，他所主持的北大圖書館成為左傾思潮的發祥地。」

「我景仰李大釗先生，彼此交往，最初與馬克思主義無關。雖然他是我的指導者，我們的相處卻似朋友。」

「消息靈通的李大釗先生常以俄國革命作為談助，我們也時常據以研究俄國事態的發展。李大釗先生不是說教式的人物，他過去一直沒有向我宣揚過馬克思主義。他很注意實際的資料和比較研究。以往我們的接觸多半的為了商談具體問題，到這次我由上海北返，才開始集中注意社會主義，特別是馬克思主義。我們商談的出發點還是救國的途徑，認為除捨效法蘇俄外別無他途可循。我們確認俄國所以能推翻沙皇和雄厚的舊勢力，抗拒來自四面八方的外力壓迫，都是得力於俄共的領導，換句話說便是馬克思主義的大放光芒。由於李大釗先生的啟發，認定一切問題須從瞭解馬克思主義著手，我才開始對馬克思主義作較有系統的研究。」

「在北京，唯有李大釗先生一人，有可能聯繫各派社會主義人物，形成一個統一的社會主義運動。他的個性溫和，善於與人交往，極具耐心而又沒有門戶之見。」

在李大釗的影響之下，張國燾投身到革命活動之中。如他自己所言，他成了一個「特殊學

生」：「我似乎是一個特殊學生。我的學業已耽誤了一個學期，到了無法追上的地步。教師們知道我所以耽誤的原因，總是善意地給我一個勉強及格的分數。我也就索性將我的大部分時間花在圖書館，貪婪地閱讀社會主義的書籍。《馬克思資本論入門》、《政治經濟學批判》、《哲學的貧困》、恩格斯的《家庭、私有制和國家的起源》等中英文譯本，都是在這個時期讀完的。」

這位「特殊學生」，來來往往於京滬之間。當陳獨秀倉促從北京逃往上海，借住於亞東圖書館裡，正在上海的他便「與陳獨秀先生會晤多次」。

時隔五個來月，這一回，當他與陳獨秀同住漁陽里二號，他發覺陳獨秀的思想躍入一個嶄新的階段：

「他（引者注：指陳獨秀）開門見山的說：『研究馬克思主義現在已經不是最主要的工作，現在需要立即組織一個中國共產黨。』陳先生這種堅決的主張，我還是第一次聽見。他滔滔不絕地說明這種主張的各項理由。我聚精會神地傾聽著他的高論，有時互相附和，有時互相質難。這個主張從此就成為我們多次談話的題目。

「陳先生曾是新文化運動的領袖，此時充當中國共產黨的發起人，確實是有多方面的特長。他是中國當代的一位大思想家，好學深思，精力過人，通常每天上午和晚間是他閱讀和寫作的時候，下午則常與朋友們暢談高論。他非常健談，我住在他家裡的這一段時間內，每當午飯後，如果沒有別的客人打擾，他的話匣子便向我打開，往往要談好幾個鐘頭。

「他的談吐不是學院式的，十分引人入勝。他往往先提出一個假定，然後層出不窮地發問，不厭其煩地去求得他認為最恰當的答案。談得起勁時，雙目炯炯發光，放聲大笑。他堅持自己的主張，不肯輕易讓步，即不大顯著的差異也不願稍涉含混，必須說得清清楚楚才肯甘休。但遇到他沒有考慮周到的地方，經人指出，他會立即坦率認錯。他詞鋒犀利，態度嚴峻，像一股烈火似的，這和李大釗先生溫和的性格比較起來，是一個極強烈的對照。

「陳獨秀先生是人所共知的中國共產黨的創始人，這不但由於他的聲望在當時起了號召的作用，而且實際上他確是組織中國共產黨的最先發動者和設計者。他具有決心和信心，擬定發展中國共產黨組織的初步藍圖，並從事實際活動。由於他多方推動和組織，各地的馬克思主義者的零星活動終於演進到中國共產黨的正式組成。」

陳獨秀向張國燾透露，「組織中國共產黨的意向，已和上海的李漢俊、李達、陳望道、沈定一、戴季陶、邵力子、施存統等人談過，他們都一致表示贊成。他特別提到戴季陶對馬克思主義信仰甚篤，而且有過相當的研究，但戴與孫中山先生關係極深，是否會參加中國共產黨，就不得而知」。

在陳獨秀那裡住了一個來月，張國燾忽地發覺，「約在八月二十日左右的一個晚上，我從外面回到陳家，聽見陳先生在樓上書房裡和一位外國客人及一位帶山東口音的中國人談話。他們大概在我入睡後才離去，後來才知道就是維經斯基和楊明齋，這是我在陳先生家裡發現他們唯一的一次聚談。第二天，陳先生很高興地告訴我，共產國際有一位代表來了，已經和他接了頭，未來的中國共產黨將來會得到共產國際的支持。陳先生並未告訴我他們談話的詳情，也沒有說明他們之間曾接過幾次頭，這大概是由於他們相約保守秘密的緣故。」

張國燾從七月中旬來到上海漁陽里二號，至八月底離去，這一段時間正是上海共產主義小

組醞釀、成立的時候。

暑假結束，當張國燾在八月底回到北京，「即以興奮的心情將和陳獨秀先生談話的經過告訴李大釗先生。李先生略經考慮，即無保留地表示贊成。他指出目前的問題主要在於組織中國共產黨的時機是否已經成熟，但陳獨秀先生對南方的情況比我們知道得更清楚，判斷自也較為正確，現在他既已實際展開活動，那末我們就應該一致進行。李先生相信我們現在起來組織中國共產黨，無論在理論上和實際上的條件都較為具備，決不會再蹈辛亥革命時江亢虎等組織中國社會黨那樣虎頭蛇尾的覆轍。」

「亢慕義齋」裡成立了北京小組

張國燾走了才十多天，又一個來自北京大學的小夥子來敲上海漁陽里二號的門。

此人也姓張，也是從李大釗身邊來。他比李大釗小六歲，比張國燾大兩歲，本名張崧年，號申甫。後來，便以張申府為名。他是河北獻縣人。當陳獨秀對黨的名字叫「共產黨」還是「社會黨」定不下來時，寫信到北京，就是寫給這位張申府的。

張申府原是北京大學學生，此時已是北京大學講師。暑假已經結束，正是開學之初，張申府為什麼從京來滬呢？

原來，羅素來華，竟是他「鼓吹」請來的，此行為了來滬迎接羅素。

張申府是學數學的，卻又對哲學有濃厚的興趣，而羅素正是這樣。張申府向梁啟超「鼓吹」羅素，那時梁啟超當財政部長，籌了一筆錢，把「世界名人」羅素請來了。羅素要從英國前來上海，自然，張申府要從北京來滬迎接他。

張申府在陳獨秀那裡住了十幾天。他是這樣回憶的：

「在上海時，我同陳獨秀談過建黨的事，我們認為既然組織起來了，就要發展，能入黨的人最好都吸取到黨內來。從上海回京後，我把和陳獨秀談的情況告訴了李守常（引者注：即李大釗）。當時北京只有我和李守常兩個黨員。我們一致認為要發展黨員。發展誰呢，首先想發展劉清揚，這時劉清揚回到了北京。

「劉清揚是天津人，五四運動中表現很積極，是一個女界的學生領袖，曾被警察關過。一九一九年成立全國學生聯合會，她到上海出席會議。一九二〇年七月，學聯決定到南洋去募捐，就派了劉清揚、張國燾兩人參加。劉清揚很能幹。她九月底回到北京。我和李守常在圖書館主任室找她談話，準備吸收她入黨。她不幹，沒有發展。……」⑥

劉清揚是回族人。後來，在一九二〇年十二月跟張申府一起坐法國「高爾基爾」號船，去法國勤工儉學。在法國，張申府與劉清揚結為夫婦，介紹劉清揚入黨。此後，張申府、劉清揚又作為介紹人，介紹周恩來入黨。這是後話。

當時，由於劉清揚不願入黨，李大釗和張申府一起發展了北京的第三個黨員是張國燾。

一九二〇年十月，李大釗、張申府和張國燾在北京大學圖書館的「亢慕義齋」聚首。這天，便成為北京共產主義小組的誕生之日——儘管當時沒有「北京共產主義小組」這樣的名稱。翌年七月，他們在一份報告中是這麼寫的：

「同志們，北京共產主義組織僅僅是在十個月以前產生的。」⑦這表明，當時他們是自稱「北京共產主義組織」。不過，如今人們都統一稱之為「北京共產主義小組」。

「亢慕義齋」，又叫「康慕尼齋」，不知內情者不解其意。其實，那是「Communism」——共產主義的音譯。「亢慕義齋」，亦即「共產主義室」。

在「亢慕義齋」裡，懸掛著一副對聯：

出實驗室入監獄，
南方兼有北方強。

這副對聯表達了他們不畏艱險、投身革命的決心和「南陳北李，相約建黨」的含義。

南呼北應，北京共產主義小組成為繼上海共產主義小組之後的第二個共產黨組織。

就在這個小組建立不久，張申府隨北京大學前校長蔡元培到法國去了。三人小組變成了二人小組。李大釗著手發展新的成員。

如同上海小組最初有戴季陶、張東蓀參加一樣，這時六名無政府主義者加入了北京小組，他們是黃凌霜、陳德榮、袁明熊、張伯根、華林和王竟林。

在中國，無政府主義曾時髦過一陣。早在一九一四年五月，劉師復便在上海創建了「無政府共產主義同志會」。七月，該會發表宣言，聲稱：

「主張滅除資本制度……不用政府統治。」

「本自由平等博愛之真精神，以達於吾人理想之無地主、無資本家、無首領、無官吏、無代表、無家長、無軍長、無監獄、無警察、無裁判所、無法律、無宗教、無婚姻制度之社會。」「無政府共產主義同志會」在全國發展組織，廣州成立了「無政府共產主義同志社」，南京成立了「無政府主義討論會」，常熟成立了「無政府主義傳播社」，等等。

無政府主義的「無政府」主張，近乎荒唐；不過，也正因為他們主張「無政府」，因此也就反對軍閥政府，「主張滅除資本制度」。在五四運動中，無政府主義者也是其中的積極參加者。誠如羅章龍所言，當時無政府主義者「和我們一起搞鬥爭，是沒有界限的，是親密無間的。」正因為如此，無政府主義者們加入了北京共產主義小組。這樣，二人小組發展成為八人小組。

緊接著，羅章龍和劉仁靜加入了北京共產主義小組，使之擴大為十人小組。十人聚首「亢慕義齋」。羅章龍曾寫《亢慕義齋吟》，內中有這麼幾句：

亢慕義齋倡崇議，科學民主啓鴻蒙。
主張無產者聯合，實行天下真為公。
工團廣布遍環宇，大地萬邦平提封。
雄才大略挽世運，風起雲蒸四海從。
民主政制新建後，一掃舊史古人空。
大公至正無私業。傳諸萬世以無窮。⑧

羅章龍和劉仁靜加入北京小組

羅章龍乃「二十八畫生」之友。

「二十八畫生」這筆名，毛澤東在一九一七年四月《新青年》雜誌發表《體育之研究》時用過。其實，早在一九一五年，毛澤東便用過「二十八畫生」這筆名。

那是羅章龍十九歲那年，在長沙第一聯合中學讀書。秋天，他忽地在學校會客室外，見到牆上貼著一張《徵友啟事》。

「啟事用八裁湘紙油印的，有幾百字，古典文體，書寫用蘭亭帖體。」

「啟事大意是要徵求志同道合的朋友，啟事原文有句云：『願嚶鳴以求友，敢步將伯之呼。』」這一啟事的落款是「二十八畫生」，通信處是「第一師範附屬學校陳章甫轉交」。陳章甫即陳昌，當時在一師附屬學校任教員。

羅章龍看了之後，給「二十八畫生」用文言文寫了一封回信，照啟事上的地址寄去，表示願見一面。信末，也署了個化名，叫「縱宇一郎」。

信扔進郵局，過了三四天，羅章龍收到了「二十八畫生」的回信。信中引用了《莊子》上的兩句話：「空谷足音，跫然色喜。」「二十八畫生」約這位「縱宇一郎」星期日上午在定王台湖南省立圖書館見面，以手持報紙為互識標誌。

那時的羅章龍叫羅璈階。他拉了一個同班姓陳的同學一起去。

據羅章龍在《椿園載記》中回憶：

「我們見到了毛澤東同志。他站在走廊上，見到我們後，便走到院子門口對我們說：我們到裡面談談。我們在院子裡找了一個僻靜的地方，坐在石頭上，這時陳同學就到閱覽室看書去了。院子裡沒有別人，我們上午九點開始直到圖書館十二點休息，整整談了三個小時。臨分手他對我說：我們談得很好，『願結管鮑之誼』，以後要常見面。」

就這樣，羅章龍成了「二十八畫生」之友。他把自己的日記給毛澤東看，毛澤東把自己的學習筆記給他看。他們一次次地交談，談治學、談人生、談社會、談國家。他們一起尋訪長沙古跡，一起步行前往韶山。

一九一八年，羅章龍要去日本留學，毛澤東以「二十八畫生」的筆名，寫下《送縱宇一郎東行》一詩：

雲開衡岳積陰止，天馬鳳凰春樹裡。
年少崢嶸屈賈才，山川奇氣曾鍾此。
君行吾為發浩歌，鯤鵬擊浪從茲始。
洞庭湘水漲連天，艟艨巨艦直東指。
無端散出一天愁，幸被東風吹萬里。
丈夫何事足縈懷，要將宇宙看稊米。
滄海橫流安足慮，世事紛紜何足理。

管卻自家身與心，胸中日月常新美。
名世於今五百年，諸公碌碌皆餘子。
平浪宮前友誼多，崇明對馬衣帶水。
東瀛濯劍有書還，我返自崖君去矣。⑨

羅章龍來到上海，預訂了去日本的船票，一樁意外的事情發生了：一九一八年五月七日，日本政府軍警在東京毆打中國留日學生，並要他們回國。

羅章龍打消了赴日的念頭，在上海尋找《新青年》編輯部。到了出版《新青年》的群益圖書公司，才知編輯部已遷往北京大學。

羅章龍帶著好多冊《新青年》雜誌，回到長沙，見到了毛澤東。他們在《新青年》上見到華法教育會登的文告，鼓勵青年們到法國勤工儉學。於是，毛澤東率二十來位湖南青年，前往北京，準備赴法勤工儉學，內中便有羅章龍。

這批青年，大部分進入北京的留法預備班，而毛澤東則在北京大學圖書館工作，羅章龍進入北京大學學習。這麼一來，羅章龍成了北京大學預科德文班學生。

羅章龍結識了李大釗，結識了陳獨秀，深受他們的影響。他成了五四運動的積極分子，成了北京大學馬克思學說研究會的會員。這樣，他成為北京共產主義小組的成員，也就順理成章了。

在羅章龍之後加入北京共產主義小組的是劉仁靜。

劉仁靜是湖北應城縣人，字養初，又名亦宇，比羅章龍小六歲——一九〇二年三月四日出生⑩。父親劉曉山是清朝秀才，教私塾，後來開了爿小店。

劉仁靜為長子，弟弟叫劉仁壽。父親寄希望於兒子，送他們上學。辛亥革命之後，科舉吃不開了，父親請親戚資助，把劉仁靜送到武昌的教會學校——博文學院學習。那裡相當於初中，主要學英文。這樣，劉仁靜從小打下很好的英語基礎。

念高中時，劉仁靜轉到武昌中華大學附中。在那裡，劉仁靜結識了一位比他年長七歲的大哥哥。此人當時已是中華大學的學生，他給了劉仁靜以深遠的影響。

他是江蘇武進人，名喚惲代英。誠如毛澤東影響了羅章龍，惲代英給了劉仁靜以革命的啟迪。一九一七年，當惲代英成立進步社團互助社時，劉仁靜也成了互助社的成員之一。這個互助社以「群策群力，自助助人」為宗旨，以「不談人過失、不失信、不惡待人、不作無益事、不浪費、不輕狂、不染惡嗜好、不驕矜」為「八不戒約」。

惲代英是中華大學文科中國哲學系學生。他喜讀《新青年》，欽慕陳獨秀，跟陳獨秀保持通信聯繫，並為《新青年》撰稿。從惲代英那裡，劉仁靜讀到了《新青年》，知道了陳獨秀的大名。

一九一八年，十六歲的劉仁靜考入北京大學預科。不久，他進入物理系。不過，他對社會科學的興趣比自然科學更濃厚，於是，轉入了哲學系。在哲學系待了沒多久，又轉往英語系。

劉仁靜拜識了文科學長陳獨秀，參加了新文化運動。

在五四運動中，劉仁靜是活躍分子。當學生遊行隊伍來到趙家樓胡同時，曹汝霖家的大門

緊閉。劉仁靜個子瘦小，打碎了曹家窗玻璃，爬在匡互生的背上，鑽進了曹宅，打開大門，於是遊行者一擁而入……

此後，他深受李大釗的影響，加入了北京大學馬克思學說研究會。迄今，仍可在中國革命博物館裡看到李大釗親筆寫的字條：「劉仁靜同學學費先由我墊。李大釗」。

劉仁靜學的是英語專業，李大釗要他研究英文版馬克思主義著作。這樣，劉仁靜小小年紀，讀了許多馬克思著作，開口閉口馬克思如何說，人們送他一個雅號，曰「小馬克思」。

在北京大學圖書館裡，劉仁靜認識了助理管理員毛澤東。他們倆一個一口湖北話，一個一口湖南話，一談起來就是一兩個鐘頭。

在羅章龍、劉仁靜加入北京共產主義小組之後，那批無政府主義分子退了出去。這是因為他們主張無政府，因此連無產階級專政也不要。他們主張無組織，因此連小組的書記也不要。

於是，十人小組變為四人小組——李大釗、張國燾、羅章龍、劉仁靜。

然後，這個小組又日漸擴大，發展了一個又一個新的成員——鄧中夏、高君宇、何孟雄、繆伯英、范鴻劼、朱務善、李駿、張太雷、李梅羹、宋介。

這些新成員之中，大部分是北京大學學生。例外的只是三位，即繆伯英是北京女子高等師範學校學生，張太雷是天津北洋大學學生（常在北京活動），宋介是北京中國大學學生。

一九二一年一月，北京共產主義小組舉行會議，正式定名為「中國共產黨北京支部」，一致推選李大釗為書記，張國燾負責組織，羅章龍負責宣傳。不過，那時是「負責組織」，並非今日的組織部的工作範疇，而是指導、組織工人運動。

注釋

①據施存統自己說，「我於一九二〇年六月二十日去東京」，因此不可能出席這次會議。但他作為上海社會主義青年團的八個創始人之一，則當之無愧。

②夏衍：《懶尋舊夢錄》，北京三聯書店，一九八五年版。

③《胡適的自傳》，唐德剛編譯，臺灣傳記文學出版社。

④《魯迅選集》第三卷，人民文學出版社一九八三年版。

⑤《勞動界》，一九二〇年第十三冊。

⑥張申府：《建黨初期的一些情況》，見《共產主義小組》（下），中共黨史資料出版社一九八七年版。

⑦中央檔案館編，《中國共產黨第一次代表大會檔案資料》。

⑧羅章龍贈筆者《椿園詩草》，嶽麓書社，一九八七年版。

⑨《毛澤東詩詞選》，一三七頁，人民文學出版一九八六年版。

⑩關於劉仁靜的經歷，鮮見於文獻。本書所述，大都依據筆者一九八九年九月十三日、十四日對劉仁靜之子劉威力的採訪。

第四章　響應

「毛奇」和新民學會

其實，早在張國燾、張申府這「二張」來敲上海漁陽里二號的黑漆大門之前，一位瘦長的湖南青年便已到那裡拜訪過陳獨秀了。

這位二十七歲，來自湖南韶山的精明能幹的年輕人，便是毛澤東。他在北京大學圖書館工作時，已經結識陳獨秀。

毛澤東在結束北京圖書館的工作之後，返回湖南的途中，曾於一九一九年初來過上海。

這一回，是他第二次來上海。即是他又一次去北京之後，再回長沙，在一九二〇年五月五日路過上海。

與陳獨秀的談話，給毛澤東以深深的啟迪。毛澤東曾與斯諾這麼談及：

「我第二次到上海去的時候，曾經和陳獨秀討論我讀過的馬克思主義書籍。陳獨秀談他自己的信仰的那些話，在我一生中可能是關鍵性的這個時期，對我產生了深刻的印象。」①

那時候的毛澤東，確實處於一生的「關鍵性」時期，他的思想正在處於根本性的轉折之中。

就在這次去北京之前，他尚處於困惑之中，如他自己所言，是「睡在鼓裡」：

「現在我於種種主義，種種學說，都還沒有得到一個比較明瞭的概念。」②

「我覺得好多人講改造，卻只是空泛的一個目標。究竟要改造到那〔哪〕一步田地（即終極目的）？用什麼方法達到，自己或同志從那一個地方下手？這些問題，有詳細研究的卻很少。」③

「外邊各處的人，好多也和我一樣未曾研究，一樣的睡在鼓裡，狠是可嘆！」④

早年的毛澤東，同學們給他取了個雅號，曰「毛奇」。毛奇——Moltke Helmuth Von（1800.10.26—1891.04.24），普魯士帝國和德意志帝國的總參謀長。

當年，毛奇和首相俾斯麥、國防大臣羅恩成為普魯士帝國的三巨頭。這位毛奇元帥，因在一八七〇年普法戰爭的色當一役中使法蘭西第二帝國覆滅而名震歐洲。同學們稱毛澤東為「毛奇」，不光因為毛澤東有毛奇那樣勃勃雄心，才智過人，而且為人也如毛奇那樣沉默寡言、嚴肅莊重。

毛澤東的早年密友、詩人蕭三的哥哥蕭瑜（又名蕭旭東、蕭子昇）曾回憶說，他在一個小格子裡能寫兩個字，而毛澤東寫兩個字則起碼占三個格子。毛澤東那奔放不羈的字，那充滿豪情、「指點江山」、「糞土當年萬戶侯」的激揚詩句，都表明他是一位壯志凌雲、志向非凡的熱血青年。

不過，他也有不如那位毛奇元帥之處。毛奇精通七國語言，而囿於湖南鄉下閉塞環境中的他，諳熟中國古文，卻不懂外語。這樣，他無法像李漢俊、李達、張國燾、劉仁靜那樣從大量外文書刊中鑽研馬克思主義學說，他只能讀在當時如鳳毛麟角般稀少的馬克思主義著作的中譯本。然而，他一旦讀到了，很快就理解了，很快就將其轉化成為自己思想的指南。

「睡在鼓裡」的他，在第二次去北京時，讀到了三本使他茅塞頓開的書。他是這樣描述的：「我第二次到北京期間，讀了許多關於俄國情況的書。我熱心地搜尋那時候能找到的為數不多的用中文寫的共產主義書籍。有三本書特別深地銘刻在我的心中，建立起我對馬克思主義的信仰。我一旦接受了馬克思主義是對歷史的正確解釋以後，我對馬克思主義的信仰就沒有動搖過。這三本書是：《共產黨宣言》，陳望道譯，這是用中文出版的第一本馬克思主義的書；《階級鬥爭》，考茨基著；《社會主義史》，柯卡普著。」⑤

這三本書，引起毛澤東思想上的根本轉變。只是他的回憶中稍稍有一點誤差，那本《共產黨宣言》中譯本，他不是在北京讀到的，是他來上海之後或回到長沙之後讀到的。可能性最大是在上海讀到的。因為他在上海度過了近兩個月——一九二〇年五月五日抵達，七月七日離開。

陳望道譯的《共產黨宣言》，一般都以為是一九二〇年八月出版，因為初版本上印的是這一出版年月。但是魯迅卻在一九二〇年六月二十六日便已「得譯者陳望道寄贈《共產黨宣言》（上海社會主義研究社本年四月版）」。⑥

毛澤東在上海拜訪過陳獨秀，結識了陳望道，因此他在上海得到《共產黨宣言》中譯本的可能性極大。

那三本書，以及跟陳獨秀的談話，促使毛澤東轉向馬克思主義，他從「鼓裡」睡醒了。他的理解力，遠遠超過他同時代的那些精通外文的青年們——儘管他只能讀到極有限的中譯本。

如毛澤東所言：「到了一九二〇年夏天，在理論上，而且在某種程度的行動上，我已成為一個馬克思主義者了，而且從此我也認為自己是一個馬克思主義者了。」⑦

毛澤東跟陳獨秀會面，除了「討論我讀過的馬克思主義的書籍」，還「討論了我們組織『改造湖南聯盟』的計畫」⑧

毛澤東是一位組織家。早在他二十二歲時油印、張貼「二十八畫生」的《徵友啟事》時，就想團結、組織一班志同道合者。

一九一八年四月，毛澤東在湖南長沙岳麓山劉家臺子蔡和森家中，邀集一群好友開會，創建了「新民學會」。

那天出席集會的有蔡和森、何叔衡、李維漢、蕭瑜、蕭三（即蕭子暲）、張昆弟、羅章龍、陳啟民等十二人。（在《我和毛澤東的一段曲折經歷》裡所陳述的是十二人，而在《毛澤東年譜》裡記載的是十三人。）

新民學會以「革新學術，砥礪品行，改良人心風俗」為宗旨。蕭瑜被推舉為總幹事，毛澤東、陳啟民為幹事。蕭瑜如此回憶道：

「我清晰記得我完成擬定學會規章的那個春日。擬定出的規章有七條，都非常簡明。毛澤東讀完後，未作任何評論。然後我們又把我們決定是第一批會員的每個人的優點重新核實了一

番。我們一致以為他們都是合格的。他們共有九人，再加上我們兩人，學會共有十二名首批成員。憑著我們年輕人的那股熱情，我們自稱是十二個『聖人』，肩負時代的使命！我們也以為彼此之間是兄弟，有著共同的抱負與理想，有著相互的尊重與友愛。

「一個星期天的早上，在第一師範的一個教室裡（實際上是在蔡和森的家裡），我們十二個人聚在一起，十分莊嚴地舉行了第一次正式會議。我把印好的新民學會規章分給每個人並徵求他們的意見、疑問和評論。但沒有什麼新的意見提出。於是每個人又交了一點會費，我被當選為第一任秘書。我們決定不設會長一職，會議就結束了。新民學會就這樣宣告誕生了。儘管沒有什麼演說，但我們十二人之間已建立了更為密切的關係，我們獻身運動的雄心和熱情有了新的動力。我們都意識到，從現在起，我們的肩上擔負了新的責任。

「毛澤東在會上一句話也沒說。我們都清楚我們的目的和會員應該做的事情，主張每個成員都應以切合實際的作風行事，而不應空談高論。學會中只有一個喜歡為講話而講話者，那便是陳昌，此人以發表冗長演說聞名。我們這位同學來自瀏陽，與我偶然相識，於是成為好友，可即使是他，也沒有在新民學會成立大會上發表演說。陳昌後來成為中國共產黨早期的組織者之一，一九三〇年二月在長沙就義。新民學會成立以後，大約每月舉行一次會議。儘管不是什麼秘密聚會，我們仍儘量少為人注意。」⑨

這個新民學會，一九二〇年發展到擁有七八十名會員。

儘管新民學會還不是共產主義性質的組織，但後來其中的很多人成為中共骨幹。

毛澤東從上海回到長沙之後，他跟陳獨秀談及的組織「改造湖南聯盟」未付諸實現，倒是在一九二〇年八月二日組織了湖南「文化書社」。《文化書社緣起》中，一語道明書社的宗旨：「沒有新文化，由於沒有新思想；沒有新思想，由於沒有新研究；沒有新研究，由於沒有新材料。湖南人現在腦子饑荒實在過於肚子饑荒，青年人尤其嗷嗷待哺。文化書社願用最迅速、最簡便的方法，介紹中外各種新書報雜誌，以充青年及全體湖南人民新研究的材料。」⑩

文化書社經理為易禮容，「特別交員」為毛澤東。此外，聘請了李大釗、陳獨秀、惲代英等為「信用介紹」。

文化書社在湖南銷售《新青年》每期兩千冊，《勞動界》每期五千冊，還銷售《共產黨宣言》、《馬克思資本論入門》、《階級鬥爭》、《社會主義史》、《唯物史觀解說》等馬克思主義著作。

剛剛創辦了文化書社，毛澤東又組織了湖南「俄羅斯研究會」，這個研究會「以研究關於俄羅斯之一切事情為主旨」。

一九二〇年九月二十三日上海《民國日報》刊登消息，作如下報導：

「湖〔湘〕人組織俄羅斯研究會於本月十六日開會，推舉正式幹事，姜詠洪總幹事，毛澤東書記幹事，彭璜會計幹事，並推彭君駐會接洽一切。……」

蔡和森從法國給毛澤東寫來長信

就在湖南「俄羅斯研究會」成立的那天——一九二〇年九月十六日，在法國蒙達尼男子中

學，一位黃皮膚、黑眼珠的二十五歲的小夥子，正伏案用中文寫一封長信。

他有著一頭濃黑發亮的頭髮，一雙銳敏的眼睛，身材頎長，門牙突出。他是毛澤東的密友，此刻正在給毛澤東寫信。此信竟長達八千餘字！

他的這封長信，後來被毛澤東編印在《新民學會會員通訊集》裡，這才得以傳世。這封信非同一般，是中國共產黨建黨史上一篇不可多得的重要文獻。

他，蔡和森，一個不苟言笑而又意志堅強的人，是湖南湘鄉縣人，出生於上海。

蔡和森又名蔡林彬，常使人誤以為姓蔡名林彬，其實他複姓「蔡林」而名彬。倘若追根溯源，他原本姓林——他的九世祖姓林，因過繼給姓蔡的舅父為子，改為複姓「蔡林」。後來他以蔡和森聞名於世，人們也就以為他姓蔡了。

蔡家世代經營「永豐辣醬」，頗有名氣。只是到了蔡和森的父親蔡蓉峰手裡，家道日衰，「永豐辣醬」易主。⑪

蔡和森有二兄、二姐、一妹。妹妹比他矮了一截，可是性格跟他一樣倔強。他的妹妹亦是中國共產黨名人，叫蔡暢，中國女傑也。後來她成為李富春夫人，曾擔任全國婦聯會主席。

多子女，家中入不敷出，蔡和森的童年是清苦的。他過著學徒生活。直到十六歲，才得以進入小學。

他發奮求學，連連跳級。十八歲那年，他「跳」入了湖南省立第一師範學校，成為毛澤東的摯友。楊昌濟視毛、蔡二君為他最為得意的門生。

毛澤東組織新民學會時，蔡和森是最積極的支持者。正因為這樣，新民學會的成立會是在蔡和森家裡舉行的。

一九一八年六月，蔡和森赴京，住在楊昌濟家，商議赴法勤工儉學事宜。他從北京給毛澤東去信，於是，毛澤東率羅章龍、李維漢等人從長沙赴京。

一九一九年十二月，蔡和森終於從上海坐船奔赴法國。同行的有他的母親葛蘭英、妹妹蔡暢以及蔡暢的同事向警予——蔡暢在長沙周南女校任教時，向警予也在那裡執教。在船上，蔡和森與向警予朝夕相處，產生了愛慕之情。

到了法國，「開首一年不活動，專把法文弄清，把各國社會黨各國工團以及國際共產黨，儘先弄個明白。」⑫

他在給毛澤東的信中也透露，「我與警予有一種戀愛上的結合，另印有小冊子，過日奉寄。」⑬

蔡和森「猛看猛譯」法文馬克思主義著作，豁然開朗。在一九二〇年八月十三日，他給毛澤東寫了一封信，極為明確地提出要在中國組織共產黨。

現將此信摘錄示下：

我以為先要組織黨——共產黨。因為他是革命運動的發動者，宣傳者，先鋒隊，作戰部，以中國現在的情形看來，須先組織他，然後工團，合作社，才能發生有力的組織。……我願你準備做俄國的十月革命。這種預言，我自信有九分對。因此你在國內不可不早有所準備。……

木斯哥萬國共產黨（引者注：即莫斯科共產國際）是去年三月成立的，今年七月十五開第二次大會，到會代表三十多國。中國、高麗（引者注：即朝鮮）亦各到代表二人，土耳其、印度各有代表五人。

據昨日報土耳其共產黨業已成立。英國於本月初一亦成立一大共產黨。法社會黨擬改名共產黨。現在第二國際黨已解體，脱離出來者都加入新國際黨，就是木斯哥萬國共產黨。

我意中國於二年內須成立一主義明確、方法的〔得〕當和俄一致的黨，這事關係不小，望你注意。……

現在內地組織此事須秘密。烏合之眾不行，離開工業界不行。中產階級文化運動者不行（除非他變）。……

如此旗幟鮮明地提出組織中國共產黨，蔡和森的見解比許多與他同時代的進步青年大大超前。就在他寫此信之際，上海共產主義小組剛剛誕生。

他在九月十六日寫給毛澤東的長信，又一次明確提出組織中國共產黨：

我認〔為〕黨的組織是很重要的。組織的步驟：

(1)結合極有此種瞭解及主張的人組織一個研究宣傳的團體及出版物。

(2)普遍聯絡各處做一個要求集會、結社、出版、自由的運動，取消治安警察法及報紙條例。

(3)嚴格的物色確實黨員，分布各職業機關，工廠，農場，議會等處。

(4)顯然公布一種有力的出版物，然後明目張膽正式成立一個中國共產黨。……

我以〔為〕世界革命運動自俄革命成功以來已經轉了一個大方向，這方向就是「無產階級獲得政權來改造社會」……

蔡和森的這封長信，由蕭瑜帶回中國，毛澤東直至一九二〇年底才收到。一九二一年一月二十一日，毛澤東覆函蔡和森道：「你這一封信見地極當，我沒有一個字不贊成。黨一層陳仲甫先生等已在進行組織。出版物一層上海出的『共產黨』，你處諒可得到，頗不愧為『旗幟鮮明』四字（宣言即陳仲甫所為）。」

「何鬍子是一條牛」

蔡和森寫給毛澤東的信末，總有一句「叔衡、惇元、殷柏、啟民、章甫，均此」。列在第一名的「叔衡」，亦即何叔衡。他留著八字鬍，人稱「何鬍子」。

「何鬍子」年長毛澤東十七歲，在新民學會之中歲數最大。他，一八七六年五月二十七日（清光緒二年五月初五）生於湖南寧鄉。家境貧寒，據說因為他的生辰中有兩個「五」，在堂兄

弟之中又排行第五，湖南流傳「男子要五不得五（午）⑭，彷彿命中註定這個孩子前途無量，於是家中擠出一點錢，無論如何要供他上學。

何叔衡在二十六歲那年，考中秀才。不過，他不願在衙門中做事，便在家鄉當私塾教師。何叔衡是一位思想解放的秀才。一九一一年辛亥革命爆發不久，「十一月四日，他還專程回到家裡。動員父親、兄弟和鄰居剪掉辮子。一九一三年他到長沙後，又曾連續三次寫信回家，要全家女人放腳。這一年暑假，他回到家裡，看到都未放腳，便風趣地說：看來只動嘴動筆不行，還得要動手動刀才能解決問題。接著，他搜攏一石灰簍子的裹腳布和尖腳鞋，拿了菜刀，搬出木凳，在地坪裡當場砍爛，終於迫使全家裹腳的女人都放了腳。」

何叔衡又是一位上進心極強的秀才。自知四書五經跟不上時代的步伐，已經三十七歲的人，居然考入湖南公立第四師範，跟那些十幾歲、二十來歲的青年坐在一條板凳上，當學生，聽新學。不久，他轉入湖南第一師範，在那裡與毛澤東相識。友誼超越了年齡。共同的思想，使「何鬍子」跟毛澤東相知日深。

本來，照年齡，何叔衡比毛澤東大了一輩（他甚至比陳獨秀還大三歲），而做起事情來，何叔衡往往是毛澤東的助手。何叔衡稱道毛澤東「後生可畏」。

何叔衡在湖南第一師範畢業之後，在長沙楚怡學校任教。

一九一七年暑假，「何鬍子」回到寧鄉縣杓子沖家中度假。毛澤東和蕭瑜扮作「乞丐」，從長沙出發，徒步旅行，曾到「何鬍子」家做不速之客。蕭瑜在《毛澤東和我曾是「乞丐」》一書中，詳細描述此事：

那天，毛澤東和他從寧鄉縣城步行了一百四十里，走到「何鬍子」家已是半夜了。他們興奮地敲打大門，高喊：「何鬍子！何鬍子！趕快起來，讓我們進去！」這一喊，驚動了「何鬍子」全家。他的父親、夫人、弟弟、弟媳、侄子，全都起床了。

知道毛澤東和蕭瑜化裝成「乞丐」漫遊湖南，何叔衡道：「你們真是兩個奇怪的傢伙。你們做的事真乃怪哉也！」

雖然毛、蕭已吃過晚飯，何叔衡仍以酒招待。經過這半夜驚擾，翌日何家仍破曉早起，如同往常一般。毛、蕭參觀了何家的豬廄，見到三百多斤重的渾身雪白的肥豬，大為驚訝。

開闊的大菜園裡長滿了鮮美的蔬菜；園中整齊清潔，一根雜草也沒有，這尤其使我們驚嘆。當我向何老先生提到這點時，他很是高興，並用書呆子口吻搖頭晃腦地說：「雜草有如人品低劣，心術不正之徒，一定要剷除之，其對秀美之菜蔬危害也，大矣乎，君子乎，聖人乎！」

何鬍子由衷地笑起來了：「你們看我父親的古文怎麼樣？不錯吧？有其父必有其子！」

何叔衡之家，是「耕讀之家」。他的父親、兄弟、妻子務農，他在省城當教書匠。毛澤東、蔡和森、何叔衡彼此相互影響著。當毛澤東、蔡和森轉向馬克思主義，何叔衡亦轉向馬克思主義。

一九二〇年底，毛澤東收到蕭瑜轉來的蔡和森在法國所寫的長信。一九二一年一月二日，新民學會會員在長沙聚會。儘管大雪迷漫，會員們十多人仍到席。主席為何叔衡，由毛澤東宣讀蔡和森的長信。

當時的《新民學會會務報告（第二號）》，十分逼真地勾畫出毛澤東、蔡和森、何叔衡和新民學會的關係：

> 討論方法問題：
>
> 「達到目的須採用什麼方法？」
>
> 首由毛潤之（引者注：毛澤東字潤之）報告巴黎方面蔡和森君的提議。並云：世界解決社會問題的方法大概有下列幾種：
>
> 1社會政策；
>
> 2社會民主主義；
>
> 3激烈方法的共產主義（列寧的主義）；
>
> 4溫和方法的共產主義（羅素的主義）；
>
> 5無政府主義。
>
> 我們可以拿來參考，以決定自己的方法。

於是依次發言（此時陳啓民到會）：

何叔衡：主張過激主義。一次的擾亂，抵得二十年的教育，我深信這些話。

毛潤之：我的意見與何君大體相同。社會政策，是補苴罅漏的政策，不成辦法。社會民主主義，借議會為改造工具，但事實上議會的立法總是保護有產階級的。無政府主義否認權力，這種主義，恐怕永世都做不到。溫和方法的共產主義，如羅素所主張極端的自由，放任資本家，亦是永世做不到的。激烈方法的共產主義，即所謂勞農主義，用階級專政的方法，是可以預計效果的。故最宜採用。

由以上記錄可見毛、蔡、何見解的統一。在他們三人影響下，新民學會十二人「贊成波爾失委克主義（即布爾什維克主義）」。「未決定者」及贊成其他主義的六人。

上海成立共產主義小組之後，陳獨秀曾致函毛澤東，建議在湖南也成立共產主義小組。毛澤東把新民學會中主張布爾什維克主義的會員，組織成長沙共產主義小組。小組成員最初六人，後來發展到十人。內中骨幹為毛澤東、何叔衡、彭璜。此外，據回憶，還有賀民範、蕭錚、陳子博、夏曦、彭平之等。

一九四五年四月二十一日，毛澤東在《七大工作方針》中如此回憶道：

「蘇聯共產黨是由小組到聯邦的，就是說由馬克思主義的小組發展到領導蘇維埃聯邦的黨。我們也是由小組經根據地到全國。……我們開始的時候，也是很小的小組。這次大會發給我一張表，其中一項要填何人介紹入黨。我說，我沒有介紹人。我們那時候就是自己搞的，知道的事也不多。」

一九五六年九月，在中共「八大」召開時，毛澤東在代表證的入黨時間一欄內，寫上「一九二〇年」。這清楚表明，毛澤東把加入長沙共產主義小組，認定是加入中共之時。

何叔衡確實成了毛澤東最得力的助手。毛澤東不在長沙時，小組領導事務委託何叔衡主持。毛澤東對何叔衡作過如下評語：

「何鬍子是一條牛，是一堆感情。」⑮

據何叔衡自己說，則有一句如此之言：「潤之說我不能謀而能斷，這話是道著了。」⑯

另外，毛澤東還說過：「叔翁辦事，可當大局。非學問之人，乃做事之人。」⑰

毛澤東以上三句評語，大體上描寫出何叔衡的特色。

湖北出了個董必武

洞庭湖之南的湖南在籌建共產主義小組的時候，洞庭湖之北的湖北也在籌建之中——他們稱作「共產主義研究小組」。

湖北的共產黨領袖人物是董必武。

董必武原名賢琮，又名用威，字潔畬，號璧伍。必武是他後來從事秘密革命活動時的化名，他竟以此名傳世。

董必武出生在中國一個不平凡的縣——湖北黃安縣。那兒本是大別山東段的窮地方。然而，「窮則思變」，那裡成了中國共產黨人的「大本營」：不僅出了兩位中華人民共和國主席——董必武和李先念，而且出了二百三十三位中國人民解放軍將軍！這樣，黃安縣後來也就改名為「紅安縣」。

董必武十七歲那年，中了秀才。二十八歲時，東渡日本，在東京私立日本大學攻讀法律。在那裡，他見到了孫中山，並加入了中華革命黨（一九一九年改組為中國國民黨）。他曾回憶見到孫中山時的情景：

「先生……指示中國的出路，惟有實行三民主義的革命；特別鼓勵我們在失敗後，不要灰心氣短，要再接再厲地努力去幹，革命不是僥倖可以成功的，只是我們在失敗中得到教訓，改正錯誤，提出好的辦法來，繼續革命，勝利的前途是有把握的。」⑱

董必武從孫中山麾下轉到馬克思麾下，那最初是受了李漢俊的影響。

董、李本不相識。那是一九一八年三月，董必武擔任鄂西靖國軍總司令蔡濟民的秘書，參與反對北洋軍閥的護法戰爭。一九一九年一月二十七日夜，蔡濟民突遭靖國軍唐克明部隊槍殺。董必武趕往上海，向正在上海的孫中山報告事件經過。

董必武在上海住了下來。正巧，湖北省善後公會在上海成立，租了上海法租界霞飛路漁陽里（今淮海中路五六七弄）路南的一處房子作為會址，並請董必武和張國恩主持會務。這樣，董必武便在霞飛路漁陽里住了下來。

張國恩也是湖北黃安人，跟董必武一起赴日留學，一起加入中華革命黨，是董必武的好友。他們一起住在善後公會。斜對面路北住的也是一位湖北人，名叫詹大悲。詹大悲與董必武

早就相熟。他曾在一九二二年任國民黨漢口交通部部長。後來亡命日本，加入了中華革命黨。

經詹大悲介紹，董必武結識了詹家的鄰居。那位鄰居也是湖北人，剛從日本帝國大學畢業歸來，跟董必武一見如故。此人便是李漢俊。

李漢俊跟董必武談蘇俄，談列寧，談馬克思主義，借給他日本版的《資本論入門》以及考茨基的著作。李漢俊使董必武從三民主義者轉向馬克思主義者。誠如董必武自己所說：

「當時社會上有無政府主義、社會主義、日本的合作運動等等，各種主義在頭腦裡打仗。李漢俊來了，把頭緒理出來了，說要搞俄國的馬克思主義……」⑲

董必武走上了馬克思主義之路。回到武漢，他和張國恩等人商議辦學，培養人才。他們設法籌集資金。董必武還把身上的皮袍脫下典當，以作辦學經費。

經過四方奔走，終於在湖北省教育會西北角、涵三宮街南面小巷裡，辦起了私立武漢中學校。這所中學後來成為湖北的紅色據點。該校英語教員，名喚陳潭秋，成了董必武的密友。

陳潭秋、包惠僧加入武漢小組

董必武如此回憶他跟陳潭秋的交往：

「我第一次見到潭秋是一九一九年夏天。……剛從國立武昌高等師範英語部畢業的潭秋來上海參觀，經他同班同學倪則天的介紹，我們見了面，由於志同道合，我們一見如故，在上海期間，相互交流學習馬克思主義的心得，暢談改造中國和世界的抱負，同時商定用辦報紙、辦學校的方式傳播馬克思主義，開展革命活動。」⑳

陳潭秋的原名叫陳澄，據云是「要澄清這混濁世界」之意。潭秋是他的字。不過，如今人們都習慣於稱他陳潭秋。陳潭秋比董必武整整小十歲，湖北黃岡縣陳宅樓人。他的祖父曾是清朝舉人，但他的父親是個農民。他兄弟姐妹十個，他排行第七。

陳潭秋起初在黃岡上小學。十六歲時考入湖北省立第一中學，來到武昌。二十歲時考入國立武昌高等師範學校英語部。介紹他和董必武認識的倪則天，便是他在武昌高等師範學校的同班同學，而倪則天是湖北黃安人，跟董必武同鄉。

陳潭秋是一九一九年夏天去的上海，那是因為在五四運動中，他是武漢的活躍分子。當武漢派出學生參觀團前往上海時，他是參觀團的成員之一。

回到武漢後，董必武籌辦武漢中學，陳潭秋跟他志同道合，而且剛從武昌高等師範學校畢業，就參加了籌辦工作，並擔任英語教師，兼任第一屆乙班級任。

一九二〇年夏，董必武收到了一封來自上海的信。一看那熟悉的筆跡，就知道是李漢俊寫來的。李漢俊告訴他，上海已經成立了「小組」，希望武漢也建立起「小組」來。

董必武看罷信，便找陳潭秋商議。陳潭秋當即贊成，願與董必武一起著手建立武漢共產主義小組。兩個人建立一個小組，當然太小。董必武建議把張國恩吸收進來，陳潭秋則提及了包惠僧。

張國恩跟董必武同鄉、同學，同去日本、同入中華革命黨，在上海也同與李漢俊談過，理所當然，他是很合適的可供考慮的對象。當時，張國恩擔任湖北省立第一師範學校學監、律

師，與董必武過從甚密。經董必武一說，馬上答應參加「小組」。

陳潭秋提及的包惠僧，是他的同鄉——湖北黃岡包家畈人。包惠僧原名包道亨，又名包悔生、包一德、包一宇，曾化名鮑懷琛，用過筆名棲梧老人、亦愚。

包惠僧又是陳潭秋的校友——湖北省立第一師範學校學生，只是比陳潭秋高幾班。他在一九一七年畢業之後，在武昌教了半年書，便失業了。

愛好活動的他，索性擺脫了課堂的束縛，去當自由自在的新聞記者。他擔任了《漢口新聞報》、《大漢報》、《公論日報》、《中西日報》的外勤記者，四處活動。他到了上海，到了廣州，到了北京，使他開了眼界，瞭解了中國的社會現狀。

一九二〇年二月上旬，陳獨秀光臨武漢之際，這位初出茅廬的新聞記者跑去採訪。這次採訪，深刻地影響了包惠僧。包惠僧是這麼回憶的：

「我以記者的身分專程到文華書院訪問了陳獨秀，我是抱著崇敬的心情去見他的。見面後我告訴他我是哪個學校畢業的，畢業後因找不到工作當了記者。他說當記者也好，能為社會服務。後來我們談了五四運動，火燒趙家樓，反封建，婚姻自由（當時有許多女學生同我談論婚姻自由問題）等問題。陳獨秀是漢學專家，他的漢學不在章太炎之下。

「我還向陳獨秀請教學漢學的門路。他指導我讀書，講了做人做事的道理。這次我們談了個把鐘頭，分手時我表示惜別，不知以後什麼時候能再見面。他說以後還有再見面的機會。他來去匆匆，在武漢時間不長就到上海去了（引者注：陳獨秀回北京後經天津再去上海）。走之前我又去見了他一次。我是為了採訪新聞去找他的，沒想到後來我和他交往這麼多。他關照我不要

寫文章向外發表我們的談話。……」㉑

跟陳獨秀兩次匆忙的談話，使包惠僧對馬克思主義產生了興趣。這樣，他在跟陳潭秋見面時，也常常談論這些問題。當陳潭秋邀他加入「小組」時，他一口答應下來。

就在李漢俊來信不久，有客自上海來。來者名喚劉伯垂，又名劉芬。他是湖北鄂城縣人氏。他在清朝末年時留學日本。畢業於早稻田大學法科。他在日本時便與陳獨秀結識，友情頗篤。

劉伯垂是同盟會的老會員，曾在孫中山的廣東軍政府擔任高等審判廳廳長。一九二〇年秋，他從廣州途經上海回湖北。在上海，劉伯垂拜訪了老朋友陳獨秀。陳獨秀吸收劉伯垂參加了共產黨。

陳獨秀交給劉伯垂任務：回湖北時，找董必武聯繫，在那裡建立共產黨組織。

「對了，你還可以吸收鄭凱卿加入共產黨。」陳獨秀特別關照劉伯垂道。

鄭凱卿，一個完全陌生的名字。此人既沒有留過洋，也沒有讀過多少書。他原是失業工人。後來，在武漢曇花林文華書院當校工。一九二〇年二月上旬，陳獨秀到武漢時，住在文華書院，便由鄭凱卿照料他的生活。短短四天相處，陳獨秀跟鄭凱卿相處甚為融洽。陳獨秀把革命的道理講給鄭凱卿聽，鄭凱卿很快就明白了。

劉伯垂坐船從上海來到了武漢，約董必武在武漢關附近的一家小茶館見面，轉達了陳獨秀的意見。

幾天之後，吃過晚飯，陳潭秋、包惠僧、鄭凱卿應約來到了武昌撫院街張國恩律師事務

所，那裡也是董必武借寓之處。

劉伯垂來了。他帶來上海共產主義小組的文件，傳達了陳獨秀的關於在武漢建立「小組」的意見。

這是一次秘密會議，由劉伯垂主持。武漢共產主義小組（當時叫武漢共產主義研究小組，後來叫中國共產黨武漢支部）就在這天建立。大家推舉包惠僧為書記，陳潭秋負責組織工作。

劉伯垂在「老虎」身邊——湖北省警察廳背後的武漢多公祠五號，掛起了「劉伯垂律師事務所」的牌子。那裡，成了武漢共產主義小組成員們經常聚會之處，而「老虎」居然沒有發覺這眼皮底下的紅色目標。

一個多月，這個「小組」增加了兩名成員：一位叫趙子健，又名雲詡，董必武的同鄉，湖北省立第一師範學校的學生。據云是董必武介紹的。另一位叫趙子駿，是武漢的青年工人。由鄭凱卿介紹加入小組。

張國恩由於律師事務忙碌，而且對馬克思主義沒有多大興趣，在小組成立三個月後申明退出。

在一九二一年春，又有劉子通、黃負生加入武漢共產主義小組，兩人都是湖北黃岡人——陳潭秋的同鄉。他倆曾創辦《武漢星期評論》。

李漢俊在一九二〇年冬，曾由上海回鄂探親。途經武昌時，曾與武漢共產主義小組的成員們見面，向他們講解過唯物史觀，講解過社會主義學說。

另外，維經斯基的秘書馬馬耶夫和他的妻子馬馬耶娃，還有北京大學的那位「中國通」鮑立維，曾訪問了武漢。他們住在張國恩律師事務所裡。

馬馬耶夫本來想以教英文作掩護，幫助武漢共產主義小組開展工作。無奈三位高鼻碧眼的外國人，在外國人不多的武漢畢竟是太惹人注意了。他們只是在武漢共產主義小組創辦的利群書社參觀了一番，就不得不離開那裡。

山東的「王大耳」

共產主義之火，也在山東點燃。

「山東雖是中國舊文化發源地，但講到現在的新文化，卻是幼稚得很。別的不用說，單就專門學校而論，還是被一班販賣日本古董客在那裡專利，很帶點帝國主義和資本主義的色彩。從去年十月間省議會議員王樂平，組織了一個齊魯通訊社，附設賣書部，專以販賣各項雜誌及新出版物為營業。通訊社雖以人的問題未能十分發達，賣書部卻是一月比一月有進步，頭一個月僅賣五六十元的書，到最近每天平均總可賣十塊錢。賣書部創設的本意，固然非以營利為目的，但營業擴充，即是證明山東學界想著研究新文化的也很有進步。……」

這則題為《山東新文化與齊魯書社》的報導，發表於一九二〇年十月七日的北京《晨報》。這表明孔子的故鄉，也飄起了新文化的旗幟。

這位在山東舉起新文化大旗的王樂平先生，是中華革命黨黨員。在五四運動中，他是山東的活躍人物，曾作為山東省議會的代表前往上海，籲請上海各界支持山東人民的鬥爭——因為五四運動的鬥爭焦點之一，便是要求從日本手中收回山東主權，收回青島。

王樂平在他住宅的外院創辦了齊魯書社，推銷《新青年》、《每週評論》、《資本論入門》、《唯物辯證法》、《俄國革命史》等，在山東播撒馬克思主義種子。

王樂平在京時，跟陳獨秀相識，彼此間開始通信聯繫。當陳獨秀在上海組織了共產主義小組，曾致函王樂平，約他在山東組織共產黨。王樂平雖說是進步的開明人士，卻不願加入共產黨，更不願出面組織山東共產黨。他把此事轉交給了他的遠親、同鄉王盡美。

王盡美是山東莒縣北杏村人氏（今屬諸城縣枳溝鄉），年紀比王樂平小得多，出生於一八九八年。他原名王瑞俊，字灼齋，天生一對大耳朵，得了個雅號「王大耳」。

毛澤東在一九四九年曾這樣談及王盡美：

「王盡美耳朵大，長方臉，細高條，說話沉著大方，很有口才，大夥都親熱地叫他『王大耳』……」㉒

其實，「王大耳」在二十歲之前，耳朵裡聽見的，只是一個小小村子裡的聲音。這位佃農的兒子，從小在倚山傍水的北杏村長大。十二歲進了私塾，一邊種田，一邊學點文化。十七歲便與李姓女子成婚。倘若他安於那小小的世界的話，可以在那祖祖輩輩生活的小村子裡過一輩子男耕女織的生活。

然而，望著濰河滔滔水，望著喬有山（即南嶺）蔥蔥樹，他的心潮起伏，賦詩言志：

沉浮誰主問蒼茫，

古往今來一戰場。
濰水泥沙挾入海，
錚錚喬有看滄桑。

他終於在二十歲那年，告別故鄉熱土，告別老母賢妻，前往省城濟南，考入山東省立第一師範學校，師範學校不僅不收學費，還免費供應食宿。

他來到了一個大世界。他的「大耳朵」聽到了時代的呼聲，聽到了新文化運動的吶喊。

進校才一年，正遇五四運動，他成了學生中的積極分子，成了山東省學生聯合會的代表。他跟王樂平有了密切的來往。

他來到更大的世界——北京。在那裡，他知道了什麼叫馬克思主義，他迅速地站到了馬克思主義的大旗之下，成為北京馬克思學說研究會的通訊會員。

羅章龍曾這樣追溯往事：

「早在一九一九年下半年以後，『五四』愛國運動的中、後期，我們北京國立八校院的學生會和外省的學生會建立了聯繫。起初我負責做北京大學學生會的工作，山東的學生會經常有人來北京聯繫。我們北京大學學生會也經常派人去上海和南方，因為濟南是滬京往來的必經之地，因此常中途在濟停留。我就是在這樣一種情況下，同山東學生會的代表王盡美同志認識的。

「那時候，我們北京學生會的辦公處設在校本部，王盡美同志為聯繫學生會的工作曾多次到西齋來找我。一九二〇年三月，以北京大學為主，由國立八個校院聯合組織的馬克思學說研

究會成立以後，王盡美同志又來到了北京。我領他到北京大學圖書館、教室、學生宿舍等處轉轉看看，還去看了一些外面來旁聽的學生，同時，向他介紹了北京馬克思學說研究會的情況。

「在北京念書的學生加入馬克思學說研究會的是北京的會員，在北京以外各省市念書的學生或工人被吸收入會的叫做通訊會員……王盡美同志對這些都很感興趣，他登記作為通訊會員加入了北京的馬克思學說研究會。那時我任馬克思學說研究會的書記，他回去之後經常和我通信聯繫，交換刊物。……」㉓

成為北京馬克思學說研究會通訊會員，使王盡美的思想發生了躍變。他成了一位馬克思主義者。於是，在濟南內貢院牆根街濟南教育會那裡，居然掛出了一塊非同凡響的大木牌，上書「山東馬克思學說研究會」。

那是在一九二〇年九月光景掛出這牌子的。創建這個研究會的主角，是王盡美。參加者最初十來人，後來發展到五十餘人。內中的積極分子是山東省立第一中學的學生鄧恩銘、育英中學的國文教師王翔千。

王翔千比王盡美年長十歲，原名王鳴球，山東諸城人。王翔千跟王盡美，也有那麼點親戚關係——王翔千妻子的姑母是王盡美的嬸母，所以他們早就相識。

王翔千肄業於北京譯學館，但古文底子頗好，擅長詩詞歌賦。受他的影響，王翔千的弟弟王象午也加入了山東馬克思學說研究會。王翔千的女兒王辯（後來改名黃秀珍），也很早加入中國共產黨。

就在陳獨秀給王樂平去函，希望他在山東組織共產黨的時候，李大釗從北京派來陳為人，找王盡美、鄧恩銘、王翔千等商議如何在山東建立共產黨。「南陳北李」都關注著山東。山東馬克思學說研究會召開了歡迎陳為人的茶話會。陳為人在會上介紹了北京共產主義小組的情況。陳為人當時是北京《勞動者》的編輯。

在「南陳北李」的幫助下，一九二一年初，濟南共產主義小組秘密成立。最初的成員除王盡美、鄧恩銘、王翔千外，據查考，可能還包括王復元、王象午、王用章、賈乃甫等人。

水族青年鄧恩銘

下大雨，
漲大河，
大水淹到白岩腳，
掩住龍腦殼，
鯉魚蝦子跑不脫。

這首兒歌的作者，便是鄧恩銘——王盡美的親密戰友。

鄧恩銘比王盡美還小三歲，生於一九〇一年一月五日㉔，是中國共產黨創建時期最年輕的人物之一。

鄧恩銘不僅年輕，而且是水族人。他出生在貴州省荔波縣水族集居村寨水浦村的板本寨。

那裡離荔波縣城大約二十公里。

水族是中國人數甚少的少數民族。據一九五七年統計，中國的水族只有十六萬餘人，聚居於貴州三都、荔波、榕江、從江、都勻、獨山一帶。水族語屬漢藏語系壯侗語族侗水語支。

「水家的山歌唱不完，夜連夜來天連天。」鄧恩銘從小說水族話，唱水族山歌。他的奶奶是水族歌手，教他學會一支又一支水族山歌：

砍柴一刀刀，擔柴一挑挑。
誰知一餐飯，多少眼淚拋。

如此琅琅上口的水族山歌，絕不亞於唐朝詩人李紳那首「誰知盤中餐，粒粒皆辛苦」。鄧恩銘從小在這些水族山歌的薰陶下，懂得人世間最質樸的愛與憎。

他出生在醫生之家。祖父鄧錦庭、父親鄧國琮都行醫。他原名鄧恩明，字仲堯。他六歲時進私塾，十六歲時入荔泉書院。識字知書，他寫起山歌來：

種田之人吃不飽，
紡紗之人穿不好，
坐轎之人唱高調，
抬轎之人滿地跑。

據《鄧恩銘烈士專集》㉕查證，這是鄧恩銘十五歲時的作品。以此看出，這位水族少年的愛憎已很鮮明。

十六歲那年，鄧恩銘的命運發生了變化，他走出了世世代代生活的村寨，作千里遠行。那是他的二叔黃澤沛熱情來信，邀他到山東濟南上學，他便與叔母、堂弟一起，經香港、上海，抵達濟南。

黃澤沛是清朝進士，後來到山東當縣官。他其實姓鄧。他的父親鄧錦臣與鄧恩銘的祖父鄧錦庭是親兄弟。由於他過繼給姑母家，於是改姓黃。鄧恩銘到了他家，也取了個黃姓名字，叫「黃伯雲」。

離開水族村寨時，鄧恩銘賦詩言志：

男兒立志出鄉關，學業不成誓不還。
埋骨何須桑梓地，人間到處是青山。

鄧恩銘在一九一七年十月抵達濟南，便進入山東省立第一中學讀書。這是山東的名牌中學，使鄧恩銘知識猛進，大開眼界。

進入省立一中一年多之後，五四運動山呼海嘯般爆發了。山東成了全國注視的焦點。十八歲的鄧恩銘投身於洶湧澎湃的學生運動，被同學們推舉為省立一中學生自治會負責人兼出版部

長。就在這時，他與省立第一師範學校的學生領袖王盡美結識。從此，他倆肩並肩，在濟南從事革命活動。

王盡美和鄧恩銘等在一九二〇年秋，組織了「勵新學會」。王盡美被推舉為《勵新》雜誌編輯部負責人，鄧恩銘擔任學會庶務。

《勵新》半月刊在一九二〇年十二月十五日創刊。《發刊詞》中，勵新學會的宗旨是「對於種種的問題，都想著一個一個的，給他討論一個解決的方法，好去和黑暗環境奮鬥」。

為著更進一步「和黑暗環境奮鬥」，王盡美和鄧恩銘組織了山東共產主義小組。這時的鄧恩銘不過二十歲，而王盡美也只有二十三歲。

斯托揚諾維奇在廣州找錯了對象

當共產主義之火在中國的上海、北京、長沙、武漢、濟南逐一點燃之際，中國南方第一大城市廣州，也出現了共產主義「幽靈」。

廣州是當時中國的一片熱土。共產黨的種子，最容易在那裡萌芽。因為那裡是孫中山的大本營，是中國資產階級民主革命的策源地。

當維經斯基率領那個「記者團」抵達北京之後，便兵分幾路：他自己率「主力」前往上海；馬馬耶夫夫婦和鮑立維去了武漢；那位從哈爾濱奉命趕往北京的大鬍子、俄共（布）黨員斯托揚諾維奇，則在上海住了幾個月之後，被維經斯基派往廣州。

熱浪在廣州澎湃，只有傍晚時一場豪雨驟降，才使人舒了一口氣。一九二〇年九月，在寒帶長大的斯托揚諾維奇初來乍到廣州，很不習慣。對於滿街戴著尖頂斗笠的廣州人，對於人行道上便於遮雨的騎樓，他感到非常新奇。

斯托揚諾維奇在廣州改了名字，叫Минор，即米諾爾。他與另一位俄共（布）黨員Песлин，即佩爾林，一起被維經斯基派往廣州。此外，還有那位既會講法語又懂中文的越南人。斯托揚諾維奇用法語與那位越南人交談。

斯托揚諾維奇此行的目的，是在廣州建立共產黨組織。不過，他的公開身分是「遠東共和國」記者。這個蘇俄在遠東臨時建立的緩衝國，給人以「中立」的印象，也就使人們難以想到他會是俄共（布）黨員。

他和佩爾林在廣州市中心永漢北租下了「光光」眼鏡店二樓（今廣州北京路太平餐館對面）。他真的幹起了記者行當。在那裡辦起了俄華通訊社。

斯托揚諾維奇在廣州四處活動，尋找廣州的馬克思主義者，以便著手在那裡組織共產黨。不過，他不像維經斯基那麼順利，因為維經斯基在北京找到了李大釗，在上海找到了陳獨秀，「紮根串聯」，那「根」都「紮」得很準。

也許是缺乏工作經驗，斯托揚諾維奇和佩爾林在廣州所「串聯」的，沒有一個是馬克思主義者：廣州女子師範學校的英語教師黃尊生、譚祖蔭，國文教師劉石心，當過漳州教育局局長的梁冰弦（他的原先的秘書便是劉石心），在報館當校對的梁一餘，他的弟弟、雅號「生意佬」的梁雨川，還有一位北京大學畢業生區聲白。這七位，全是無政府主義者。

斯托揚諾維奇和佩爾林找錯了對象，細細探究起來，是因為來廣州時找錯了「嚮導」。陪同他們來廣州的，是廣東臺山籍的北京大學學生黃凌霜。黃凌霜是一位著名的無政府主義者。他曾加入過李大釗領導的北京共產主義小組，後來又退出。

「物以類聚，人以群分。」很自然的，黃凌霜引見的是廣州的一批無政府主義者。在那個時代，無政府主義者和馬克思主義者同行，都舉起了反軍閥之旗，都要求民主。但是，無政府主義者反對無產階級專政，反對組織共產黨，使斯托揚諾維奇和佩爾林的計畫落空。

當事者譚祖蔭在一九八一年的回憶，十分真實地道出了當時的情形：

「兩個俄國人（引者注：指斯托揚諾維奇和佩爾林）同我們每週開一次會，多數在『光光』二樓開，有一次在黃尊生家開。我們開會是彙報本星期宣傳的經過，下一步應如何做。會上使用英語，一般由區聲白當記錄，區當時在嶺南大學教書，有時他來不了，就由我當記錄。黃尊生的英語好，由他當翻譯，梁冰弦和我也會聽、講英語。

「當時兩個俄國人知道我們是無政府主義者，和我們講的是關於開展工人運動的事情，並由波金（引注者：即佩爾林）用英文起草向工人宣傳的提綱，內容主要是揭露工人如何受資本家的剝削和壓迫，不合理、不平等，要起來鬥爭，也講到關於社會主義的道理，然後由區聲白、黃尊生翻譯成中文，由黃尊生、劉石心去協同和機器廠工人俱樂部作宣傳。

「這個俱樂部不大，可坐三四十人，我去過一、二次，只是旁聽，沒講什麼。梁冰弦不常去，區聲白沒去過。記得有一次是講工人受資本家壓迫、剝削，聽眾有三四十個工人。工人沒有發言，因為聽完時間已經很晚，就散會了，也沒有組織工會。

「此宣傳活動是半公開的，沒有準備組織工人罷工。後來才有機器工會，但我沒有參與。我後來只當教師，不問政治。當時兩個俄國人沒有和我們談到成立共產黨的問題。我們與共產黨不同，各走各路，自己喜歡怎麼搞就怎麼搞。如果提出組織就會馬上反對，我們不要頭頭，誰要做頭頭，馬上有人反對。

「一九八〇年十二月十九日《人民日報》有篇文章說，兩個俄國人和我們七個無政府主義者已經組織了廣東共產黨，是廣東最早的共產黨員，這是誤會了。當時確實是沒有談到成立共產黨的問題，因為我們是無政府主義者，是不主張受什麼組織、紀律約束的。」㉖

由於斯托揚諾維奇和佩爾林找錯了對象，這樣，廣州的共產黨組織，最初沒有建立起來。說實在的，兩個不懂漢語的俄國人，對廣州又是人地生疏，在那裡找錯了對象也是在所難免的。陪他們來到廣州的那位黃凌霜，是來自李大釗身邊——就連李大釗在北京建立共產主義小組時，也曾吸收了黃凌霜！

北大三員「大將」南下羊城

其實，廣州也有「正宗」的馬克思主義者。

只消讀一讀一九一九年十一月連載於《廣東中華新報》的《馬克思主義》這一篇長文，便可知作者對於馬克思主義有著深刻的瞭解。茲照原文，摘錄若干片段：

「自馬克思氏出，從來之社會主義，於理論及實際上，皆頓失其光輝，所著資本論一書，勞動者奉為經典……

「由發表共產黨宣言書之一八四八年，至刊行資本論第一卷之一八六七年，此二十年間，馬克思主義之潮流，達於最高……

「自馬克思倡其唯物的歷史觀以後，舉凡社會的科學，皆頓改其面目。……」

此文署「匏庵」，乃楊匏安的筆名。

寫此文之際，楊匏安二十三歲而已。他是廣東香山縣（今中山市）人。他本來在家鄉教小學。耿直的他，看不慣校長貪污學款，予以揭發。然而，他卻因此遭到校長忌恨，反而被誣入獄。出獄後，他極度憤懣，欲尋求真理。於是，他東渡日本，在橫濱勤工儉學，日漸接受新文化、新思想。

回國後，他在澳門教書。不久，在廣州時敏中學任教，同時兼任《廣東中華新報》記者。他是廣州最早接受馬克思主義的人。正因為這樣，他寫了《馬克思主義》一文，公開宣傳馬克思主義學說和「布爾什維克」主義。

可惜，斯托揚諾維奇沒有發現楊匏安。楊匏安是一九二一年在廣州建立了共產黨組織之後才加入的。後來，在第一次國共合作期間，他以個人身分加入國民黨，擔任國民黨中央執行委員會委員、中央組織部代理部長。一九二五年，他是著名的省港大罷工的領導者之一。

一九三一年被捕，死於刑場，終年三十五歲。

廣州著手成立共產黨，是從北京大學的三員「大將」抵達這南國名城之後開始的。

這三員「大將」原本都是廣東人，都考上北京大學，都在一九二〇年暑假前畢業，從北京經上海到了廣州。三員「大將」之一，便是本書小引中提及的那位陳公博，《共產主義運動在中國》一書的作者。

陳公博的父親陳致美，是一位武官，在廣西當過提督。受父親的影響，陳公博從小受到文、武兩個方面的訓練。他讀了許多中國古書，練就一枝筆，所以他後來擅長寫作；他也學會武術，會騎馬，身強力壯。

此外，他從十五歲起學習英語，為他後來留學美國打下了基礎。他的父親因參與反清，在一九〇七年被捕入獄，陳家陷入困頓之中。陳公博靠著當家庭英語教師口。

辛亥革命之後，陳致美躍為「省議會議員」、「提督府軍事顧問」，年僅二十歲的陳公博居然也當上了「縣議會議長」。如他所言：「那時真是自命不凡，不可一世。」不過，他的父親仍要他去求學。他在《寒風集》中曾這樣回憶：

「我的家庭內，母親很是嚴肅，而父親倒很慈和，我自有記憶以來，我的父親從來沒有打過我，並且也不曾罵過我。可是在辛亥反正之後，看我那樣趾高氣揚，便忍不住了。父親對我雖然素來慈和，可是嚴厲起來，卻秋霜滿面，凜然令人生畏，一天他正色對我說，你拿什麼學識和資格去做參謀，去當縣議會議長？你這樣不知自愛，終有一天翻筋斗跌下來，就是地位不跌下來，人格也會墮落。古之學者為己，今之學者為人，就算為人罷，自己沒有學識，為人也為不了。自然父親那時叫我什麼都不要幹，而去讀書……」

陳致美雖然在一九一二年九月去世，陳公博畢竟還是聽從了他的話，當了兩年教員之後，於一九一四年考入廣州法政專門學校。一九一七年畢業之後，他又考入北京大學哲學系。

北大，新文化運動的中心。他在那裡拜識了校長蔡元培，文科學長陳獨秀。尤其是五四運動，給了他難忘的印象。後來，他在《共產主義運動在中國》一書中，曾作如此描述：

「對我來說，回憶這一時期的活動是非常有趣和令人興奮的。我處在巨大的浪潮中，自始至終目睹了這次激進的運動，目睹了群眾不滿情緒的加深和反抗的頑強性。此情此景在壯麗和憂傷方面與一八九八年至一八九九冬俄國大學生的總罷課多麼相似！」

不過，又如他在《寒風集》中《我和共產黨》一文中所說，在北京時他「靜如處女」，還沒有完全投入革命活動。他埋頭於讀書。後來，他才「動如脫兔」。

陳公博的同鄉觀念頗重。他的活動圈，大都限於同鄉之中。跟他住在同一宿舍的，是他的廣東老鄉譚平山。

譚平山年長陳公博四歲，號誠齋，別號聘三，廣東高明縣人。他和陳公博在同一年進入北京大學。他是三員「大將」中的另一位。

陳公博在《我和共產黨》中，這麼寫及譚平山：

「平山的原名本叫譚鳴謙，別號聘三，自然是三聘草廬的意思，後來他改名平山，也是由聘三諧音來的。那時我因為他留了一撇小鬍子，免不了開玩笑的叫一聲聘老。邇時北京有位王士珍先生，別號聘卿，就是世間所傳的王龍、段虎、馮狗，三傑之一，聲勢煊赫，報紙常書聘老而不名。我也喚平山做聘老而不名，並且時常對他說笑，謂南北兩聘老遙遙相對。

「而平山為了報復罷，喚我做猛野，廣東人叫利〔厲〕害是猛，而野呢廣東是傢伙的意思，所謂猛野，就是利〔厲〕害的傢伙。這樣彼此稱呼，差不多好幾年，至民國二十七年我在漢口重遇平山，還是叫他做聘老。平山的為人，年紀比我大幾歲，世故也比我老練多，只是他具有一種名士風，充滿浪漫氣息，不大修邊幅，在北京某一時期，也曾發狠大做其新衣服，可是時機和興趣一過，又依然浪漫不羈。後來在廣州替共黨工作，倒是一個努力不懈的人物。……」

三員「大將」中，還有一位便是譚植棠。也是一九一七年進入北京大學。

譚植棠跟譚平山沾親帶故，算是譚平山的族侄——比譚平山小七歲，也是廣東高明縣人。他曾積極參加過五四運動。陳公博在《我和共產黨》中，提及譚植棠：

「至於植棠倒是樸實無華，忠於待人，信於所守，他是學史地的，因平山的關係，我才認識他。我對於植棠的印象和交誼都比別人為深，至今懷念斯人，猶戀戀不釋。」

陳獨秀在廣州建立共產主義小組

關於廣東共產黨如何誕生，陳公博在《我和共產黨》中，作過一段說明：

「談及廣東共產黨的起源，很多人傳說，廣東的共產黨發源於北京大學，以為廣東的共產黨遠在我在北京時代就有了組織，其實這是誤傳的。大概因為廣東共產黨開始只有三個人，就是我，譚平山，譚植棠，而三個人都是北大的同期畢業生，因此附會流傳，遂有這種推想。實在我們在北大時，一些組織也沒有，除了譚平山參加過『新潮』社，我和植棠，都沒有參加過任何組織。……」

廣東共產黨的誕生，跟《廣東群報》有著密切關係。這家報紙是陳公博、譚平山、譚植棠這「三駕馬車」辦起來的，創刊於一九二〇年十月二十日。在創刊號上，刊登了陳獨秀的《敬告廣州青年》，這也表明陳公博、譚平山、譚植棠跟陳獨秀有著頗為密切的關係。

陳公博在《我和共產黨》中，如此回憶道：

「談起廣東共產黨的歷史，大概沒有人不知道它的機關報《廣東群報》，可是群報在創立當時，遠在共產黨成立之前。當我們在北大畢業的時候，我和平山幾個人便商議回廣東辦一個報館，當日辦報紙的動機，並不在於營利，我於報業是有經驗的，尤其在廣州辦報只有虧本。我們的動機也不在自我宣傳，那時我們剛在學校畢業，只想本其所學，在學校教書，根本並沒有政治欲。我們的動機的確在於介紹新文化……

「我這個人除非不幹，一幹便不會回頭，無論成敗，出了版再說，因此在千辛萬苦之中，終於出版。主持群報的就是平山、植棠和我三個人，以經驗的關係，推我作總編輯，平山編新聞，植棠編副刊，這樣便宣告出版。」

《廣東群報》出版了，在廣東產生了影響。

至於廣東共產黨如何成立，陳公博在《我和共產黨》一文中這麼談及：

「仲甫先生終於在滬上和俄國共產黨發生關係了，對於廣東，認為是革命策源地，非常注意，於是俄國便有兩個人以經營商業為名到了廣東。說也奇怪，那兩個俄國人當時首先在廣東往來的是無政府主義者，由於區聲白是研究無政府主義的，遂連帶和我們往來。

「那時廣東雖然粵軍回粵，內部的暗潮動盪不寧，在政治有胡漢民先生和陳炯明的磨〔摩〕擦。在軍事有許崇智先生和陳炯明的磨〔摩〕擦，而在改組前的國民黨，既無組織，又無訓練，也無宣傳。我們覺得在北如此，在南如此，中國前途殊可憂慮，兼之那時也震於列寧在蘇俄革命的成功，其中更有仲甫先生北大的關係，平山、植棠和我，遂贊成仲甫先生的主張，由我們三個人成立廣州共產黨，並開始作社會主義青年團的組織，公開在廣州宣告成立。」

就在這個時候，一位重要人物南下廣州，使廣州共產黨，亦即廣州共產主義小組士氣大振。

這位重要人物，乃是「南陳北李」的「南陳」！

那是一九二〇年十二月二十五日，陳獨秀出現在廣州大東酒店。當天夜裡，陳公博、譚平山、譚植棠便趕到那裡，跟這位當年的北京大學文科學長共敘師生之情……陳獨秀此行，並非路過廣州，而是前往廣州赴任。

那是廣東省省長兼粵軍總司令陳炯明再三敦請陳獨秀，他終於離滬南下，到這裡出任廣東省教育委員會委員長兼大學預科校長。

在一九二〇年二月，陳獨秀從北京經天津來到上海，原先便是準備去廣州的。那是為了去廣州籌辦西南大學。後來，章士釗、汪精衛從廣州來滬，說校址設滬，不必去粵。西南大學沒有辦成，陳獨秀在上海滯留了十個月。正是在這十個月中，陳獨秀在維經斯基的幫助下，在上海建立了共產主義小組。

陳炯明久慕陳獨秀大名。此時的陳炯明，尚是一派左翼色彩。再三電邀陳獨秀南下，自然也是為了裝潢他的革命門面。陳獨秀呢，也看中廣州一片革命氣氛。特別是在這年十月二十九日，陳炯明率粵軍打敗桂軍，佔領廣州，孫中山也離滬赴粵，在那裡重組軍政府。這樣，陳獨秀決心離滬赴粵。

離滬前，陳獨秀把上海共產主義小組的工作交給了李漢俊，把《新青年》編輯部交給了陳望道。

離滬那天——一九二〇年十二月十六日，陳獨秀寫信給北京的胡適、高一涵打招呼：「弟今晚即上船赴粵，此間事情已布置了當。《新青年》編輯部事，有陳望道君可負責……」

不料，胡適見信，大為不悅。胡適本來就已不滿於《新青年》向「左」轉。陳望道加入《新青年》之後，又「把馬克思主義的東西放進去，先打出馬克思主義的旗幟」。㉗

胡適終於「看不過，忍不住了」。他提出把《新青年》「移回北京編輯」。他致函李大釗、魯迅說道：「《新青年》在北京編輯，或可以多逼北京同人做點文章」，不要把《新青年》放在「素不相識的人手裡」。

胡適所說的「素不相識的人」，不言而喻，指的是陳望道。《新青年》編輯部分化了。陳望道仍把《新青年》作為中國共產黨上海發起組的機關刊物來編輯。胡適與《新青年》分道揚鑣了。

陳獨秀來到廣州之後，遷入泰康路附近的回龍里九曲巷十一號二樓。他與斯托揚諾維奇、佩爾林見了面，決定堅決摒棄無政府主義者。那兩位俄國人，這才終於找到了建黨對象。

在陳獨秀的主持下，廣州成立了共產黨組織。書記先是由陳獨秀擔任，後來改由譚平山擔任。陳公博負責組織工作，譚植棠負責宣傳工作。斯托揚諾維奇、佩爾林也加入了這一組織。最初有黨員九人。後來，逐漸擴大。

另外，當陳獨秀由上海經香港去廣州時，有三位香港青年上船求見。他們是香港政府「視學員」林昌熾、皇仁中學畢業生張仁道、小學教師李義寶。後來，這三位青年在香港跑馬地黃泥涌蒙養小學校李義寶家中，成立了馬克思主義研究小組。

周佛海其人

中國共產黨的建黨工作，很快由國內發展到海外。

在日本的中國留學生之中，出現了旅日共產主義小組。這個小組是所有共產主義小組中最小的一個——只有兩名成員：施存統和周佛海。

施存統在杭州因那篇《非孝》，鬧得沸沸揚揚，無法立足，來到了上海。在上海，他參加了上海共產主義小組。他在一九二〇年六月二十日前往日本東京，與周佛海取得聯繫，成立了日本小組。如他所回憶：「陳獨秀來信，指定我為負責人。」㉘

至於那位周佛海，是謎一般的人物：最初他站在中國共產黨的陣營之中，忽地變成中國國民黨的要員，最後又成為汪精衛漢奸政權的顯宦。

在本書序章中，曾寫及周佛海的妻子周楊淑慧幫助尋找中共「一大」會址。

這個謎一般的人物，究竟當初是怎樣走入中國共產黨的陣營之中的呢？

一八九七年，周佛海降生於湖南沅水之側的沅陵縣。他家在沅水南岸，離縣城二十多里。在上中學的時候，他便是一個「不安分的青年」，曾在沅水中洲的龍吟寺牆壁上，題了這麼一首詩：

登門把酒飲神龍，
拔劍狂歌氣似虹。
甘處中流攔巨浪，
恥居窮壑伴群峰。
怒濤滾滾山河杳，
落木蕭蕭宇宙空。
不盡沅江東逝水，
古今淘盡幾英雄。

那時，他已頗為「留心政治」，所以詩中透露出那雄心勃勃的氣概。

他的《往矣集》中的《苦學記》一文，也寫及小小年紀的政治抱負：

「袁氏（引者注：指袁世凱）死後，內閣常常更動，一下子某甲入閣，一下子某乙入閣，在看報之餘，居然也想將來要入閣了。我們學校擴充，把附近的文昌閣，併入學校做宿舍。我因為常常想將來一定要入閣，替國家做事，所以和同學說到文昌閣去，便說『入閣』……主觀上雖然有這種氣概，客觀上上進發展的機會，可以說是絕對沒有。真是前途黑暗，四顧茫茫！」

一個極為偶然的機會，使他可以跳出那小小的縣城，遠走高飛，去闖大世面。那一天，成了他命運的騰飛點。

他在《苦學記》中這麼敘述：

「民國六年（引者注：即一九一七年）五月某日，照例返家，遇著山洪暴發，沅江水漲，不能渡河進城。於是在家住了四天，等著水退。那曉得我一生的命運，就在這四天決定了，而我還在鄉下，一點不知。等到到了學校，一個朋友對我說：『老周！你可以到日本留學去了，最近就動身。』我以為他是開玩笑。他說：『你不相信，我和你去見校長。』見了校長，果然是真！原來我有個同班的朋友，他的哥哥在東京，前一年把他叫到東京去了。他來信說東京生活程度並不貴，每年只要百五六十元，如果肯用功，一年之後，就可以考取官費。我的好友郞詩齋便發起湊錢送我去……」

父親早亡，周佛海告別老母遠行，做了一首詩：

溟濛江霧暗，
寥落曙星稀。
世亂民多散，
年荒鬼亦亂。

心傷慈母線，
淚染舊征衣。
回首風塵裡，
中原血正飛。

他頭一回出遠門，和兩個同學同行。三個人不會講一句日語，居然也從上海來到了日本。經過短期補習日語，他考入了日本第一高等學校，獲得「官費」。在那裡，他開始從雜誌上讀到許多關於俄國革命的文章。

一年之後，預科畢業，他分發到鹿兒島的第七高等學校。

在風景如畫的鹿兒島，他在功課之餘，「專門只看社會主義的書籍」。他開始譯書，寫文章。「當時梁任公一派的人，在上海辦有《解放與改造》半月刊，我常常投稿，都登載出來，稿費非常豐富。這種稿費，大都寄回家養母，一部〔分〕拿來買書。」

就這樣，他開始鑽研社會主義學說，開始跟梁啟超（即梁任公）、張東蓀有了聯繫。

周佛海在他的《往矣集》的《扶桑笈影溯當年》一文中，十分詳細寫及他進入中共陣營的經過：

「民國九年（引者注：一九二〇年）夏天，決心回沅陵省母。……那晚得一到上海，便不能再往前進了。因為那時張敬堯督湘，我們的湘軍，群起驅張，戰事緊張，道路梗塞。……

「既然不能回家，打算到杭州去玩玩。動身之前，去時事新報館訪張東蓀。他是《解放與改造》的主持人，我因為投稿的關係，和他常常通信。我到了報館，他還沒有到。……後來東蓀來了，卻談得非常投機。他們當時組織『共學社』，翻譯名著，請我也譯一本，我便擔任翻譯克魯泡特金的《互助論》。

「到西湖住在智果寺，每日除譯書、看書外，便和幾個朋友划船、登山……住了三個多星期，因為熱不可耐，仍舊回到了上海。

「到了上海，張東蓀告訴我，陳仲甫（獨秀）要見我。仲甫本是北大教授，主辦《新青年》鼓吹新思想，為當時的當局所忌，所以棄職來滬，《新青年》也移滬出版。有一天我和張東蓀、沈雁冰，去環龍路漁陽里二號，去訪仲甫。當時有第三國際代表俄人吳庭斯基（引者注：即維經斯基）在座。……」

後來的情況，便如同本書第二章所描述的：維經斯基明確提出，希望組織中國共產黨。張東蓀不願加入。周佛海、沈雁冰同意加入。

這樣，周佛海便成了上海共產主義小組的成員。

周佛海曾在《扶桑笈影溯當年》中，談及他加入中國共產黨的思想動機：

「我為甚麼贊成組織共產黨，而且率先參加？第一，兩年來看到共產主義和俄國革命的書籍很多，對於共產主義的理想，不覺信仰起來；同時，對於中國當時軍閥官僚的政治，非常不滿，而又為俄國革命所刺激，以為非消滅這些支配階級，建設革命政府，不足以救中國。這是公的。

「第二，就是個人的動機，明人不做暗事，誠人不說假話，我決不隱瞞當時有個人的動機……當時所謂個人的動機，就是政治的野心，就是Political Ambition。在一高的時候，正是巴黎和會的前後，各國外交家都大出鋒〔風〕頭。所以當時對於凡爾賽，非常神往，抱負著一種野心，將來想做一個折衝樽俎，馳騁於國際舞臺，為國家爭光榮的大外交家。後來研究俄國革命史，又抱著一種野心，想做領導廣大民眾，推翻支配階級，樹立革命政權的革命領導者。列寧、特路茨基（引者注：即托洛茨基）等人物的印象，時縈腦際，輾轉反側，夙興夜寐，都想成這樣的人物。……」

周佛海和施存統，實際上都是在上海加入了共產主義小組，然後去日本的。他倆在日本組成了一個小組。

周佛海還曾回憶：「回到鹿兒島之後，除掉上課以外，仍舊是研究馬克斯（引者注：即馬克思）、列寧等著述，和發表論文。同時，我想要領導群眾，除卻論文，最要緊的是演說。所以糾合十幾個中國同學，組織了一個講演會，每禮拜講演一次，練習演說。當時同學都說我有演說天才，說話很能動人。我聽了這些獎勵，越加自命不凡，居然以中國的列寧自命。現在想起來，雖覺可笑，但是在青年時代，是應該有這樣自命不凡的氣概的。……」

一九二〇年周佛海加入中國共產黨之際，不過二十三歲，是一大群熱血青年中的一個。然而，他的政治野心，他的領袖欲，卻為他後來改弦更張、叛離中國共產黨預伏下思想之根……

周恩來赴法尋求真理

中國共產黨的組織發展工作，向東伸入留日學生，向西則伸入留法學生。當時，留法勤工儉學的熱潮不亞於留日。從一九一九年春到一九二〇年底，中國便有一千五百多名青年湧入法國勤工儉學。其中，撒向法國的中國共產黨「種子」的是張申府。他是北京共產主義小組最早的成員之一。

他不是去法國勤工儉學。那時，他已是北京大學講師。他跟北京大學前校長蔡元培同船去法國，被吳稚暉聘為里昂大學中國學院教授，講授邏輯學。張申府在法國發展了劉清揚加入中共，並結為夫婦。

張申府又和劉清揚發展了周恩來加入中共。因此，周恩來加入中國共產黨的時間，是從一九二一年二月算起的。㉙

張申府在回首往事時，曾這樣十分概括地談及旅法共產主義小組的人員情形：

「接著，由上海又去了兩個黨員：趙世炎、陳公培。他們兩人是〔在〕上海入黨的，都是陳獨秀介紹去的。這樣，我們五個人成立一個小組（張申府、周恩來、劉清揚、趙世炎、陳公培），小組一直是這五個人。後來（一九二三年以後）小組的事，就由周恩來他們管了，我在一九二三年冬回國。李維漢當時是少年共產團（CY），他是一九二一年底回北京入黨的。蔡和森也是少年共產團（CY），後來在北京入黨的。陳延年、陳喬年沒有加入我們小組。延年本來是無政府

主義者，他們反對他們的父親，後來他們慢慢進步，回國後才走到了社會主義、共產主義的路上，後來加入了少年共產團和共產黨。」

周恩來是在一九二〇年十一月七日，在上海頓上法國郵船「波爾多」號，駛往法國的。

這位二十三歲的小夥子，是華法教育會組織的第十五批赴法學生中的一個。比起同齡的年輕人來說，他顯得成熟，因為他已在社會的大熔爐裡受到炙烤——曾經東渡扶桑，也曾身陷囹圄，還曾與李大釗有過交往……

周恩來祖籍浙江紹興。連他自己也曾這麼說過：「在血統上，我也或許是魯迅先生的本家，因為都是出身浙江紹興城的周家。」㉚

不過，他出生在蘇北淮安。取名恩來，原意是「恩惠到來」。字翔宇，後來他常用的筆名「飛飛」也就取意於「翔宇」。至於他另一個常用筆名「伍豪」，則是因為他參加覺悟社時抽籤抽到五號，取了諧音為「伍豪」，而鄧穎超抽到一號，取了「逸豪」為筆名。

十二歲那年，周恩來離開淮安老家，隨伯父周貽賡到東北瀋陽去。

十五歲的時候，又由於伯父調到天津工作，他也到天津求學。環境的不斷變換，使他眼界大開，而且養成獨立生活、獨立思考的能力。

十九歲那年，他從南開學校畢業，頭一回出國——到日本留學。上船時，朋友送了一本《新青年》第三卷第四號。他在途中細看了這本雜誌，思想產生共鳴。從此，他成為《新青年》的熱心讀者。他曾在日記中寫道：「晨起讀《新青年》，晚歸復讀之。於其中所持排孔、獨身、文學革命諸主義極端的贊成。」㉛

日本使周恩來失望，因為當時的日本正在跟中國北洋軍閥政府簽訂不平等條約。周恩來捲入了留日學生的愛國運動。留日兩年，二十一歲的周恩來終於下決心歸國。他在一九一九年四月回來，恰逢震撼中國的五四運動。周恩來在天津組織了覺悟社，成為天津學生領袖。他請李大釗到天津覺悟社講話，跟這位中國最早的馬克思主義者有了交往。

後來他被天津警察廳逮捕。從一九二〇年一月二十九日至七月十七日，將近半年的鐵窗生涯，使周恩來的思想迅速走向成熟，他看透了舊中國的黑暗，決心點起一把革命的火，照亮這黑沉沉的國度。出獄之後，他又去北京見李大釗。

為了尋求真理，尋求拯救中國之路，他踏上了西去的輪船，到歐洲去……

他原本是打算去英國的。從法國到了英國，住了五星期，還是回到了法國——法國的生活費用要省得多。在法國，周恩來終於認準了馬克思主義，走上了馬克思主義之路。

周恩來在一九二二年三月致天津覺悟社諶小岑、李毅韜的信中，十分坦率地談及自己思想轉變的過程：

「劈頭要說的便是：你們現在所主張的主義，我是十二分表同情，差不多可以說沒有甚麼修正。覺悟社的信條自然是不夠用、欠明瞭，但老實說來，用一個Communism（以下簡作Cism）也就夠了……

「總之，主義問題，我們差不多已歸一致。現在再鄭重聲明一句，便是『我們當信共產主義的原理和階級革命與無產階級專政兩大原則，而實行的手段則當因時制宜！』……

「我以前所謂『談主義，我便心跳』，那是我方到歐洲後對於一切主義開始推求比較時的

心理，而現在我已得有堅決的信心了。我認清Cism確實比你們晚，一來因為天性富於調和性，二我求真的心又極盛，所以直遲到去年秋後才定妥了我的目標。……」㉜

周恩來信中所說的「Communism」，亦即共產主義。

趙世炎加入旅法小組

一九二〇年五月九日，又一艘名叫「阿芒貝利」號的輪船駛出上海港，前往法國。在碼頭送行的人群之中，站著又瘦又高的毛澤東。

船上赴法青年之中，有許多湖南青年，內中有毛澤東的好友蕭三。同船的也有四川青年，內中有一位十九歲的不大愛笑、言語不多的小夥子，名叫趙世炎。

趙世炎是四川酉陽縣人，字琴生，號國富，筆名施英。後來，他還取了個俄文名字，叫「阿拉金」。那是因為一九〇五年俄國革命失敗後，十二位革命者在法庭受審。當趙世炎一九二三年由法國去莫斯科學習時，同行者正巧十二人。於是，這十二人各取一九〇五年十二位俄國革命者的名字為自己的俄文名字。趙世炎取了阿拉金作為自己在俄國使用的名字。

趙家是多子女家庭。趙世炎兄弟姐妹九人，他是「老八」。他的妹妹，亦即「老九」，比他小一歲，名叫趙君陶。趙君陶便是李鵬之母。

十三歲之前，趙世炎在四川酉陽度過童年，在龍潭鎮高級小學畢業。

他的父親趙登之，是酉陽地主兼工商業主。一九一四年，趙登之得罪了當地的惡霸，不得不帶著五個未成年的孩子遷往北京。到了北京之後，趙世炎和四哥趙世琨一起進入國立北京高等師範學校附屬中學學習，而姐姐趙世蘭、妹妹趙君陶則進入北京高等師範學校附屬女中。

趙世炎上中學時，很喜歡英語課。學會了一口流暢的英語，使他後來出國受益匪淺。

一九一八年六月三十日，王光祈、曾琦、周太玄等六人，在北京順治門外岳雲別墅開會，討論成立「少年中國學會」，推選王光祈為主任，並決定邀李大釗列名發起。後來，在一九一九年七月一日，少年中國學會在北京回回營陳宅正式召開成立大會，成為「五四」時期中國進步青年的重要團體。

趙世炎在一九一七年結識李大釗。在籌備成立少年中國學會期間，李大釗讓趙世炎也參加一些活動。這樣，趙世炎開始走出學校，投身於社會活動。

五四運動爆發的第三天——五月七日，北京高等師範學校附中成立學生會，趙世炎便當選為幹事長。這年七月，趙世炎在附中畢業，正式參加了少年中國學會。

不久，趙世炎進入吳玉章在北京主辦的法文專修館，學習法語，為去法國勤工儉學作準備。他有很好的英語基礎，所以學法語進步甚快。出國之後，他還學會了德語、俄語和義大利語，確是一位勤奮而又富有才華的青年。

趙世炎在一九二〇年四月結束法文專修館的學習，便與蕭三等結伴前往法國。他在路過上海時，看望了陳獨秀，跟陳獨秀建立了聯繫。正在籌備建立上海共產主義小組的陳獨秀，把情況告訴了他，他表示贊同。

到了法國之後，他一邊在工廠做工，一邊研讀法文版的《資本論》和法共中央的機關報

《人道報》。

一九二一年二月，趙世炎通過陳獨秀的關係，跟張申府建立了聯繫。兩個月後，陳公培收到陳獨秀的信，去見張申府。這樣，如同張申府所說：「於是我和周恩來、劉清揚、趙世炎、陳公培成立了小組。沒有正式名稱。成立後報告了陳獨秀。」㉝這個小組，如今被稱為「旅法共產主義小組」。後來，在一九二二年，他和周恩來等組織成立了「旅歐中國少年共產黨」。

筆者在一九八四年十一月十三日訪問了鄭超麟先生，他親歷「旅歐中國少年共產黨成立大會。據他回憶：

一九二二年六月十八日上午，十八個中國青年陸續來到巴黎西北郊外的布洛宜森林，舉行秘密會議——「旅歐中國少年共產黨」成立大會。

二十一歲的鄭超麟，當時在法國蒙達爾勤工儉學。蒙達爾離巴黎不算太遠，坐火車三小時便可到達。蒙達爾有許多中國學生。鄭超麟和李維漢、尹寬作為蒙達爾的代表，來到了布洛宜森林。在那裡，鄭超麟結識了一個穿黃色大衣的年輕人——周恩來。

主持會議的便是趙世炎，他有很好的口才。出席會議的有王若飛、陳延年、陳喬年、劉伯堅、余立亞、袁慶雲、傅鍾、王靈漢、李維漢、蕭樸生、蕭三、汪澤楷、任卓宣。每人拿了一把鐵折椅，在林中空地上圍坐成一個圓圈。會議十分熱烈。

鄭超麟記得，周恩來主張用「少年共產團」為名，之所以不同意「少年共產黨」，因為「一國不能有兩個共產黨」。但是許多人認為「少年共產黨」有「少年」兩字，即表明是中國共產黨領導之下的。周恩來提出入黨要舉行宣誓儀式，許多人不知宣誓是什麼意思，也引起熱烈的討論。

後來，在討論黨章、黨綱時，鄭超麟說：「黨章、黨綱沒有分別，何必分成兩項來討論呢？」這話一出，好多人笑他沒有常識，連黨章、黨綱都分不清楚。會議選舉趙世炎為書記，周恩來為宣傳委員，李維漢為組織委員。

也就在一九二二年，中共旅歐總支部成立，趙世炎任中國共產黨法國組書記。

這年，趙世炎甚至加入了法國共產黨。詩人蕭三在一九六〇年曾回憶了其中的詳細經過：

「（一九二二年）九、十月間，世炎、若飛、延年、喬年和我五個人，由阮愛國同志（即胡志明同志）介紹加入法國共產黨。胡志明同志當時是法國共產黨的重要成員之一，在法國共產黨的成立當中，他也起了作用。我們是怎樣認識的呢？當時法國黨經常組織工人、市民在巴黎示威遊行，我們也去參加。在示威遊行中，碰到一個越南人，看來像一個廣東人，相互間便打招呼。當時他的中國話說的是廣東話，我們不懂。但他的中國字寫得很好，我們便用筆、廣東話、法語混雜著進行交談。以後便請他到我們住處去交談。相互熟識了，他便介紹我們五個人參加法國共產黨。……」㉞

旅法共產主義小組的另一名成員陳公培是與趙世炎同齡。雖與陳公博只一字之差，兩人其實毫無瓜葛。

他是湖南長沙人，原名善基，又名伯璋、壽康，曾用名吳明、無名。在《趙世炎旅歐書信選》中，好幾封信寫給「無名」，亦即寫給陳公培的。

陳公培在一九一九年去北京留法勤工儉學預備學校學習。在一九二〇年六月他經滬赴法。在上海，他與陳獨秀見面，贊同陳獨秀關於籌建中共的主張。七月，他前往法國。

陳公培在一九二一年十月回國。一九二四年北伐時，他擔任國民革命軍第四軍政治部主任。一九二七年，他參加了南昌起義。潮汕失敗後，他脫離了中國共產黨。

一九三三年，他在福建人民革命政府時期，擔任了十九路軍與紅軍聯絡的代表，進入中央革命根據地同彭德懷取得聯繫，商談反蔣抗日，與紅軍簽訂了《反日反蔣初步協定》十一條。

福建人民革命政府失敗後，他退到香港。

一九四九年後他來到北京，作為愛國民主人士受到尊重，擔任國務院參事，第二至第四屆全國政協委員。一九六八年三月七日在北京去世。

那位與張申府結合的劉清揚，是旅法共產主義小組中唯一的女成員。劉清揚是回族人，生於天津。她是一位非常活躍的女性，是天津女界愛國同志會的發起者，擔任過天津各界聯合會常務理事。她是覺悟社社員，與周恩來、鄧穎超都很熟悉。

一九二〇年十二月，劉清揚與張申府同船前往法國。

一九二一年一月，張申府介紹劉清揚加入小組。

劉清揚後來轉到德國勤工儉學。回國後，從事愛國婦女團體的組織工作。在大革命失敗後，她脫離了中共。此後，她仍投身於婦女界愛國運動。一九四四年在重慶加入中國民主同盟，擔任中央執行委員兼婦女委員會主任。

一九四九年後，劉清揚擔任第一至第二屆全國人大代表、全國政協常委、全國婦聯副主席、中國民主同盟中央常委。

一九六一年，劉清揚重新加入中共。

一九七七年七月十九日，她以八十三歲高齡在北京去世。

值得在這裡順便提一筆的，是當年「二十八畫生」貼出《徵友啟事》時，所得到的「半個朋友」，也來到了法國。毛澤東在一九三六年跟斯諾談話時，這麼說的：

「我從這個廣告得到的回答一共有三個半人。一個回答來自羅章龍，他後來參加了共產黨，接著又轉向了。兩個回答來自後來變成極端反動的青年（引者注：據羅章龍回憶，一個姓蕭，一個姓黃）。『半』個回答來自一個沒有明白表示意見的青年，名叫李立三。李立三聽了我說的話之後，沒有提出任何具體建議就走了。……」

其實，李立三頭一回跟毛澤東見面，一則因為比毛澤東小六歲，二則剛從縣城來到長沙，一時語塞，所以什麼也沒有說。

李立三是湖南醴陵人，原名李隆郅，筆名唯真。他在一九一九年十一月抵達法國。

李立三和趙世炎、陳公培、劉伯莊、劉伯堅等，在一九二一年二月，曾在法國準備成立「共產主義同盟」。李立三這麼回憶：

「當時我和趙世炎商量成立一個勞動學會。我們本想定名為『共產主義同盟會』，但因為當時的八個人中，有的還不完全是擁護馬克思主義，所以叫做『勞動學會』。」㉟

李立三也曾和蔡和森、趙世炎商量，打算在法國籌建共產黨。不過，由於他們參加了反對北京政府賣國行徑的學生運動，李立三、蔡和森被法國當局押送回國，無法實現預定的計畫。

一九二一年十月十四日，李立三、蔡和森等一百零四名中國學生被押上一艘郵船，駛往中國。其中唯一的中共黨員是陳公培。一到上海，陳公培便帶著李立三、蔡和森去見陳獨秀。他倆當即經中共中央同意，成為中國共產黨黨員。

此後，一九二七年，李立三在中國共產黨「五大」上當選為中央政治局委員。一九二八年赴蘇，受到史達林三次接見。中國共產黨「六大」後出任中共中央政治局常委兼秘書長。一九三〇年由於推行「左」傾的「立三路線」，給中共造成莫大的損失，從此他受到批判。後來，他出任全國總工會副主席、勞動部部長，做了大量有益的工作。直至在「文革」中——一九六七年六月二十二日，受盡凌辱，吞服了大量安眠藥而痛苦地離開人世。一九八〇年，中共中央為他昭雪平反。

注釋

①埃德加．斯諾：《西行漫記》，一三二至一三三頁，北京三聯書店一九七九年版。
②《毛澤東致周世釗》（一九二〇年三月十四日）。
③《毛澤東致陶毅》。
④同上。
⑤埃德加．斯諾：《西行漫記》，第一三一頁，北京三聯書店一九七九年版。
⑥王觀泉：《魯迅年譜》，四十五頁，黑龍江人民出版社一九七九年版。

⑦埃德加・斯諾：《西行漫記》，一三一頁，三聯書店一九七九年版。
⑧埃德加・斯諾：《西行漫記》，一三〇頁。
⑨蕭瑜，《毛澤東和我曾是「乞丐」》。
⑩一九二〇年八月二十四日長沙《大公報》。
⑪《中共黨史人物傳》，第六卷，陝西人民出版社一九八二年版。
⑫《蔡和森致毛澤東》，一九二〇年五月廿八日。
⑬《蔡和森致毛澤東》，一九二〇年五月廿八日。
⑭《中共黨史人物傳》第四卷，陝西人民出版社一九八二年版。
⑮李銳：《毛澤東的早期革命活動》，湖南人民出版社一九八〇年版。
⑯謝覺哉：《憶叔衡同志》，延安《解放日報》一九四五年五月八日。
⑰《不屈的共產黨人》，第八頁，人民出版社一九八〇年版。
⑱董必武：《回憶第一次謁見孫中山先生》，《新華日報》（武漢版）一九三八年三月二十日。
⑲《董必武談中國共產黨第一次全國代表大會和湖北共產主義小組》，《「一大」前後》（二），人民出版社一九八六年版。
⑳《董老憶潭秋》，《楚暉》第一期，湖北人民出版社一九八〇年版。
㉑包惠僧：《我所知道的陳獨秀》，載《包惠僧回憶錄》，三六五頁，人民出版社一九八三年版。
㉒王乃征、王乃恩：《懷念我們的父親》，載《王盡美傳》，山東人民出版社一九八一年版。
㉓羅章龍：《我對山東建黨初期情況的回憶》，載《共產主義小組》（下），中共黨史資料出版社一九八八

七年版。

㉔《辭海》一九七九年版「鄧恩銘」條目，誤為一九〇〇年生。鄧恩銘生於清光緒二十六年冬月十五日，換算為西曆，一九〇一年一月五日。

㉕《鄧恩銘烈士專集》由黔南布依族苗族自治州概況編寫組編，一九八三年三月在都勻印出內部參考本。

㉖《譚祖蔭的回憶》，載《共產主義小組》（下），中共黨史資料出版社一九八七年版。

㉗《中國共產黨黨史人物傳》第二十五卷，陝西人民出版社一九八五年版。

㉘施存統：《中國共產黨成立時期的幾個問題》，載《共產主義小組》（下），中共黨史資料出版社一九八七年版。

㉙《中共中央組織部關於重新確定周恩來同志入黨時間的報告》（一九八五年五月廿三日），《文獻和研究》一九八五年第四期。

㉚中共中央文獻研究室編（金沖及主編），《周恩來傳》，第一頁，人民出版社、中央文獻出版社一九八九年版。

㉛同上。

㉜天津《新民意報》副刊《覺郵》第二期，一九二三年四月十五日。

㉝張申府：《談建黨初期的一些情況》，《共產主義小組》（下），中共黨史資料出版社一九八七年版。

㉞蕭三：《對趙世炎事蹟的回憶》，《共產主義小組》（下），中共黨史資料出版社一九八七年版。

㉟李立三：《對世炎的回憶》，《共產主義小組》（下），中共黨史資料出版社一九八七年版。

第五章　聚首

維經斯基圓滿完成來華使命

「一個幽靈，共產主義的幽靈，在歐洲徘徊。」一八四七年，馬克思和恩格斯在《共產黨宣言》開頭，寫下了這句話。

在一九二〇年，這句話變成了：「一個幽靈，共產主義的幽靈，在中國徘徊。」

維經斯基所率領的那個「記者團」的中國之行是成功的：

在北京，與李大釗攜手。

在上海，幫助陳獨秀建立上海共產主義小組。

李大釗首先響應，建立北京共產主義小組。

毛澤東在上海與陳獨秀會談歸來，建立長沙共產主義小組。

李漢俊給董必武寫信，加上陳獨秀派劉伯垂去武漢，促成武漢共產主義小組的誕生。

王盡美跟李大釗的接觸，又使「幽靈」在濟南落腳，在那裡建立了共產主義小組。維經斯基派往廣州的斯托諾維奇和佩爾林雖然一開始找錯了對象，但由於來自北京大學的陳公博、譚平山、譚植棠南下廣州，加上陳獨秀轉往廣州，終於在這南國名城也建立了共產主義小組。

隨著在上海入組的施存統、周佛海去日本，又在東瀛建立旅日共產主義小組。北京小組成員張申府赴法，在旅法的中國學生中建立起共產主義小組。

短短的半年多時間裡，上海、北京、長沙、武漢、濟南、廣州、日本、法國八個小組相繼宣告成立。雖然當時的名稱五花八門，有的叫「共產黨」，有的叫「共產黨小組」，有的叫「共產黨支部」，還有的乾脆沒有名稱，但這些小組都已是中國共產黨的組織，都是以列寧的俄共（布）為榜樣建立起來的。共產主義之火，已經在中國點燃。

據一九八〇年第四期蘇聯《遠東問題》雜誌所載K・B・舍維廖夫所著《中國共產黨成立史》一文透露，在一九二〇年底，維經斯基曾從上海前往廣州。

舍維廖夫寫道：「關於廣州小組。在一九二〇年九月至十月小組成立時，除共產黨員斯托諾維奇和佩爾林外，小組中還有七名無政府主義者（引者注：如前所述，這些無政府主義者否認自己曾加入過這個小組），他們也沒有拋棄無政府主義信仰。一九二〇年底至一九二一年初，維經斯基前來廣州，他建議小組成員贊同其中提到無產階級專政的一份提綱，但許多成員拒絕了。小組只好解散了。」

不過，不論在無政府主義者譚祖蔭、劉石心的回憶中，還是陳公博的《我和共產黨》一文中，都沒有提及維經斯基曾經去過廣州。

舍維廖夫是以當事人佩爾林在一九七三年六月十三日寫給他的一封信為依據的。不過，佩爾林回憶說，維經斯基在「一九二一年二月至三月」去廣州，而舍維廖夫認為「現有的文獻不能證實這一點」。他以為，維經斯基去廣州的時間，應是「一九二〇年底至一九二一年初」。

筆者查閱了《中國共產黨第一次代表大會檔案資料》一書所載的《廣州共產黨的報告》。文中有「譚平山、譚植棠和我」一句，可斷定此報告是陳公博所寫。

報告中有兩處提及「B」：

「去年年底（引者注：即一九二〇年年底），B和別斯林（Песлин）來到廣州，建立了俄華通訊社……」

「陳獨秀同志一月來到廣州，與他同時來的還有B同志。……」

別斯林即斯托諾維奇。「B同志」是誰呢？維經斯基的俄文原文是Г.Н.Воитинскии。因此，「B同志」極有可能是維經斯基——因為文中別斯林、米諾爾都寫上全名（化名），而維經斯基未用化名，便以「B同志」簡稱。

二十七歲的維經斯基，從一九二〇年四月初率「記者團」來到北京，四月末來到上海，年底來到廣州，十分圓滿地完成了俄共（布）遠東局所交給的使命——「同中國的革命組織建立聯繫」，「組織正式的中國共產黨及青年團」。

除了與中國共產黨人保持聯繫之外，在一九二〇年秋，經陳獨秀的介紹，維經斯基在上海還拜訪了孫中山。

後來，他在一九二五年三月十五日蘇聯《真理報》上發表《我與孫中山的會見》，記述了見面的情景：

「那是一九二〇年的秋天，在上海。中國的ㄐ（引者注：即陳獨秀）同志建議我結識孫中山。當時孫在法租界住一個獨院，房子是國民黨內的一些華僑黨員為他建造的。……

「孫中山在自己的書房裡接見了我們。房子很大，立有許多裝滿書的櫃子。他看上去像是四十五歲到四十七歲（實際上他已經五十四歲了）。他身材挺秀，舉止謙和，手勢果斷。我的注意力不知不覺間已被他儉樸而整潔的衣著所吸引，他身穿草綠色制服，褲腿沒有裝在靴筒裡。上前扣得緊緊的，矮矮的衣領，中國大學生和中國青年學生一般都穿這種上衣。

「孫中山一反通常的中國客套，馬上讓我們坐在桌旁，就開始詢問俄國情況和俄國的革命。然而不一會，我們的話題就轉到了中國的辛亥革命。孫中山異常興奮起來，在後來的談話中，即在兩個多小時的時間裡，孫中山對我講述了軍閥袁世凱如何背叛革命……

「我們臨走前，談話快結束時，孫中山又回到蘇維埃俄國的話題上來。顯然，他對這樣一個問題深感興趣：怎樣才能把剛剛從廣州反革命桂系軍閥手中解放出來的中國南方的鬥爭與遠方俄國的鬥爭結合起來。孫中山抱怨說：『廣州的地理位置使我們沒有可能與俄國建立聯繫。』他詳細地詢問是否有可能在海參崴或滿洲建立大功率的無線電臺，從那裡我們就能夠和廣州取得聯繫。」

維經斯基沒有寫及和他一起訪問孫中山的「我們」包括哪些人，陳獨秀是否與他一起拜訪孫中山。不過，翻譯楊明齋在場，那是很可能的。

二十七歲的維經斯基是能幹的。他不辱使命，在半年的時間裡，從中國的北方來到南方，他播撒共產主義的火種。

他在一九二一年初接到了回國任職的密令……

維經斯基離開廣州，途經上海，又來到北京，下榻於北京飯店。

維經斯基來到了北京大學圖書館，重晤李大釗——他從「北李」那裡到了「南陳」那裡，如今又從「南陳」身邊來到「北李」這兒。

他用英語與李大釗交談。有時，張國燾在側。他還會見了北京共產主義小組的全體成員。

張國燾在一九七一年所寫的回憶錄中，這麼描述對維經斯基的印象：

「維經斯基所以能與中國共產主義者建立親密的關係，原因很多。他充滿了青年的熱情，與五四以後的中國新人物氣味相投。他的一切言行中並不分中國人與外國人或黃種人與白種人，使人覺得他是可以合作的同伴。」

張國燾稱維經斯基是「俄國革命和中國革命運動之間的最初橋樑」，這個評價倒是頗為恰當的。

張國燾還憶及維經斯基離華時的情景：

「一般說來，維經斯基對於中國共產主義者的初期活動是表示滿意的。他這次是路經北京，預備回俄國去，向共產國際報告他初步活動的結果，在臨動身之前表示極希望中國的共產主義者和他們所建立起來的各地的雛形組織能夠從速聯合起來，舉行第一次全國共產黨代表大會，正式成立中國共產黨，並迅速加入共產國際，成為它的一個支部。」

伊爾庫茨克的共產國際遠東書記處

維經斯基沒有回到派他到中國的出發地——蘇俄遠東門戶海參崴，卻坐上火車，沿著西伯利亞大鐵道西行，在貝加爾湖畔的伊爾庫茨克下車。

伊爾庫茨克是蘇俄東西伯利亞和遠東地區的行政、文化中心，處於安加拉河與伊爾庫特河的匯流處。不過，它與外界的聯繫，主要依靠那在一八九八年建成的西伯利亞大鐵道。

當維經斯基還在中國的時候，共產國際執委會為了加強對遠東各國革命運動的領導，決定設立遠東書記處。這個遠東書記處便設在伊爾庫茨克——那是一九二一年一月作出的決定。

在此之前，只是俄共（布）設立了遠東局。那畢竟只是俄共（布）的機構。儘管維經斯基來華是得到了共產國際的同意，但他是由俄共（布）遠東局派出的。

維經斯基來華，還負有「考察在上海建立共產國際東亞書記處的可能性」的使命。經過他的考察，顯然，在上海設立這樣的機構的時機尚不成熟。

維經斯基從中國寄出的報告，以及薩赫揚諾娃在上海關於同朝鮮僑民革命者建立了聯繫的報告，使共產國際意識到必須設立負責遠東事務的專門機構——遠東書記處。

共產國際遠東書記處是在俄共（布）西伯利亞執行局東方民族部的基礎上建立的。不過，後來的實踐表明，把共產國際遠東書記處設在伊爾庫茨克是很不恰當的，因為這是一個交通極不便利的地方：從莫斯科出發，要坐兩周左右的火車才能到達那裡，而從那裡到海參崴，也得坐十來天的火車。這是一個與莫斯科、與遠東各國的聯繫都不甚方便的所在。

西伯利亞為皚皚冰雪所覆蓋。維經斯基從結著冰花的玻璃上朝外望去，一片白茫茫。火車在慢吞吞地沿著西伯利亞大鐵道西行。漫長而單調的旅行生活使他感到疲憊。

離開廣州時，他不過穿一件薄毛衣而已。在伊爾庫茨克下車時，他全身用皮革包裹著——皮大衣、皮帽子、皮靴子。

在車站迎接他的是一位比他年長七歲的西伯利亞人，名叫鮑里斯‧扎哈羅維奇‧舒米亞茨基。雖然不過三十五歲，但眼角、前額已有了明顯的皺紋，高高的個子，一身軍裝，披著一件騎兵長大衣，頭戴布瓊尼式軍帽。他緊緊擁抱著從中國歸來的維經斯基，連聲說：「歡迎你！歡迎你！」

舒米亞茨基已被共產國際執委會任命為遠東書記處的負責人。他同時也是俄共（布）駐西伯利亞的全權代表。他是一位久經考驗的老布爾什維克。

他，一八八六年出生在西伯利亞的上烏丁斯克（今烏蘭烏德）。在貧瘠、嚴寒的土地上成長的他，十二歲就不得不前往赤塔的鐵路工廠做工，成為工人階級的一員。

舒米亞茨基在十七歲時加入俄國社會民主黨。兩年後，他成為克拉斯諾亞爾斯克的工人武裝起義領導人。起義失敗，他被沙俄當局通緝。後來他逃亡拉丁美洲的阿根廷。

一九一三年，二十七歲的他重返祖國，加入了俄共（布）。他成了俄共（布）西伯利亞黨組織的負責人之一。他做過地下工作，打過游擊，參加過反擊高爾察克的戰鬥。他被任命為俄共（布）中央遠東局委員。由此，他被指定為共產國際遠東書記處的負責人。（在一九二六年，他出

任東方勞動者共產主義大學校長。）

舒米亞茨基誠摯且總是對事業充滿信心。他把自己的副手介紹給維經斯基。

他的副手叫明斯克爾，比維經斯基大兩歲。明斯克爾也有著曲折的革命經歷：他原是烏克蘭基輔人。二十一歲時由於參加秘密革命活動而被捕，流放到西伯利亞。十月革命後，他積極參加了反對高爾察克的鬥爭，並加入了俄共（布）。他曾被捕，關押了一年。紅軍游擊隊救出了他。不久，他被派往中國哈爾濱，負責俄共（布）濱海區委員會的工作。這樣，他熟悉了中國的情況。

由於明斯克爾受過革命的嚴酷考驗，又有在中國工作的經驗，因此他被調來充任舒米亞茨基的副手。維經斯基是和他的妻子庫茲涅佐娃以及那位布里亞特族的薩赫揚諾娃，一起從中國回到伊爾庫茨克的。

共產國際遠東書記處，設在伊爾庫茨克一條大街上一所並不很大的房子裡。在那兒，維經斯基結識了舒米亞茨基的能幹的妻子麗婭·伊薩耶美娜，她主持遠東書記處的國際聯絡部的工作。

還有一位領導人叫布林蒂。他也坐過牢，參加過與白衛軍的鬥爭。他來到遠東書記處之前，是俄共（布）伊爾庫茨克省委副主席。

一位從事國際婦女工作的勒柏辛斯卡婭，也調往遠東書記處。

據當年在那裡從事青年工作的達林回憶，這位後來前往中國上海的勒柏辛斯卡婭，有著不平常的經歷：

「她出生在一個僑居國外的老布爾什維克的家庭裡，在英國長大。二月革命後回到俄國。這是一個非常美麗、衣著雅致的婦女，講得一口流利的英語。在國內戰爭的嚴峻年代裡，女共產黨員和女共青團員都是軍人打扮，尤其是在西伯利亞。冬天戴護耳皮帽、穿皮短大衣、氈靴。夏天的打扮是紅頭巾、軍便裝、士兵的皮帶、長統靴。至於時髦，當時沒人談論，也沒有人去想。當年誰也不會從外表上懷疑她是布爾什維克。無論從外貌、氣質和通曉英語的程度上，都難以找到一個比她更合適的女同志到上海去工作了。遠東革命組織代表大會結束以後，勒柏辛斯卡婭被派往中國……」①

那裡的工作人員相當多，主要是由四部分人組成：

一、十月革命後從美國回來的俄國僑民——英語流利，便於在國外開展工作；

二、長期在中國東北（滿洲）生活的俄國人——會講漢語，或者熟悉中國情況；

三、在莫斯科或海參崴的東方研究部門學習過——懂得東方的情況；

四、從事過地下工作的老布爾什維克——對黨忠誠、可靠，又有豐富的鬥爭經驗。

由這樣四部分人組成的共產國際遠東書記處，像高效率的雷達，接受著來自遠東各國的消息。

遠東書記處下分四個部：中國部、朝鮮部、日本部、蒙藏部。

每一個部，都有這個國家的共產黨人參加。人數最多的是朝鮮支部。

不言而喻，維經斯基被分配在中國部工作。參加中國部的還有馬馬耶夫、阿布拉姆松、庫里莫夫、多比索夫、達維德維奇。

中國部的任務是解決中國共產黨和共產國際的關係問題，給中國共產黨和俄共（布）提供情況，並向中國共產黨傳達共產國際執委會的指示。

從中國回來的薩赫揚諾娃，轉到了蒙藏部工作。那位曾在廣州工作過的佩爾林，則在情報部工作。情報部有幾十名工作人員，工作最為忙碌。

後來，達林被調到中國部，負責中國的共青團工作。

在中國部工作的中國共產黨代表是誰呢？

張太雷出現在伊爾庫茨克

一九二二年五月四日，朝鮮共產黨代表大會開幕式在伊爾庫茨克舉行。

一位戴眼鏡、梳分頭的二十三歲中國小夥子，被選入大會主席團（在籌備大會時，他是朝鮮共產黨成立大會的組織成員）。

他用流暢的英語，在大會上致祝詞。他的第一句話，便非常清楚地點明了他的身分：「我很榮幸以中共中央的名義在大會上發言。」

顯然，他是「中共中央」的代表！

他的祝詞說：「我們大家知道，日本帝國主義是我們的共同敵人，擊破日本帝國主義是我們的共同任務。要達到這一目的，就必須在共產國際的領導下，建立起同日本無產階級的國際聯合。……」②

這位中共中央代表，便是張太雷。他是與維經斯基一起從北京來到伊爾庫茨克的。共產國際遠東書記處任命了兩位書記，負責中國部的工作，一位是張太雷，另一位便是維經斯基。

張太雷是受中國共產黨發起組的委派，前往共產國際遠東書記處，成為第一個在共產國際工作的中共代表。儘管那時中共尚處於各地成立小組的階段，尚未開過全國代表大會，尚未選出中央機構，但是張太雷不僅成為中共代表，而且「以中共中央的名義」致祝辭。

張太雷，江蘇常州人，原名曾讓，字泰來，取義於「否極泰來」。上小學時，校長馬次立給他取了學名張復，取義於「復興中華」。後來他改名太雷，取「泰來」諧音。曾用過張春木、張椿年這樣的名字。

張太雷八歲的時候，父親便病逝了。靠著親戚的接濟，他艱難地在常州讀完小學、中學。在中學的時候，他就特別喜歡英語，跟趙世炎很相似。

十七歲那年，他考入北京大學法科預科。這樣，他從常州來到了北京。不過，北京大學的學制長，家境貧寒的他難以維持。於是，才念了幾個月，他便轉往天津北洋大學法科學習。一邊讀書，一邊在《華北明星報》做英文翻譯。

五四運動爆發時，張太雷是天津大學生中的活躍分子，擔任天津學生評議會的評議長。他作為天津學生代表赴京請願，跟北京大學的學生們有了聯繫。他結識了李大釗，也結識了周恩來，他開始從一般的進步青年轉向馬克思主義者。李大釗原本在天津北洋法政專門學校學習過六年，跟張太雷有著許多共同的話題。

張太雷在北大結識了羅章龍，羅章龍介紹他認識了那位來自俄國海參崴的漢學家鮑立維教授。鮑立維剛來中國時，先是住在天津「特別一區」。這位教授跟俄共（布）有著許多聯繫。北京的華俄通訊社招聘工作人員，張太雷去應徵，為這家通訊社做些翻譯工作，跟俄共（布）有了更多的聯繫。

一九二〇年四月，當維經斯基率「記者團」來到北京。經鮑立維介紹，張太雷去北京拜晤了維經斯基。維經斯基用英語跟他交談，非常欣賞這位風度瀟灑、英語流利、精力充沛而又堅定地信仰馬克思主義的中國青年。張太雷成了當時活躍的「三張」之一。不過，張國燾、張申府還只是奔忙於北京—上海之間，而張太雷則在天津—北京—上海之間頻繁往返。

一九二〇年六月，已經在北洋大學畢業的張太雷趕往上海。在那裡，他參與了陳獨秀、維經斯基籌建上海共產主義小組的工作。當上海社會主義青年團成立時，他也參與其事。

不久，他又來到北京，參與了北京共產主義小組的成立。接著他加入了北京共產主義小組。回到天津，他籌建了天津社會主義青年團，擔任書記。

他起草了中國第一個團章：

一、宗旨——研究和實現社會主義。

二、方法——

1幫助工人組織起來，並對工人進行教育工作；

2調查工人的狀況；

3散發文獻書籍；
4基礎的宣傳鼓動；
5組織討論；
6出版文獻讀物；
7邀請名人演講；
8組織研究社會主義；
9協助組織罷工。

三、一切人，不分民族和身分，均可成為天津共青團團員：
1學生，
2工人和農民，
3人力車夫，
4鐵路工人，
5搬運工人，
6店員，
7士兵，
8經大多數團員贊成的所有同情者，都可以被接受為團員。

四、加入天津共青團組織需由兩名或兩名以上團員介紹。第三條中說到的「士兵」，由兩人介紹可被吸收入團；而凡為「同情者」，須得大多數團員的

同意才能被接納。

五、開除團籍——如果某個團員作出了危害其他團員的行動，或是發生了不道德的行為，那麼，根據兩名或兩名以上團員的呈報，經大多數團員同意，他就要被開除出團。

六、經費由團員自願捐獻。

七、執行機構為書記處或各小組的代表、工人狀況調查委員會、社會主義研究部。各部門負責人每月選舉一次。

八、會議時間——例會定為每星期一次。

九、補充條款——修改本章程，需有三名團員提議，由全體大會通過。③

一九二〇年十二月十六日夜，張太雷興奮地跟一位路過天津的朋友，用常州話談到夜深。這位朋友斯斯文文，一副金絲邊框眼鏡後閃爍著精明聰慧的目光。他跟張太雷有著同鄉、同窗之誼，比張太雷小一歲。此時的他，初出茅廬，後來他的大名震撼中國——瞿秋白！

瞿秋白是以北京《晨報》記者身分，在一九二〇年十月十五日獲得遠東共和國派駐北京的使節優林的簽證，獲准前往蘇俄採訪，成為中國第一個訪問紅色蘇俄的記者（日後他寫了《赤都心史》）。

雖然後來瞿秋白取代了陳獨秀，成為中國共產黨領袖，不過此時的瞿秋白還不是中共黨員，只是明顯地傾向於共產黨罷了。

瞿秋白在天津逗留了兩天，然後由張太雷送他登上北去火車，經哈爾濱進入蘇俄。路過哈爾濱時，瞿秋白「無巧不成書」，竟在那裡遇上參加過共產國際「一大」、「二大」的劉紹周。當時，劉紹周隨張斯馨代表團回來，正在哈爾濱。只是劉紹周竟不知道中國各地已經有了中共組織，以至沒有加入中共，也沒有出席不久召開的中共「一大」……

送走了瞿秋白，過了一九二一年的春節（辛酉年正月初一為一九二一年二月八日），張太雷忽接李大釗的通知，馬上趕往北京。

在北京飯店，張太雷見到了從廣州回來的維經斯基。張太雷獲知，經維經斯基和陳獨秀、李大釗商議，決定派他前往伊爾庫茨克工作。

於是，張太雷和維經斯基的「記者團」同行。這時，原先與維經斯基一起來華的俄共（布）黨員楊明齋仍在上海。張太雷也就成了「記者團」離華時的翻譯。

共產國際「三大」在克里姆林宮舉行

莫斯科「史達林東方勞動者共產主義大學」的刊物《革命的東方》，在一九二八年第四、五期合刊中，發表的一九二一年六月的共產國際遠東書記處中國部的一份報告中，有這麼一段：「中國共產黨的代表張太雷於一九二一年的春天到達了伊爾庫茨克，為了與遠東書記處建立更密切的聯繫，書記處指示他準備一個報告，並在即將於莫斯科舉行的共產國際第三次代表大會上提交出來。……」

在《革命的東方》雜誌披露的這份報告中，提及了一個名叫「楊和德」的中國共產黨代表：「中國共產黨的另一個代表楊和德（譯音）也來到了伊爾庫茨克。這兩個中國人（引者注：其中之一指張太雷）和遠東書記處的代表舉行了多次會議。會議的結果是決定建立共產國際遠東書記處的中國部。……

「張太雷和楊和德於一九二一年六月離開伊爾庫茨克，出席了在莫斯科召開的共產國際第三次代表大會。」

這位「楊和德」，又被譯為「楊厚德」。在人民出版社一九八四年出版的《回憶張太雷》一書一九三頁中，特地加了一條注釋：

「按俄文音譯，應為楊厚德，舊譯楊和德，係從英文轉譯。」

不論怎麼譯，這位「楊和德」能夠作為中共代表派駐共產國際遠東書記處，而且又出席共產國際「三大」，當是中共早期著名活動家。

不過，中共早期著名活動家屈指可數。就連中共的早期黨員，也有名冊可查。查來查去，沒有「楊和德」、「楊厚德」其人。

其實，「楊和德」、「楊厚德」都只是音譯罷了。他的準確的中文名字應為楊好德。

楊好德又是誰呢？

楊明齋的本名叫楊好德！

楊明齋本來作為俄共（布）黨員派往中國，幫助中共建黨，在上海加入共產主義小組；如今，又作為中共代表，派駐共產國際遠東書記處，這完全合乎情理。確實，他在當時是中共派往伊爾庫茨克的最恰當的人選。

楊明齋是在張太雷抵達伊爾庫茨克之後，去到那裡的。

在一九二一年三月二十九日，另一名中共黨員從上海出發，單身一人前往莫斯科。他便是俞秀松。他的英語也不錯。他是受少共國際的邀請和上海社會主義青年團的委託，到蘇俄出席少共國際的「二大」。

共產國際「三大」和少共國際「二大」交錯在莫斯科舉行：

共產國際「三大」於一九二一年六月二十二日至七月十二日在克里姆林宮的安德列大廳裡舉行。少共國際「二大」於一九二一年七月九日至七月二十三日在莫斯科齊明歌劇院舉行。

代表也是互相交錯的：張太雷既是出席共產國際「三大」的中共代表，又以中國社會主義青年團代表的身分出席少共國際「二大」。

俞秀松呢，既是少共國際「二大」的中國代表，同時也列席共產國際「三大」。

此外，楊明齋的一批學生，曾在上海外國語學社學習過的學員，正好在這時來到莫斯科，在東方大學學習，也輪流列席共產國際「三大」。內中有劉少奇、任弼時、羅亦農、蕭勁光、任作民、廖平化、胡士廉、任岳、卜士奇、彭述之、謝文錦、華林、曹靖華等。

抵達莫斯科不久的瞿秋白，作為記者，出席了共產國際「三大」。還不是中共黨員的他，異鄉遇故知——張太雷。他向張太雷表示希望加入中共，張太雷也答應作為他的入黨介紹人。

共產國際「三大」是一次氣勢磅礴、規模宏大的會議，因為蘇俄已經擊敗了入侵者，結束了四年內戰，踏上了勝利的階梯。誠如共產國際的名譽主席列寧所說：「我們現在是第一次在

這樣的條件下開會：現在共產國際已經不只是一句口號，而真正變成了一個強大的組織機構，它在各個最大的先進資本主義國家裡都有了自己的基礎，真實的基礎。」④也就是說，蘇俄已經牢牢站穩了腳跟，從四年的圍困之中解脫出來。

出席共產國際的有五十二個國家，一百零三個組織的六百零五位代表，出席開幕式的多達五千人。

記者瞿秋白當時是這麼寫的：「共產國際舉行第三次大會開幕式。大劇院五千餘座位都占得滿滿的，在臺上四望，真是人海，萬頭攢動。欣喜的氣象，革命的熱度已到百分。」

大會由季諾維也夫主持。在他宣布開會之後，大廳裡響起了嘹亮的《國際歌》歌聲。歌聲使人們記起一八七一年五月二十八日的巴黎公社最後一個堡壘——拉雪茲神甫公墓被凡爾賽軍隊攻破時，那血流成河的壯烈的場景。

受詩人鮑狄埃所寫的歌詞的深深感染，瞿秋白首次把《國際歌》譯成中文（後來在一九二三年，又經蕭三轉譯，陳喬年配歌。）那「英特納雄耐爾就一定要實現」（共產主義一定要實現）的歌聲，從此在中國四處傳唱。

列寧出現了，大廳裡掌聲雷動。瞿秋白是這麼描述的：

「安德列廳每逢列寧演說，台前擁擠不堪，椅上、桌上都站堆著人山。電氣照相開燈時，列寧偉大的頭影投射在共產國際『各地無產階級聯合起來』、『俄羅斯社會主義聯邦』、『蘇維埃共和國』等標語題詞上，又襯著紅綾奇畫——另成一新奇的感想，特異的象徵。……列寧的演說，篇末數字往往為霹靂的鼓掌聲所吞沒。……」

瞿秋白還寫道：「列寧出席發言三四次，德法語非常流利，談吐沉著果斷，演說時絕沒有大學教授的態度，而一種誠摯果毅的政治家態度流露於自然之中。有一次在廊上相遇略談幾句，他指給我幾篇東方問題材料，公事匆忙，略略道歉就散了。」

在七月十二日的共產國際「三大」閉幕式上，張太雷作為中國共產黨代表作大會發言。由於發言者多，限定每位代表發言時間為五分鐘。

張太雷說：「共產國際和西歐各國的共產黨今後有必要對遠東的運動更多地加以注視，不惜一切給予支援。日本帝國主義的崩潰，就是世界三個資本主義支柱之一的倒塌。……目前，中國正面臨著為實現共產主義而極需活動的時機。」

張太雷最後說：「在必然到來的世界革命中，中國豐富的資源和偉大的力量是被資本家用來同無產階級作鬥爭呢，還是被無產階級用來同資本家作鬥爭，那就要看中國共產黨，主要是看共產國際的支持如何而定了。」

他高呼：

「世界革命萬歲！」

「共產國際萬歲！」

這是中國共產黨的正式代表，第一回在共產國際代表大會上發言——雖然在共產國際「一大」時，有劉紹周、張永奎參加；在共產國際「二大」上，有劉紹周、安恩學列席。出席「一大」，劉紹周、張永奎所代表的是「旅俄華工聯合會」；出席共產國際「二大」，劉紹周、安恩學代表的是「俄國共產黨華員局」。

在如此莊重、宏大的會議上，卻不見那位在共產國際「二大」上被選為執行委員的馬林。馬林哪裡去了呢？

如同本書第一章所描述的，他成了出現在奧地利的神秘人物。他在那裡轉往中國，執行列寧交給他的任務——幫助中國正式建立共產黨……

密探監視著來到上海的馬林

馬林，這個來頭不小的「赤色分子」一九二一年四月在奧地利維也納被捕又獲釋之後，成了各國警方密切注視的目標。

馬林離開維也納南下，登輪船經過地中海，通過蘇伊士運河，經紅海、印度洋，朝西進發——他走的是一條與維經斯基、張太雷、楊明齋、俞秀松、瞿秋白不同的路線。維經斯基他們走的是上海—北京—哈爾濱—滿洲里—赤塔，然後沿西伯利亞大鐵道，經伊爾庫茨克、鄂木斯克、秋明，抵達莫斯科。這條陸路，不知多少俄共（布）和中國共產黨黨員來來往往，人稱「紅色絲綢之路」。

馬林與眾不同。他不是俄共（布）黨員。他是在一九二〇年八月，直接受命於列寧。他是共產國際的正式代表，而維經斯基來華時是俄共（布）的代表。作為共產國際的執行委員，馬林的職務遠遠高於維經斯基。

由於種種耽擱，馬林在一九二一年四月動身來華。他實際上正是繼續維經斯基離華之後尚未完成的工作，然而，他與維經斯基卻未曾見面，彼此之間沒有交接。他甚至沒有去過伊爾庫茨克。

馬林來華是列寧向共產國際推薦的。列寧在推薦書上寫道：斯內夫利特（即馬林）作為共產國際代表去中國，他的任務是查明是否需要在那裡建立共產國際的辦事機構。同時，責成他與中國、日本、朝鮮、東印度、印度支那和菲律賓建立聯繫，並報告它們的社會政治情況。

列寧的推薦書的內容，原是馬林來華之後，在一九二二年五、六月間寫給共產國際執行委員會的報告中提到的。

這份報告共十三頁，用德文寫的，當時馬林在荷蘭。當他把報告寄往莫斯科時，荷蘭中央情報所截獲了這一郵件。如今，這一檔保存於荷蘭司法部檔案處之中！在這份報告裡，馬林詳細寫及他在中國的一系列活動……

正因為馬林早已引起警察的注意，所以他在途經可倫坡、巴東、新加坡、香港時，都受到了嚴格的檢查。儘管如此，馬林在路過新加坡時，還是秘密會見了正在那裡的印尼共產黨人巴爾斯和達爾索諾。

馬林尚在途中，荷蘭駐印尼總督府一等秘書分別於五月十七日、五月二十六日、五月二十八日三度致函荷蘭駐滬代理總領事，密報馬林行蹤，並寄去了馬林的照片。荷蘭外交大臣也於五月十八日致函荷蘭駐華公使，要求公使「將荷蘭危險的革命宣傳鼓動者出現在遠東的情況通報中國政府」。

最為詳盡的，要算是荷蘭駐滬代理總領事在一九二一年五月三十日致荷蘭駐華公使的信：

「不久前，荷屬東印度政府電告，謂被從殖民屬地驅逐出境的共產黨人斯內夫利特已乘『英斯布魯克』號汽輪（原名『阿奎利亞』號）從新加坡來上海。稍後幾日，其同黨和支持者巴爾斯亦偕妻動身來滬。……

「『英斯布魯克』號將於六月初抵滬。……

「此間，我已將他們即將來滬一事通知各捕房。鑒於我認為目前尚無理由對此三人立即採取行動，而應首先弄清他們的行動計畫是否屬實，因此我已請各有關捕房採取必要的措施，對他們保持監視。」

也就在這一天，荷蘭駐滬代理總領事致函上海工部局，通報了斯內夫利特和巴爾斯這兩名「共產黨人」正在前往上海，務必「密切注意他們的行動」。他還同時「通知中國警察界和公共租界捕房」。

六月三日，義大利的「阿奎利亞」號輪船徐徐駛入黃浦江。馬林剛剛踏上上海碼頭，密探的眼睛便盯上了他。

現存於檔案之中的上海法租界工部局致荷蘭駐上海總領事信，第一二二四號，一九二一年六月十七日，G類一五六（所有G類材料統屬荷蘭外交部文件），總號二三四九，清楚地記載著馬林的行蹤：「斯內夫利特乘義大利船『阿奎利亞』號到達上海，住在南京路東方飯店，化名安得烈森。」

這「東方飯店」，實際上就是永安公司樓上的大東旅社。維經斯基一行剛抵上海之際，也下榻於此。

馬林下榻於大東旅社三十二號房間。翌日，他化名「安德列森」，前往荷蘭駐滬總領事館辦理手續，他聲稱自己的職業是「日本《東方經濟學家》雜誌記者」。不過，當他與中國人交往時，則用了一個中國化名——「倪公卿」。

馬林的同事、印尼共產黨人巴爾斯偕其十七歲的爪哇妻子，也住進了大東旅社。巴爾斯化名「達姆龍」。

荷蘭駐華公使在一九二一年七月一日致荷蘭外交大臣的信中，這樣透露巴爾斯夫婦的行蹤：「巴氏夫婦於六月十日離開上海前往哈爾濱，擬赴西伯利亞，荷屬東印度政府已請我駐上海代理總領事監視其乘火車去哈爾濱的行蹤，日本當局負責監視他們去西伯利亞的情況。」

也就在這封信中，荷蘭駐華公使清楚地點明了馬林的身分：

「我通知了中國政府：斯內夫利特係由莫斯科第三國際執行委員會委派前來遠東進行革命煽動的……」

上海公共租界巡捕房注視著馬林的一舉一動。檔案中所存信件還表明，就連在印尼三寶瓏的馬林的妻子也受到監視，馬林與妻子的通信被逐封拆查，以求從中獲得關於馬林的情報……

有不少書籍是說馬林先抵北京——

例一，《包惠僧回憶錄》（人民出版社一九八三年版）第廿一頁：「一九二一年六月間，第三國際派馬林為代表，赤色職工國際也派李克諾斯基為代表，先到北京。北京支部負責人張國燾同馬林等到上海與臨時中央負責人李漢俊、李達等商談發展黨的工作問題，並決定在上海召集全國代表會議。」

例二，《李大釗傳》（人民出版社一九七九年版）第一一四頁：「『一大』前夕，共產國際派馬林和李克諾斯基為代表，來到中國。他們也是先到北京。大釗同志同他們進行了交談，並委派鄧中夏同志陪同他們去上海。」

實際上，現存的上海法租界密探對馬林的監視記錄是準確的，即馬林是在一九二一年六月三日乘「阿奎拉號」抵達上海。⑤

在這方面，倒是密探「幫助」了歷史學家！馬林從南方坐海船來華，確實也只可能先抵達上海，而不可能先到北京。

同樣，在那「G類」檔案，亦即荷蘭外交部的檔中，還有密探們關於馬林行蹤的跟蹤記載：「斯內夫利特於一九二一年七月十四日離開南京路東方飯店，住進麥根路三十二號公寓。」

麥根路，即今上海石門二路，與北京西路交叉。張國燾也曾回憶說，他去拜訪過馬林，當時馬林「寄居在愛文義路一個德國人的家裡」。愛文義路，即今北京西路。張國燾的回憶與密探當時的記錄相符。

G類檔案中還記載：

「九月底，他到滙山路（引者注：有人誤譯為「威賽德路」）俄國人里亞贊諾夫（Рязанов）家居住。在這個地方一直住到一九二一年十二月十日。」

滙山路，即今上海霍山路。霍山路在離市中心較遠的楊樹浦。大抵馬林為了躲避密探的監視，特地住到了僻遠的霍山路，卻仍在密探的監視之中！

倒是應當「感謝」密探們，把馬林在上海的行蹤查得如此清楚、準確，並記錄在案，以至為筆者在七十年後的今日寫《紅色的起點》省掉了很多考證的時間！

尼科爾斯基之謎終於揭開

馬林剛到上海，便和先期抵滬的弗蘭姆堡接上了關係。弗蘭姆堡——Fremberg，又譯為福羅姆別爾，在一九二〇年一月奉派來華。他本來在俄共（布）西伯利亞地區委員會東方民族部情報局工作。這次來華，他不是共產國際派出的，而是由工會國際聯合會駐赤塔遠東書記處代表斯穆爾基斯派出的。

工會國際聯合會成立於一九二〇年七月十五日，由蘇俄以及西班牙、義大利等許多國家的工會代表在莫斯科開會而成立的。這年年底，在赤塔建立了遠東書記處。後來，在一九二一年七月，以工會國際聯合會為基礎，成立了紅色工會國際（又譯赤色職工國際）。它與少共國際一樣，是受共產國際指導的。它主要從事紅色工會的領導工作。弗蘭姆堡來到上海，便與維經斯基接頭。因此，馬林找到了弗蘭姆堡，就得到了有關中國共產主義者的種種情報。

與馬林同時抵達上海的，還有一位名叫尼科爾斯基的俄國人。

尼科爾斯基後來出席了中共「一大」。然而，多少年來，這位尼科爾斯基一直是個謎——在中共「一大」的十五位出席者之中，唯獨找不到他的照片，也查不到他的身世，甚至就連他當時是以什麼身分出席中共「一大」也眾說紛紜。

多少年來，這個謎未能揭開。各種各樣的回憶錄，各種各樣的研究中國共產黨黨史的著作，凡是涉及尼科爾斯基，總是寥寥數句，語焉不詳，而且各唱各的調。

包惠僧是把尼科爾斯基當作「赤色職工國際」的代表，如前文已經引述的：

「一九二一年六月間，第三國際派馬林為代表，赤色職工國際也派李克諾斯基為代表，先到北京。……」

此處的「李克諾斯基」，亦即尼科爾斯基。

在張國燾的回憶錄中，提及一段李達告訴他的話：

「他（引者注：指李達）又提到新近來了兩位共產國際的代表，一位名叫尼柯洛夫斯基，是助手的地位，不大說話，像是一個老實人；另外一位負主要責任的名叫馬林……」

這就是說，尼科爾斯基（即尼柯洛夫斯基）是共產國際的代表，而且是馬林的「助手」。

劉仁靜在《回憶黨的「一大」》中，只提到一句：

「另一個是尼科爾斯基，是俄國人，搞職工運動的，他不懂英語。馬林講話，是我替他作翻譯的。」

這麼說來，尼科爾斯基是「搞職工運動的」。

至於周佛海，對尼科爾斯基毫無印象，以至在《往矣集》中把尼科爾斯基錯記為維經斯基（即吳庭斯基）：「在貝勒路李漢俊家，每晚開會。馬林和吳庭斯基也出席。」

在有關中共「一大」的文獻中，能夠找到的關於尼科爾斯基的記載，也就是以上這點東鱗西爪。

正因為這樣，在解放軍出版社一九八七年出版的《中國共產黨黨史簡明詞典》中，關於尼科爾斯基的條目，只有這麼幾句話：

「〔尼科爾斯基〕（Никоноский）又稱李克諾斯基。俄國人。一九二一年六月受共產國際遠東書記處派遣到上海，與馬林一起參加了中國共產黨第一次全國代表大會。是共產國際遠東書記處的代表，同時又執行了赤色職工國際的任務。同年十二月離華回國。」

沒有寫及其生卒年月，沒有道明他來華之前及來華之後的經歷——不是作者的疏忽，而是實在不知道。這一條目可以說是囊括了在一九八七年時所有關於尼科爾斯基的資訊。

為什麼這麼多年，未能揭開尼科爾斯基之謎？不少中國共產黨黨史專家以為，「尼科爾斯基」極可能是一個臨時使用的化名，誠如馬林有著一打以上的化名一樣。倘若按照「樂文松」或者「安德列森」之類化名去查找，也很難查明馬林的身世。

不過，多少年來，中國共產黨人始終懷念尼科爾斯基——因為他畢竟是曾經幫助中國共產黨建黨的一位國際友人，希冀有朝一日知道他的身世，他後來的下落。中共黨史專家們也一直在尋覓著尼科爾斯基——因為在出席中共「一大」的十五個人之中，唯有他成了未知數「X」。

但是後來，這個「X」，終於在不久前解開了……

一九八六年五月二十一日中午，兩位中國女性飛抵荷蘭。其中一位五十四歲，名叫楊雲若，中國人民大學教授，多年來致力於研究共產國際和中國革命的關係，精熟英語；另一位比她小五歲，名叫李玉貞，精熟俄語，在中國社會科學院近代史研究所從事中共黨史研究多年。

這兩位中國女專家在荷蘭漢學家班國瑞先生的幫助下，埋頭於荷蘭皇家科學院國際社會歷史研究所查閱一大堆特殊的檔案。

中國的學者是在一九八四年跟荷蘭萊頓大學當代政治學研究者安東尼賽奇的交談中，得知荷蘭存有一批馬林檔案。這一資訊很快傳進楊雲若、李玉貞的耳朵裡。在荷蘭學者的幫助下，她倆決定前往那裡，查閱馬林檔案。

馬林是荷蘭人。他在一九四二年去世。他的夫人後來也去世。他的女兒、女婿把馬林所有來往信件、文稿、遺物整理出來，加上荷蘭的警方原先監視馬林所留下的記錄——時光沖淡了隱秘。原本屬於絕密的保險櫃中的東西，如今可以大白於光天化日。這些文件收集在一起，也就形成了「馬林檔案」。

中國的兩位女性是為著研究馬林而去的。在一大堆檔案中，查到不少有價值的史料。她們甚至看到一九二一年十二月發給馬林的孫中山「大本營出入證」。

在這些文件中，英文的文件由楊雲若來查看，俄文的文件由李玉貞來查看，而德文的文件則請班國瑞協助翻譯。

在馬林檔案中，忽地發現涉及尼科爾斯基的一些內容。馬林一份手稿中寫道：

「一九二一年六月〔遠東〕書記處派尼科爾斯基到上海工作，我也同時到達那裡。」

這表明，尼科爾斯基是共產國際遠東書記處派出的，並非紅色工會國際的代表。

馬林還寫道：「和尼科爾斯基同在上海期間，我只局限於幫助他執行書記處交給他的任務，我從來不獨自工作，以避免發生組織上的混亂。」

這清楚表明，尼科爾斯基絕非馬林的「助手」。他倆是由共產國際的不同部門派出的。雖然馬林的職務比他高，但他「只局限於幫助他執行書記處交給他的任務」。

還有一段話，也頗重要：

「尼科爾斯基同志從伊爾庫茨克接到的指令中說，黨（引者注：指中共）的會議必須有他參加。中國同志不同意這樣做，他們不願有這種監護關係。」

這表明，尼科爾斯基所執行的是來自伊爾庫茨克的指令——他確是伊爾庫茨克的共產國際遠東書記處所派出並直接受那裡領導的。

在中共黨史專家們尋覓尼科爾斯基的同時，蘇聯科學院遠東研究所的專家們也在研究這個謎一樣的人物。

一九八七年，一位名叫斯維廖夫的蘇聯科學院遠東研究所工作人員，前來北京中國人民大學，在李良志副教授指導下進修。斯維廖夫告知重要訊息：蘇聯方面已經找到有關尼科爾斯基的檔案。

一九八八年，當蘇聯科學院遠東研究所卡爾圖諾娃博士來華訪問時，李玉貞向她問及尼科爾斯基的情況，卡爾圖諾娃證實確已找到不少關於尼科爾斯基的材料——是在蘇共中央馬列主義研究院中央黨務檔案館的檔案中查到的。

果真，一九八九年第二期蘇聯《遠東問題》雜誌，發表了卡爾圖諾娃的論文《一個被遺忘的參加中共「一大」的人》，首次披露了尼科爾斯基的身世。這篇論文是頗有價值的，只是標題不甚確切，因為尼科爾斯基在中國不是「被遺忘」，而是多年尋覓未得——也許在蘇聯，他

由於蒙冤遭錯殺而把他遺忘了。

一九八九年第七、八期合刊《黨史研究資料》，發表了李玉貞的《參加中共「一大」的尼科爾斯基》一文，依據卡爾圖諾娃的論文，在中國首次介紹了尼科爾斯基的身世：

尼科爾斯基，原名涅伊曼——尼科爾斯基・符拉季米爾・阿勃拉莫維奇，即貝爾格・維克多・亞歷山德羅維奇，生於一八九八年，卒於一九四三年。一九二一年加入俄共（布），曾在赤塔商學院讀完三年級的課程。

一九一九年至一九二〇年在遠東共和國人民革命軍的部隊服役，一九二一年在共產國際機關行政處工作。此時曾用名瓦西里和瓦西里耶夫。

一九二一至一九二五年在中國東北工作。一九二六年從哈巴羅夫斯克到赤塔。一九三八年被捕並受到誣陷説他參加了托洛茨基反對派。五年後（一九四三年）被錯殺。後得到昭雪平反。

至此，尼科爾斯基之謎，總算揭開。當然，這只是開始，還需要繼續進行深入的研究。

這麼看來，尼科爾斯基倒是他的本名，並非化名。他前來出席中共「一大」時，只有二十三歲，而且剛剛加入俄共（布），是個當了兩年兵的大學生，又不大會講英語。正是因為這樣，他言語不多，像是馬林的「助手」一般，所以沒有給人留下什麼印象。

雖然如此，尼科爾斯基畢竟直接與伊爾庫茨克保持聯繫，按照伊爾庫茨克的指令行事，就這一點而言，這位二十三歲的小夥子擔負著很重要的使命。大約還需要再等待一些時間來「淡化」吧，蘇聯的黨史專家們迄今尚未披露伊爾庫茨克當時給尼科爾斯基的指令的內容。一旦公布這些指令，尼科爾斯基的形象會變得更為清晰。

「二李」發出了召開「一大」的通知

上海南京路永安公司的屋頂花園，名叫「天韻樓」，是個夏日的好去處。晚風徐徐，燈光淡淡，或談情說愛，或洽談生意，那裡自由自在。只是收費頗高。要麼洋人，要麼「高等華人」，才會在這高高的花園裡飲茶聊天。

住在永安公司樓上大東旅社的馬林，自知可能有密探在暗中監視他，因此與人約會，幾乎不請入房間，而是在華燈初上時，約會於樓頂的花園。有時，需要在白天約會，他總是選擇人流如湧、熱鬧非凡的「大世界」或「新世界」，與人見面。

馬林通過弗蘭姆堡，跟尼科爾斯基建立了聯繫。然後，又與上海共產主義小組的代理書記李達以及李漢俊這「二李」秘密見面。

「二李」都能講英語，李漢俊還會講德語，能跟馬林長談。唯尼科爾斯基因語言不通，在一旁默默無語。

馬林聽了「二李」的彙報，建議召開中國共產黨全國代表大會，以便正式成立全國性的組織。如李達後來所回憶的：

「六月初旬，馬林（荷蘭人）和尼可洛夫（俄人）由第三國際派到上海來，和我們接談了以後，他們建議我們應當及早召開全國代表大會，宣告黨的成立。於是由我發信給各地黨小組，各派代表二人到上海開會，大會決定於七月一日開幕。……」⑥

馬林拿出了帶來的經費，每一位代表發給路費一百元，回去時再給五十元。

會議決定在上海召開——因為上海當時已成為中共的聯絡中心。

代表名額按地區分配，每個地區派兩名代表，並不考慮這一地區黨員人數的多寡，即上海、北京、長沙、武漢、濟南、廣州、日本，共七個地區。至於法國，由於路途遙遠，信件往返及代表趕來，已經來不及，所以未發邀請信。

邀請信由「二李」分頭去寫。

在不少中共黨史著作中，寫及馬林、尼科爾斯基與「二李」商談召開中共「一大」時，張太雷在場（包括有關張太雷的傳記中也是這樣寫的）。查其根據，乃出自張國燾回憶錄中的一段文字：「他（引者注：指張太雷）的英語說得相當流利，故李漢俊派他做馬林的助手。馬林與李漢俊、李達會面時，都由他在場任翻譯。這位生長在上海附近的漂亮青年，有善於交際的海派作風。……」

筆者以為，張國燾的回憶可能有誤：張太雷當馬林的翻譯，是在一九二一年八月，即張太雷出席共產國際「三大」之後，從蘇俄回到上海。張國燾錯把八月份的印象寫入六月份的事。

據檔案記載：張太雷於一九二一年五月四日在伊爾庫茨克出席朝鮮共產黨代表大會。五月七日還在大會發了言。接著，六月二十二日至七月十二日在莫斯科出席了共產國際「三大」。

馬林和尼科爾斯基是在六月三日抵滬的。張太雷在伊爾庫茨克出席了朝鮮共產黨代表大會之後，倘若馬上動身回滬，是可能與馬林、尼科爾斯基會面的。但是，會面之後，又參加關於召開中共「一大」的討論，起碼在六月十日才可離滬。

按照當時的交通條件，他無論如何不可能在六月二十二日趕到莫斯科——因為從上海到赤塔大約要十天，從赤塔到伊爾庫茨克要四天，從伊爾庫茨克到莫斯科約半個月，總共約需一個月！也就是說，他即便六月三日一到上海，馬上與馬林、尼科爾斯基見了一面，翌日就動身去莫斯科，也來不及！何況，六月二十二日是大會開幕式，他總得提早幾天到達，那就更不可能在六月上旬回到上海。

張國燾的回憶錄是在一九七一年寫的，時隔半個世紀，把八月的事記成六月的事是很可能的。

共產國際遠東書記處負責人舒米亞茨基的悼念張太雷的文章是在一九二八年發表的。他與張太雷在伊爾庫茨克共事。他的文章沒有提及張太雷在五、六月間曾回國一次，而是說：「一九二一年六月，張太雷同志與楊厚德（引者注：即楊明齋）一起出席了共產國際第三次代表大會。」另外，查閱出席中共「一大」的其他代表的種種回憶文章，也未見到寫張太雷五、六月間在上海。

信、匯款，由「二李」分別寄出之後，各地的小組商議派出代表。

〔北京〕

羅章龍如此回憶——

「一九二一年暑期將臨的時候，我們接到上海方面的通知（時獨秀亦從南方來信，不在上海）要我們派人去參加會議，我們對會議的性質並不如事後所認識的那樣，是全黨的成立大會。時北方小組成員在西城辟才胡同一個補習學校兼課，就在那裡召開了一次小組會議，會上推選赴上海的人員，守常先生那時正忙於主持北大教師索薪工作（原索薪會主席為馬敘倫，馬因病改由守常代理，這次索薪罷教亘十個月之久）。在場的同志因有工作不能分身，我亦往返於長辛店、南口之間，忙於工人運動，張國燾已在上海，乃推選張國燾、劉仁靜二人出席，會上未作更多的準備工作，劉仁靜赴南京參加少年中國學會，會後才到上海的。」

這一資料是羅章龍之孫羅星元讀了《紅色的起點》之後，於一九九一年十月抄寄筆者的。

羅章龍之孫羅星元則曾這樣記述羅章龍的回憶——

「一九二一年中共『一大』前夕，我爺爺接到上海中央的通知要去上海參加一大會。可是他那時在北方領導工人運動，工作非常忙，竟然脫不開身。他拿著中央召開『一大』會的通知找到劉仁靜，說讓劉仁靜代替他去，因為劉仁靜當時的主要工作是任英語翻譯。這就是爺爺為什麼沒有出席『一大』會的原因。劉仁靜生前曾將以上情況告訴了中國革命博物館，但我不知道劉仁靜是口述還是寫成了書面的回憶。」（引自羅星元一九九一年十一月十四日致筆者信。）

劉仁靜如此回憶——

「一九二一年暑假，我們幾個北大學生，在西城租了一所房子，辦補習學校，為報考大學的青年學生補課。張國燾教數學、物理，鄧中夏教國文，我教英文。正在這時，我們接到上海的來信（可能是李達寫的），說最近要在上海召開中國共產黨第一次代表大會，要我們推選出兩個人去參加。我們幾個人——張國燾、我、羅章龍、李梅羹、鄧中夏就開會研究，會議是誰主持的我已記不清楚。

「李大釗、陳德榮沒有參加這次會議。會前是否徵求李大釗先生的意見我不知道，李先生很和氣，就是徵求他的意見他也不會反對。在會上，有的人叫鄧中夏去上海開會，鄧中夏說他不能去，羅章龍也說不能去，於是就決定由我和張國燾兩個人去出席『一大』。」（劉仁靜：《回憶黨的「一大」》）

李大釗沒有出席中共「一大」，是人們所關注的。劉仁靜如此回答：「李大釗先生當時沒有參加『一大』，我不知道是什麼原因。我估計一方面是他工作忙，走不脫；另一方面，當時我們北京小組開會研究誰去上海出席『一大』時，也沒有推選他。」（同上）

張國燾則說：「北京支部應派兩個代表出席大會。各地同志都盼望李大釗先生能親自出席；但他因為正值北大學年終結期間，校務紛繁，不能抽身前往。結果便由我和劉仁靜代表北京支部出席大會。」（《我的回憶》）

〔長沙〕

毛澤東跟斯諾談話時，提及一句：「在上海這次有歷史意義的會議上，除了我以外，只有一個湖南人（引者注：指何叔衡）。」（斯諾：《西行漫記》）

在謝覺哉的一九二一年六月二十九日的日記中，有這麼一行字：

「午後六時，叔衡往上海，偕行者潤之，赴全國○○○○○之招。」

據謝覺哉說，「○○○○○」即「共產主義者」。生怕暴露秘密，畫圈代意。

何叔衡早逝，沒有留下回憶文章。

〔武漢〕

董必武在一九三七年接受尼姆・威爾斯的採訪時說：「我參加了一九二一年七月在上海召開的第一次代表會議。……湖北省派陳潭秋和我。」（董必武《創立中國共產黨》）

陳潭秋在一九三六年說：「武漢共產主義小組代表是董必武同志和我。」（陳潭秋《第一次代表大會的回憶》）

〔濟南〕

王盡美、鄧恩銘早逝，沒有留下回憶文章。

〔廣州〕

包惠僧說：「此時，陳獨秀及我都在廣州，接到臨時中央的信，要陳獨秀回上海，要廣州區派兩個代表出席會議。陳獨秀因為職務離不開即召集我們開會，決定推選我同陳公博代表廣州區。」（《包惠僧回憶錄》）

「有一天，陳獨秀召集我們在譚植棠家開會，說接到上海李漢俊的來信，信上說第三國際和赤色職工國際派了兩個代表到上海，要召開中國共產黨的發起會，要陳獨秀回上海，請廣州支部派兩個人出席會議，還寄來二百元路費。陳獨秀說：第一，他不能去，至少現在不能去，因為他兼大學預科校長，正在爭取一筆款子修建校舍，他一走款子就不好辦了。第二，可以派陳公博和包惠僧兩個人去出席會議，陳公博是辦報的，又是宣傳員養成所所長，知道的事情多，報紙編輯工作可由譚植棠代理。包惠僧是湖北黨組織的人，開完會後就可以回去。其他幾個人都忙，離不開。陳獨秀年長，我們又都是他的學生，他說了以後大家就沒有什麼好講的了，同意了他的意見。」（《包惠僧回憶錄》）

陳公博回憶說：「上海利用著暑假，要舉行第一次代表大會，廣東遂舉了我出席……」（《寒風集》）

〔日本〕

施存統說：「日本小組還只有兩個人，即我和周佛海。我們二人互相擔任黨代會的代表，最後由周出席（因為周已多年未回國）。」（《中國共產黨成立時期的幾個問題》）

周佛海說：「接著上海同志的信，知道七月間要開個代表大會。湊巧是暑假期中，我便回到上海。」（《往矣集》）

包惠僧的回憶，似乎與施存統稍有不同：

「這一次代表的分配是以地區為標準，不是以黨員的數量為標準，東京只有周佛海、施存統，原來邀請的也是兩個代表，因為施存統沒有回國，所以只有周佛海一個人出席。」（《包惠僧回憶錄》）

〔上海〕

出席的代表是「二李」。自陳獨秀去廣州，上海小組的書記原是由李漢俊代理，後改由李達代理。李達在一九五四年二月二十三日寫給上海革命歷史紀念館負責同志的信中，講述了這一過程：

「（一九二〇年）十一月間，書記陳獨秀應孫中山（引者注：應為陳炯明）之邀，前往廣東做

教育廳長。書記的職務交由李漢俊代理。不久，威丁斯基（引者注：即維經斯基）也回到莫斯科去了（引者注：應為伊爾庫茨克）。後來李漢俊因與陳獨秀往來通信，談到黨的組織，中央集權或地方分權問題，兩人意見發生衝突，陳主張中央集權、李主張地方分權，憤而辭去代理書記的職務，交由李達代理書記。」

除了「二李」之外，照理，陳望道應是上海的代表。陳望道不僅負責《新青年》編輯工作，而且上海小組的重要事情總是由「二李」、陳望道和楊明齋商量決定。此時，楊明齋去了伊爾庫茨克。雖然規定每個地區選兩名代表，而會議是在上海召開，上海即使出席三名代表也不妨。

據李達回憶：「李漢俊寫信給陳獨秀，要他囑咐新青年書社墊點經費出來，他覆信沒有答應，因此李漢俊和陳獨秀鬧起意見來。」（《李達自傳》）

陳獨秀還以為這一主意是陳望道出的，於是遷怒於陳望道。如《中國共產黨黨史人物傳》第二十五卷《陳望道》一文中所披露：

「陳望道生前曾多次對人談起，他曾被推選為上海地區出席黨的第一次代表大會的代表，因會前他已與陳獨秀發生爭執，故未去參加。」

十五位代表聚首上海

來了！來了！

從北方，從南方，從東邊的日本，從西邊的武漢，中共代表們朝上海進發。

這是中共各地組織有史以來的頭一回大聚會，成為中國現代史上紅色的起點。

頭一個來到上海的，是坐著火車前來的張國燾，他「因須參加大會的籌備工作」，所以最先到達。據他自云是「五月中旬」抵滬。實際上，這是不可能的，因為馬林和尼科爾斯基是在六月三日才來滬，經過開會籌劃、寄信以及北京小組討論，所以他來滬的時間估計在六月下旬。

張國燾在路過濟南時，曾在那裡逗留了一天。王盡美、鄧恩銘約了濟南八個黨員和他會面，一起在大明湖划船、聚談。

張國燾已經來過上海幾趟，很熟悉，所以一到上海，便直奔環龍路漁陽里二號，拜訪了李達。在張國燾的記憶中，「李達是一個學者氣味很重、秉性直率的人，有一股湖南人的傲勁，與人談話一言不合，往往會睜大雙目注視對方，似乎怒不可遏的樣子。他的簡短言詞，有時堅硬得像鋼鐵一樣」。

接著，張國燾來到本書「序章」中所描述過的那幢著名的房子——望志路一〇六號。這時李漢俊已從三益里遷入這裡。

張國燾如此形容李漢俊：「他也是一位學者型的人物，可說是我們中的理論家，對於馬克思經濟學說的研究特別有興趣。他不輕易附和人家，愛坦率表示自己的不同見解，但態度雍容，喜怒不形於色。他熱誠地歡迎我的先期到達，認為很多事在通信中說不清楚，現在可以當面商討。」

張國燾從「二李」那裡，迅速地察覺「二李」與馬林之間的關係不那麼融洽。

張國燾這麼回憶李達的話：

「馬林曾向他聲稱是共產國際的正式代表，並毫不客氣地向他要工作報告。他拒絕了馬林的要求，理由是組織還在萌芽時期，沒有什麼可報告的。馬林又問他要工作計畫和預算，表示共產國際將予經濟的支持。他覺得馬林這些話過於唐突，因此直率地表示中國共產黨還沒有正式成立，是否加入共產國際也還沒有決定；即使中共成立之後而加入了共產國際，它將來與共產國際所派的代表間的關係究竟如何，也還待研究；現在根本說不上工作報告、計畫和預算等等。他向馬林表示，共產國際如果支持我們，我們願意接受；但須由我們按工作實際情形去自由支配。……」

張國燾從李漢俊那裡，也聽到類似的意見。

「二李」性格耿直，怎麼想便怎麼說，怎麼說便怎麼做，於是與馬林之間產生明顯的分歧，有幾次差一點吵了起來。

張國燾從「二李」那裡知道了馬林和他們會談的內容。於是，他來到南京路上那大東旅社，在屋頂花園跟馬林會面。

他記憶中的馬林的性格是非常鮮明的，與維經斯基的和顏悅色、為人隨和恰成反比例：

「馬林給我的印象是不平凡的。他這個體格強健的荷蘭人，一眼望去有點像個普魯士軍人。說起話來往往表現出他那議員型的雄辯家的天才，有時聲色俱厲，目光逼人。他堅持自己主張的那股倔強勁兒，有時好像要與他的反對者決鬥。」

難怪，如此倔強的馬林，會與直來直去的「二李」弄僵了關係。

張國燾雖然比「二李」小七歲，但是顯得圓滑乖巧，他既與馬林很談得來，又與「二李」很親密。這樣，他往來於馬林與「二李」之間，成為雙方的協調人。中共「一大」的籌備工作，原是由「二李」負責。這麼一來，張國燾插了進來，反客為主，把籌備工作的領導權抓在手裡。此後，中共「一大」由張國燾主持，內中的緣由便在這裡。

北京的另一名代表劉仁靜，比張國燾晚些天前來上海。他和鄧中夏一起從北京來到南京。七月二日至四日，劉仁靜、鄧中夏在南京出席了「少年中國學會」年會——因為這個學會是一九一九年七月一日正式成立的，所以選擇七月一日這一天召開年會（劉仁靜未趕上開幕式）。這樣，劉仁靜大約在七月六日到達上海。

據謝覺哉日記所載，毛澤東和「何鬍子」是一九二一年六月二十九日午後六時離開長沙，坐船到武漢，再轉長江輪船，抵達上海的，時間大致上跟劉仁靜差不多。

陳潭秋和留著小鬍子的董必武一起，在武漢登上長江輪船，順著東流水，駛往上海。

王盡美和鄧恩銘自從與張國燾作了一日會談之後，便一起相約動身，登上南去的火車，前往上海。不久，周佛海也登上海輪，從日本鹿兒島前往上海。

姍姍來遲的是廣州的代表。不論是馬林、尼科爾斯基，還是上海的「二李」，都期望陳獨秀前來上海。一封封信催，還發去幾回電報，但陳獨秀仍然不來。

於是，包惠僧從廣州坐了海船，於七月二十日直達上海。

陳公博沒有和包惠僧同行。他最晚一個抵滬⑦——他帶著新婚的妻子李勵莊，於七月十四

日啟程，從廣州到香港，登上郵輪，七月二十一日來到上海。

來了，來了，十五位代表終於匯聚於中國第一大城市上海。

關於這十五位代表，在「文革」中往往以「毛澤東等」一語代替。後來曾改成「毛澤東、董必武等」。爾後，又改為「毛澤東、董必武、陳潭秋、何叔衡、王盡美、鄧恩銘等」。如今，常見的提法是以城市為序，即「上海李達、李漢俊，北京張國燾、劉仁靜，長沙毛澤東、何叔衡，武漢董必武、陳潭秋，濟南王盡美、鄧恩銘，廣州陳公博、包惠僧，日本周佛海，共產國際馬林、尼科爾斯基」。這樣以城市為序的排名法，是經過中共黨史專家們再三斟酌而排定的。

另外，「中共『一大』十五位代表」，往往被寫成「中國共產黨『一大』十五位出席者」。「出席者」與「代表」之間，存在著概念的差異。原因在於包惠僧的代表資格引起爭議——包惠僧是武漢小組的成員，而武漢已有董必武、陳潭秋兩位代表；倘若說他是廣州小組代表，而他當時是一九二一年五月由上海派往廣州向陳獨秀彙報工作的，不是廣州小組成員。

也有人以為，廣州代表原本是陳獨秀，而陳獨秀來不了，指派包惠僧去，因此他是「陳獨秀代表」！為了避免爭議，便改成「中共『一大』十五位出席者」，則萬無一失——不論怎麼說，包惠僧總是出席了中共「一大」，是一位「出席者」！

不把包惠僧算作中共「一大」代表，過去所依據的是毛澤東一九六九年在中國共產黨「九大」開幕式上的講話：

「第一次代表大會，只有十二個代表。現在在座的還有兩個，一個是董老，再一個就是我。有好幾個代表犧牲了，山東的代表王盡美、鄧恩銘，湖北的代表陳潭秋，湖南的代表何叔衡，上海的代表李漢俊，都犧牲了。叛變的，當漢奸的，反革命的有陳公博、周佛海、張國燾、劉仁靜四個，後頭這兩個還活著。還有一個叫李達，在早兩年去世了。」

毛澤東的話，一言九鼎。由於毛澤東說出席中共「一大」只有十二名代表，沒有把包惠僧列為代表之一，因此中共黨史界便依據毛澤東的話，不把包惠僧算作中共「一大」代表。

細細追究起來，那「出席者」之說，最初也源於毛澤東。

毛澤東在一九三六年與美國記者斯諾的談話中，這麼說及中共「一大」：

「在上海這次有歷史意義的第一次會議中，除我之外，只有一個湖南人，其餘的出席會議的人物中有：張國燾、包惠僧和周佛海。一共是十二個人。」

在這裡，毛澤東明確地把包惠僧列為中共「一大」的「出席者」。但是，可能當時毛澤東的回憶有誤，把中共「一大」的出席者說成「十二個」。

長期以來，毛澤東是中國共產黨領袖，他的話富有影響力。中共黨史研究者們依據毛澤東的話，長期以來這麼說：中共「一大」的「代表」是十二人，「出席者」是十三人。其中是「出席者」但不是「代表」的是包惠僧（當然，這裡沒有把馬林和尼科爾斯基計算在內）。

其實，包惠僧的身分，算是廣州小組代表也可以。因為他是由廣州小組推選、由陳獨秀提名的。不論怎麼說，如今包惠僧的代表身分日益得到確認。「十三人代表」之說，已經日漸被中共黨史界所接受。

除了這十三人代表得以普遍確認，不久前又發現了兩位未曾正式到會的代表。這兩位代表，一位來自南京，一位來自徐州。在一九二〇年至一九二一年，南京和徐州都已先後建立了中共黨組織，所以在中共「一大」召開前夕，也都收到了出席大會的通知。

南京派出了一名代表，徐州也派出了一名代表。徐州的代表叫陳亞峰，南京的代表一說是郭青傑，一說是劉真如。陳亞峰從徐州來到南京，與南京代表一起來到上海。只是他們受無政府主義影響頗深，不願受黨的紀律的約束，沒有出席大會。

筆者繞開種種關於「代表」和「出席者」的爭議，關於代表排名的先後次序的爭議，在這裡排出一張以年齡（出生年月）為序的代表名單，年長者在先，年輕者在後（同年出生者標明月分）：

姓名	出生年月	當時年齡	籍貫
何叔衡	一八七六	四十五	湖南寧鄉
馬林	一八八三	三十八	荷蘭鹿特丹
董必武	一八八六	三十五	湖北黃安
李漢俊	一八九〇．四	三十一	湖北潛江
李達	一八九〇．十	三十一	湖南零陵
陳公博	一八九二	二十九	廣東南海
毛澤東	一八九三	二十八	湖南湘潭
包惠僧	一八九四	二十七	湖北黃岡

陳潭秋	一八九六	二十五	湖北黃岡
周佛海	一八九七・五	二十四	湖南沅陵
張國燾	一八九七・十一	二十四	江西萍鄉
王盡美	一八九八	二十三	山東諸城
尼科爾斯基	一八九八	二十三	俄國
鄧恩銘	一九〇一	二十	貴州荔波
劉仁靜	一九〇二	十九	湖北應城

這是一次年輕的會議！

在代表之中，最為年長的「何鬍子」不過四十五歲，最為年輕的劉仁靜只有十九歲。三十歲以下的有十位，占三分之二！

十五位代表的平均年齡只有二十八歲，正巧等於毛澤東的年齡！

這是一群熱血青年，為著一個主義——共產主義，為著一個學說——馬克思學說，匯聚在一起了！

令人驚訝的是，除去兩位國際代表，在十三個中國人當中，湖北籍的占五位，湖南籍的占四位，「兩湖」相加占九位！

在十三位中共代表之中，北京大學學生占五位——陳公博、張國燾、劉仁靜，加上曾在北大工作的毛澤東，及在北京大學短期學習過的包惠僧，共五位。另外，「南陳北李」兩位都是

北大教授。

在十三位中共代表之中，曾經留學日本的有四位——董必武、李漢俊、李達、周佛海。加上「南陳北李」，則是六位。

在十三位中共代表之外，其實還有若干位完全應當進入代表之列而因種種原因未來的：

陳獨秀——當然代表；

李大釗——當然代表；

楊明齋——在蘇俄出席共產國際「三大」；

張太雷——在蘇俄出席共產國際「三大」；

陳望道——與陳獨秀產生分歧而沒有出席；

施存統——可以來而沒有回國。

另外，在法國的張申府、周恩來、趙世炎、蔡和森，因路遠聯繫不便而不能回國出席。

「北大暑期旅行團」住進博文女校

「一九二一年的夏天，上海法租界蒲柏路，私立博文女校的樓上，在七月下半月，忽然新來了九個臨時寓客。樓下女學校，因為暑假休假，學生教員都回家去了，所以寂靜得很，只有廚役一人，弄飯兼看門。他受熟人的委託，每天做飯給樓上的客人吃，並照管門戶。不許閒人到書房裡去，如果沒有他那位熟人介紹的話。他也不知道樓上住的客人是什麼人，言語也不十分聽得懂，因為他們都不會說上海話，有的湖南口音，有的湖北口音，還有的說北方話。……」

這是一九三六年第七卷第四、五期合刊《共產國際》雜誌上發表的文章的開頭一段。篇名為《第一次代表大會的回憶》。作者陳潭秋。

此文用俄文發表。當時，作者在蘇聯莫斯科，為了紀念中國共產黨誕生十五週年而作。這是早期的關於中共「一大」的紀念文章，頗有史料價值。但是，此文在解放後才被中國共產黨黨史專家們發現，譯成中文，刊載於《黨史研究資料》。為了譯成「七月下半月」還是「七月底」，譯者頗費了一番工夫——因為當時流傳甚廣的說法是七月一日召開中共「一大」。

陳潭秋文章中提及的那「九個臨時寓客」，據稱是「北京大學暑期旅行團」。其實，這個「旅行團」如陳潭秋所寫的：「這些人原來就是各地共產主義小組的代表，為了正式組織共產黨，約定到上海來開會。」

那「九個臨時寓客」是：毛澤東、何叔衡、董必武、陳潭秋、王盡美、鄧恩銘、劉仁靜、包惠僧。包惠僧剛到上海那天，是住在漁陽里二號，張國燾叫他搬到博文女校去。

張國燾常在博文女校，有時也睡在那裡，但他在上海還另有住處。

「二李」住在上海自己家中。陳公博帶著太太來，住在大東旅社。

博文女校雖說是學校，其實不大，相當於三上三下的石庫門房子。坐落在法租界白爾路三八九號（後改蒲柏路，今太倉路一二七號）。也是一幢青紅磚相間的二層房子，典雅大方，屋裡紅漆地板。這所學校不過百把個學生。

博文女校怎麼會成為中共「一大」代表們的「招待所」呢？

原來，「二李」都與這所學校校長頗熟。博文女校校長黃紹蘭，早年畢業於北京女子師範學堂。辛亥革命後，黃興出任南京留守處主任，黃紹蘭曾在黃興手下工作。一九一七年，黃紹蘭來上海，擔任博文女校校長，聘請黃興夫人徐宗漢為董事長。黃紹蘭的丈夫黃侃，字季剛，是北京大學文學系教授。

黃紹蘭、黃侃都是湖北人，與李漢俊有著同鄉之誼。

李漢俊的嫂嫂——李書城的續弦薛文淑，當時便是博文女校的學生。李書城、李漢俊都與黃紹蘭校長相熟。博文女校離望志路李公館不過一站路而已。

李達的那位個子嬌小的妻子王會悟，當過黃興夫人徐宗漢的秘書，而徐宗漢是博文女校的董事長。李達也與黃紹蘭認識。黃紹蘭的家，也住在博文女校裡。時值暑假，學校空著。當黃紹蘭聽王會悟說「北京大學暑期旅行團」要借此住宿時，便一口就答應下來——這不光因為黃紹蘭與「二李」有友誼，而且她的丈夫也是北大的。

「旅行團」陸陸續續到達了。董必武先在湖北善後公會住了些日子。毛澤東在博文女校住了幾天之後，看樣子代表們一下子還到不齊，便到杭州、南京跑了一圈。直到陳公博抵滬，那「九個臨時寓客」才都住進博文女校。

據包惠僧回憶：

「當街的兩間中靠東的一間是張國燾、周佛海和我住的。張國燾也不常住在這裡，他在外面租了房子。鄧中夏到重慶參加暑假講習會路過上海，也在這間住了幾天，靠西的後面一間是王盡美、鄧恩銘住，毛澤東是住在靠西的一間。這房屋很暗，他好像是一個人住。……除了毛澤東是睡在一個單人的板床是兩條長凳架起來的，我們都是一人一張席子睡在地板上，靠東一邊的幾間房屋當時是空著的。」⑧

「付了兩個月的租金，只住了二十天左右。……交房租是我同黃兆蘭（引者注：應為黃紹蘭）校長接洽的。在暑假中僅有一個學生，房子很多，學校裡沒有什麼人，很清靜。我們住的是樓上靠西的三間前樓。」⑨

就在最後一位代表陳公博來到上海的翌日，即七月二十二日，在博文女校樓上開過一次碰頭會——包惠僧說「像是預備會」，而陳潭秋則稱之為「開幕式」。

包惠僧在他的回憶錄中說：

「在大會開會的前一天，在我住的那間房子內商量過一次（像是預備會），並不是全體代表都參加，我記得李漢俊、張國燾、李達、劉仁靜、陳潭秋、周佛海和我都參加了，其餘的人我記不清楚。李達也把王會悟帶來了，我們在裏間開會，她坐在外間的涼臺上。」

陳潭秋則在他一九三六年發表的《第一次代表大會的回憶》中寫道：

「七月底大會開幕了，大會組織非常簡單，只推選張國燾同志為大會主席，毛澤東同志與周佛海任記錄。就在博文女校樓上舉行開幕式……」

查清中共「一大」開幕之日

科學家指出，就人的記憶力而論，最弱的是數字記憶，其中包括對於電話號碼、門牌號、編號以及對於日期的記憶。

也正因為人們對於日期的記憶最弱，中共「一大」的召開日期曾成為歷史之謎。中共「一大」是在一九二一年召開的，眾多的當事者對年分倒是記得清楚的。至於是哪個月召開的，記憶開始模糊。而究竟是哪一天開的，則完全陷入了記憶的模糊區之中。

除了記憶之誤，中國人當時習慣於陰曆，更加重了這個歷史之謎的複雜性。

毛澤東在一九三六年對斯諾說：「一九二一年五月，我到上海去出席共產黨成立大會。」

董必武在一九三七年則對斯諾夫人尼姆．威爾斯說：「一九二一年七月在上海召開的第一次代表會議……」

毛澤東所說的「五月」，很可能指的是陰曆。

張國燾在一九五三年寫道：「一九二一年五月我遇見毛，那時他被邀參加中國共產黨在上海的第一次會議……」

至於陳潭秋在一九三六年那篇用俄文發表的《第一次代表大會的回憶》，不論譯成「七月底」或「七月下半月」、「七月下旬」，總是表明在七月十五日之後召開中共「一大」。

中國共產黨日益壯大，紀念中共誕辰也就提到日程上來。陳潭秋的文章，便是為了紀念中共誕生十五週年而作。可是，說不清一個具體的日期，畢竟會給紀念活動帶來困難。

「這樣吧，就用七月的頭一天作為紀念日。」一九三八年五月，當越來越多的人向當時在延安的兩位中共「一大」代表——毛澤東和董必武詢問黨的生日時，毛澤東跟董必武商量之後，定下七月一日作為中共的誕辰紀念日。

不久，毛澤東在五月二十六日至六月三日召開的延安抗日戰爭研究會上演講《論持久戰》時，第一次明確地提出：

「七月一日，是中國共產黨建立十七週年紀念日，這個日子又正當抗戰的一週年。」

在如今的《毛澤東選集》第二卷所收《論持久戰》中沒有這句話，開頭的話是「偉大抗日戰爭的一週年紀念，七月七日，快要到了」，但在一九三八年七月一日延安出版的《解放》雜誌第四三、四四期合刊，仍可查到這句話。

一九四〇年在重慶出版、由許滌新和喬冠華主編的《群眾》週刊第四卷第十八期，發表社論《慶祝中國共產黨十九週年紀念》，指出：

「今年七月一日，是中國共產黨成立十九週年紀念日。」

一九四一年六月三十日，中共中央發出《關於中國共產黨誕生二十週年抗戰四週年紀念指示》，第一次以中共中央名義肯定了「七一」為中共誕辰：

「今年七一是中共產生的二十週年，七七是中國抗日戰爭的四週年，各抗日根據地應分別召集會議，採取各種辦法，舉行紀念，並在各種刊物出特刊或特輯。」⑩

從此，七月一日成為中國共產黨的誕辰紀念日。每年「七一」，各地隆重紀念中共誕辰。

一九六〇年，當韋慕庭見到那塵封已久的陳公博在一九二四年寫的論文《共產主義運動在中國》時，感到困惑。韋慕庭寫道：

「現在中國共產黨把七月一日作為一九二一年第一次代表大會該黨建立的日子來紀念。但對這次大會實際上何時舉行來說，這是很不可靠的。有的說是五月，有的說是七月。陳公博寫他的論文時，僅在他參加了這次大會的兩年半以後，他說，『中國共產黨的第一次代表大會於一九二一年七月二十日在上海舉行』。」

韋慕庭為陳公博的論文寫了長長的緒言，內中專門寫了一節《大會的日期》，引用中國大陸以及香港地區、臺灣地區，還有英國、美國、蘇聯的各種文獻，對中共「一大」的召開日期進行一番詳盡的考證。韋慕庭得出結論，認為陳公博所說的中共「一大」在一九二一年七月二十日開始，到七月三十日結束，「近乎第一次代表大會的起止日期」。

只是「近乎」而已。至於精確的日期，這位美國的教授無法確定。

韋慕庭的緒言在美國發表，當時中美尚未建交，中國大陸的中共黨史研究者們並不知道韋慕庭的考證。

北京。革命博物館。李俊臣在工作之餘，正在那裡通讀《新青年》。

一九六一年，當李俊臣讀著《新青年》第九卷第三號時，對其中陳公博發表的《十日旅行中的春申浦》一文，產生了很大興趣。

雖說此文是一九二一年八月的文章，發表已四十年了，不知有多少人讀過它。可是，文中的「密碼」，一直沒有被破譯。當李俊臣讀此文時，才辨出文中的「暗語」。

陳公博寫道：「暑假期前我感了點暑，心裡很想轉地療養，去年我在上海結合了一個學社，也想趁這個時期結束我未完的手續，而且我去年結婚正在戎馬倥傯之時，沒有度蜜月的機會，正想在暑假期中補度蜜月。因這三層原因，我於是在七月十四日起程赴滬。……」

乍一看，這是一篇普通的旅遊見聞罷了，四十年來誰都這麼以為。然而，李俊臣卻聯想到中共「一大」，頓時眼前一亮：

那「感了點暑，心裡很想轉地療養」之類，純屬遮眼掩耳之語，而「去年我在上海結合了一個學社」，那「學社」是指上海共產主義小組。那句「結束我未完的手續」，分明是指他赴滬參加中共「一大」！

此文記述了「我和兩個外國教授去訪一個朋友」。那「兩個外國教授」被偵探「誤認」為「俄國共產黨」——其實指的便是馬林和尼科爾斯基！至於那位被訪的朋友，文中說是「李先生」，是「很好研究學問的專家」，家中有「英文的馬克斯經濟各書」——這「李先生」不就是李漢俊嗎？

李俊臣不由得拍案叫絕，此文正是一篇最早的有關中共「一大」的回憶文章，是陳公博在中共「一大」剛剛結束時寫的！只是因在《新青年》上公開發表，不便點明中共「一大」，這才拐彎抹角，故意指桑為槐。不過，文章畢竟記述了關於中共「一大」的一些重要史實。由於此文寫於中共「一大」剛剛結束之際，因此可以排除那種時隔多年的記憶錯誤。

李俊臣當時在自己的讀書筆記中寫道：「我認為，這是一篇關於中共『一大』的重要參考資料，頗具史料價值。」

這篇文章表明，陳公博離開廣州的日期是七月十四日，抵滬是七月二十一日。抵滬的翌日，與兩位「外國教授」見面，即七月二十二日。如此這般，可以推知中共「一大」的召開日期在七月二十二日或稍後……

李俊臣在革命博物館的討論會上，談了自己的發現和見解，引起很多同行的興趣。

當然，也有人提出疑義，因為第九卷第三號的《新青年》標明「廣州一九二一年七月一日發行」，所載文章怎麼可能是記述在七月一日之後召開的中共「一大」呢？

不過，考證了當時《新青年》的出版情況，誤期是經常的，這期《新青年》實際是在八月才印行，也就排除了這一疑義。

以後，從共產國際的檔案中，查到一篇極為重要的用俄文寫的《中國共產黨第一次代表大會》，作者沒有署名。從文中提及中國共產主義組織（指共產主義小組）在「去年」成立，而文章又記述中共「一大」召開的經過，表明此文是一九二一年下半年寫的。從文章中談及馬林和尼科爾斯基「給我們作了寶貴的指示」這樣的語氣來看，作者是中共黨員，而且極可能是出自中共「一大」代表之手，是一份向共產國際彙報情況的報告。

這份報告開頭部分，就很明確點出了中共「一大」召開的時間：

「中國的共產主義組織是從去年年中成立的。起初，在上海該組織一共只有五個人。領導人是很受歡迎的《新青年》的主編陳同志。這個組織逐漸擴大了自己的活動範圍，現在共有六個小組，有五十三個黨員。代表大會預定六月二十日召開，但是來自北京、漢口、廣州、長沙、濟南和日本的各地代表，直到七月二十三日才全部到達上海，於是代表大會開幕了。……」

這裡，非常清楚地點出了「七月二十三日」這個日子。報告是在一九二一年下半年寫的，對於「七月二十三日」不會有記憶上的錯誤。

不過，仔細推敲一下，又產生新的疑問：因為代表們「直到七月二十三日才全部到達上海」，並不一定意味著大會在當天開幕。

陳公博是七月二十一日抵滬。很可能，在七月二十三日抵滬的是周佛海——因為當時上海與日本之間通信靠船運，從日本來滬也只能坐船，頗費時日。何況，他不在東京，而在交通不甚便利的鹿兒島。

不過，這份報告表明，中共「一大」開幕之日絕不可能早於七月二十三日。

詳細探討這一重要課題的是北京中國人民解放軍後勤學院的邵維正。他在一九八〇年第一期《中國社會科學》雜誌上發表了《中國共產黨第一次全國代表大會召開日期和出席人數的考證》一文。

邵維正的論文，從三個方面加以考證，即：

（一）從代表行蹤來看。

（二）從可以借助的間接事件來看。

（三）從當時的文字記載來看。

他的論文最後推定：中共「一大」是在一九二一年七月二十三日開幕。

董必武在一九七一年八月四日談中共「一大」時，曾說：

「七月一日這個日子，也是後來定的，真正開會的日子，沒有那〔哪〕個說得到的。」⑪

邵維正的論文解決了這一歷史懸案，受到了胡喬木的讚許，並榮立二等功。

《中國社會科學》雜誌為邵維正的論文，加了如下編者按：

「本文作者依據國內外大量史料，並親自進行了多次訪問，對中國共產黨第一次全國代表大會的召開日期和出席人數，作了深入研究和考證。此文以確鑿的第一手資料和有說服力的分析，論證一大是一九二一年七月二十三日至三十一日召開的，出席會議的有十三人，從而解決了有關『一大』的兩個長期未解決的疑難問題。」

關於邵維正的最重要的論證，本書將在後面述及。

不過，現在雖然已經查清中共「一大」是在一九二一年七月二十三日開幕，但是考慮到多年來已經習慣於在七月一日紀念中國共產黨的誕生，因此有關慶祝活動仍照舊在七月一日舉行。

注釋

①達林：《中國回憶錄》，中國社會科學出版社一九八一年版。

②舒米亞茨基：《中國共青團和中國共產黨歷史片斷——悼念中國共青團和共產黨的組織者之一張太雷同志》，《革命的東方》一九二八年第四、五期合刊，莫斯科出版。

③轉引自舒米亞茨基，《中國共青團和中國共產黨歷史片斷》。

④《列寧全集》第三十二卷，一五六頁。

⑤道夫・賓：《斯內夫利特和初期的中國共產黨》，載《馬林在中國的有關資料》，人民出版社一九八四

年版。

⑥李達：《中國共產黨的發起和第一次、第二次代表大會經過的回憶》，載《「一大」前後》，人民出版社一九八五年版。

⑦周佛海何時抵滬，現無法查證。考慮到日本路途較遠，也可能他晚於陳公博抵滬。

⑧《包惠僧回憶錄》，三十一頁，人民出版社一九八三年版。

⑨同上，三〇至三十一頁。

⑩轉引自邵維正：《七一的由來》，《「一大」回憶錄》，知識出版社一九八〇年版。

⑪《「一大」前後》（二），三六六頁，人民出版社一九八五年版。

第六章　成立

法租界貝勒路上的李公館

酷暑之中的上海，在晚上七時之後，天才慢慢地黑下來。人們在馬路邊、在石庫門房子的小天井、在陽臺，躺在籐椅、竹椅上，一邊揮搖著蒲扇，一邊啃著西瓜。

法租界貝勒路是一條並不熱鬧的馬路。在朦朧的暮色之中，坐落在望志路和貝勒路交叉口的那一幢青紅磚相間砌成的石庫門房子後門，不時閃進一條條黑影。

這幢房子，人稱「李公館」——同盟會元老李書城在此居住。

李書城家原本住在離此不遠的三益里十七號，那裡三樓三底，房子比這裡大。當時李家人口眾多，有李書城的母親王氏、妻子甘世瑜、長女李聲韻、次女李聲䕬、次子李聲茂（後來改名李聲宏）。長子李聲華當時在日本留學，但是在暑假裡有時回國探親。

弟弟李漢俊也在日本留學，但他的妻子以及兩個孩子李聲簧、李聲馥也住在這裡。此外，還有廚師、保姆（李家稱「娘姨」）。三益里的房子是泰利洋房的房產。李家人多，因此租的房子也大。

李書城的妻子甘世瑜在一九一七年患肺病去世。李漢俊的妻子陳氏也於一九一八年去世。李書城的母親在一九二〇年秋天，要送三個靈柩（李書城的父親李金以及李書城和李漢俊的妻子）回湖北潛江老家安葬，這時李聲簧、李聲茂、李聲龢、李聲韻同去，已經從日本回國的李漢俊也送他們去，李家人口頓減。

三益里十七號的房子大，房租每月要七八十元。李書城看中貝勒路樹德里新建的石庫門房子，便租了二樓二底，即望志路一〇六號、一〇八號，搬了過去。

隨李書城一起遷入望志路新居的，還有一位比他小二十四歲的小姐。這位小姐姓薛名文淑，不是湖北人，而是上海松江人氏。

薛、李兩人，本來素不相識。薛家是上海松江縣雇農，生活窘迫，薛文淑便以演唱謀生。在廣州偶然邂逅李書城。聽說薛文淑是上海人，李書城便說：「我家在上海。你以後有什麼困難，可以到我家來找我。」

李書城給她留下了家中的地址。

一九二〇年春，十四歲的薛文淑來到了上海三益里。李書城收留了她，讓她寄居在他家。

據薛文淑回憶：

「當時黃興的遺孀徐宗漢住在貝勒路的一處房子，請了一位湖南老先生當家庭教師，我便同她的子女一美、一球等一起從老先生補習功課，準備投考學校。

「不久，我上了民生學校，與邵力子的姨妹王秀鳳同學。邵家住在我們的斜對門。」

遷往望志路之後，李家只有四口人，即李書城、李漢俊、李書城的九歲的女兒李聲韻、薛文淑。另外，還有一位二十多歲的警衛，名叫梁平，一位四十多歲的廚師廖師傅以及一位三十多歲的安徽娘姨。

薛文淑這時改在博文女校上學，一般上午上課，中午回家吃飯，下午在家複習功課。

這時候，來找李漢俊的朋友更多了。只是薛文淑在三益里時見到過的兩位小姐不大來了，常來的是一位姓陳的小姐，模樣姣美，跟李漢俊學外語。

一九二一年春，三十九歲的李書城和十五歲的薛文淑在望志路結婚。新房設在一〇八號樓上，那裡隔成前後兩間，前面會客，後面為臥室。樓下也是兩間，前面的房間是警衛梁平和廚師廖師傅的臥室，後面為廚房。前後房中間為過道。

一〇六號樓上，也隔成兩間，前屋為李漢俊臥室兼書房，後屋是李聲韻和娘姨臥室。樓下前屋為餐廳，放了一張乒乓球桌那麼大的長方大餐桌。那是從三益里帶過來的。

在三益里時，李家人口眾多，所以要用這麼大的餐桌。樓下後屋是洗澡間，備有日本式的洗澡大木桶。

一〇六號和一〇八號內部打通，共用一〇六號的一個斜度較大的樓梯。上樓之後，先走過李漢俊的房間，朝西走，則是李書城的臥室。

新婚不久，李書城帶著警衛梁平到湖南去了，在那裡主持討伐湖北督軍王占元的軍務。

這麼一來，望志路上的李公館內，只剩下李漢俊、薛文淑、廚師、娘姨和年幼的李聲韻。

薛文淑不過十五歲，不懂世事。廚師和娘姨不識字，因此從不過問李漢俊跟那些穿長衫、西裝的朋友們高談闊論些什麼。

本來，「北京大學暑期旅行團」住在博文女校，倘若就在那裡開會，當然方便。不過，兩個外國人進出一所女子學校，很容易引起密探的注意。一旦招惹麻煩，一網打盡，便無處遁逃。

「到我家裡開會吧。」李漢俊一提議，馬上得到李達的支持。確實，李公館是一個很合適的開會場所。那裡離博文女校很近，而且是個鬧中取靜的所在。

於是，在一九二一年七月二十三日（星期六）晚，穿長衫的，穿對襟紡綢白上衣的，穿西式襯衫結著領帶的，留八字鬍的、絡腮鬍子的，教授派頭的，學生模樣的，一個又一個走進李公館後門……

中國現代史上劃時代的一幕

李公館樓下餐廳，那張長方大餐桌四周，坐滿了十五個人。

晚八時多，中國現代史上劃時代的一幕，就在這間十幾平方米的餐廳裡揭開。

從莫斯科，從伊爾庫茨克，從日本，從中國的北方、南方，操德語、英語的，說俄語的，湖北、湖南口音的，江西、山東、廣東、貴州口音的，乘遠洋海輪、長江輪船，坐長途火車，十五位代表終於頭一回聚集在一起。

餐廳裡點著發出黃暈光線的電燈。餐桌上放著一對荷葉邊粉紅色花瓶，插著鮮花——那花

瓶原是李書城和薛文淑幾個月前結婚時買的。

鮮花給這次難得的聚會增添了喜慶的氣氛。桌子上鋪著雪白的桌布（據董必武回憶說沒有桌布，而薛文淑則回憶說李家長年鋪白桌布，顯然久居那裡的薛文淑的回憶比較可靠）。桌上還放著紫銅煙灰缸、白瓷茶具和幾份油印文件。

桌子四周放了「一打」——十二隻橙黃色的圓凳，加上兩對四把紫色椅子，有了十六個座位。初次的會議很隨便，先來先坐，後到後坐，並不講究座次的排列順序。

毛澤東和周佛海擔任記錄，緊挨著大餐桌而坐。

昨日在預備會上被推選為主席的張國燾，已經預先作了些準備。他在宣布中國共產黨第一次代表大會開始之後，向大家報告了會議的籌備經過。二十四歲的他，比三十一歲的「二李」活躍，富有交際能力，主持大會。「二李」是主人，反而沒有主持會議。

張國燾在報告了籌備經過之後，提出大會的議題，即制定黨的綱領、工作計畫和選舉中央機構。

張國燾念了陳獨秀交給陳公博帶來的信，談了四點意見：

「一，黨員的發展與教育；二，黨的民主集中制的運用；三，黨的紀律；四，群眾路線。」①

劉仁靜坐在馬林旁邊，這位北京大學英語系學生正在發揮他的一技之長——翻譯。他把張國燾的話譯成英語，講給馬林聽。有時，坐在馬林另一側的李漢俊也翻譯幾句。

張國燾講了二十來分鐘，也就結束了。

接著，馬林代表共產國際致辭。馬林這人講起話來，聲若洪鐘，滔滔不絕，一派宣傳鼓動家本色。

馬林一開頭便說：「中國共產黨的正式成立，具有重大的世界意義。共產國際增添了一個東方支部，蘇俄布爾什維克增添了一個東方戰友。」

作為共產國際的執行委員，馬林向他的東方戰友們介紹了共產國際的性質、組織和使命。馬林非常強調地指出：

「共產國際不僅僅是世界各國共產黨的聯盟，而且與各國共產黨之間保持領導與被領導的高度統一的上下級關係。共產國際是以世界共產黨的形式統一指揮各國無產階級的戰鬥行動。各國共產黨是共產國際的支部。」

當劉仁靜把這段話譯成漢語，會場的氣氛變得靜穆緊張。中共的代表們在琢磨、思索馬林的這段話。不言而喻，馬林的話表明，中國共產黨應當是共產國際的一個支部，接受共產國際的領導。

當馬林談及了他和列寧在莫斯科的會見，會場頓時變得熱烈起來。列寧在中國共產黨人心中享有崇高的威望。馬林說起列寧對中國的關懷，期望著建立共產黨，期望著世界的東方建立起社會主義制度，中共代表們的眼睛都睜得大大的。倘不是馬林事先關照過不許鼓掌、以免驚動密探，代表們定然會熱烈地鼓起掌來。

馬林還說及自己在荷屬東印度當年的工作情況，說及自己怎樣組織和建立印尼共產黨……

馬林一口氣講了三四個小時，一直講到子夜。

他這一席話給毛澤東留下的印象是：「精力充沛，富有口才。」

給包惠僧留下的印象是：「口若懸河，有縱橫捭闔的辯才。」

馬林講畢之後，尼科爾斯基致辭。

尼科爾斯基如何致辭是個謎。因為劉仁靜回憶說，「他不懂英語」。②劉仁靜當時擔任英語翻譯，因此他的這一回憶應當是比較可靠的。

然而，馬林不懂俄語，在場的十三位中共代表無一懂俄語。那麼，尼科爾斯基是怎麼發言的呢？筆者就此事請教過中共黨史專家李玉貞、陳紹康，也說弄不清楚。

或許是尼科爾斯基事先寫好發言稿，請上海的俄僑譯成英文，讓馬林代念；或許是尼科爾斯基稍懂英語；或許是馬林稍懂俄語。

大約由於語言關係，也由於畢竟年輕，尼科爾斯基致辭很簡單。他在向中共「一大」表示祝賀之後，介紹了在伊爾庫茨克建立的共產國際遠東書記處，並建議給共產國際遠東書記處發去電報，報告代表大會的進程。此外，他還介紹了剛剛成立的紅色工會國際的情況，認為中國共產黨應當重視工人運動——大概這番話給中國共產黨代表們留下較深的印象，以至後來誤傳他是紅色工會國際的代表。

尼科爾斯基講畢，張國燾便宣布散會。當代表們分批走出李公館的後門時，黑漆漆的夜如墨染一般，這是中共「一大」唯一一次全體到齊的會議。

在這黝黑的暗夜之中，老百姓早已酣然入夢，然而，那些嗅覺異常靈敏的人物仍睜著眼睛。法租界的密探們是不是從這個夜晚起就開始監視李公館，尚不得而知。不過，李公館後來處於密探們的嚴密監視之中，卻是事實……

一番又一番激烈爭論

「黨必須非法地工作。」一開始，馬林便指出了這一點。

中國共產黨是以推翻當時中國的社會制度從而建立社會主義制度為行動宗旨的，當然不合當時中國的「法」。正因為這樣，中共「一大」在極端秘密的狀態下舉行。任何不慎，都將招來全軍覆滅的危險後果。不得不謹慎行事。最初商定，「打一槍換一個地方」，每日更改開會的場所，以免被密探盯住。

不過，除了李公館，已找不出別的恰當的開會場所——不論老漁陽里二號，還是新漁陽里六號，一個是《新青年》編輯部所在地，一個是外國語學社所在地，都是半公開的紅色場所。

無奈，只得繼續在李公館開會。不過，馬林和尼科爾斯基不再出席會議，因為兩個外國人進出李公館，畢竟太惹人注意了。

秘密舉行的中共「一大」，在七月二十二日的預備會、二十三日晚的開幕式之後，經邵維正考證，大約按以下日程繼續進行，開會的地點均為李公館：

日　期	**會議次數**	**主要內容**
二十四日	第二次	各地代表報告工作情況
二十五日	休會	起草黨的綱領和工作計畫

二十六日　休會　起草黨的綱領和工作計畫

二十七日　第三次　討論黨綱和今後實際工作

二十八日　第四次　討論黨綱和今後實際工作

二十九日　第五次　討論黨綱和今後實際工作

每日會畢，由張國燾向馬林、尼科爾斯基彙報會議情況，聽取他們的意見。

會議的氣氛，起初是平靜的。在第二次會議上，各地的代表彙報著各地的情況，如同一根根平行線似的，沒有交叉。毛澤東也作了一次發言，介紹長沙共產主義小組的情況。這是毛澤東在中共「一大」唯一的一次發言。他言語不多，卻很留心聽著別人的發言。

第二次會議上推選了幾個人負責起草中國共產黨的綱領和決議。張國燾是會議的主席，當然被選入起草小組。李漢俊懂四國外語，博覽馬克思著作，劉仁靜有著「小馬克思」的雅號，也被選入起草小組。據董必武回憶，他也參加了起草工作。他還提及，好像李達也是起草者之一。

在起草綱領和決議的過程中，平行線交叉了，爭論開始了。

最激烈的爭論，常常是在兩位飽讀馬克思著作的人物——李漢俊和劉仁靜之間進行。爭論的焦點在於，中國共產黨應當有什麼樣的黨綱。

在李漢俊看來，世界上的革命，既有俄國的十月革命，也有德國社會黨的革命。他以為，中國共產黨要走什麼樣的路，最好派人到俄國和歐洲考察，再成立一個研究機構，經過一番研究之後，才能決定。他以為目前中國共產黨最實際的做法是支持孫中山先生的革命運動，待這一革命成功之後，中國共產黨可以加入議會開展競選。

劉仁靜反對李漢俊的見解，他以為歐洲的議會道路在中國行不通，中國共產黨也不應成為一個馬克思主義的研究團體。他拿出《共產黨宣言》，說中國共產黨應該按照馬克思、恩格斯所說的那樣去做，即以武裝暴動奪取政權，建立無產階級專政，實現共產主義。

雖有陳公博部分地同意李漢俊的意見，但劉仁靜的看法受到多數代表的支持。李漢俊有個長處，當他的意見被大多數人否定之後，他並不堅持。

關於中國共產黨的組織原則，早在一九二一年二月，李漢俊便曾與陳獨秀發生爭執：陳獨秀主張中央集權制，李漢俊主張地方分權制。在這次會上，李漢俊又一次提出，中共中央只是個聯絡機關。他又一次處於少數地位，被大多數代表所否決。

很自然地，由此便產生了共產國際與中國共產黨之間關係的討論。馬林在開幕式上已經把共產國際的意見說得清清楚楚。尼科爾斯基也從伊爾庫茨克的共產國際遠東書記處得到明確的指令，中國共產黨的會議「必須有他參加」③

在這個問題上，代表們倒是贊同李漢俊的意見，即中國共產黨可以接受共產國際的理論指導，並採取一致行動，但不必在組織上明確中國共產黨是共產國際的一個支部。代表們主張在黨綱中寫上「聯合共產國際」。這「聯合」一詞，實際上沒有接受馬林所說的「上、下級關係」。後來，直至一年之後，在中共「二大」上，才通過了《中國共產黨加入共產國際決議案》，才明確寫上：「中國共產黨為國際共產黨之中國支部。」

一個意想不到的問題，竟然引起空前激烈的大辯論，那便是在討論黨員條件時，黨員能否在現政府中做官？陳公博主張可以，因為他正在廣東擔任「宣傳員養成所」所長，而陳獨秀正擔任廣東省教育委員會委員長這樣不小的官。

李漢俊也同意他的意見。不過大多數代表以為，中國共產黨是無產階級政黨，黨員不應在資產階級政府裡當官。兩種意見爭執不休。最後，「這個問題有意識地回避了，但是，我們一致認為不應當作部長、省長，一般的不應當任重要行政職務。在中國，『官』這個詞普遍應用在所有這些職務上。但是，我們允許我們的同志作類似廠長這樣的官。」④

經過一番又一番爭論，黨綱和決議的草稿紙上，畫滿了蜘蛛網般的修改記號，總算接近定稿了。

屋頂花園。張國燾向馬林和尼科爾斯基講述著討論的意見，講述著黨綱和決議的初稿。馬林聽著、聽著，當他聽到那句「聯合共產國際」，頓時雙眉緊鎖。作為共產國際的執行委員，他以為應當不折不扣地貫徹共產國際的決議。

馬林要求出席大會，他要親自向代表們說明共產國際「二大」所通過的決議……

密探突然闖入會場

七月三十日，悶熱的日子。即便坐在屋裡一動不動，那汗還是不住地從毛孔中汩汩而出。傍晚，彤雲四湧，涼風驟襲，彷彿一場雷雨要從天而降。然而，俄頃風定雲滯，一點雨也未落下來，顯得益發熱不可耐。

這些天，薛文淑上樓、下樓，常見到餐廳裡坐滿了人。餐廳的上半截為木條網格，上、下樓梯時總能看到餐廳裡的情形。只是李書城關照過不要管漢俊的事，所以她從不過問。

夜幕降臨之後，餐廳裡又聚集了許多人。

馬林來了。尼科爾斯基也來了。只是周佛海沒有來，據說他肚子忽地大痛大瀉，出不了門，只好獨自躺在博文女校樓上的紅漆地板上。

八時多，代表們剛在那張大餐桌四周坐定，馬林正準備講話。這時，從那扇虛掩的後門，忽地進來一個陌生面孔、穿灰布長衫的中年男子，闖入餐廳，朝屋裡環視了一周。

李漢俊發現這不速之客，問道：「你找誰？」

「我找社聯的王主席。」那人隨口答道。

「這兒哪有社聯的？哪有什麼王主席？」李漢俊頗為詫異。

「對不起，找錯了地方。」那人一邊哈了哈腰，一邊匆匆朝後退出。

馬林的雙眼射出警惕的目光。他用英語詢問李漢俊剛才是怎麼回事，李漢俊當即用英語作了簡要的答覆。

「砰」的一聲，馬林用手掌猛擊大餐桌，當機立斷：「一定是包打聽！我建議會議立即停止，大家迅速離開！」

代表們一聽，馬上站了起來，李漢俊領著大家分別從前門走出李公館。平日，李公館的前門是緊閉的，這時悄然打開……

那個突然闖入的不速之客，究竟是誰？這曾是一個歷史之謎。

筆者在寫作本書時，偶然從上海電影製片廠導演中叔皇那裡得知，年已耄耋的薛耕莘先生曾在上海法租界巡捕房工作多年，即於一九九〇年八月九日前往薛寓拜訪。

薛耕莘先生在介紹上海法租界巡捕房時，談及他的上司程子卿，回憶了這樁重要史實……一九二一年八月三十日晚，那個闖進李公館的穿灰布長衫的中國密探究竟是誰？七十年來從未知曉。據薛耕莘先生告知，那不速之客叫程子卿，當時任上海法租界巡捕房的政治探長。

程子卿是江蘇鎮江人，生於一八八五年，米店學徒出身，讀過三年私塾。程子卿不會講法語，但臂力過人。他與黃金榮結拜為兄弟，進入上海法租界巡捕房。先是做巡捕，後升為探長。從薛耕莘先生出示他當年穿警服時與上司程子卿的合影，可看出程子卿身體相當壯實。

薛耕莘先生說，程子卿在三十年代末曾與他談及前往李公館偵查中共「一大」之事（當時只知一個外國「赤色分子」在那裡召開會議，不知是中共「一大」）。薛耕莘有個習慣，常把重要見聞記於自己的筆記本。當時，他曾記錄了程子卿的談話內容。

解放後，薛耕莘被捕入獄，他的筆記本被收繳。倘從檔案部門尋覓，當可查到那個筆記本，查到當年他筆錄的原文。現在他雖已不能回憶原文，但是程子卿所說首先闖入李公館這一事，他記得很清楚。

程子卿在法租界巡捕房工作期間，也做過一些有益的事。因為這樣，解放後經宋慶齡說明有關情況，程子卿未曾入獄。他於一九五六年病逝於上海……

在不速之客程子卿走後，中共「一大」代表們緊急疏散，唯有李漢俊和陳公博留在那裡沒有走。李漢俊帶著陳公博上了樓，坐在他的書房裡。

陳公博不走，據他在《寒風集》中自云：「我本來性格是硬綳綳的，平日心惡國燾不顧同志危險，專與漢俊為難，到了現在有些警報又張惶的逃避。心中又是好氣，又是好笑，各人都走，我偏不走，正好陪著漢俊談話，看到底漢俊的為人如何，為什麼國燾和他有這樣的惡感。……」

李漢俊是那裡的主人，他自然不會走。他和陳公博在樓上書房裡坐定，想看看究竟是馬林神經過敏，還是真的有包打聽在作祟。

此後的情景，唯有在場的李漢俊和陳公博親歷。李漢俊死得早，沒有留下任何回憶。陳公博倒是寫過兩篇回憶文章。

陳公博寫的第一篇回憶文章，便是李俊臣所發現的那篇《十日旅行中的春申浦》。此文是在發生這一事件後十來天內寫的。除了因在《新青年》雜誌上公開發表而不得不採取一些隱語，所憶事實當是準確的：

不想馬上便來了一個法國總巡，兩個法國偵探，兩個中國偵探，一個法兵，三個翻譯，那個法兵更是全副武裝，兩個中國偵探，也是睜眉怒目，要馬上拿人的樣子。那個總巡先問我們，為什麼開會？我們答他不是開會，只是尋常的敘談。他更問我們那兩個教授是那〔哪〕一國人？我答他說是英國人。那個總巡很是狐疑，即下命令，嚴密搜檢，於是翻箱搜篋，騷擾了足足兩個鐘頭。

他們更把我和我朋友隔開，施行他偵查的職務。那個法偵探首先問我懂英語不懂？我說略懂。他問我從那裡來？我說是由廣州來。他問我懂北京話不懂？我說了懂。那個偵探更問我在什麼時候來中國？他的發問，我知道這位先生是神經過敏，有點誤會，我於是老實告訴他：我是中國人，並且是廣州人，這次攜眷來遊西湖，路經上海，少不免要遨遊幾日，並且問他為什麼要來搜查，這樣嚴重的搜查。那個偵探才告訴我，他實在誤認我是日本人，誤認那兩個教授是俄國的共產黨，所以才來搜檢。

是時他們也搜查完了，但最是湊巧的，剛剛我的朋友李先生是很好研究學問的專家，家裡藏書很是不少，也有外國的文學科學，也有中國的經史子籍〔集〕；但這幾位外國先生僅認得英文的馬克斯經濟各書，而不認得中國孔孟的經典，他搜查之後，微笑著對著我們說：

「看你們的藏書可以確認你們是社會主義者；但我以為社會主義或者將來對於中國很有利益，但今日教育尚未普及，鼓吹社會主義，就未免發生危險。今日本來可以封房子，捕你們，然而看你們還是有知識身分的人，所以我也只好通融辦理……」

其餘以下的話，都是用訓戒和命令的形式。……一直等他走了，然後我才和我的朋友告別。自此之後便有一兩個人在我背後跟蹤……

大約這一事件給陳公博留下的印象太深了，所以三年之後，他在美國寫《共產主義運動在中國》時，也提及此事：

「在大會的第一週週末，許多議案尚在考慮和討論中，這時法國警察突然出現了。在大會召開之前，外國租界就已收到了許多報告，說東方的共產黨人將在上海開會，其中包括中國人，日本人，印度人，朝鮮人，俄國人等。所有的租界都秘密警戒，特別是法租界。或許是因為有密探發出警告，偵探和警察就包圍了召開會議的建築物，所幸十個代表警告其他人有危險，而且逃走了。即使搜查了四個小時，但並未獲得證據，警察這才退走。……」

後來，陳公博在他一九四四年所寫的回憶文章《我與中國共產黨》（收於《寒風集》中），非常詳盡地描述這一事件。不過，內容基本上跟他在《十日旅行中的春申浦》差不多。其中補充了一個重要的情節：

「（密探）什麼都看過，唯有擺在抽屜一張共產黨組織大綱草案，卻始終沒有注意，或者他們注意在軍械罷，或者他們注意在隱秘地方而不注意公開地方罷，或者因為那張大綱寫在一張薄紙上而又改得一塌糊塗，故認為是一張無關重要的碎紙罷，連看也不看。……」

密探們仔仔細細搜查李公館，陳公博在一旁不停地抽菸。他，竟把整整一聽長城牌四十八支菸捲全部吸光！

幸虧馬林富有地下工作的經驗。他的當機立斷，避免了中國共產黨在初創時的一場大劫。

據現今仍健在的薛文淑回憶：

「記得有一天，我回到家裡，一進門就發現天井裡有些燒剩的紙灰。廚師老廖告訴我，有法國巡捕來搜查過二先生（引者注：指李漢俊）的房間，並說沒有抓人。這時漢俊已不在家。我上樓到他房間看了一下，除了書架上的書比較凌亂以外，沒有別的跡象。其他房間據老廖說連進都沒有進

去。因為書城曾對我說過不要管漢俊的事，所以漢俊回來後我沒有問，他也沒有提這件事。……」

子夜作出緊急決定

法國警察和密探們離去之後，陳公博因吸了一聽香菸而未喝過一口茶，口乾難熬。李漢俊吩咐廖師傅燒水沏茶。

陳公博才呷了幾口清茶，忽地又聞樓梯響，陡地一驚，以為警察和密探殺「回馬槍」。抬頭一看，只見從樓梯上來一個人，正在探頭探腦。此人非別人，乃是包惠僧！

原來，在馬林下了緊急疏散令之後，包惠僧和代表們走出李公館，不敢回博文女校，生怕那兒早已被密探們所監視。回頭望望無人盯梢，也就穿小巷，走里弄，拐入漁陽里，走進二號——當年陳獨秀的住處，當時住著陳獨秀妻子高君曼以及李達夫婦。

在那裡等了兩個鐘頭，看看外面沒有異樣動靜，由於牽掛著李公館裡究竟如何，包惠僧便自告奮勇，前去看看。

「法國巡捕剛走，此非善地，你我還是趕快走吧！」陳公博簡單地向包惠僧介紹了剛才驚險的一幕之後，對他說道。

於是，包惠僧先走。

李漢俊叮囑道：「你還是多繞幾個圈子再回宿舍，防著還有包打聽盯梢！」

包惠僧點了點頭，消失在夜幕之中。

他走出李公館不遠，正巧遇上一輛黃包車，便跳了上去說：「到三馬路！」三馬路，即今漢口路。那時，稱南京路為大馬路，九江路為二馬路，福州路為四馬路，廣東路為五馬路，北海路為六馬路。

包惠僧在三馬路買了點東西，回頭看看沒有「尾巴」，便叫車夫拉到愛多亞路，即今延安東路。然後，又東拐西彎，這才折入環龍路，付了車錢。待黃包車走遠後，包惠僧才步入漁陽里，來到了二號。李達給他開門。

已是午夜時分，李達家中還亮著燈光。一進屋，好多人聚在他家中，正在焦急地等待著包惠僧——因為漁陽里離李公館並不遠，而包惠僧竟一去多時未返，大家為他捏了一把汗！

包惠僧訴說了李公館的遭遇，果真是法國巡警出動，大家無不佩服馬林的高度警覺。只是馬林和尼科爾斯基離開了李公館之後，怕甩不掉跟蹤者，未敢到漁陽里來，在上海城裡兜了幾個圈子，各回自己的住處。

「我們要換一個地方開會。最好是離開上海，躲開法國巡捕。」李達說道。

代表們都贊同李達的意見。可是，離開上海，上哪兒去開會呢？

周佛海提議去杭州西湖開會——因為他去年在西湖智果寺住了三個多星期，那裡非常安靜，是個開會的好地方。他很熟悉那裡，願做嚮導，明日一早帶領代表們奔赴那裡。

周佛海原本因肚子大痛大瀉未去李公館，迷迷糊糊地躺在博文女校樓上。將近午夜，忽聽有人上樓，睜眼一看是毛澤東。毛澤東是從漁陽里二號來的，想弄清博文女校的情況。

毛澤東輕聲問他：「這裡沒有發生問題嗎？」

周佛海如丈二和尚摸不著頭腦。經毛澤東一說，他才知李公館遭到了麻煩。看看博文女校樓上的鋪位，全都空著，便知事態嚴重。

「走，我們一起到李達家去商量。」周佛海這時肚瀉已好了些，便與毛澤東一起朝漁陽里二號走去……

不約而同，大多數代表都聚集在這裡。

「我倒有一個主意。」坐在李達旁邊的王會悟，聽了周佛海的話，開口了。她不是中共「一大」代表，但她是丈夫李達的得力助手。打從開始籌備會議，她就幫助李達東奔西走，安排代表的住宿。

這時，看到代表們聚集在她家，一副焦急的神態，就說道：「我是浙江桐鄉縣人，緊挨著嘉興。我在嘉興師範學校讀過書，對嘉興很熟悉。嘉興有個南湖，離火車站很近，湖上有遊船可以租。從上海到嘉興，只及上海到杭州的一半路。如果到南湖租條船，在船上開會，又安全又方便。遊南湖的人，比遊西湖（的人）少得多……」

經王會悟這麼一說，代表們都覺得是個好主意。

「我也去過，那裡確實很安靜。」李達曾在王會悟陪同下遊過南湖，對那裡的印象不錯。

「到嘉興的火車多嗎？」代表們問。

「很多。從上海開往南方的火車，都要路過嘉興。」王會悟說，「我每一次回桐鄉老家，都要在嘉興下火車，很熟悉火車時刻表。最好是坐早上七時三十五分從上海開出的快車，十時二十五分就可以到達嘉興。另外，上午九時、十時，各有一趟慢車，不過到了嘉興，就要中午以後了。另外，下午二時五十分，還有一趟特快。坐這趟車的話，得在嘉興過夜。」

經王會悟這「老土地」一說，代表們心中有數了。

「我看最好是坐上午七時三十五分這趟快車，當天來回。」李達說，「現在，我們的會議已經被法國巡捕注意，形勢緊張，事不宜遲，以早開早散為好。」

李達的意見，得到了代表們一致贊同。

考慮到馬林、尼科爾斯基是外國人，一上火車很惹人注意，代表們決定不請他們去嘉興。李漢俊是李公館的主人，正受到密探們的嚴密監視，也就不請他去嘉興了。

陳公博呢？他帶著新婚太太李勵莊住在大東旅社，本來是可以去嘉興開會的。可是，陳公博卻沒有去嘉興出席中共「一大」的閉幕會。

陳公博未去嘉興，有三種可能性：

或許因為他單獨住在大東旅社，又帶著女眷，夜已深，而翌晨出發又早，無法通知他。

或許因為考慮到他和李漢俊曾受過法國巡捕的審問，已經引起警方注意，不便去。

陳公博自己則說，大東旅社突然響起槍聲，使他再度受驚，決定不去嘉興……

大東旅社發生凶殺案

是多事的夏夜。

等包惠僧走出李公館，過了一會兒，陳公博也起身向李漢俊告辭。

李漢俊把他從前門送出，閂緊前門，回身又鎖上後門。進屋之後，連忙找出一些文件，在小天井裡焚燒。

陳公博出了李公館，從望志路拐入貝勒路，轉彎時回頭掃了一眼，見有一黑影相隨，便知來者不善。他走得快，黑影跟得也快；他走得慢，黑影跟得也慢。不言而喻，密探想探清楚他究竟住在哪裡。

他不敢徑直回大東旅社。這時不過晚上十點多，他步入霞飛路一片燈光通明的大商店，一邊佯裝觀看商品，一邊思索著脫身之計。

他忽地記起去年從北京大學畢業回廣州時，路過上海，曾到大世界遊玩。即使入夜，那裡也很熱鬧。人多的地方，最容易甩掉跟蹤者。

他叫了一輛黃包車。身後的盯梢者，也喊了一輛黃包車尾隨。

當陳公博在大世界下車，「尾巴」也在那裡跳下車。

陳公博以悠閒的步子，進入書場，走入戲場。當他來到屋頂的露天電影場，那幽暗而人群擁擠的地方使他突然加快了步伐。他消失在黑壓壓的觀眾群中。

當陳公博從另一個門下樓，趕緊又叫了一輛黃包車，朝北駛去。他從車上回頭望著，沒有發現跟蹤的車子，鬆了一口氣。

他在南京路下了車，等黃包車離去，這才急急閃進英華街，來到那掛著「天下之大，居亞之東」對聯的大東旅社，乘電梯來到四樓。

穿白上衣、黑長褲的茶房為他打開四十一號房間的房門，燈亮了，他的太太醒來了。

他關緊了房門，頓時出了一身大汗。他悄聲叫妻子李勵莊把皮箱打開，他取出了幾份文件，然後倒掉痰盂裡的水，把文件放在痰盂中燒掉。

他這才鬆了一口氣，把剛才驚險的經歷講給李勵莊聽……

洗完澡，汗水仍在不斷地溢出。酷暑之中，那大銅床上像蒸籠似的。陳公博索性把席子鋪在地板上。

下半夜，那積聚在天空的烏雲終於結束了沉默、僵持的局面，雷聲大作，電光閃閃，下了一場瓢潑大雨。涼風習習，陳公博總算得以安眠。

然而，清晨突然發生的一樁命案，把陳公博夫婦嚇得魂不附體，睡意頓消。

陳公博在他當年的《十日旅行中的春申浦》一文中，如此記述：

「這次旅行，最使我終身不忘的，就是大東旅社的謀殺案。我到上海住在大東旅社四十一號，那謀殺案就在隔壁四十二號發生。七月三十一日那天早上五點多鐘，我睡夢中忽聽有一聲很尖厲的槍聲，繼續便聞有一女子銳厲悲慘的呼叫。……」

像這樣一起凶殺案，發生在市中心大名鼎鼎的大東旅社，立即引來好幾位新聞記者。

上海報紙報導了這一社會新聞：

翌日——一九二一年八月一日，上海《新聞報》便刊登《大東旅社內發生謀斃案》。

同日，上海《申報》在第十四版刊載新聞《大東旅社內發現謀命案，被害者為一衣服華麗之少婦》。

八月二日，《新聞報》刊載《大東旅館中命案續聞》。

就連在上海用英文印行的《字林週報》（創刊於一八六四年七月一日），也在八月六日發表報導《中國旅館的奇異悲劇》。

綜合當時的這些報導及陳公博的回憶，案情如下：

七月二十九日，星期五，一對青年男女來到大東旅社，在四樓開了一個房間。男的叫瞿松林，是在一個英國醫生那裡當侍役。女的叫孔阿琴，是一家繅絲廠的女工，二十二歲。這個瞿松林過去因私用客帳，曾坐牢四個月。這次趁英國醫生去青島避暑，便偷了他的一支手槍，和孔阿琴上大東旅社開房間。瞿松林在旅館登記簿上，寫了假名字「張伯生」，職業寫成「商人」。

「兩個人不知為什麼不能結婚，相約同死。」這樣，在七月三十一日清晨五時，瞿松林用三十二毫米口徑手槍朝孔阿琴射擊。一槍未死，又用毛巾勒死了她。他本想與她同死，後來卻下不了決心。

上午，瞿松林隻身外出，意欲他往，茶房因他未付房租，向他索錢。他說他的妻子還在房裡，不會少你房租的。說罷，揚長而去。

到了下午七時光景，那房間仍緊閉房門。茶房生疑，用鑰匙打開了房門，大吃一驚，見那青年女子倒在地板上，鮮血滿地，已死。

經警方查驗，孔阿琴左臂、大腿被槍彈擊傷，並有一毛巾纏在脖頸。地板上扔著一支三十二毫米口徑的手槍和幾粒子彈。桌子上，有瞿松林所寫的五封信，說自己要與孔阿琴同死云云……

在十里洋場、紙醉金迷的上海，像大東旅社這樣的凶殺案，三天兩頭發生，原本不足為奇。然而，此案過去幾十年，卻引起歷史學家們的濃烈興趣。最早查考此案的便是美國哥倫比亞大學教授韋慕庭。

遠在太平洋彼岸，他從英文版的《字林週報》上查閱那篇報導《中國旅館的奇異悲劇》。他所關心的不是案件本身，卻是案件所發生的時間——因為它是一個時間座標，確定了案件發生的時間，便可確定法國巡捕騷擾中共「一大」閉幕的時間，以便大致推定開幕的時間。

《字林週報》的報導明明白白地寫道：

大東旅社凶殺案發生在七月三十一日。

此後，李俊臣所發現的陳公博的《十日旅行中的春申浦》一文，也明確地寫道：「七月三十一日那天早上五點多鐘，我睡夢中忽聽有一聲很尖厲的槍聲……」

接著，為了考證中共「一大」的會期，邵維正也查閱了當時上海各報，都一致表明，此案在七月三十一日發生。

另外，在陳公博一九二四年所寫的《共產主義運動在中國》一文中，也有一句：法國警察突然出現在李公館，是「在大會的第一週週末」。

七月三十日正是週末——星期六！

由此，歷史學家們準確地推定了法國巡捕闖入中共「一大」會場的日子是七月三十日！

陳公博在一夜之間兩次受驚，不敢在上海久留。雖然他清楚聽見槍聲，卻沒告訴茶房，生怕警方在偵查此案時會要他充當證人。他並不怕當證人，只是在作證時，警方勢必會盤問他姓

名、從何處來、來此何幹之類，萬一把他與李公館聯繫起來，那就麻煩了。

三十六計，走為上策。大東旅社的總經理郭標，是陳公博的同鄉。「廣東人和廣東人總容易說話」，他跟郭總經理打了個招呼，把行李暫且寄存在大東旅社，便帶著太太李勵莊到杭州散心去了……

匆匆轉移嘉興南湖

七月三十一日早上七時三十五分，一列快車從上海北站駛出，朝南進發。

在各節車廂裡，散坐著中共「一大」的代表們。只是他們彷彿互不相識，各自獨坐。他們之中有張國燾、李達、毛澤東、董必武、陳潭秋、王盡美、鄧恩銘、劉仁靜、周佛海、包惠僧。何叔衡是否去了，尚是一個待解之謎。據有的當事人回憶，何叔衡提前回長沙了。

比起三天之前，這趟車算是空的。三天前——七月二十八日，正值陰曆六月二十四日，是南湖的「荷花生日」，四面八方的人趕去慶賀，湖裡的船也驟然猛增。那天夜裡，湖裡舉行燈會，波光燈影，美不勝收。

不過，比起平日來，這趟車裡去南湖的遊客稍多一些。因為這天是星期日，上海方向早去晚歸的遊客自然比往常增加。

那時的快車，只是相當於今天的慢車。小販們在車上叫賣醬油瓜子、豆腐乾、五香豆，旅客們慢條斯理地咀嚼著零食，打發著時光。

王會悟小姐緊挨著李達。她今日顯得格外興奮——她是「領隊」兼「導遊」。她的小巧的手提包一直不離身，包裡放著這次去南湖的活動經費。

嘉興是座古城，秦朝時稱由拳縣。到了三國時，這兒屬吳國，設置嘉興縣。由於嘉興在大運河之側，又是滬杭鐵路的中點，也就興旺發達起來。

南湖是嘉興勝景，遊嘉興者差不多都是為了遊南湖。

南湖與大運河相連，古稱陸渭池，雅稱鴛鴦湖——因為南湖分東、西兩部分，形狀如同兩鳥交頸，便得了鴛鴦湖之名。

比起杭州西湖來，嘉興南湖顯得小巧而精緻。湖面不大，當年虛稱八百畝，如今經航空攝影精確測定，南湖水面面積為六百二十四畝。它是一個平原湖。放眼望去，湖的四周鑲著一圈依依垂柳。

南湖之妙，妙在湖中心有一個小島，島上亭臺樓閣掩映在綠樹叢中。

南湖原本一片澤國，並無湖心島。那是在明朝嘉靖二十七年（西元一五四八年），嘉興知府趙瀛修浚護城河，把挖出的泥用船運至湖心，堆成了一個人工小島。

在南湖之濱，矗立著一座設計獨具匠心的南國風格的樓。登樓眺望南湖，在春雨霏霏的日子裡，四處煙雨茫茫，得名「煙雨樓」。那是西元九四〇年前後五代後晉時，吳越國國王錢鏐第四子廣陵王錢元璙所建。

趙瀛在南湖堆出一個人工島之後，翌年，便把煙雨樓拆移到島上。這樣，光禿禿的小島上冒出一座飛紅流翠的煙雨樓，又栽上銀杏、垂柳，頓時美若仙境。

明朝萬曆十年（西元一五八二年），嘉興知府龔勉又下令在煙雨樓側建造亭榭，南面拓台曰「釣鼇磯」，北面築池曰「魚樂國」。如此這般，南湖如同錦上添花，姿色益增。

南湖名聲大振，是在清朝那位「旅遊皇帝」——乾隆光臨之後。

乾隆愛南湖，尤愛湖心島上的煙雨樓。他六遊江南，曾八次登南湖煙雨樓，前後賦詩近二十首！這樣，在湖心島，四處可見到乾隆御筆：

春雲欲泮旋濛濛，百頃明湖一棹通。
回望還迷隄柳綠，到來纔辨榭梅紅。
不殊圖畫倪黃境，真是樓臺煙雨中。
欲倩李牟攜鐵笛，月明度曲水晶宮。

這位「旅遊皇帝」甚至帶走了煙雨樓的圖紙，在皇家園林——承德避暑山莊的青蓮島上，仿建了一座煙雨樓。不過，乾隆再三嘆息，承德的煙雨樓只是形似而已，登樓卻不見煙亦不見雨！

打從乾隆御駕多次臨幸，南湖聲譽鵲起，慕名前來遊覽者日眾。尤其是清明前後，春雨瀟瀟，垂柳初綠，煙雨蒼茫，南湖洋溢著朦朧之美。

南湖的另一盛事是在民國元年（西元一九一二年）冬，中華民國臨時大總統孫中山路過嘉興，各界人士萬餘人集結於嘉興車站歡迎。孫大總統下車後，來到蘭溪會館，發表了一小時演說，掌聲雷動。演說畢，孫中山遊南湖煙雨樓，在樓前留下一幀照片：穿一件毛皮大衣，雪白的襯衫領子，繫著一根領帶……

冒著黑煙的蒸汽火車頭拖著一節節車廂，在滬杭線上行駛了將近三個小時，在上午十時二十五分停靠在嘉興車站。

李達和王會悟下車後，走在最前面。代表們三三兩兩跟隨其後。

兩層樓的嘉興車站，看上去像幢辦公樓。走出火車站的正門，王會悟並不直奔南湖，卻領著眾人朝嘉興的「南京路」——張家弄（今已拓寬，改名勤儉路）走去。

張家弄裡有個熱鬧的處所，猶如上海的大世界，叫做寄園。寄園裡有假山，有樓閣，唱戲的、變把戲的、說書的，濟濟一堂。那裡有一座嘉興最高級的旅館，叫鴛湖旅館，這名字來自南湖的別名——鴛鴦湖。

王會悟安頓代表們在鴛湖旅館內開了房間，洗洗臉，吃個粽子，暫且歇息。先在那裡開了房間，為的是擔心當天會議不能結束，有個過夜的地方。

王會悟像個熟練的導遊小姐，在辦好代表們的住宿手續之後，便請鴛湖旅館帳房先生代訂畫舫。

畫舫，是文人們對於大型遊船的雅稱，當地人叫它「絲網船」。據說，南湖裡本來沒有畫舫，只有小船。小船敞篷，坐三五個遊人，如此而已。

「絲網船」也就是大型漁船，本是在太湖裡拉網捕魚的，收入一般。不知何年何月，有一艘絲網船沿南北大運河駛入南湖，在南湖裡捕魚。南湖湖小水淺，魚不多。這艘船正想沿運河重返太湖，卻被遊人看中，搭船遊湖。大船載客多，船上活動餘地大，而且平穩。

陰差陽錯，漁船「改行」，幹起旅遊船這角色來了。收入頗豐，比打漁強多了。

消息傳開，好多艘絲網船從太湖南下，進入南湖，「改行」成旅遊船。船多了，彼此間為了招徠遊客，展開了一番競爭：各船都紛紛向豪華型發展，船艙裡鋪上紅漆地板，艙壁雕龍描鳳，放上紅木太師椅、八仙桌。設置精美的臥室，供抽大煙者、玩妓女者歇息。後艙砌上爐灶，供應茶水、熱氣騰騰的點心。

這麼一來，辦婚事喪事，包上一艘畫舫，在湖裡慢悠悠地遊上一天，酒席招待。

這麼一來，找個戲子、歌女，吹拉彈唱，湖上優遊，也是樂事。

這麼一來，呼朋吆友，圍坐在八仙桌四周，築起方城，逍遙自在。

這麼一來，尋花問柳，一艘畫舫包幾天幾夜，盡興而散，成了水上妓院。

這麼一來，不光是外地遊客雇船，本地人包船的更多。畫舫已成變相旅遊船，有著各種各樣特殊的用途。

這麼一來，畫舫不再用帶腥味的舊漁船改裝，船老闆乾脆訂製專供旅遊的新船。只是船的外形還是絲網船的模樣，還是由那班建造絲網船的工匠們製造。

南湖水淺，尤其是岸邊水淺，畫舫無法靠岸。各畫舫都附一艘小船，往來於碼頭和畫舫之間接客送客。為了博得遊客青睞，小船往往由年輕俏麗女子駕駛，名喚「船娘」。倘用現代名詞稱呼，也就是「水上公關小姐」。

除了靠船娘在碼頭上拉客，畫舫還在鴛湖旅館帳房設立了租船處。船主們心中明白，住得起鴛湖旅館的，都是高等客人，自然也就有錢雇畫舫。

「租雙夾弄的！」王會悟小姐很內行，她對帳房先生說出了租船的規格。所謂「雙夾弄」，是指船的中艙與後艙之間有兩條過道，表明是大號船。

「對不起，小姐。雙夾弄的都在昨天被預定了。現在只有單夾弄的。」帳房先生答道。所謂「單夾弄」，是指船的中艙與後艙之間只有一條過道，表明是中號船。

「那就只好將就。」王會悟說，「另外，包一桌酒席，借兩副麻將。」

聽見「借兩副麻將」，帳房先生笑了一下。

王會悟給了他八個銀元——四元半是中號畫舫租費，三元是酒菜錢，餘下是小費。

訂好畫舫，代表們在「導遊小姐」王會悟的帶領下，來到了湖邊碼頭。

見到來了那麼多客人，好幾位船娘上前吆喝：「南湖去？坐我的船！坐我的船！」

「我們訂好哉！」王會悟連連謝絕圍上來的船娘。

代表們分批登上一艘小船。小船來回擺渡，把代表們送上一艘中號的畫舫。……

中國共產黨宣告正式成立

從船頭穿過小巧的前艙，便來到寬敞的中艙。

這中艙雖然比李公館的餐廳小一些，不過八仙桌四周一把把太師椅，坐上去還是寬敞的。

艙裡金碧輝煌，就連每一根柱子上都刻著金色盤龍。四壁刻著金色的花卉、耕牛、人物、

飛鳥。橫匾上鐫「湖光彩月」四字，兩側對聯為「龍船祥雲陽寶日，鳳載梁樹陰場月」。

碧綠的波光從窗口射進艙內，輕風吹拂，好一個清涼世界。

八仙桌上放著一套宜興紫砂茶具。王會悟給代表們沏上龍井綠茶，然後「嘩」的一聲，把麻將牌倒在八仙桌上，代表們都會意地笑了。

她到後艙跟船老大打個招呼，遞上一包香菸，船便緩緩地在湖面上移動。接著，她走過中艙，來到前艙，透過艙門望著「風景」——倘有異常動向，隨即報告中艙。

甩掉了跟蹤的密探，遠離人喧車囂的上海，如此安謐，如此秀麗，淺綠的湖面上漂著翠綠色的菱葉，一塵不染，令人心曠神怡。

湖上的遊船不算很多。偶爾有畫舫從近處經過，傳來留聲機的歌聲，代表們便嘩嘩洗起麻將牌來。

將近中午，下起一陣小雨，遊人四散，湖面上更為安靜。中共「一大」的最後一次會議，就在這時開始。

代表們討論著黨綱和決議。那張放在李漢俊家抽屜裡，被密探們所忽視的「廢紙」，此刻成為代表們字斟句酌的文件。馬林不在場，又缺了常常持異議的李漢俊和陳公博，討論的過程不像往日那麼激烈，十分順利地進行著。

中午時分，一艘小船駛近，靠上大船。船娘遞上好幾隻竹編的大籠屜，裡面是剛從鴛湖旅館送來的飯菜。

這時，船老大把圓桌面鋪在八仙桌上，十來位代表正好坐滿一桌。南湖的鰱魚、蟹、蝦，味道鮮美，代表們一邊吃，一邊稱讚著。

最為奇特的是一大盆像元寶一般的菱，沒有角。王會悟介紹說：「這是南湖的特產，叫無角菱，又叫餛飩菱，肉多味甜。很奇怪，出了南湖，長出的菱就有角了！」

如此有趣的菱角，代表們頭一回品嘗。

飯罷，大船靠近湖心島，代表們漫步在煙雨樓，稍事休息。

接著，會議又在船裡繼續舉行。

第一個獲得正式通過的，便是後來分別從美國哥倫比亞大學以及從蘇聯轉來的共產國際檔案中發現的《中國共產黨第一個綱領》。從英文稿和從俄文稿倒譯成中文，並無太多的差異。尤其令人注意的是，英文稿和俄文稿都缺少了第十一條。

現據俄文稿，全文照錄於下：

一、我們的黨定名為「中國共產黨」。

二、我們黨的綱領如下：

1革命軍隊必須與無產階級一起推翻資本家階級的政權，必須援助工人階級，直到社會階級區分消除的時候；

2直到階級鬥爭結束為止，即直到社會的階級區分消滅時為止，承認無產階級專政；

3消滅資本家私有制，沒收機器、土地、廠房和半成品等生產資料；

4聯合第三國際（引者注：即共產國際）。

三、我們黨承認蘇維埃管理制度，要把工人、農民和士兵組織起來，並以社會革命為自己政策的主要目的。中國共產黨徹底斷絕與資產階級的黃色知識分子及與其類似的其他黨派的任何聯繫。

四、凡承認本黨黨綱和政策，並願成為忠實黨員者，經黨員一人介紹，不分性別，不分國籍，都可以接收為黨員，成為我們的同志。但是在加入我們隊伍以前，必須與那些與我們的綱領背道而馳的黨派和集團斷絕一切聯繫。

五、接受新黨員的手續如下：被介紹人必須接受其所在地的委員會的考察，考察期限至少為兩個月。考察期滿後，經大多數黨員同意，始得成為黨員。如果該地有執行委員會，必須經執行委員會批准。

六、在黨處於地下狀態時，黨的重要主張和黨員身分應保守秘密。

七、每個地方，凡是有黨員五人以上的，必須成立委員會。

八、委員會的黨員經以前所在地的書記介紹，可以轉到另一個地方委員會。

九、凡是黨員不超過十人的地方委員會，應設書記一人；超過十人的應設財務委員、組織委員和宣傳委員各一人；超過三十人的，應由委員會的成員中選出一個執行委員會。關於執行委員會的規定下面將要說到。

十、工人、農民、士兵和學生等地方組織的人數很多時，可以派他們到其他地區去工作，但是一定要受當地執行委員會最嚴格的監督。

十一、（遺漏）。

十二、地方執行委員會的財政、活動和政策，必須受中央執行委員會的監督。

十三、委員會所管轄的黨員超過五百人或同一地區有五個委員會時，必須成立執行委員會。全國代表會議應委派十人參加該執行委員會，如果這些要求不能實現，必須成立臨時中央執行委員會。關於執行委員會的工作和組織，下面將要更加詳細地闡述。

十四、黨員如果不是由於法律的迫使和沒有得到黨的特別允許，不得擔任政府的委員或國會議員。士兵、警察和職員不在此例。

十五、這個綱領經三分之二全國代表大會代表同意，始得修改。

這個黨綱，便是中共「一大」的最重要的成果。黨綱明確地申明了中國共產黨的政治主張，規定了中國共產黨的奮鬥目標、組織原則以及與其他政黨的關係。中國共產黨是依據馬克思主義學說為理論建立的。

看得出，在那樣緊張的環境中所通過的黨綱，存在著疏漏之處。除了第十一條空缺——很可能是因為引起爭論，一時相持不下而刪去，卻又來不及補上合適的文字，第九條、第十三條中所提及的「下面將要更加詳細地闡述」，實際上「下面」沒有提及。很可能也是因為引起爭論，刪去了「下面」的條文，以致造成前後文不銜接。

儘管倉促成文，但是這個黨綱是中共歷史性的重要文獻，表明了中共從一開始建立，便沿

著馬克思主義的軌道運行，堅決摒棄了當時頗為盛行的無政府主義。

接著，在南湖的那艘畫舫裡，又通過了第二個文件，即《中國共產黨的第一個決議》。決議分為六部分：一、工人組織；二、宣傳；三、工人學校；四、工會研究機構；五、對現有政黨的態度；六、黨與第三國際的關係。

其中第六部分全文如下：

「黨中央委員會每月應向第三國際提出報告。在必要時，應派遣特別全權代表一名到駐伊爾庫茨克的第三國際遠東書記處去。此外，要派代表到其他遠東各國去，以發展和配合今後階級鬥爭的進程。」

據李達回憶，那天的大會還通過了《中國共產黨第一次代表大會的宣言》。張國燾的回憶錄中，也提起曾起草過《中國共產黨成立宣言》。

這篇宣言未曾傳世，迄今未能找到。

據李達回憶，宣言的大致內容如下：

「接著大會討論《中國共產黨第一次代表大會的宣言》草案，這宣言有千把個字，前半大體抄襲《共產黨宣言》的語句，我記得第一句是『一切至今存在過的歷史，是階級鬥爭的歷史』。接著說起中國工人階級必須起來實行社會革命自求解放的理由，大意是說中國已有產業工人百餘萬，手工工人一千餘萬，這一千多萬的工人，能擔負起社會革命的使命，工人階級受著帝國主義與封建勢力的雙重剝削和壓迫，已陷於水深火熱的境地，只有自己起來革命，推翻舊的國家機關，建立勞工專政的國家，沒收國內外資本家的資產，建設社會主義經濟，才能得到幸福生活。

「宣言草稿中也分析了當時南北政府的本質，主張北洋封建政府必須打倒，但對於孫中山的國民政府也表示不滿。因此有人說『南北政府都是一丘之貉』，但多數意見則認為孫中山的政府比較北洋政府是進步的，因而把宣言中的語句修正通過了，宣言最後以『工人們失掉的是鎖鏈，得到的是全世界』一句話結束。……」⑤

天色漸暗。大會進入最後一項議程，即選舉中國共產黨的中央領導機構。考慮到當時的中國共產黨黨員不過五十多人，各地的組織也不健全，所以決定不成立黨的中央委員會，只建立中央局。

就在選舉著手進行之際，湖面上忽地傳來一陣「突突突」的響聲，會不會是警察局的汽艇？代表們收起了剛剛討論通過的文件，「嘩啦嘩啦」搓起麻將來。

「突突突」聲由遠而近，果真是一艘汽艇，不過，汽艇從畫舫一側一掠而過，並未前來找「麻煩」。事後知道那是嘉興城裡一位紳士的汽艇，與警察局無關。

一場虛驚過去。選舉繼續進行，用的是無記名投票方式。

中央局的人選很簡單，共三人，即書記一人，宣傳主任一人，組織主任一人。

書記，當然非陳獨秀莫屬。這位《新青年》的創始人，北京大學文科學長，五四運動和新文化運動的領袖，在當時享有很高的聲望。

陳獨秀的表弟濮清泉⑥寫過《我所知道的陳獨秀》⑦，內中有一段頗為重要的回憶：

「據陳獨秀告訴我，中國共產黨第一次代表大會他因事留在廣東，沒有參加，之所以要他當總書記，是第三國際根據列寧的意見，派一個荷蘭人馬林來中國傳達的。說是中國無產階級還沒有走上政治舞臺，黨的總書記一職，要找一個有名望的人，號召力要大點。……」

果真，選舉結果，以集中的票數，一致選舉陳獨秀為總書記。

張國燾主持中共「一大」，擅長社會活動，也得到不少選票，被選為組織主任。

李達負責中共「一大」的籌備工作，是上海共產主義小組的代理書記，著譯過大量介紹馬克思主義的文章，被選為宣傳主任。

在唱票時，忽地唱到李漢俊的名字。董必武問了一句：「是誰選的？」

劉仁靜答：「是我選的。」

這是李漢俊獲得的唯一的一票。

周佛海在《往矣集》中如此說：

「我們就在船上開起會來，通過黨綱和黨的組織，並選舉陳仲甫為委員長，我為副委員長，張國燾為組織部長，李鶴鳴為宣傳部長，仲甫未到滬的時期內，由我代理。……」

他的這段寫於一九四二年一月的回憶，把書記記為委員長，把組織主任、宣傳主任記為組織部長、宣傳部長，這種以後來流行的職務稱謂當作當初中共中央局的職務稱謂，倒也沒有什麼。問題在於，周佛海自稱當選為「副委員長」。

在張國燾的《我的回憶》中，把此事講得比較清楚：

「大會旋即一致推舉陳獨秀任書記，李達任宣傳，我任組織。在陳先生沒有返滬以前，書記一職暫由周佛海代理。」

當時由周佛海代理書記，是因為散會之後，周佛海仍留滬度暑假。

在留滬的四人之中——李達、李漢俊、包惠僧和他，選定由他代理書記。

司馬璐先生在《中國共產黨黨史暨文獻選粹》一書中論及周佛海自稱「副委員長」時說：「周佛海在這個問題上有『自抬身價』之嫌。」

另外，關於南湖會議的日期，亦即中共「一大」的閉幕日期，許多當事人回憶是在法國巡捕騷擾大會的翌日——七月三十一日。現在，大多數中國共產黨黨史專家也認為這一日期準確可靠。

不過，董必武在一九二九年十二月三十一日致何叔衡的信中，寫道：

「會場是借李漢俊的住宅。開到最後一次會的時候，忽被偵探所知，未及成會，李寓即被搜查。隔了一日，我們到嘉興東湖（引者注：應為南湖）船上，將會開完。」⑧

這封信是董必武答覆何叔衡的關於中共「一大」的一些問題而寫的。此信表明何叔衡很可能沒有出席南湖的閉幕式，不然董必武用不著如此詳細在信中答覆他。

信中說「隔了一日」去南湖，則應是八月一日。除了董必武，張國燾、陳公博等的回憶，也說隔了一日。

不過，查閱一九二一年八月二十一日《申報》，卻報導八月一日下午嘉興狂風暴雨，吹翻了南湖遊船四五艘。八月三日、四日，《申報》還繼續報導此事。然而，在所有中共「一大」代表回憶中，都未提及狂風暴雨之事。這表明南湖會議不可能在八月一日舉行。

也有人以為南湖會議在八月五日舉行。如蘇聯Ｋ・Ｂ・舍維廖夫著《中國共產黨成立史》

指出：「中國共產黨第一次代表大會於一九二一年七月二十三日——八月五日在上海和嘉興秘密舉行。」

舍維廖夫所依據的是駐赤塔紅色工會國際代表Ю・Л・斯穆爾基斯寫於一九二一年十月十三日的一封信：「您大概已經知道，從七月二十三日到八月五日，在上海舉行了中國共產黨的代表大會……」⑨

斯穆爾基斯與當時在上海的尼科爾斯基以及弗蘭姆堡都有著直接聯繫，而此信又是在中共「一大」閉幕後不久寫的，有一定的可信性。

不過，依據當時的形勢，那麼多的來自各地的代表在受到法國巡捕注意之後，仍滯留上海多日，直至八月五日才去嘉興，似乎不大合乎情理。

在南湖遊船上的會議到下午六時結束，由張國燾宣布閉幕。

代表們輕聲呼喊以下口號：

「共產黨萬歲，第三國際萬歲，共產主義、人類的解放者萬歲。」

當天晚上，代表們便乘火車返回上海。抵達上海時，已是夜色如黛了。

具有劃時代意義的中共「一大」，就這樣結束了。

從此，中國共產黨宣告正式成立，並得到了共產國際的承認，作為一支新生的政治力量開始活躍於中國的政治舞臺。

那艘在波濤中輕輕搖晃的畫舫，成了中國共產黨誕生的搖籃。

南湖的畫舫，在一九三七年十二月日軍佔領嘉興之後，都被拉去當運輸船，毀於戰火之中。從此，南湖上再也見不到畫舫。

抗日戰爭結束之後，南湖的遊人才漸漸增多，汽船代替了畫舫。

一九四九年後，中共為了紀念「一大」，在南湖湖心島籌辦紀念館。不過，中共「一大」是在畫舫中召開的，沒有畫舫供後人瞻仰終是憾事。

於是，南湖革命紀念館找了許多當年的搖船人、船娘開座談會，回憶當年畫舫的模樣。又派人到無錫，找那些造過絲網船的老工匠開座談會。這樣，畫出了圖紙，做成了模型，送往北京審查。

模型得到了認可。一九五九年，中央撥專款三萬元人民幣仿製（不是複製）畫舫，還另撥黃金二兩，供艙內裝飾之用。經過老工匠們精心建造，一艘嶄新的畫舫出現在南湖。這艘畫舫系在湖心島畔，裝了跳板，供瞻仰者進艙參觀。

一九六四年董必武重游南湖，步入畫舫，連聲說：「很像當年那艘畫舫，仿製很成功！」

從此，畫舫從供內部參觀轉為了公開展出。數以萬計的參觀者出入畫舫參觀，遙想當年在艙中召開中共「一大」閉幕式的情景……

這艘畫舫迄今仍停泊在南湖湖心島之側，煙雨樓旁。只是參觀者太多，使艙板磨損加劇，不得不限定每日參觀的人數，以保護這艘現存的唯一的畫舫……

陳獨秀返滬出任中共中央局書記

當代表們去嘉興南湖的時候，陳公博帶著太太李勵莊到杭州西湖遊玩。逛了兩三天，也就膩了。酷暑之中的西湖如同蒸籠。陳公博和太太回到上海，方知中共「一大」早已散會。

陳公博跟張國燾、李達、周佛海晤面，把大會文件抄去一份，帶往廣州給新當選的中共中央局書記陳獨秀。陳公博自己也抄留一份大會文件——這也就是三年後他在美國所寫論文《共產主義運動在中國》附錄中的中共「一大」文件的由來。

中共中央局設在上海，而書記卻在廣州，因此開展工作諸多不便。雖說周佛海任代理書記，不過，他正沉醉於婚外戀之中——他原在湖南老家有結髮之妻，生有一子一女。可是，他在上海偶然邂逅啟明中學學生、湖南同鄉楊淑慧，便跌入了情網。

周佛海是在李達家裡遇見楊淑慧的，因為楊淑慧是王會悟的同學。

在周佛海的《往矣集》附錄中，收入楊淑慧寫的《我與佛海》，談及與周佛海「一見鍾情」：

「那時恰好暑假開始，王女士（引者注：即王會悟）是我的同學，有一天她硬要我到她新居去玩，她的丈夫李達，便請我們吃西瓜，因為西瓜剛上市。當我們正在吃瓜的時候，佛海便進來了，高個子，頭髮亂蓬蓬的，一套山東府綢製的白西裝，背上已染成枯草般顏色，髒得不成樣子。他的態度很隨便，王女士把我向他介紹，他只隨便點點頭，逕同李達談起天來了。他與李達是同學，他們一面吃瓜，一面談得很起勁。

「假如世界上真有所謂『一見傾心』的話，那麼，我與佛海也許可以說正是屬於此類或準此類的了。……

「我與佛海面對面坐在一起，他不說話，我也不說話，因為實在大家也並沒有什麼話可說。他的態度很隨便，但隨便之中仍不失溫文瀟灑，決沒有絲毫粗魯不懂禮的樣子。他的衣服雖然髒，頭髮雖然亂，但在又髒又亂的衣服頭髮之外，卻有一張英俊挺秀的臉孔，神采奕奕，令人尚不發生惡感。

「吃完了瓜，李達和王會悟，便縱〔慫〕恿佛海伴送我回家，那時我的家是住在卡德路（引者注：今石門二路）祥富里一〇六號。一路上彼此還是默默無言，走著，走著，我不時垂頭看自己的腳跨步子，他不時回轉頭去看街道一旁的鋪子，也許是在瞧行人，好容易到了我家門口，我客氣地邀他進去坐一會，他客氣地推謝了，說是下次再來吧，我也不再留。

「從此我們又見面了幾次，他送我幾本自己著譯的書籍，如《社會問題概觀》等，我帶回家去，讀了一遍又一遍。他的文字很鋒利，能感動人，初不料見到他本人，卻是那樣沉默寡言。

「漸漸的我知道了他的歷史，他是個共產黨，在湖南曾娶過妻子……」

就這樣，周佛海和楊淑慧熱戀著。

那時，李達住在漁陽里二號。楊淑慧對那幢石庫門房子極為熟悉。事隔多年，當她領著沈之瑜去尋覓當年舊址時，她首先找到的便是漁陽里二號。她也曾隨周佛海去過李漢俊家，去了幾回。有時，是周佛海託她送文件到李漢俊家。這樣，她認得李公館，只是印象不深，因此解放後她在貝勒路徘徊多時，才終於把李公館找到……

中國共產黨剛剛建立，工作千頭萬緒，而設在上海的中央局群龍無首——周佛海不僅正忙於戀愛，而且以他當時的聲望也擔當不起代理書記之職。於是，馬林堅決要求陳獨秀辭去廣州的職務，回到上海專門從事中共的領導工作。李達、周佛海不悅，張國燾不吭聲，但馬林還是堅持了自己的意見。

為了動員陳獨秀返滬，馬林派包惠僧去廣州。

包惠僧坐海船來到香港，又改乘火車到達廣州，依然落腳於廣州昌興馬路二十三號二樓《新青年》雜誌發行部。

包惠僧向陳獨秀陳述了共產國際代表馬林的意見。那時，陳獨秀在廣州的處境亦不甚好。於是，他決定離開廣州。九月九日，廣東省教育委員會為陳獨秀餞行。

陳獨秀和包惠僧一起回到了上海，仍住漁陽里二號。

這時，張太雷和楊明齋已經從蘇俄回到上海。張太雷擔任馬林的翻譯。

抵滬翌日，陳獨秀便在張太雷陪同下，前去拜晤馬林。這是陳獨秀與馬林第一次會面。

不料，他們見面不久便爭吵起來。

陳獨秀和馬林都是脾氣直爽而又個性極強的人。馬林戲稱陳獨秀為「火山」，動不動會「爆發」。其實，馬林自己也是一座「火山」。陳獨秀跟維經斯基相處甚為融洽，那是因為維經斯基溫文爾雅、待人和悅。

馬林這座「火山」，曾在上海馬路上「爆發」過：那是他見到一個外國人欺侮中國苦力，怒不可遏，於是「火山」爆發，跟那個外國人大打出手，可謂「路見不平、拔刀相助」。

馬林與陳獨秀在一起，如兩隻碗叮叮咚咚碰撞著。

據包惠僧回憶，爭論的焦點是：

「馬林按照第三國際當時的體制，認為第三國際是全世界共產主義運動的總部，各國共產黨都是第三國際的支部，中共的工作方針、計畫應在第三國際的統一領導之下進行。陳獨秀認為中國共產黨尚在幼年時期，一切工作尚未開展，似無必要戴上第三國際的帽子，中國的革命有中國的國情……」⑩

張太雷既理解馬林的意思，又懂得陳獨秀的心理，因此他在兩座「火山」之間調解著，以求縮小分歧……

就在兩座「火山」在一次次會談中，彼此「爆發」著的時候，十月四日，一樁突然發生的事件，使會談中斷了。

那是陳獨秀返滬之後，上海報紙披露了他的行蹤，馬上引起了法租界巡捕的注意。

早在法租界巡捕闖入李公館的翌日，就正式發出一份公告。一九二一年八月二日《上海生活報》曾揭載：「前天（引者注：指七月三十一日），法國警察通知法租界的中國團體說，根據新的規定，一切團體在他們待的地方舉行會議必須在四十八小時以前取得警察的批准。」

顯而易見，這是法國警察在七月三十日晚發覺李公館內「中國團體」在開會而發出的警告式通知。

從此，法國警察加倍注意「中國團體」的動向。

漁陽里二號，恰恰又是法租界，在法國警察的管轄範圍之內。陳獨秀成了密探跟蹤的對象——尤其是陳獨秀一次又一次與馬林密談，而馬林則是密探監控的重點人物。

十月四日下午，漁陽里二號的黑漆大門忽地響起敲門聲。這顯然是陌生客人來臨，因為熟人都知道進出後門，不會去敲前門。正在客廳閒坐的包惠僧，趕快去開前門。門外站著三四個陌生人，一副上海「白相人」的派頭，說是要「會一會陳先生」。

包惠僧見來者不善，推說陳先生不在家，欲關上大門，那班人便搶著進屋，把正在客廳裡的楊明齋、柯慶施都看住。

陳獨秀聽見下面有吵叫聲，便知不妙，連忙下樓，從後門出走。誰知剛到後門，那裡已有密探看守。

於是，陳獨秀和妻子高君曼以及包惠僧、楊明齋、柯慶施五人都被押上警車，直奔薛華立路（今建國中路）法國總巡捕房。

在審訊中，陳獨秀自稱「王坦甫」，說是偶然來漁陽里二號，遭到誤捕。被捕另外四人，也報了假名，掩飾身分。

不料，在陳獨秀等五人被捕之後，邵力子帶著褚輔成去漁陽里二號訪問陳獨秀。褚輔成是社會名流，同盟會元老。一九一七年八月孫中山在廣州召開非常國會時，褚輔成是副議長。邵力子和他一進漁陽里二號，當即被密探抓獲，也押送法國總巡捕房。

在巡捕房，陳獨秀一見到褚輔成，正要打手勢，示意不認識，哪曉得褚輔成已先開口：

「仲甫，怎麼回事，一到你家就把我搞到這兒來了！」

這下子，「王坦甫」露餡！

不過，陳獨秀仍舊為另四人遮掩，說他們是在他家打麻將，與他無關。

陳獨秀被捕的消息飛快傳進馬林的耳朵裡。「火山」震驚了，全力以赴營救陳獨秀。

馬林請當時上海著名的法國律師巴和出庭為陳獨秀辯護。馬林還動用共產國際的活動經費，打通法國總巡捕房的各個「關節」，並交白銀五百兩，人銀並保。

馬林又讓張太雷聯絡褚輔成（後來他迅速獲釋）、張繼等社會名流出面保釋。

折騰了半個來月，在十月十九日，高君曼、包惠僧、楊明齋、柯慶施獲釋；十月二十六日，陳獨秀獲釋。

經過這次共患難，兩座「火山」之間建立起真誠的友誼——雖然有時因意見不合仍會「噴發」，但彼此之間已推心置腹，互以戰友相待。

這樣，作為共產國際代表的馬林和作為中共中央局書記的陳獨秀攜手合作，使中共中央局的工作順利開展起來。

一九二一年十一月，陳獨秀發出了《中國共產黨中央局通告》，標誌著中共中央局開始正常運轉：

中國共產黨中央局通告

同人公鑒：

中央局決議通告各區之事如下：

（一）依團體經濟情況，議定最低限度必須辦到下列四事。

(A)上海、北京、廣州、武漢、長沙五區早在本年內，至遲亦須於明年七月開大會前，都能得同志二十人，成立區執行委員會，以便開大會時能夠依黨綱成立正式中央執行委員會。

(B)全國社會主義青年團必須在明年七月以前超過二千團員。

(C)各區必須有直接管理的工會一個以上，其餘工會必須有切實的聯絡；在明年大會席上，各區代表關於該區勞動狀況必須有統計的報告。

(D)中央局宣傳部在明年七月以前，必須出書（關於純粹的共產主義者）二十種以上。

（二）關於勞動運動，決議以全力組織全國鐵道工會，上海、北京、武漢、長沙、廣州、濟南、唐山、南京、天津、鄭州、杭州、長辛店諸同志，都要盡力於此計畫。

（三）關於青年及婦女運動，使各區切實注意，〔青年團〕及「女界聯合會」改造宣言及章程日內即寄上，望依新章從速進行。

中央局書記

T.S.CHEN（引者注：即陳獨秀）

一九二一年十一月

這份中共中央局通告雖然只短短幾百字，卻把黨、團、工、青、婦以及宣傳工作都抓了起來。

中共「二大」在上海輔德里召開

日月飛逝，在中共「一大」召開之後一年，上海又是一片炎夏氣氛。

在離上海望志路李公館幾站路，霞飛路之北，有一條南成都路。那兒有一條叫做「輔德里」的弄堂，成排成排的石庫門房子，跟李公館同一模式，就連牆壁也一樣，用青紅磚相間砌成。石庫門的門楣上，雕刻著「騰蛟起鳳」、「吉祥如意」之類的橫批。

輔德里六二五號（今成都北路七弄三十一號）遷入一戶李姓人家，也成了「李公館」。此「李」，便是李達。自從陳獨秀由粵返滬，李達和王會悟便遷居於此。幸虧當時李達遷走了，所以當陳獨秀被捕時，法國警察在漁陽里二號沒有搜查到中共文件——有關文件在李達那裡。

李達主管宣傳，創辦了「廣州人民出版社」，印行大批「馬克思全書」（十五種）、「列寧全書」（十四種）、「康民尼斯特叢書」（即「共產主義叢書」，十一種）。書上標明社址為「廣州昌興馬路二十六號」。其實，那是輔德里六二五號編印的。標上「廣州」字樣，為的是迷惑法國警察的眼睛——須知，輔德里也屬法租界！

自從李漢俊家的漁陽里二號遭到法國警察搜查之後，李達家便成了中共在上海的尚未暴露

的聯絡站。尤其是那裡全是一排排紅磚、青磚相間的統一格式的房子，側身一閃而入，不易叫人辨出哪家哪戶。

輔德里六二五號一樓一底，建築面積為七十四平方米。樓上為李達書房和臥室，樓下為客廳。那排房子是一位姓韓的大房東建築的，分租給別人。石庫門房子各家都有前後門，獨進獨出，與他人無干。

一九二二年七月十六日，一個重要的秘密會議，在李達家的客廳裡舉行。這便是陳獨秀在「中共中央局通告」中提及的「明年七月」召開的「大會」——中國共產黨第二次全國代表大會。

到會的代表十二人：陳獨秀、李達、張國燾、蔡和森、高君宇、施存統、項英、王盡美、鄧恩銘、鄧中夏、向警予、張太雷。

據張國燾所著《我的回憶》說：「中國共產黨第二次代表大會開會時間已屆，但預定到會的李大釗、毛澤東和廣州代表都沒有如期趕到。」

其實，毛澤東並非「沒有如期趕到」，而是他當時在上海！

毛澤東在上海，為什麼沒有出席中共「二大」呢？

這曾有過各種各樣的說法。其實，內中以他對斯諾所說的最為準確：

「第二次黨代表大會在上海召開，我本想參加，可是忘記了開會的地點，又找不到任何同志，結果沒有能出席。」⑪

當時，毛澤東是「被派到上海去幫助組織對趙恆惕的運動」。趙恆惕是當時湖南省長、軍閥。

毛澤東「忘記了開會的地點」，這確實是一樁憾事。在兩個月前，毛澤東還邀李達到湖南自修大學講授馬列主義。毛澤東是知道在七月召開中共「二大」的。

在中共「二大」召開時，中共黨員已由最初的五十多人，發展到一百九十五人。其中：上海五十人，長沙三十人，廣東三十二人，湖北二十人，北京二十人，山東九人，鄭州八人，四川三人，旅俄八人，旅日四人，旅法二人，旅德八人，旅美一人。在這些黨員中，工人黨員為二十一人，女黨員四人。

會議由中共中央局書記陳獨秀主持。「吃一塹，長一智」。這一回開會，不但每一次會議都改換地點，而且多開分散的小組會，保密工作比中共「一大」做得好得多。閉幕式是在英租界舉行。

中共「二大」選舉產生了中央執行委員會。中共中央執行委員共五人，即陳獨秀、張國燾、蔡和森、高君宇和鄧中夏。另有兩人為候補中央執行委員，即鄧中夏和向警予。陳獨秀當選為中國共產黨中央委員長。

中共「二大」相對於中共「一大」來說，在理論上的大飛躍，便是規定了中國共產黨的最高綱領和最低綱領，從而使中國共產黨在行動上有了明確的指導方針。

中共「二大」通過的《中國共產黨第二次全國代表大會宣言》（以下簡稱《宣言》）指出的黨的最高綱領是：

「中國共產黨是中國無產階級政黨。他的目的是要組織無產階級，用階級鬥爭的手段，建

立勞農專政的政治，剷除私有財產制度，漸次達到一個共產主義的社會。」

最低綱領是：「消除內亂，打倒軍閥，建設國內和平；推翻國際帝國主義的壓迫，達到中華民族的完全獨立；統一中國為真正民主共和國。」

這最低綱領，亦即徹底的反帝反封建的民主主義革命綱領。

提出最高綱領和最低綱領，表明已經一週歲的中國共產黨日漸擺脫了稚氣，把革命分為兩步走：第一步是民主主義革命；第二步是社會主義革命。

中共「二大」總共通過了十一種文件。除了《宣言》，比較重要的還有《關於「民主的聯合戰線」的決議案》、《中國共產黨加入第三國際決議案》和《中國共產黨章程》。

國共攜手建立統一戰線

為什麼中共「二大」曾一度傳說在杭州西湖召開呢？

其實，這倒是事出有因：在中共「二大」之後一個月，即一九二二年八月，在杭州西湖召開了中共中央特別會議，史稱「西湖會議」。這次中共中央特別會議格外重要，以至被誤認為中共「二大」。

為什麼在中共「二大」剛剛結束，就召開「西湖會議」呢？

「西湖會議」的「主角」是馬林。馬林出席了中共「一大」，但是沒有出席中共「二大」。

在中共「二大」召開的那些日子裡，馬林正在莫斯科特維爾斯卡亞大街的留克斯飯店。

在這個飯店裡，有一群特殊的旅客在那兒緊張地工作著。馬林是這群旅客中的一個。維經斯基也住在那裡，⑫

原來，在一九二二年二月，共產國際執委會決定撤銷設在伊爾庫茨克的遠東書記處，改為在莫斯科設立共產國際遠東局，直屬共產國際執委會領導。

共產國際辦公室，便設在留克斯飯店裡。

馬林是在一九二二年四月二十三日乘坐日本輪船「鹿島丸」號離開上海的。他與維經斯基不同，不走「紅色絲綢之路」，仍走海路，經新加坡、蘇伊士運河、馬賽，來到荷蘭。然後經柏林來到莫斯科。

一九二二年七月十一日，馬林在莫斯科寫下長長的給共產國際執委會的報告，詳細彙報他在中國工作的情況。

誠如本書第一章已經引用的一九二二年七月三十日《真理報》所載報導《中國共產主義運動的現狀》，介紹了馬林在共產國際執委會七月十七日會議彙報中國之行的情況。

這樣，由於馬林的彙報，以列寧為首的共產國際領導人得知了中國共產黨的正式成立及其初步的活動。

七月二十七日，當蘇俄政府派出外交代表越飛來華時，共產國際派出馬林與他一起來華。

一路上，馬林格外留意的是他皮箱裡的一件襯衫。

馬林一到上海，便會見了陳獨秀。兩座「火山」一見面，馬林便取出了那件襯衫。

借著燈光，陳獨秀細細觀看，這才看清襯衫上用打字機列印的幾行英文——那是共產國際

遠東局致中共中央的重要文件！

這件珍貴的襯衫，如今保存在荷蘭國際社會史研究所。襯衫上的文件，全文如下：

根據共產國際主席團七月十八日的決定，中共中央委員會在接到通知後，必須立即把地址遷到廣州，所有的工作都必須在菲力浦同志緊密聯繫下進行。

共產國際遠東局
維經斯基
一九二二年七月莫斯科

文件中提及的「菲力浦同志」，亦即馬林。

陳獨秀看罷這襯衫上的文件，久久沉默著。

中共「二大」剛剛通過了《中國共產黨加入第三國際決議案》。服從共產國際的領導，這是組織原則。看來，必須照這襯衫上的文件執行。

馬林為什麼要帶這份文件來呢？中共中央委員會為什麼「必須立即把地址遷到廣州」？為什麼強調「所有的工作都必須在菲力浦同志緊密聯繫下進行」？既然是「共產國際主席團七月十八日的決定」，為什麼要以維經斯基的名義下達？

陳獨秀對這一切，都非常明白！

陳獨秀與馬林的尖銳分歧，是在一九二二年三月二十九日馬林從北京回到上海之後，達到了誰也說服不了誰的地步！

乾脆，在四月六日，陳獨秀直接給維經斯基（亦即「吳廷康」）去信，希望維經斯基向共產國際執委會直接反映他的意見，以求共產國際執委會否定馬林的意見。

陳獨秀致維經斯基的信，全文如下：

吳廷康先生：

茲特啓者，馬林君建議中國共產黨及社會主義青年團均加入國民黨，余等則持反對之理由如左：⑬

（一）共產黨與國民黨革命之宗旨及所據之基礎不同。

（二）國民黨聯美國，聯張作霖、段祺瑞等政策和共產主義太不相容。

（三）國民黨未曾發表黨綱，在廣東以外之各省人民視之，仍是一爭權奪利之政黨，共產黨倘加入該黨，則在社會上信仰全失（尤其是青年社會），永無發展之機會。

（四）廣東實力派之陳炯明，名為國民黨，實則反對孫逸仙派甚烈，我們倘加入國民黨，立即受陳派之敵視，即在廣東亦不能活動。

（五）國民黨孫逸仙派向來對於新加入分子，絕對不能容納其意見及假以權柄。

（六）廣東、北京、上海、長沙、武昌各區同志對於加入國民黨一事，均已開會議決絕對不贊成，在事實上亦已無加入之可能。

第三國際倘議及此事，請先生代陳上列六條意見為荷。

陳獨秀

由於此信是陳獨秀寫給維經斯基的，馬林也就帶來了以維經斯基名義下達的文件，等於答覆了陳獨秀。

馬林是提出「國共合作」重大戰略的第一人，提出中國共產黨應建立「統一戰線」這一重大決策。

馬林有著豐富的工作經驗。在爪哇工作期間，他發覺東印度社會民主聯盟（印尼共產黨前身）又弱又小，而伊斯蘭教聯盟龐大而鬆散。他建議，兩個組織的成員可以保留自己原來的身分而互相加入。這樣，東印度社會民主聯盟的成員便迅速地進入伊斯蘭教聯盟的領導核心之一，使東印度社會民主聯盟的力量很快壯大。

馬林來到中國之後，他覺得中國共產黨的情況類似於東印度社會民主聯盟，而國民黨的情況類似於伊斯蘭教聯盟。馬林以為，中共黨員在保留自己身分的前提下，應加入國民黨，進入國民黨的領導層，這樣可以迅速壯大中國共產黨。

馬林這一戰略性的意見，極為重要。應當說，馬林是國共合作的首創者，也是中國共產黨統戰策略的提出者和制定者。所以，馬林可以說是中國共產黨「統戰鼻祖」。

在中共「一大」會議上，馬林就已經談了自己的這一見解。當時，他的意見未受到重視。當時，設在伊爾庫茨克的共產國際遠東書記處看重吳佩孚，希望中共與吳佩孚建立合作關係。維經斯基則與陳炯明「長談三次」，又傾向與陳炯明合作。

馬林經過深入調查、瞭解，指出吳佩孚、陳炯明都不可靠。他在張太雷陪同下，一九二一年十二月二十三日在廣西桂林拜望了孫中山。馬林在孫中山的大本營裡住了九天，對國民黨進行了仔細的考察。孫中山向馬林表示，雖然他並不信仰馬克思主義，但是他的思想與馬克思主義有許多一致的地方。

馬林從桂林歸來，寫了報告給共產國際執委會，主張中國共產黨應與孫中山合作。馬林的意見，得到了共產國際執委會的支持。

這樣，一九二二年三月底，馬林從北京來到上海，便非常明確地向陳獨秀提出了中國共產黨黨員應以個人身分加入國民黨，實行國共兩黨的黨內合作。

馬林的意見，受到陳獨秀的堅決反對。兩座「火山」在一起，誰也說服不了誰。

陳獨秀意識到，要想說服馬林，唯一的辦法是向馬林的上司——共產國際執委會打報告。這樣，陳獨秀發出了給維經斯基的信。

馬林也意識到，要使陳獨秀接受他的意見，唯有赴莫斯科，向共產國際執委會面陳自己的主張。

在莫斯科留克斯飯店，馬林和維經斯基長談。維經斯基贊同馬林的意見。馬林、維經斯基又向主持共產國際常務工作的史達林、季諾維也夫作了彙報。這樣，共產國際執委會在七月十八日作出了正式決定，贊同馬林的意見。

於是，馬林帶著那件具有「尚方寶劍」般威力的襯衫返回中國。見到襯衫上的文件，陳獨

秀當即明白，自己的意見被共產國際否定了。

為了統一思想，馬林建議召開一次中共中央委員會全體會議，討論國共合作問題。陳獨秀同意了。於是，一九二二年八月二十九日、三十日，在杭州西湖召開了中共中央全會，亦即「西湖會議」。

出席會議的是五位中共中央委員——陳獨秀、李大釗、蔡和森、張國燾、高君宇。此外，馬林以及翻譯張太雷出席了會議。馬林傳達了共產國際的意見。

經過討論，中共中央接受了共產國際的意見，決定實行國共合作。

此後不久，一九二二年十一月五日至十二月五日，共產國際「四大」在彼得格勒召開。陳獨秀作為中國共產黨代表、劉仁靜作為中國社會主義青年團代表、王俊作為中國工會代表出席了會議。記者瞿秋白此時已加入中國共產黨，作為工作人員參加了會議。

會上，由英語流利的劉仁靜代表中共作了重要發言：

「為了消滅在中國的帝國主義這一前提，就必須建立反帝的統一戰線，我們黨已決定和國民黨建立統一戰線了，其形式是我們的黨員以個人名義參加國民黨。」

這是中國共產黨第一次把關於統一戰線的決定公諸於世。

這樣，一九二三年一月十二日，共產國際執委會作出了《關於中國共產黨與國民黨的關係問題的決議》。

這樣，孫中山提出了「聯俄、聯共、扶助農工」的三大政策。

這樣，一九二四年初中國國民黨在廣州召開「一大」時，大會主席為孫中山，而主席團由五人組成，即胡漢民、汪精衛、林森、謝持、李大釗。

中國共產黨負責人李大釗居然成了國民黨全國代表大會的主席團成員！會上，李大釗、譚平山等中國共產黨黨員被選為國民黨中央委員；毛澤東、瞿秋白、張國燾等被選為國民黨中央候補委員。

這樣，中國共產黨開始成為中國政治舞臺上一支重要的力量……

中共十一屆六中全會所通過的《中共中央關於建國以來黨的若干歷史問題的決議》，用一段非常準確而又簡明扼要的話，概括了中國共產黨誕生的歷史：

「中國共產黨是馬克思列寧主義同中國工人運動相結合的產物，是在俄國十月革命和我國五四運動的影響下，在列寧領導的共產國際幫助下誕生的。」

注釋

①由於原件已無從尋覓，各種回憶錄說法不一。筆者此處所引的是香港三聯出版社一九七三年出版的司馬璐著《中共黨史暨文獻選粹》一書，它是綜合了張國燾《我的回憶》、美國《一九一八至一九二七年共產主義者、民族主義者在華蘇聯顧問文件》及那本張作霖下令編印的《蘇聯陰謀文證匯編》三書而歸納的。

②《「一大」前後》（二），二一二頁，人民出版社一九八五年版。

③李玉貞：《參加中共「一大」的尼科爾斯基》，《黨史研究資料》，一九八九年七、八期合刊。

④《中國共產黨第一次代表大會》，《「一大」前後》（一），廿二頁，人民出版社一九八五年版。

⑤李達：《中國共產黨的發起和第一次、第二次代表大會經過的回憶》，載《「一大」前後》（二），十三頁，人民出版社一九八五年版。

⑥濮清泉又名濮德治，他說陳獨秀母親姓查，「和我母親是堂姐妹」。

⑦《文史資料選輯》，第七十一輯，一九八〇年版。

⑧《「一大」前後》（三），人民出版社一九八四年版。

⑨一九七二年第六期蘇聯《亞非人民》雜誌首先公佈這一保存於蘇共中央馬列主義研究院中央黨務檔案館的信。

⑩包惠僧：《回憶馬林》，《馬林在中國的有關資料》，人民出版社一九八四年版。

⑪埃德加・斯諾：《西行漫記》，一三四頁，三聯書店一九七九年版。

⑫有一些書，如《中共黨史簡明辭典》（解放軍出版社一九八六年版）說維經斯基出席中共「二大」（見該書上冊三九〇頁），是不符合史實的。

⑬陳獨秀原信豎寫，故云「理由如左」。此信見《中共中央文件選集》（一），第十五頁，中共中央黨校出版社一九八二年版。

第七章　錘煉

有人前進，也有人落荒

中國共產黨誕生了，發展了，壯大了。

那曾經團坐在李公館大餐桌四周的十五位代表，後來又走過了怎樣的人生道路？

一九三〇年三月，上海《萌芽月刊》第一卷第三期曾刊載魯迅的一篇雜文《非革命的急進革命論者》。

文章一開頭，魯迅便寫道：

「倘說，凡大隊的革命軍，必須一切戰士的意識，都十分正確，分明，這才是真的革命軍，否則不值一哂。這言論，初看固然是很正當，徹底似的，然而這是不可能的難題，是空洞的高談……」

在論述這一命題時，魯迅說了一段頗為深刻的話：

「因為終極目的的不同，在行進時，也時時有人退伍，有人落荒，有人頹唐，有人叛變，然而只要無礙於進行，則愈到後來，這隊伍也就愈成為純粹，精銳的隊伍了。」

用魯迅的這段話來形容那張大餐桌周圍的十五位代表後來行進的軌跡，是最恰當不過的。

這十五個人當初從天南地北走向李公館的大餐桌，確是出於對馬克思學說、對共產主義的信仰，為著建立中國共產黨，走在一起的。不論他們後來怎麼樣，應當說，當他們走進李公館的時候，當他們參加建立在當時「非法的」秘密組織——中國共產黨的時候，是冒著被密探追捕的危險，追求並投身於共產主義事業的。

然而，在離開那張大餐桌之後的道路是漫長的。在行進中，有人繼續奮進，「也時時有人退伍，有人落荒，有人頹唐，有人叛變」。

人是變化著的。退伍、落荒、頹唐、叛變是後來出現的。大可不必因後來如此，去否定這些人當年曾經有過的貢獻（雖然貢獻有大有小）；也不必因後來如此，而大為迷惑：這些人怎麼也是中共「一大」代表？

當然，最為可貴的是一直向前、向前、向前的。有人在前進途中，拋頭顱，灑熱血，為著「共產主義真理」；也有人成為中國共產黨領袖，領導著中國共產黨一步步從勝利走向勝利——雖然在晚年陷入了嚴重失誤之中，但通觀他的一生，畢竟功績超過過失。

誰都希望直路通天。然而，歷史的道路總是曲曲彎彎，九曲十八彎。曲管曲，彎管彎，一江春水依然向東流。江水，在曲曲彎彎中向東流。這便是歷史：一方面，歷史的發展趨勢無可阻擋；另一方面，又無可避免「左」拐右彎。

中國共產黨從最初的五十多個黨員，發展成今日世界第一大黨（不光是共產黨中的第一大黨，也是任何政黨中的第一大黨）——到二〇〇二年底，中國共產黨黨員總數已達六千七百多萬。這一發展過程，不過八十多年。這種從小到大的發展總趨勢，無可阻擋。

然而，縱觀中國共產黨八十多年的歷史，時而「左」，時而右，又構成了錯綜複雜的黨內鬥爭。

有鋼必有渣，煉鋼與除渣是同時進行的。前進者與退伍者、落荒者、頹唐者以至叛變者並存。

追溯那十五位代表在離開李公館大餐桌之後的足跡，會給人以一種特殊的啟示：自始至終在共產主義之路上前進，並不那麼容易。

下面以離世時間為序，勾畫那十五位代表的後來的人生之旅——也兼及十五位代表之外的中國共產黨早期先行者陳獨秀、李大釗、楊明齋、張太雷、陳望道，以及對創建中國共產黨貢獻甚大的維經斯基。

王盡美積勞成疾心力交瘁

已是酷暑時節，地處海濱的青島也炎熱難擋。

青島醫院裡，一位瘦骨嶙峋的青年已病入膏肓，不時口吐鮮血。他已無力握筆，用微弱的聲音口授遺囑。坐在病床之側的有他的母親，筆錄者則是中國共產黨青島市委的負責人。

「希望全體同志要好好工作，為無產階級和全人類的解放和共產主義的徹底實現而奮鬥到底！……」他看罷筆錄的遺囑，在紙末捺上了自己的手印。

未幾，一九二五年八月十九日，他因嚴重的肺病死於青島醫院，年僅二十七歲！

他，便是王盡美。在中共「一大」代表之中，他是第一個離開人世的。

在他去世之後，中國共產黨青島市委為他召開了追悼會，宣讀了他的遺囑。

他被安葬在他的故鄉——山東莒縣北杏村。他的大耳，在冥冥地下，諦聽著濰水的嘩嘩聲，「沉浮誰主問蒼茫」……

他是在出席中共「一大」時由王瑞俊改名王盡美的。他在一首詩裡，表達自己改名之意：

貧富階級見疆場，
盡美盡善唯解放。

中共「一大」之後，王盡美出任中共山東區支部書記。後來，中共山東支部擴大為中共山東地方執行委員會，他仍為書記。

一九二二年一月，共產國際在莫斯科召開遠東各國共產黨及民族革命團體第一次代表大會。王盡美作為中共代表出席會議。與他同行的中共代表還有張國燾、鄧恩銘、柯慶施、高君宇等。

另外，大會邀請國民黨代表參加。在王盡美的動員之下，王樂平放棄了本來去美國參加華盛頓會議的打算，來到了蘇俄紅都莫斯科。

在蘇俄學習、參觀了半年之後，王盡美回國，出席了中共「二大」。會後，他出任中國勞動組織會書記部北方分部副主任，羅章龍為主任。

從此，他成為中國工人運動的組織者：

他，領導了京奉鐵路山海關鋼鐵工廠工人的罷工。

他，領導了秦皇島碼頭工人的罷工。

他，領導了開灤五礦工人大罷工。

年紀輕輕，他在工人中享有很高的威信。

王盡美多才多藝：

他的口才，使他成為一位富有鼓動力的宣傳家。在組織罷工的時候，他拿條板凳一站，即席發表演說，把革命的道理說得一清二楚，工人們心中頓時豁亮。

他擅長繪畫。在一次紀念馬克思誕辰（五月五日）時，他花了一夜工夫，便用炭筆畫出一幅一米多高的馬克思像，翌日高懸於會場中央。

他的書法也不錯。寫標語，寫遊行橫幅，他頗為拿手。

他還會演戲。他演過話劇《盲人配》中的盲人，演得活靈活現，非常生動地進行了反封建宣傳。

他能演奏各種樂器，不論是琵琶、二胡、月琴、三弦，還是笛、笙、簫、嗩吶，他都會。他在蘇俄期間，一曲琵琶，曾使蘇俄朋友為之傾倒。

他的詩也寫得不錯。他在濟南歷下亭寫過一首流傳頗廣的詩：

無情最是東流水，
日夜滔滔去不停。
半是勞動血與淚，
幾人從此看分明。

一九二三年二月，他在山海關被捕。工人們聞訊，重重包圍了縣衙門。縣長無奈，只得釋放了王盡美。

在風雪交加之中，王盡美從山海關步行到天津。組織上把他調回山東工作，仍任中共山東省地方執行委員會書記。

一九二三年十月，遵照中共的指示，他以個人身分加入了國民黨。於是，一個月之後，他當選為出席國民黨「一大」的山東代表！

這樣，他既參加過中共「一大」，又參加了國民黨「一大」——這時，他不過二十五歲！

一九二四年十二月，孫中山北上，從廣州到上海經日本長崎抵達天津。王盡美聞訊，趕去求見孫中山。

五十八歲的孫中山已患肝癌，二十六歲的王盡美已患肺病。孫中山委任王盡美、王樂平等四人作為他的特派員，在山東開展工作。

一九二五年一月，王盡美去上海出席中共「四大」之後，便已經病重，但他仍在青島堅持工作。

連日吐血，王盡美終於病倒，不得不在一九二五年六月回到故鄉莒縣北杏村靜養。雖然母親、妻子竭盡全力照料，無奈小小村莊缺醫少藥，眼看病情日重一日，王盡美自知來日不多。

他惦記著工作，惦記著黨組織，在一九二五年七月，由母親陪同前往青島。在青島醫院，他終於在中共青島市委負責人面前，口授遺囑，交代了未竟之業，了卻心事而永別人世。

他的家中如同倒了頂梁柱。兩個兒子不過六歲、四歲。他的祖母和妻子在淒風苦雨中相繼去世。他的母親帶著兩個孩子，在極度困苦之中頑強地掙扎著。中共組織盡力給予了幫助。王翔千資助王盡美遺孤上學。

後來，王盡美的寡母、遺孤得到了中共的細心照顧和妥善安排。

毛澤東也念念不忘王盡美。當毛澤東視察青島時，曾這樣說及：

「你們山東有個王盡美，是黨的『一大』代表之一，是個好同志。聽說他母親現在還活著，要好好養起來。」①

王盡美的母親，確是一位堅強的女性。她不僅拉拔兩個孫子成人，而且還精心保存了王盡美的照片——迄今流傳於世的王盡美照片只有一幀，是她當年藏在牆內外邊糊上泥巴，才得以保存下來。不然，中共「一大」代表的照片，便會缺少一張……

一九九八年六月，中共山東省委召開座談會，隆重紀念王盡美一百週年誕辰。

李大釗從容就義絞刑架

一九二七年三月十六日中午，一艘輪船在上海高昌廟碼頭剛剛泊岸，從船上下來的一位神秘的大人物馬上被一串轎車前呼後擁地接走，橫穿上海市區，直奔西南角徐家匯法租界祁齊路（今岳陽路）的「交涉所」。那裡，頓時成為黃金榮、宋子文、張靜江、虞洽卿、張嘯林、杜月笙等滬上要人絡繹來訪之處。

這位神秘的大人物，便是蔣介石。他正在密謀「分共」、「清黨」——把中共黨員從國民黨中「分」出去，予以清洗、消滅。

中國共產黨面臨著一九二一年正式成立以來最嚴重的威脅。

蔣介石尚未正式動手，北洋軍閥的「安國軍總司令」張作霖就先在北京下手了。

四月六日，「安國軍」突然包圍了蘇聯駐華大使館，衝入舊俄兵營內，一舉逮捕了李大釗等中國共產黨黨員。

如北京《晨報》所描述，李大釗「著灰布棉袍，青布馬褂，儼然一共產黨領袖之氣概」，在受審時「態度極從容，毫不驚慌」。

沉重的消息，終於出現在一九二七年四月二十九日《晨報》：

「軍法會審於昨日上午十一時在警察廳南院總監大客廳正式開庭，審判長何豐林中坐，主席審判官顏文海，法官朱同善、付祖舜、王振南、周啟曾（周係衛戍總司令部法官），檢察官楊耀曾分左右坐。依次召預定宣告死刑之二十名黨人至庭，審問姓名、年齡、籍貫及在黨職務畢，一一依據陸軍刑事條例第二條第七項之規定，宣告死刑。至十二時十分始畢。十二時三十分即由警庭用汽車六輛分載各黨人赴看守所（引者注：指位於北京西交民巷的『京師看守所』）。

「各黨人均未戴刑具，亦未捆綁。下車以後，即由兵警擁入所內。當時看守所馬路斷絕交通，警戒極嚴。軍法會審派定東北憲兵營長高繼武為監刑官。在所內排一公案，各黨人一一依判決名次點名，宣告執行，由執行吏及兵警送往絞刑台。聞看守所中只有兩架，故同時僅能執行二人，計自二時至五時，二十人始處刑完畢。首登絞刑台者，為李大釗。聞李神色不變，從容就死。」

所謂「黨人」，亦即共產黨人。所用絞刑架，是從外國進口的「洋貨」！

李大釗在就義前，曾慷慨激昂地演說：

「不能因為你們絞死了我，就絞死了共產主義！我們已經培養了很多同志，如同紅花的種子，撒遍各地！我們深信，共產主義在世界、在中國必然要得到光榮的勝利！」

他高呼：「中國共產黨萬歲！」

李大釗被軍閥們定為「罪魁禍首」。施刑時，別人只用二十分鐘，李大釗卻被絞達四十分鐘，劊子手故意延長他痛苦的時間。

李大釗磊落、剛毅而死，沒有半點的動搖和猶豫。殉難之際，年僅三十八歲。

在中共早期領袖之中，李大釗最早接受馬克思主義，而且為人敦厚，最孚眾望。雖然他與

陳獨秀相約建黨，可是在中共「一大」上，他並沒有因未被選入中央局而有怨言。

魯迅在李大釗去世後，曾為《守常文集》寫序，那序言中很真切地畫出李大釗的形象：「我最初看見守常先生的時候，是在獨秀先生邀去商量怎樣進行《新青年》的集會上，這樣就算認識了。不知道他其時是否已是共產主義者。總之，給我的印象是很好的：誠實，謙和，不多說話。《新青年》的同人中，雖然也很有喜歡明爭暗鬥，扶植自己勢力的人，但他一直到後來，絕對的不是。……」

在中共「一大」之後，李大釗負責中共北京區委和北方區委工作，先後擔任區委委員、委員長和書記。在中共「二大」，他成為中共五位中央委員之一。

對於馬林，李大釗十分尊重。最初，當馬林提出國共合作時，李大釗也曾想不通。但是，他仔細傾聽了馬林的見解，虛心接受。在西湖會議上，他是最早站出來支持馬林的一個。他指出：中國國民黨「抱民主主義的理想，十餘年來與惡勢力奮鬥……從今以後我們要扶助他們，再不可取旁觀的態度」。

此後，李大釗奉派執行中共的統一戰線工作。

李大釗作為中共代表，多次會晤孫中山。

李大釗與孫中山坦誠相見。李大釗直率地向孫中山說明，他是第三國際的黨員。孫中山毫不介意，說道：「這不打緊，你儘管一面作第三國際黨員，一面加入本黨幫助我。」

由孫中山親自作為介紹人，介紹李大釗加入中國國民黨。

李大釗與孫中山攜手並進，為國共合作打開了良好的局面。在一九二四年一月的國民黨

「一大」上，李大釗成為主席團的五個成員之一，參與了國民黨的核心領導。他可以說是中共統戰工作的鼻祖，做得非常出色。

面對國民黨右翼的質問和發難，李大釗在國民黨「一大」上作了專門的發言，說理透澈，令人折服：

「……我們加入本黨（引者注：指國民黨），是幾經研究再四審慎而始加入的，不是糊裡糊塗混進來的，是想為國民革命運動而有所貢獻於本黨的，不是為個人的私利，與夫團體的取巧而有所攘竊於本黨的。土爾其（引者注：即土耳其）的共產黨人加入土爾其的國民黨，於土爾其國民黨不但無損而有益。美國共產黨人加入美國勞動黨，於美之勞動黨不但無損而有益。英國共產黨人加入英國勞動黨，於英之勞動黨亦是不但無損而有益。那麼我們加入本黨，雖不敢說必能有多大的貢獻，其為無損而有益，亦宜與土美英的先例一樣。……本黨總理孫先生亦曾允許我們仍跨第三國際在中國的組織，所以我們來參加本黨而兼跨固有的黨籍，是光明正大的行為，不是陰謀鬼祟的舉動。……」②

此後，在一九二六年三月十八日，李大釗領導十萬多北京民眾在天安門舉行反對八國最後通牒示威大會。他在大會上發表激昂的演說。軍閥政府下令開槍，死傷二百餘人，史稱「三一八慘案」，震驚全國。

此後，在一九二六年六月，李大釗作為中共首席代表，赴蘇聯出席共產國際「五大」。

此後，李大釗遭到通緝，罪名是「假借共產學說，嘯聚群眾，屢肇事端」。

一年之後，李大釗不幸落入張作霖手中……

李大釗之死，是中共的重大損失。倘李大釗不死，此後不久陳獨秀被撤除中共領導職務，勢必會是李大釗成為中共總書記，中國共產黨也許不會在一九二七年之後走了那麼多的「左」的彎路……

就在李大釗被捕後的第六天——一九二七年四月十二日，蔣介石在上海發動了「四・一二」政變。從此，形勢急轉直下，國共合作破裂，國民黨抓捕共產黨人。

一九二七年六月十六日，在上海北四川路恆豐里一〇四號，中共江蘇省委在那裡秘密召開成立會議。王若飛傳達中共中央決定，宣布任命陳延年為中共江蘇省委書記，郭伯和為組織部長，韓步先為秘書長兼宣傳部長。

下午三時多，國民黨軍隊包圍了恆豐里，陳延年、郭伯和、韓步先均被捕，而王若飛在傳達中共中央指示後即離開，未落網。

韓步先在獄中叛變，供出陳延年為陳獨秀長子、中共江蘇省委書記。他還供出了施英（趙世炎）家的地址。

七月二日，國民黨軍警包圍了上海北四川路志安坊一九〇號趙寓，適值趙世炎外出。正在搜查之中，趙的岳母見趙朝家中走來，不顧一切把窗臺上用作信號的花盆推了下去。無奈，當時正颱風大作，大雨如注，趙世炎竟未發覺，一進家門便遭逮捕。在混亂之際，趙世炎悄聲把王若飛的地址告訴妻子夏之栩。事後，夏之栩向中共組織報告，使王若飛及時轉移。

七月四日，陳延年在上海被秘密處決，年僅二十九歲。

七月十九日，趙世炎也倒在刑場上，年僅二十六歲。

翌年六月六日，陳獨秀次子、中共第五屆中央委員陳喬年，被國民黨上海警備司令部處決於龍華，年僅二十七歲。

張太雷血染羊城

對於中國共產黨來說，一九二七年是沉重的。

在失去了李大釗、趙世炎、陳延年這樣優秀的中堅人物之後，歲末，中共又痛失一員年輕有為的主將——張太雷。

張太雷出任伊爾庫茨克共產國際遠東書記處中國部書記，出席過共產國際「三大」，擔任過馬林的翻譯，一九二四年出任中國社會主義青年團書記……他參與中共的核心領導，精明能幹，善於交際，富於組織能力。

一九二七年，張太雷在中共的地位日顯重要：四月，他在中共「五大」上當選為中央政治局候補委員；五月，調任中共湖北省委書記；七月十二日，他成為中共臨時中央政治局五人小組成員；八月七日，他在中共中央緊急會議（即「八七會議」）上當選為臨時中央政治局候補委員；十一月，他奉派廣州，主持中共中央南方局工作兼任中共廣東省委書記。

為了扭轉「四・一二」之後的低潮，中共走上了武裝對抗國民黨的道路：八月一日，南昌響起了槍聲，周恩來、朱德、賀龍、葉挺、劉伯承在那裡舉行了起義；九月九日，毛澤東在湖南領導農民起義，建立了中國工農革命軍，原計劃攻取長沙，遇阻後於十月轉入井岡山。

張太雷此時從上海南下羊城，肩負重任——在廣州發動起義。

中共中央之所以派張太雷前往廣州，那是因為他熟悉廣州。一九二五年，他是著名的省港大罷工的組織者、領導者之一。

一九二七年十一月二十六日，張太雷途經香港抵達廣州。這時的廣州，正處於一片混亂之中，粵軍與桂軍在爭奪廣州。粵軍的首領張發奎，曾在孫中山大本營任警衛團營長，後來任國民黨第二方面總指揮。

軍閥混戰之中的廣州，倒是中共舉行武裝起義的天賜良機。張太雷一到羊城，便投入了緊張的起義準備工作之中。他的眼中布滿紅絲，每天只能睡三四個小時。

就在張太雷到達廣州的半個月後——十二月十一日凌晨三時三十分，沉睡之中的南國名城忽地在東北角發出雷鳴般的三聲炮響，這是起義約定的信號！

頓時，三路兵馬齊出動，分東、南、北三個方向出擊。每路兵馬的最前頭，都飄揚著鮮紅的鐵錘鐮刀大旗。

兩小時後，廣州便落進中共起義部隊之手。

十一日上午六時，原廣州市公安局的大樓上，高高掛起了「廣州蘇維埃政府」的紅色橫幅。身為起義總指揮的張太雷，出任廣州蘇維埃政府代理主席兼人民海陸軍委員。葉挺任工農紅軍總司令。秘書長為惲代英。

翌日中午十二時，廣州豐寧路西瓜園內人頭攢動，慶祝廣州蘇維埃政府成立大會在那裡召開。

張太雷身佩步槍和毛瑟槍，衣袋裡裝著手榴彈，出現在主席臺上。

張太雷主持大會，他大聲宣告：「同志們，廣州蘇維埃政府成立了！」

頓時，全場歡聲雷動。

大會在下午二時多結束。

張太雷剛剛回到起義總指揮部，得知大北門一帶發生戰鬥。他與共產國際代表、德國人羅乃曼一起登上汽車，趕往那裡指揮。途經大北直街（今解放北路），遭到粵軍伏擊。密集的子彈朝汽車射來，張太雷當即血湧如注。他用俄語說了一句：

「哎喲，可惡的魔鬼！」

這成為他二十九歲生命的最後一句話！

李漢俊遭捕後當天被處決

就在張太雷血染羊城之後的第五天——一九二七年十二月十七日晚九時，在漢口空場（今煥英里），一排國民黨士兵舉起了手中的槍。黑漆漆的夜空中傳來一聲「胡宗鐸的手段真辣啊」的怒號，便響起了槍聲。中共「一大」代表李漢俊就這樣離開了人世……

李漢俊臨終前狠狠咒罵的那個胡宗鐸，當時是國民黨武漢衛戍司令。

與李漢俊同時被槍決的還有詹大悲。

當天下午五時，李漢俊在漢口日租界中街（今勝利路上段）四十二號，正與詹大悲下象棋，

危浩生在一旁觀看。

突然，幾個便衣密探在日本巡捕的陪同下，出現在李漢俊面前。李漢俊續弦之妻陳靜珠正懷孕，見狀聲淚俱下。李漢俊自知在劫難逃，盡力安慰著妻子。密探押著李漢俊、詹大悲以及危浩生走了。

陳靜珠趕緊叫了一輛黃包車，風風火火地前往漢口漢中胡同益壽里，向嫂嫂薛文淑哭訴。薛文淑冒著寒風，跳上一輛黃包車，趕往大智門的一家旅館。李書城為了躲避密探，正與另一位同盟會元老孔庚住在那裡。

薛文淑見到李書城，急告李漢俊被捕的消息。

「你先回去，我馬上就來！」李書城一聽弟弟被捕，非常著急。

當薛文淑回家，正在安慰陳靜珠，卻見本家老爹李萬青奔了進來，氣喘吁吁道：「大先生（引者注：即李書城）和孔庚一起被抓走了！聽說，關在衛戍司令部樓上！」

真是禍不單行，李書城未能救出弟弟，自己也被捕了！

薛文淑求救於耿伯釗（當時是漢口的一個局長），他搖頭，說是無能為力。

李漢俊和詹大悲被捕後，先是被押往武漢衛戍司令部，旋即被押往漢口特別公安局。未經審訊，就立即押往刑場，執行槍決！

就這樣，李漢俊和詹大悲在被捕後四個小時，便在槍聲中倒下！

李書城終究是同盟會元老，在獄中被關押了一百多天，經馮玉祥、程潛等出面營救，這才獲釋。

李漢俊對中國共產黨的建議，是有過殊勳的，然而，在中共「一大」之前，他便與陳獨秀意見不合。中共「一大」之後，當陳獨秀從廣州回滬主持中共中央局工作，李漢俊又與陳獨秀產生明顯的分歧。

這樣，他在一九二二年離滬回到武漢。不久，他脫離了中國共產黨。

關於李漢俊脫離中國共產黨的經過，各種說法不一，包惠僧說李漢俊是「一九二二年被黨開除的」，陳潭秋說「在第四次代表大會上被開除黨籍」，蔡和森則稱「直到第四次大會都對漢俊表示同情」。（《中共黨史人物傳》第十一卷，陝西人民出版社一九八三年版。）對這一問題作如下注釋：

「我們認為此事大致經過是這樣的：一九二二年李漢俊因與陳獨秀、張國燾政見不一，實際上離開了黨中央工作崗位，回到武漢。黨的『二大』時，他向黨中央寫過一份意見書。從蔡和森提供的資料來看，其主要內容是反對共產黨人加入國民黨，主張黨的組織原則採用蘇維埃聯邦憲法，不贊成民主集中制。陳獨秀曾致電請他參加『二大』。但是他托人將意見書從河南帶至大會，自己卻『始終沒有到會』。隨後便和『玄廬、望道等退出黨』。

「黨曾做過他的工作，根據馬林建議，黨的『三大』在他未出席的情況下，仍選他為五名候補委員之一。一九二四年，鑒於他自動脫黨，中共中央便正式將其『開除』。據蔡和森的回憶，當時『大部分同志認為李漢俊等退黨是陳獨秀同志的專橫，使漢俊等消極』。同時他的被開除與張國燾的打擊也不無關係。」

李漢俊脫離中國共產黨之後，曾任武昌高等師範、武漢大學教授，漢口市政督辦公署總工

程師，北洋軍閥政府外交部秘書。

在北伐軍佔領武漢之後，李漢俊任國民黨湖北省黨部委員、湖北省政府委員兼教育廳廳長、青年部部長。

然而，國民黨右翼仍不放過他。如一九二七年十二月十六日《順天時報》所述：「湖北政權由『左』傾分子李書城及親共分子李漢俊、詹大悲所主持。」

這樣，桂系軍閥、武漢衛戍司令胡宗鐸便下令緝拿李氏兄弟及詹大悲，發生了十二月十七日那悲慘的一幕……

李漢俊離世，遺下妻子陳靜珠。他和陳靜珠是在一九二三年春節結婚的。

據薛文淑回憶，李漢俊前妻姓陳，兩人感情甚篤，不幸於一九一八年去世。朋友們勸李漢俊續弦，他提出一個條件，新人必須姓陳，而且要志同道合；倘談不上志同道合，那就找一個什麼都不懂的人，但也必須姓陳。他的朋友萬聲揚的姨妹恰好姓陳，叫靜珠，文盲，符合李漢俊的「條件」，他答應結婚。新婚之日，他與新娘才第二次見面！

友人們都為他與陳靜珠婚後感情擔心。出乎意料，他倆感情非常融洽。風聲日緊時，李書城勸李漢俊去日本避難，李漢俊因妻子懷孕寧住漢口日租界。

李漢俊死後，陳靜珠生下一女，取名李聲韻。後來，李漢俊之子李聲簧，李書城之子李聲華、李聲宏，均加入中國共產黨。

一九五二年八月，中央人民政府內務部給李漢俊家屬頒發烈屬證書，寫著：「李漢俊同志在大革命中光榮犧牲，豐功偉績永垂不朽！」證書由毛澤東簽署。

鄧恩銘「不惜惟我身先死」

創刊於一八七二年的《申報》，是舊中國歷史最久的報紙，擁有很大的影響。一九三一年四月八日，當這天的《申報》送到眾多的讀者手中，人們用驚訝的目光讀著一條用鮮血寫成的消息——《山東槍決大批紅匪》。

茲照原文摘錄於下：

「濟南通信，前日下午二時，山東省臨時軍法會審委員會開會，當經議決，將日前本省捕獲之紅匪宋占一等二十二名處以死刑，五日上午六時，各委員及公安局長王愷如，復齊集高等法院，將宋占一等提出，驗明正身，用汽車三輛，載往緯八路刑場執行槍決……」

在開列的二十二名被槍決的「宣傳共產邪說，陰謀暴動，顛覆國民政府」的「紅匪」名單之中，有「黃伯雲即鄧恩銘，男，三十一歲」。

鄧恩銘去世時，年僅三十歲（《申報》所載是虛齡）。

在刑場上，鄧恩銘高呼：「打倒帝國主義！」「打倒反動軍閥！」「中國共產黨萬歲！」

鄧恩銘和他的戰友們在緯八路刑場上唱起了《國際歌》。他在雄壯的歌聲中，離開了這個

世界……

在中共「一大」之後，鄧恩銘回到山東，擔任中共山東支部委員，支部書記為王盡美。不久，他和王盡美一起，作為中共代表前往莫斯科，出席共產國際召開的遠東各國共產黨及民族革命團體第一次代表大會。

一九二二年七月，鄧恩銘在上海出席了中共「二大」。此後，鄧恩銘受中共山東地方執行委員會的派遣，前往青島開闢工作。他先是建立了中共青島支部，任書記。不久擴大了成員，成立中共青島市委，任書記。鄧恩銘在青島領導了膠濟鐵路工人大罷工，領導了青島紗廠大罷工。

一九二五年十一月，鄧恩銘被捕入獄。在獄中，他受到重刑審訊，結核病又發作，二十四歲的他咬緊牙關，沒有屈服，終於被中共組織托人保釋，在獄外就醫。

一九二七年四月，鄧恩銘出席了在武漢召開的中共「四大」。回山東後，他接替病逝的王盡美，出任中共山東省執行委員會書記。

山東風聲日緊。一批又一批中共黨員被捕。

王復元在這個時候倒戈。王復元又名王全，早在一九二〇年便已參加了王盡美、鄧恩銘所領導的「山東馬克思學說研究會」。後來因為貪污中共活動經費，被開除出黨。他向山東當局報告了中共山東省委機關的所在地和活動情況。於是，一九二八年底，鄧恩銘和中共山東省委的一批負責人落入了濟南市警察局手中。

關押在濟南省府前街的警察局拘留所裡，鄧恩銘想方設法組織越獄。

一九二九年四月十九日晚八時多，幾個「犯人」說是要上廁所。就在看守警察打開囚室門的時候，「犯人」一下子把警察打倒了，繳了十幾條槍，從東大門衝了出去……

這次越獄是鄧恩銘組織的。他看到跟中共黨員們關押在一起的，還有一批所謂的「土匪」。這些人大都是當時直魯聯軍的軍官，身強力壯。他與其中的頭頭李殿臣商量越獄，馬上得到支持。越獄時第一個動手撂倒警察的，便是李殿臣。

只是這次越獄太匆促，李殿臣等衝出去時，關押在另三個囚室裡的「犯人」沒有來得及回應。鄧恩銘也未能衝出去。

李殿臣等雖然逃出去了，但後來又被追回。唯有中共黨員楊一辰因行走困難，跟不上李殿臣等人，混在街上行人之中，反而脫險了。

鄧恩銘不灰心，又著手組織第二次越獄。

有了上一回的經驗，這一回的組織工作更為嚴密了：他把中共黨員分成三個小分隊，暗中準備；中共黨員吳克敬悄然把清潔廁所用的石灰裝在一個個舊信封裡，分發到各個囚室；又利用會見家屬的機會，與獄外中共地下組織取得聯繫，秘密帶進了鋼鋸條……

選中了七月二十一日這一天——星期日。晚飯後，大部分的看守都回家了。就在這時，第一分隊首先衝出囚室，打倒了看守。第二、第三分隊也馬上行動。一包包石灰撒向獄卒，他們哇哇直叫，睜不開眼睛。

三個分隊總共十八人，一下子衝出大門，逃到了大街。

這時，獄卒們才如夢初醒，持槍追捕。

第一個被抓回來的是鄧恩銘。他患結核病，體質甚差，雖有身強力壯的王永慶扶著他，畢竟行走不快。

另十人也終因體力不支，路途又不熟，被看守追回。

中共中央派往山東工作的何自聲，幸運逃脫。另五位體力較好的，也終於脫險。只有劉昭章已逃到親戚家，被叛徒告密，又抓了回去。這樣，十八人之中，脫險六人。

這次越獄，使看守長受到上司嚴厲責問，以致作為「瀆職」而被槍斃。

從此監獄加強了看守，越獄已無希望。鄧恩銘心中坦然，他早在一九一七年七月所作《述志》一詩中，便已表示「不顧安危」，把一切都置之度外：

南雁北飛，去不思歸，
志在蒼生，不顧安危；
生不足惜，死不足悲，
頭顱熱血，不朽永垂。

在獄中，他一直用「黃伯雲」之名。歷經審訊，法官並不知道他是鄧恩銘，是中共山東省委書記。

直至一九三一年春，在審訊時忽聞有人直呼他「鄧恩銘」。他舉眸望去，原來是新派的審判官張葦村，過去與他相識，如今做了國民黨的官。

鄧恩銘自知餘日不多，一九三一年三月在給母親的最後一封家書中，寫下一首詩：

卅一年華轉瞬間，
壯志未酬奈何天；
不惜惟我身先死，
後繼頻頻慰九泉。

一九三一年清明節——四月五日清晨六時，在一陣刺耳的槍聲響過之後，鄧恩銘倒在鮮紅的血泊之中。

鄧恩銘的二叔黃澤沛的兒媳滕堯珍（即鄧恩銘的堂弟媳）這樣回憶鄧恩銘死後的情景：

「這個噩耗使我驚呆了。全家聞訊後，都為恩銘的慘遭殺害悲痛不已。我們前去收屍，反動當局不准。後經過多方周旋，請了四家連環鋪保，第三天才到濟南緯八路找到大哥遺體。我們花了五十元大洋買了一口棺木，洗淨他身上的血跡，把他安埋在濟南城外——貴州義地。不久，我們又請人在恩銘的墓前立了一塊碑，寫上『鄧恩銘之墓』。」③

一九六一年八月二十一日，董必武曾賦詩一首，悼念王盡美和鄧恩銘：

四十年前會上逢，
南湖舟泛語從容。

濟南名士知多少，
君與恩銘不老松。

何叔衡沙場捐軀

叔衡才調質且華，
獨闢蹊徑無纖瑕；
臨危一劍不返顧，
衣冠何日葬梅花。

這是謝覺哉一九四五年為悼念老友何叔衡沙場捐軀十週年而寫下的詩。

何叔衡是中共「一大」代表中最年長的一位。出席「一大」歸來，他和毛澤東一起在湖南建立中共組織，出任中共湘區委員會組織委員。一九二四年出任中共影響下的湘江學校校長。

一九二七年湖南軍閥何鍵、許克祥製造「馬日事變」，形勢陡然吃緊。何叔衡轉入地下工作，來到上海，出任聚成印刷公司經理。這家印刷公司的看板上寫著「承印帳冊、商標」，暗中印刷中共內部文件及刊物。公司的「同人」，有謝覺哉、惲代英、毛澤民、熊瑾玎。

一九二八年七月，何叔衡受中共組織指派，與徐特立等一起經哈爾濱去莫斯科，出席了在那裡召開的中共「六大」，然後進入莫斯科中山大學特別班學習。

一九三〇年七月，何叔衡從蘇聯回到上海。幾個月後，進入江西紅區瑞金。在那裡，何叔衡出任工農檢察人民委員、代理內務人民委員、最高法院院長。

一九三三年冬，何叔衡蒙受了沉重的打擊——被撤銷全部領導職務。內中的原因，如同中央蘇區中央局機關刊物《鬥爭》一九三三年第十七期《火力向著右傾機會主義》一文所指名道姓的「批判」一樣，即何叔衡右傾。

實際上，何叔衡受到了當時「左」傾路線的排斥。當時，王明「左」傾路線正日益加劇。

一九三四年十月，紅軍開始撤出江西，進行長征。年近花甲的何叔衡被留了下來。

一九三五年二月，中共江西分局決定，年老體衰的何叔衡、體弱患病的瞿秋白、已經懷孕的項英的妻子張亮，由體力較好的鄧子恢和周月林照料，從江西經福建前往香港。組織上給每人一百元港幣及一些黃金，交何叔衡保管。

由這麼五個人組成的一支特殊的隊伍，化裝成販賣香菇的小商人，艱難地在崎嶇的山路上前進著。

當他們越過江西邊界，進入福建省會昌縣（今屬江西）的湯屋，中共福建省委派了一支快槍隊護送。何叔衡為之一喜，詩興大發，與瞿秋白一唱一和。

笑顏一閃即逝。形勢緊張，沿途的地主武裝已經注意到這支特殊的隊伍。

他們不得不改為摸黑行進，白日休息。一個老人，一個病人，一個孕婦，在漆黑的山間小道上行走，異常艱辛。所幸何叔衡和瞿秋白意志堅強，並不畏懼酷劣的環境。

如此晝伏夜行，一夜連著一夜。

四月二十二日夜裡，他們渡過了汀江。

四月二十三日凌晨（也有的說是二十四日），他們來到上杭縣濯田區水口鎮附近的小徑村。他們在這裡休息、吃飯的時候，驚動了當地地主的「義勇軍」。

「義勇軍」急告駐守在水口鎮的國民黨保安第十四團二營營長李玉。

「緊急集合！」李玉下令。

「義勇軍」隊長范連升帶路，李玉率領二營悄然包圍了小徑村。發現了敵軍，負責護送的快槍隊開槍了。雙方互射，戰鬥十分激烈。一邊抵擋，快槍隊一邊護送何叔衡等突圍，逃往村南的大山上。

何叔衡畢竟上了年紀，又是秀才出身，況且連日勞累，怎敵得上保安團的士兵快疾的步子？還未到大山上，何叔衡便給保安團追上了。

一陣亂槍砰砰射過之後，何叔衡受傷倒在一塊水田旁邊。

兩個保安團士兵見何叔衡倒下去沒有動靜，以為他已死去，上前搜身。何叔衡身邊帶著組織上交給的港幣、黃金，看到敵人來搜身，奮力反撲過去。砰！砰！保安團士兵連連開槍，何叔衡栽倒在地，從此再也沒有起來……終年五十九歲。

瞿秋白和張亮躲在草塘裡被俘。一九三五年六月十八日，在長汀城中山公園裡，國民黨的臨時軍事法庭宣讀了由蔣介石簽署的槍決命令之後，瞿秋白唱起了《國際歌》，走向一片蔥蘢的青草地，席地而坐。

瞿秋白說了最後一句話：「此地很好！」無情的子彈，便奪去了他的生命。

殷殷鮮血，染紅了茵茵嫩草。終年不過三十六歲！

唯一在戰鬥中突圍的鄧子恢，解放後成為國務院副總理……

楊明齋死因終於大白

楊明齋最初作為俄共（布）黨員，與維經斯基一起來華，幫助建立中國共產黨，曾有過不可磨滅的貢獻。

楊明齋之死，曾是一個謎。

過去，楊明齋的卒年，被寫成「一九三二年」，或者說是「一九三一年後」。

關於楊明齋之死的最為權威的說法，是《青運史資料與研究》第三輯所載《曹靖華同志談中國社會主義青年團情況》一文，曹靖華回憶了周恩來跟他在一九五四年的一次談話，內中談及楊明齋：

「後來他（引者注：指楊明齋）生病，蘇聯送他到西伯利亞養病，那裡條件比較好，但後來病死在伊爾庫茨克。」

為了弄清楊明齋的身世，華東石油大學馬列教研室教師余世誠做了許多調查工作。一九八八年九月，余世誠以個人名義寫信給蘇共中央總書記戈巴契夫，請求幫助查找楊明齋的下落——因為楊明齋死於蘇聯，蘇共的檔案中會有準確的記載。

戈巴契夫認真地批轉了余世誠的信。

不久，余世誠收到了蘇聯科學院遠東研究所所長吉塔連科的來信，說他受蘇共中央的委託，作如下答覆：一九三〇年一月，楊明齋未經黨的領導許可，在走私者的幫助下越過中蘇邊界，直至這年秋天，他都在哈巴羅夫斯克掃盲站做中文教員。後來轉到符拉迪沃斯托克（即海參崴），在《紅星報》和無線電臺工作。

一九三一年，楊明齋被當作「叛逃者」流放到托阿斯克，當勤雜工。一九三四年八月，楊明齋流放期滿，來到莫斯科，在一家出版社當投遞員、謄寫員、校對員。一九三八年二月，楊明齋被以捏造的罪名逮捕，同年五月被殺。

現在，根據蘇共中央提出的建議，對所有非訴訟機關鎮壓的人都應該恢復名譽……楊明齋的死因之謎，終於大白。這位中國共產黨的革命先驅，如此悲慘地死於冤屈之案，幾乎難以令人置信！

楊明齋在中共「一大」之後，又出席了中共「二大」。

一九二五年十月，楊明齋帶領一大批中共黨員，前往莫斯科中山大學學習。他被留在那裡，負責中國留學生工作。

一九二七年夏，得知中共在蔣介石「四・一二」政變之後，處境維艱，他堅決要求回國，從事秘密工作。

回國之後，環境險惡，楊明齋不得不隱居在北平。他埋頭於著述，寫出了近二十萬言的《中國社會改造原理》。這本書上冊在一九二八年出版，下冊在一九二九年出版。

這時，楊明齋和他的家人還保持著通信。

在一九三〇年之後，楊明齋消息杳無。他的家人曾在北平報紙上登出尋人啟事，也如泥牛入海，沒有回應。

此後，楊明齋的命運，如同蘇聯科學院遠東研究所所長的公函所述……

楊明齋在中共「二大」之後，日漸受到冷落，其原因可能在於他曾非常堅決地反對共產國際馬林關於中共黨員以個人身分加入國民黨、實行國共合作的建議。

楊明齋的身分，不同於一般中共黨員，他畢竟是由俄共（布）派遣來華的。雖然在中共「二大」之後，楊明齋服從共產國際的決定，擁護國共合作，然而，他已不像當初陪維經斯基來華時那樣受到信任……

他蒙冤而死之際，為五十六歲。周恩來讚譽他是「忠厚長者」。④

雖然他被歷史淹沒多年，但中國共產黨人仍深深懷念著這位建黨元勳。經過中國共產黨黨史研究者們的努力，現在，終於把楊明齋身上的歷史積灰撣去。

馬林死於法西斯屠刀

馬林對於中國共產黨，有兩大貢獻。

第一，幫助建立了中國共產黨。

第二，制定了國共合作、建立統一戰線的戰略，使中國共產黨迅速得以發展。

雖然馬林關於中國共產黨黨員以個人身分加入國民黨的建議剛一提出，便受到了極其激烈

的反對，但他畢竟還是徵得了共產國際執委會的同意和支持，帶著「襯衫文件」回到中國召開「西湖會議」，說服了中共的領導者們。

此後，一九二三年六月，中共在廣州召開「三大」，馬林自始至終參加。就連陳獨秀本人，也在中共「三大」所作的報告中說：

「起初，大多數人都反對加入國民黨，可是共產國際執行委員會的代表說服了與會的人，我們決定勸說全體黨員加入國民黨。從這時起，我們黨的政治主張有了重大的改變。以前，我們黨的政策是唯心主義的，不切合實際的，以後我們便更多地注意了中國社會的現狀，並開始參加現實的運動。……」⑤

中共「三大」通過了《關於國民運動及國民黨問題的決議案》，貫徹了共產國際代表馬林的意見。

後來，在一九三五年八月十九日，當馬林跟美國伊羅生教授談話時，曾回憶了他的關於國共合作的意見的由來：

「我提出這些意見時，從來沒有從莫斯科得到什麼具體專門指示的問題。我離開莫斯科時沒有什麼指示。我只是以我自己在爪哇伊斯蘭教聯盟運動中取得的經驗作為依據。……由此，你就能理解在中國努力同國民黨建立這種形式的合作，是直接以爪哇的成功經驗為依據的。」

他提出的國共合作，人稱「斯內夫利特戰略」，亦即「馬林戰略」。

他一次次跟陳獨秀交談，一次次跟孫中山交談，終於促使陳獨秀與孫中山會談，終於促使孫中山在一九二三年八月派出「孫逸仙博士代表團」訪問蘇俄……

共產國際在海參崴建立了遠東局，在一九二三年一月十二日由共產國際執委會書記柯拉洛夫簽署第二八二號文件，任命馬林為遠東局第三號人物。

此後，馬林的工作又有變動，如他所說：

「我被先後提議任駐廣州領事和俄羅斯通訊社（引者注：即塔斯社前身）記者，我拒絕了。後來，當我知道已作出上述人事變動的安排，我就離開了。」⑥

馬林作為共產國際執行委員，被降為「駐廣州領事」以至「俄羅斯通訊社記者」，是由於他的意見與共產國際領導——史達林、加拉罕、鮑羅廷、羅易產生了分歧。

一九二三年十月，馬林被調離中國。

一九二四年初，馬林回到了莫斯科，在共產國際東方部工作。鑒於意見不合，一九二四年四月，馬林向共產國際辭職，回到了祖國荷蘭，參加荷蘭共產黨的工作，擔任碼頭工會秘書。

一九二五年，羅章龍赴荷蘭漢堡出席國際運輸會議，與馬林相遇，彼此異常欣喜。會議結束後，羅章龍應馬林之邀，到荷蘭首都阿姆斯特丹他的家裡。他家很不錯，花園洋房。那時，他的公開身分是教授。妻子也是荷蘭人。馬林以主人身分熱情款待羅章龍，留羅章龍在他家住了一星期，情同手足。

馬林雖已遠離中國，但仍非常關心中國的命運。

馬林對羅章龍說道：「中國是農業大國，無民主習慣，推翻一代統治者在中國歷史上極為平常，但要建立民主制度卻有重重困難。唯有通過工人運動可以接近民主，縱有困難，不宜灰心，捨此以外達向民主的道路可謂徒勞！」

一年之後，馬林的情況劇變：史達林在共產國際以及聯共（布）開展反對托洛茨基反對派的鬥爭。馬林站在托洛茨基一邊。這樣，他無法再在荷蘭共產黨內立足，於一九二七年宣布退出。

一九二八年，當羅章龍到莫斯科出席中國共產黨「六大」時，正巧馬林也在莫斯科。

馬林前往鵾林別墅看望老朋友。談及中國共產黨在一九二七年後的艱難處境時，馬林對羅章龍說了一番頗為感慨的話：

「中國問題，棋輸一著，我們大家都有責任，今後應正視錯誤，努力前進，歷史車輪自會循正當軌道邁進。」

在一九二九年，馬林在荷蘭建立了托派組織「革命社會黨」。此後，他以「革命社會黨」代表身分參加荷蘭國會。

不過，一九三八年當托洛茨基組織第四國際時，馬林拒絕參加。

一九四〇年，德國法西斯侵吞了荷蘭，馬林投身於反法西斯的正義鬥爭之中。他編輯了秘密發行的報紙《斯巴達克》，鼓勵荷蘭人民奮起反抗侵略者。

一九四二年三月六日，馬林終於落進了德國法西斯手中。

馬林在獄中堅貞不屈。四月七日至九日，在法庭開庭審訊他時，他怒斥德國法西斯。

他自知難逃厄運，在四月十一日給女兒菩菩、女婿桑頓寫下了訣別的遺書：

「永別了，我的女兒，我的寶寶——永別了，我親愛的人！

「孩子們，我無疑真誠地願為我的理想獻身。誰知驟然間死神將至，不可逆轉。但我心中坦然——多年來我始終是一個忠誠的戰士。告發我的人和法官們無不承認我死得光明磊落。這使我非常感動，因為人們都已十分瞭解我至死不渝，矢信矢忠，殫精竭慮，高舉我信仰的旗幟，奮鬥到最後一息……」

馬林最後寫道：「直至彌留之際，我都希望如馬來亞格言所云：見義勇為。你們要互敬互愛。最後一次熱烈地吻你們。」

這位久經考驗、意志如鋼的共產黨人，在德國法西斯面前不屈不撓。他寫罷壯烈的遺囑，便壯烈地走上刑場。

一位倖存的名叫普雷特爾的難友，後來在一九四五年十一月六日寫文章給荷蘭《火炬》週刊，翔實地記述了他目擊馬林就義的悲壯一幕：

「四月十二日，星期天，我在睡夢中突然被噪雜聲震醒。當時大約是晚上九點鐘。七扇牢門被踢開，牢門前設了雙崗（引者注：這七間牢房原本空著）。我聽到大聲叫嚷：『非常危險的人來了！』德國人下達了指示，過了一會，我聽到每個牢房都關進了一位難友。牢房與牢房之間，只要大聲說話，隔壁的人都可以聽到。我立刻聽到其中一個被囚禁的人說：『戰爭之前，荷蘭政府就在搜捕我。

「五月十五日以後，德國人一直在追查我。如果我不是出了事故，如果不是被送進醫院，他們永遠也找不到我。』當時斯內夫利特安慰著說：『我們大家感到自豪的是，我們是荷蘭第一批為國際事業而被法院判刑的人。我們必須為國際事業而犧牲。』

「監獄防衛很嚴，每十五分鐘牢房的燈便被打開，目的是通過監視孔看看是否有人自殺或

企圖逃跑。同時還有兩名憲兵在窗外走來走去，手裡還拿著手電筒晃來晃去。……

「大約早晨六點鐘時，有人通知他們說，赦免請求被拒絕了，而且將立刻執行。斯內夫利特當時問，他們是否可以手把手一起受刑。這個要求也遭到了拒絕。『你們要把手放在背後受刑。』斯內夫利特又問，槍斃時他們是否可不戴遮眼布，這個要求被允許了。斯內夫利特又問，他年紀最大，是否可以最後槍殺他。我還聽到他說：『同志們，作為你們的長者，這份權利應當讓給我，我不是當過你們的領導人嗎？』

「所有人都可以抽一根雪茄菸，有人說：『好，我們抽吧！荷蘭國家付菸錢。』然後，斯內夫利特接過話頭說：『今晚我到了奧萊佛山（引者注：《聖經》中說耶穌曾關押於那裡）』。當我青年時代參加運動的時候，我的神父對我說：如果你堅持你的信仰，小夥子，你就大著膽子向前走吧！我確實進行了鬥爭，而且一直堅持我的信仰，恪守我的信念，相信國際的事業。還必須付出更大的努力去鬥爭，但未來是屬於我們的。』……

「接著便出現了一個令人感動的時刻：『讓我們舉起手來』，在臨死前一個鐘頭，七個人挺起胸膛唱起了《國際歌》。多麼豪壯的旋律！何等感人的歌詞啊！我曾出席過多次音樂會，可從來沒聽過這樣感人肺腑的合唱。……

「然後，他們被裝進了一輛汽車。九時二十分，第一槍子彈響了。……

「我非常欽佩這些英雄臨危不懼的氣概，我有必要將其寫出來。他們無私無畏，無限忠誠於他們的事業。我毫無保留地為貴刊寫下了這些細節，因為我是唯一和這些英雄度過最後幾小時的見證人。」⑦

就這樣，馬林在一九四二年四月十四日視死如歸地倒在德國法西斯的槍口之下，終年五十三歲。

馬林對於建立中國共產黨，有著特殊的功勳。正因為這樣，中共黨史專家李玉貞、楊雲若等不遠萬里前往荷蘭，仔細查閱馬林的檔案，這才查清了馬林之死的真相。特別是馬林的女婿桑頓，把珍藏多年的馬林絕命書取出，複印贈給中國朋友，使中國讀者得知馬林就義前的遺言，更加敬佩這位「真誠地願為我的理想獻身」的異國英雄。

陳獨秀淒風冷雨病歿江津

陳獨秀和馬林一樣，都是創建中國共產黨的元勳。他後來的道路，竟然也和馬林頗為相似……

在中共黨史上，倘若以「屆」計算的話，陳獨秀主持中共中央的「屆」數多於毛澤東：從中共「一大」直至中共「五大」，陳獨秀都是中共第一號人物（有時稱「中央局書記」，有時稱「中共中央總書記」或「中共中央執行委員會委員長」），共五屆；毛澤東則從中共「七大」至中共「十大」，任中共中央主席，共四屆。當然，按時間計算，毛澤東作為中共領袖的時間比陳獨秀長得多。陳獨秀作為中共領袖是一九二一年至一九二七年，共六年；毛澤東則從一九三五年至一九七六年，共四十一年。

筆者曾多次訪問過年已九旬的陳獨秀老朋友鄭超麟，他曾這麼勾畫過陳獨秀的形象：

講一口安慶話。雖然在外多年，但安慶口音幾乎沒變。

怎麼想就怎麼說。有時會罵人，罵得沒有道理。

習慣動作是用手拍腦門。特別高興或者格外苦惱的時候，便拍腦門——前額。

中等個子。樣子不算漂亮，但也說不上難看。不大講究衣著，但很乾淨。長袍、馬褂都穿，帽子不常戴，難得穿西裝——除非在重要的場合。倘若他穿戴非常整齊，這往往表明有女人在照料他的生活。

菸癮很重，不過，他不抽紙菸，而是抽雪茄——往往抽不起高檔的雪茄，只是抽普通的雪茄。

文章寫得很快。有學問。口才並不很好……

陳獨秀最初對於「馬林戰略」是堅決反對的，以至向共產國際「告狀」。後來他被馬林說服之後，與國民黨攜手。然而，他只講合作，不講鬥爭，犯了嚴重的右傾錯誤。一九二七年，成為他的一生的浮沉分界線。

就在一九二七年蔣介石發動「四·一二」政變的一周前——四月五日，陳獨秀與汪精衛所發表的《汪陳聯合宣言》，還在那裡口口聲聲說「事事協商，開誠合作」。

「四·一二」之後，中共陡然陷入逆境之中。一大批中共黨員遭殺害，內中有中國共產黨主將李大釗、趙世炎、張太雷以及中共「一大」代表李漢俊。

在一九二七年四月下旬召開的中共「五大」上，陳獨秀受到黨內尖銳的批判，他的領袖地位動搖了——雖然大會仍選他擔任中共中央總書記。

到了七月下旬，形勢變得益發危急，就連武漢汪精衛的國民政府也實行「分共」，逮捕和屠殺大批中共黨員。

在這生死存亡的緊要關頭，八月七日中共在漢口召開秘密緊急會議，史稱「八七會議」。這次會議，推選瞿秋白、李維漢、蘇兆徵等組成中共臨時政治局。這樣，瞿秋白取代了陳獨秀，主持中共中央工作。

從此，陳獨秀離開了中共的領導崗位。這時，他四十八歲。

此後，他與中共中央、共產國際的分歧越來越大。一九二八年七月，中共「六大」在莫斯科召開時，共產國際直接邀請陳獨秀出席，他拒不出席。

此後，他越走越遠。以他為首，組成了中共反對派，人稱「陳獨秀派」。他的觀點與托洛茨基（自一九八八年以來，蘇共正在重新處理和評價托洛茨基問題）不謀而合，他接受了托洛茨基觀點。他組織了反對派小集團。

此後，在一九二九年九月二十六日和彭述之聯名致信中共中央，表明自己的政治態度：「托洛茨基同志在一年以前，已經預見到你們不正確的政治路線之發展和你們真正的政治面目。……你們說我們是反對派，不錯，我們是反對派；我們的黨此時正需要反對派……」

於是，同年十一月十五日中共中央政治局通過了《關於開除陳獨秀黨籍並批准江蘇省委開除彭述之、汪澤楷、馬玉夫、蔡振德四人決議案》，從此這位「中共開山書記」被開除了中共黨籍。

此後，陳獨秀組織了托派小組織「無產者社」。不久，在一九三一年五月中國各托派小組織的「統一大會」上，他當選為「中國共產黨左派反對派」的中央總書記。

一九三二年十月十五日，蔣介石以「危害民國罪」逮捕了陳獨秀——儘管他是「反對派」的總書記，但在蔣介石看來，仍屬「危害民國分子」。

一九三三年四月，陳獨秀受到了國民黨政府江蘇省高等法院公審。當審判長問他：「何以要打倒國民政府？」陳獨秀慷慨陳詞，提出三條理由：

「（一）現在國民黨政治是刺刀政治，人民既無發言權，即黨員恐亦無發言權，不合民主政治原則。

「（二）中國人民已窮至極點，軍閥官僚只知道集中金錢，存放於帝國主義銀行，人民則困苦到無飯吃，此為高麗（引者注：即朝鮮）亡國時之現象。

「（三）全國人民主張抗日，政府則步步退讓。十九路軍在上海抵抗，政府不接濟。至所謂長期抗戰，只是長期抵抗四個字，始終還是不抵抗。

「根據以上三點，人民即有反抗此違背民主主義原則與無民權實質政府之義務。」⑧

他的老朋友章士釗，擔任他的義務辯護律師。

一九三三年六月三十日，國民黨政府最高法院終審判決，判處陳獨秀有期徒刑八年。

在獄中，陳獨秀有兩個大書架，放著經、史、子、集，他埋頭於鑽研《說文》。一九三七年七七事變後，經胡適和天津南開大學校長張伯苓保釋，陳獨秀得以出獄。

濮清泉在《我所知道的陳獨秀》一文中，回憶了一段重要史實：

「陳出獄後，暫住在他友人家中。他說，董老（引者注：即董必武）銜中共中央之命，曾去訪問他一次，多年未晤，談得很長。董老勸他，應以國家民族為重，拋棄固執和偏見，寫一個書面檢討，回黨工作。他說回黨工作，固我所願，惟書面檢討，礙難遵命。……」

出獄後，陳獨秀離開南京，在武昌雙柏巷租了三間平房暫居。他的老朋友、當年北京大學教授王星拱，此時是武漢大學校長，有意聘他在武漢大學任教。他以「我所學亦無以教人」為理由謝絕了，在一九三八年七月由武漢入川，來到重慶。

重慶是個繁華熱鬧的所在，已是貧病交加的他，在那裡只住了一個月便深感不適。於是，帶著老母（繼母謝氏）和第四次結合的妻子潘蘭珍（在高曉嵐、高君曼之後，陳獨秀還曾與施芝英同居多年），避居於離重慶一百八十里水路的小小的江津縣城。

在江津，陳獨秀的母親去世，他「心緒不佳，血壓高漲，兩耳日夜轟鳴，幾於半聾」。生活困苦的他，身體日衰。一九四二年五月十三日，老友包惠僧前去看他，使他十分喜悅。但陳獨秀當夜發病，醫治無效，於五月二十七日病逝，終年六十四歲。

一九四五年，毛澤東在《「七大」工作方針》一文中，對陳獨秀曲折多變的一生，作出了公允的評價：

「關於陳獨秀這個人，我們今天可以講一講，他是有過功勞的。他是五四運動時期的總司令，整個運動實際上是他領導的。他與周圍的一群人，如李大釗同志等，是起了大作用的。……我們是他們那一代人的學生。五四運動，替中國共產黨準備了幹部。那個時候有《新青年》雜誌，是陳獨秀主編的。被這個雜誌和五四運動警醒起來的人，後頭有一部分進了共產黨。這些人受陳獨秀和他周圍一群人的影響很大，可以說是由他集合起來，這才成立了黨。

「我說陳獨秀在某幾點上，好像俄國的普列漢諾夫，做了啟蒙運動的工作，創造了黨，但

他在思想上不如普列漢諾夫。普列漢諾夫在俄國做過很好的馬克思主義的宣傳。陳獨秀則不然，甚至有些很不正確的言論，但是他創造了黨，有功勞。普列漢諾夫以後變成了孟什維克，陳獨秀是中國的孟什維克。……關於陳獨秀，將來修黨史的時候，還是要講到他。」⑨

另外，毛澤東在一九四二年三月三十日中共中央學習組關於《如何研究中共黨史》的講話中，也談及陳獨秀：

「在五四運動裡面，起領導作用的是一些進步的知識分子。大學教授雖然不上街，但是他們在其中奔走呼號，做了許多事情。陳獨秀是五四運動的總司令。」⑩

陳獨秀去世之後，安葬在江津縣大西門外鼎山。

一九四七年，陳獨秀三子陳松年遵其遺囑，把陳獨秀的棺木從四川江津遷回故鄉安徽安慶市，安葬在北郊十里鄉林業村，與元配高曉嵐合葬。通往墓地的，原是一條狹窄的泥路。一九八九年五四運動七十週年前夕，那裡修建了一條七米寬的柏油馬路，便於汽車直達墓地。

陳潭秋秘密遇害於新疆

一九四五年六月九日，中共「七大」選舉中央委員會。選舉結果，產生四十四名中共中央委員，排名以選票多寡為序：毛澤東、朱德、劉少奇、周恩來、任弼時、林祖涵、林彪、董必武、陳雲、徐向前、關向應、陳潭秋……

這名列第十二位的陳潭秋，是中共「一大」代表，其實那時已不在人世。然而，正處於戰爭環境之中，消息阻塞，以至代表們不知道他已犧牲，把他選為中共中央委員。

他，早在將近兩年前——一九四三年九月二十七日那個黑森森的夜裡，被新疆軍閥盛世才秘密處決於迪化（即今烏魯木齊）。生怕槍聲會驚動四周，他們用麻繩勒死陳潭秋。當時，他只有四十七歲！

在同一個夜晚被用繩索活活勒死的還有周彬——亦即毛澤民，毛澤東的胞弟，與陳潭秋同齡。

還有林基路——廣東臺山人，中共黨員，新疆學院教育長，年僅二十七歲！

陳潭秋在新疆化名徐杰。

三位烈士犧牲後，在迪化獄中的中共黨員曾為之寫下《追悼歌》：

你們的英名，
將永垂不朽！
它鼓勵著後繼者的我們，
向黑暗作英勇的鬥爭！
瞑目吧：
徐杰同志！
周彬同志！
林基路同志！

陳潭秋是在一九四二年九月十七日，被盛世才以「督辦請談話」的名義騙去，與毛澤民、林基路等同時遭到軟禁。當天，中共在新疆的工作人員及其家屬一百多人，也被軟禁。

中共中央書記處獲知消息後，於一九四三年二月十日給正在重慶的周恩來發去密電：「你們與張治中談話時，望提出釋放迪化被盛扣留之徐杰等一百四十餘人的要求。」

中共中央只知陳潭秋被捕，但不知陳潭秋後來被秘密處決。正因為這樣，他在死後仍被選為中共第七屆中央委員。

中共在新疆的工作，原由化名王壽成的俞秀松負責。俞秀松在一九三八年六月二十五日被押送蘇聯之後，被誣為托派而慘遭冤殺。新疆的工作改由鄧發主持。陳潭秋於一九三九年五月從莫斯科途經新疆回延安。在他到達新疆時，中共中央來電，要他留在新疆，接替鄧發。

陳潭秋走過了紅色的道路：

在中共「一大」之後，中共成立武漢區委員會，他是負責人之一。

一九二三年，京漢鐵路爆發著名的「二·七」大罷工時，陳潭秋是領導者之一。

一九二四年，陳潭秋擔任了中共武漢地委書記。他寫過一首《五一紀念歌》，頗受工人歡迎。

五一節，真壯烈，
世界工人大團結！
發起芝加哥，

響應遍各國。
西歐東亞與美洲，
年年濺滿勞工血！
不達成功誓不休，
望大家，齊努力，
切莫辜負五一節！

一九二七年，陳潭秋擔任中共江西省委書記。在中共「五大」上，他當選為中共中央候補委員。

一九二八年十月，中共中央決定撤銷北方局，由陳潭秋、劉少奇、韓連惠代行北方局的工作。從三人的名字中各抽一字，組成「潭少連」，成為中國共產黨北方黨組織的代號。

一九三〇年，陳潭秋出任中共滿洲省委書記，年底在哈爾濱被捕。他在獄中堅持鬥爭，於一九三二年七月被中共黨組織營救出獄。

他和謝覺哉打扮成商人，得以通過封鎖線，潛入江西根據地。他出任中共福建省委書記。此時，他的妻子徐全植在上海被捕，於一九三四年一月犧牲於南京雨花臺。

紅軍開始長征，陳潭秋奉命留守江西。在戰鬥中，他差一點殞命——他的右耳被子彈打掉，腦子受到劇烈震盪。

重傷的他，被送到上海醫治。稍好，他奉命和陳雲、楊之華等一起前往蘇聯，出席共產國

際第七次代表大會。

此後，他作為中共駐共產國際代表團成員，留在莫斯科。

一九三六年七月，中共誕生十五週年。作為中共「一大」代表，他寫了《第一次代表大會的回憶》，發表在一九三六年《共產國際》第七卷第四、五期合刊上。此文是關於中共「一大」的早期不可多得的文獻之一。

一九三九年五月，他奉調回國，在新疆工作。

他，竟在墨染的夜裡，如此悲慘而又壯烈地死於那勒緊的繩套……

他的摯友董必武聞凶訊，淚如雨下。

董必武寫下悼詩：

戰友音容永世違，
平生業績有光輝。
如聞聲欬精神振，
展誦遺篇識所歸。

陳潭秋早年與同鄉林氏結婚，感情甚為融洽。不幸林氏病故。陳潭秋悲慟不已，曾發誓不再另娶。

後來，在一九二五年，他與湖北女師學生徐全植結婚，生一女兩子。

徐全植犧牲後，他與王韻雪結婚。在新疆，王韻雪亦被捕，倖免於難，迄今仍健在。

就在陳潭秋被秘密殺害之際，那位出席中共「一大」的共產國際遠東書記處代表尼科爾斯基在蘇聯死於冤案——被誣陷為托派。這已在前面寫及尼科爾斯基時提到。

淪為巨奸陳公博千夫所指

一九四五年八月二十五日凌晨三時，在一片黧黑之中，一架ＭＣ型中華航空公司的飛機，突然轉動了螺旋槳，飛離了南京。

這時的南京，正處於「真空」時期——日本天皇已於八月十五日宣布無條件投降，翌日南京汪偽國民政府宣布解散，而國民黨蔣介石軍隊尚未到達南京，只是國民黨陸軍總司令何應欽宣告將於二十六日飛抵南京。

就在何應欽到達的前夜，這架飛機急急地在人們熟睡的時刻起飛，朝東飛行。

機艙裡空蕩蕩的，竟然只有一把座椅供一位「大人物」坐著，其餘七名乘客都席地而坐。這架飛機在起飛前拆除座椅，扔了出去，為的是減輕載重量，節省燃油——因為飛機要飛越東海，直飛日本京都！

直到中午十一時，飛機才飛到日本上空。只是燃油所剩無幾，不得不緊急降落於日本山陰縣米子機場。

幾天之後，日本京都右京區花園町柴山別墅住進「東山商店」一行七人，為首的一位叫

「東山公子」，他的妻子叫「東山文子」。

過了些日子，他們隱匿於京都郊外的金閣寺，以為能夠棲身。只是他們神情沮喪，心亂如麻。在日本，他們度過了將近五十天如坐針氈的日子，終於在十月三日在中國武裝軍警看押下，用一架中國運輸機載回南京。唯有那位「東山文子」仍留在日本。

那位「東山公子」，便是漢奸巨頭陳公博。他逃離南京時，由日本小川哲雄中尉陪同，帶著「東山文子」——李勵莊以及五名親信，飛往日本。原想逃脫歷史的懲罰，苟延殘喘，但他已成過街老鼠，無處可藏。……

陳公博在出席中共「一大」之後，回到廣州。一九二二年六月，陳炯明在廣州叛變，炮轟孫中山的總統府，陳公博還寫文章「擁陳反孫」，受到中共組織的批評。此後不久，他便宣布脫離中共，前往美國哥倫比亞大學。一九二四年，他完成了那篇碩士論文《共產主義運動在中國》。

雖然那時他早已脫離中共，並對馬克思主義學說也提出種種質疑，不過，他在他的碩士論文中，倒是寫下了一段頗有見地的關於中國未來前途的話：

「一句話，遠東古老的土地上現在充滿了激進主義。如果在中國的壓迫不停止，那麼大概在不久的將來，一個中國的新制度就要麻煩歷史學家在世界歷史上增加一頁，來敘述蘇維埃主義的進一步的勝利。」

他參與過建立中國共產黨，他又讀過馬克思主義的書，因此他能說出這樣預見中國歷史發展必然趨勢的話。

然而，恰恰又因為他背離中國共產黨、背離馬克思學說，因此他自己後來所走過的人生之路，正是逆著他自己所說過的歷史發展趨勢而行。

他從美國回國之後，加入了國民黨，擔任國民黨第一屆中央執行委員、中央黨部書記長、北伐軍總司令部政務局長。

一九二七年之後，他緊緊追隨汪精衛。當汪精衛在一九三二年出任南京國民黨政府行政院長時，他出任實業部長。

抗日戰爭爆發後，陳公博擔任國民黨四川省黨部主任委員。

一九三九年，汪精衛叛國投敵，陳公博與他狼狽為奸，擔任汪偽國民黨中央執行委員會常務委員。

一九四〇年，汪偽國民政府成立，陳公博擔任立法院院長、軍事委員會常務委員、上海市市長。

一九四四年十一月十日，汪精衛在日本名古屋病逝。離世前，他指定陳公博為繼承人。這樣，陳公博便成為偽國民政府代理主席，成為汪精衛死後的頭號漢奸。

正因為這樣，他在面臨覆滅之際，還絞盡心機，逃往日本，企圖改名換姓，藏匿異國。

然而，他終於還是被押回來了。

在蘇州獄中，陳公博力圖為自己漢奸罪行辯解，寫下洋洋六萬餘言、四十七頁的自白書。

一九四六年四月五日下午，陳公博在蘇州受到公審。

據金志翊、唐成中、徐立平、夏其言當時寫的《法庭聽審記詳》描述：

「二時正，公案上已放好尺許高的卷宗，紅封面，用粉紅色的包袱束著，頗引人注目。二時二十三分，旁聽席上起了一陣騷動，陳逆已經從候審室傳到庭上來，他身穿夾長袍，白色西裝褲，黑皮鞋，從他身上簡直找不出曾顯赫一時的痕跡，臉部有幾條深痕，痕縫裡有汗珠擠出，大家注視他的臉部，他的目光就茫然地避開，當他走近被告席附近時，先是背手而立，繼又把雙手放到胸前，侷促之狀畢露。有時，還用手去撫摸放在『自白書』上的一隻美國式氈帽。……」

首席法官韓燾宣讀起訴書，列舉陳公博十大罪狀，即締結密約，辱國喪權；搜索物資，供給敵人；發行偽幣，擾亂金融；認賊作父，宣言參戰；抽集壯丁，為敵服役；公賣鴉片，毒化人民；改編教材，實施奴才教育；托詞清鄉，殘害志士；官吏貪污，政以賄成；收編偽軍，禍國殃民。

經過公審，四月十二日，江蘇高等法院宣判陳公博死刑，剝奪公民權終身。已從日本回來的陳公博之妻李勵莊不服，向最高法院提出《申請復判狀》。

五月十四日，最高法院駁回李勵莊上訴。

六月三日上午，在蘇州獅子口江蘇第三監獄對陳公博執行槍決。

陳公博在行刑前，執筆寫信給蔣介石，信中居然如此寫道：

「懸懸放不下的還是一個共產黨問題，因為這個問題，關係到國家前途，關係到黨的前途，更關係到先生的前途。……」

由此可見，這位大漢奸跟蔣介石在反共方面是完全一致的。

信未寫完，他擲筆不寫了。

他對法警叮囑道：「請多幫忙，為我做得乾淨些。」

槍聲響了。陳公博結束了他那五十五個春秋的生涯。

賣國求榮周佛海嗚呼獄中

如果說，陳公博是汪精衛的左膀，周佛海則就是汪精衛的右臂。周佛海走過了與陳公博相似的道路，即共產黨↓國民黨↓大漢奸。

周佛海在中共「一大」之後，仍羈留在上海。熱戀中的他，與楊淑慧定於當年陰曆八月十六日訂婚。

不料，訂婚前夕，上海《時事新報》捅出消息，說「周某人行為不檢，家有髮妻，此次又將騙娶某女學生」。看了報紙，楊淑慧的父親不勝震怒，把楊淑慧關在家中，不許她再與周佛海見面。

楊淑慧從窗口跳出，逃至漁陽里二號，找到寄居在那裡的周佛海。於是，周佛海帶著楊淑慧私奔日本，在鹿兒島同居，生下兒子周幼海。

周佛海一回到日本，由於他是中共黨員，立即受到日本警方的注意，如他自己所述：

「回到鹿兒島之後，便被刑事尾行了。我的擔任教師，也向我警告了，於是我便規規矩矩做了一個很純良的學生。當時中國的同學，並不知道我在上海和長江一帶活躍的情形。因為我對他們是保守秘密的。但是刑事都知道了。……」⑪

一九二四年五月，周佛海受戴季陶之邀，從日本來到廣州，出任國民黨中央宣傳部秘書。同時又兼任廣東大學教授。當年，戴季陶與周佛海一起進出漁陽里，高談闊論共產主義，如今也成了國民黨中央宣傳部長。

隨著社會地位的改變，周佛海看準了國民黨，以為在國民黨裡仕途通達，遠遠勝過共產黨。這樣，一九二四年九月，周佛海提出脫離中國共產黨。當時中共廣州區執委的負責人周恩來親自勸說周佛海，亦無效果。周佛海寫下一信，聲言脫離中共。這樣，中共中央同意了他的脫黨要求。

周佛海脫離中共之後，迅速轉向反共。他追隨戴季陶，從一九二五年下半年開始，發表一系列反共文章，公開表明他與中共決裂。

借助於戴季陶的力薦，周佛海得到蔣介石的垂青，於是在宦途上青雲直上。一九二七年，他擔任國民黨中央陸軍軍官學校政治總教官、總司令部政治部主任。一九三一年，當選為國民黨第四屆中央執行委員會委員。此後歷任國民黨中央民眾訓練部部長、國民黨中央宣傳部代理部長、蔣介石侍從室第二處副主任。

在汪精衛出任行政院長後，周佛海又日漸與汪精衛接近。

一九三八年十二月，周佛海隨同汪精衛一起叛離重慶。

翌年五月，他隨汪精衛、梅思平前往日本同平沼內閣會談。回來後，他出任汪偽國民黨中央執行委員會常務委員。

一九四〇年三月，當汪偽國民政府成立後，周佛海歷任財政部長兼警政部長、中央稅警總團總團長、清鄉委員會副委員長、新國民運動促進委員會副委員長。在汪精衛死後，周佛海任行政院副院長兼上海特別市市長。

一九四〇年，周佛海在向上海中央稅警學校的青年們演說時，曾「現身說法」，談及自己怎樣加入中國共產黨、怎樣成為中共「一大」代表以及如今的「追悔」之情。他說：

「我因為和毛澤東同鄉，所以二人同住在一個私立女學校的樓上。一連開了六天會，最後一天，為法國巡捕所包圍，幾乎全部都被捉去。第二天，我們便都到嘉興，雇了一隻船，開到南湖中間，開最後一次會。結果推舉陳獨秀為委員長，我為副委員長。張國燾為組織部長，李達為宣傳部長。在陳獨秀沒有回上海之前，我便代理委員長。中國共產黨，便這樣的在一隻小船中，正式成立了。

「現在回顧起來，真和做夢一樣。當時萬萬想不到我們幾個年青的學生，會鬧出這樣的大亂。二十年來，流了多少血，死了多少人，燒了多少鄉村，破壞多少城市，損傷國家多少元氣，都是我們幾個青年學生，種下的禍根。我現在想起來，真對不住國家，對不住人民。國家弄到現在這樣危險惡劣的情形，我們不能單責軍閥和官僚，當時在嘉興南湖的小船中的幾個青年，也要負很大的責任的。……」⑫

周佛海這番「自責」之言，充分表現了他在政治舞臺上的高超「演技」：從中共發起人轉

為反共猛士。

周佛海此人，精於政治投機。一九四四年，眼看著日本大勢已去，汪偽政權危在旦夕，他暗中又與蔣介石眉來眼去，表示願為重慶方面「效勞」。

正因為這樣，一九四五年八月十六日，在南京汪偽國民政府宣布解散的當天晚上，周佛海掛出了「國民黨軍事委員會京滬行動總隊南京指揮部」的牌子，聲言效忠蔣介石，氣得他的「老朋友」陳公博罵他「賣友求榮」！

八月二十日，周佛海被蔣介石任命為國民黨軍事委員會上海行動總隊司令。周佛海與高采烈，一下子從大漢奸搖身一變，變成國民黨大員。

不過，周佛海自以為得計，高興得太早。他畢竟早已是臭名昭著的大漢奸，怎能如此遮掩而過？才當了一個月的「總隊司令」，在強烈的輿論譴責下，不得不由戴笠出面，把他暫且軟禁於重慶。後又移交南京監獄。

在陳公博被槍決之後，周佛海也被推上歷史審判台。

一九四六年十一月七日，國民黨首都高等法院判處周佛海死刑。周佛海不服，請律師辯護，聲稱他當年曾為重慶方面做了大量「地下工作」。

如此這般，一幕鬧劇演至翌年三月二十六日，蔣介石發布《准將周佛海之死刑減為無期徒刑》，認為周佛海確實為重慶方面做過「貢獻」。周佛海終於保住了腦袋。

不過，才略微喘了一口氣，周佛海心臟病卻日益嚴重。一九四八年二月二十八日，他病死於南京老虎橋監獄，終年五十一歲。

維經斯基花甲之年病逝莫斯科

維經斯基和馬林交替著在中國工作：

維經斯基先來中國，幫助各地建立共產主義小組。他回蘇俄了。馬林前來中國，幫助中共召開「一大」。

當中共「二大」召開時，馬林和維經斯基都在莫斯科。

馬林參加了中共「三大」，然後於一九二三年十月離華赴蘇。

維經斯基奉共產國際之命來華，接替馬林，出席了中共的「四大」和「五大」。

維經斯基穿梭一般，往來於中蘇之間：

一九二三年十一月離開莫斯科，來到北京、上海，十二月又返回莫斯科。

一九二四年四月來華，一九二五年三月返蘇。

一九二五年五月來華，一九二六年一月返蘇。

一九二六年六月來華，一九二六年十一月返蘇。

一九二七年初來華，一九二七年六月返蘇。

維經斯基先後六次來華，溝通了共產國際和中共之間的聯繫。他比馬林在華的工作時間更長，是共產國際內的「中國通」。對於中共的創建和壯大，維經斯基做出了很大的貢獻。

維經斯基態度謙和，中共領導人跟他的合作關係是比較好的。

他寫了大量的文章在蘇俄、在中國發表。他是架在共產國際與中共之間的一座橋樑。

在一九二七年「四・一二」政變之後，維經斯基被共產國際看成在工作中犯了重大錯誤，調離了中國。

回國後，維經斯基不再在共產國際工作。他擔任了全俄農業合作社園藝中心副主席。

此後，在一九三二年至一九三四年，維經斯基擔任過紅色工會國際太平洋書記處書記。

在一九三五年，他作為特邀代表，出席了共產國際「五大」。

也就在這一年，他被授予經濟學博士學位，成為教授。

從此，維經斯基長期從事教育工作。

不過，他仍時時關心著中國和中共，寫下了許多關於中國的文章。

一九四七年，蘇聯莫斯科東方出版社出版了維經斯基所著的《關於現代中國歷史的講演（一九一八年——一九二四年）》一書。

一九五〇年，莫斯科真理報出版社出版了他的《爭取國家獨立和民主鬥爭中的中國共產黨》一書。

一九五三年，在《莫斯科東方科學研究所文集》第七期發表了他的《論東方國家的人民民主制度》一文。

也就在這一年，維經斯基病逝於莫斯科，終年六十歲。在馬林、尼科爾斯基和他三人之中，唯有他屬「正常死亡」，壽終正寢。

李達在「文革」中蒙難

沒有一名中共「一大」代表死於二十世紀五十年代。

一九六六年八月，火爐般的武漢，一位名叫「李三」的老人在遭到十幾萬人大會的「聲討」、「批鬥」之後，血壓降到90/50毫米汞柱，高燒持續不退，大小便失禁，終於在一九六六年八月二十四日走到人生的終點，終年七十六歲。

「李三」是在他病危時不得不被送進醫院用的化名，意即「李達三家村」！

那時，自從姚文元挖出個北京的「三家村黑店」——鄧拓、吳晗、廖沫沙之後，全國各地紛紛挖「三家村」。在武漢大學，挖出了由武漢大學校長李達、黨委書記朱劭天、副校長何定華組成的「三家村黑幫」，又稱「李達三家村」。李達被稱為「反黨反社會主義反毛澤東思想的資產階級代表人物……」

對於中共來說，李達是建黨元老之一。中共「一大」，便是由李達和李漢俊這「二李」負責籌備召開的，而且他是中共第一屆中央宣傳主任。中共「二大」是在他家中召開的……

李達在中共「二大」上，便聲言不再擔任中共中央宣傳主任。他與陳獨秀不和。然而，他與毛澤東甚為默契。中共「二大」前夕，他應毛澤東之邀，到湖南自修大學講授馬列主義。中共「二大」之後，他乾脆和妻子王會悟帶著出生不久的女兒回到湖南，與毛澤東一家一起住在清水塘。李達擔任了湖南自修大學校長。

一九二三年秋，李達正式脫離了中國共產黨。據李達自述，原因有三：

一、當時黨內的人多注重實際，不注重研究，並有「要求馬克思那樣的實行家，不要求馬克思那樣的理論家」的警句。李達自認為對革命實際工作不夠積極，但為革命做理論研究與傳播，即是對黨的貢獻。

二、對中共「三大」決定全體共產黨員以個人名義加入國民黨以求建立各民主階級統一戰線的方針「想不通」，「不願意做國民黨員」。

三、不堪忍受陳獨秀的家長制作風。

李達脫離中共，是他一生中的憾事。不過，他脫離中共的原因，與陳公博、周佛海截然不同。

一九二七年九月三日，漢口《國民日報》曾刊載湖南李達聲明「鄙人脫離共產黨已有四年」。因此，李達脫離中共的時間，確實在一九二三年秋。

李達是學者型人物。他脫離中共之後，在湖南大學擔任教授，主講馬克思主義社會學。

一九二六年六月，他的哲學專著《現代社會學》出版。

一九二六年北伐軍攻克武漢，應鄧演達之邀，李達出任中央軍事政治學校代理政治總教官、國民革命軍總司令部政治部編審委員會主席。

一九二七年三月，李達又受毛澤東之聘，在毛澤東主辦的中央農民運動講習所任教。

雖然李達已脫離中共，但是一九二八年的《湖南清鄉總報告》仍稱李達是「著名共首，曾充大學教授，著有《現代社會學》，宣傳赤化甚力」。

此後，他在武昌、上海、北京、湖南、廣西等地的大學裡任教，仍教唯物主義哲學。

一九三〇年夏，李達在上海參加了左翼社會科學家聯盟。

他埋頭於著述，寫出三部重要理論著作，即《辯證法唯物論教程》、《經濟學大綱》、《社會學大綱》。這三本書，毛澤東都仔細讀過，其中《社會學大綱》讀了十遍！

他在著書、教書中，度過那漫長、孤寂、艱辛的歲月。他稱這些日子中，他在「守寡」。

一九四八年初，李達忽地收到中共華南局轉交的一封毛澤東的信，使他歡呼雀躍。那是一封用暗語寫成的非常巧妙的信：

「吾兄係本公司發起人之一，現公司生意興隆，望速前來參與經營。」⑬

這「本公司」，顯然是中共的代稱。毛澤東仍記掛著這位「本公司發起人」。

李達於一九四九年四月十六日深夜離開長沙，先去香港，再坐船北上，抵達天津，終於在五月十四日到達北平。毛澤東派人在車站迎候他的光臨。

五月十八日，毛澤東在香山家中與李達長談。他仍稱李達為「鶴鳴兄」。

經劉少奇介紹，毛澤東、李維漢、張慶學等作為歷史證明人，李達於一九四九年十二月經中共中央批准，重新加入中國共產黨，從此結束了「守寡」的日子。

李達仍希望從事教育工作。這樣，他先是被任命為湖南大學校長，後來調往武漢大學任校長。

李達寫出了《〈實踐論〉解說》和《〈矛盾論〉解說》兩書，宣傳毛澤東思想。

中共那位「理論權威」康生，深知李達與毛澤東的密切關係。

一九五八年，康生來到武漢大學時，拉著李達的手，甜蜜蜜地說：「李達同志是我的老師，我是他的學生。」

可是，在「文革」大幕拉開之後，一九六六年七月二十八日康生卻在高等教育部接見群眾，宣稱：「現在清楚了，李達開除了黨籍，他是叛徒，對毛主席是刻骨仇恨的，他們有那麼一幫……」

林彪也點了李達的名。於是，李達變成了「李三」，在七鬥八鬥中被摧殘而死。

一九八〇年，中共為李達平反昭雪。

董必武「九十初度」而逝

九十光陰瞬息過，
吾生多難感蹉跎。
五朝敝政皆親歷，
一代新規要漸磨。
徹底革心兼革面，
隨人治嶺與治河。
遵從馬列無不勝，
深信前途會伐柯。

這首《九十初度》，寫於一九七五年三月五日——這天是董必武九十虛歲生日。他正在病中。

就在他寫完這首詩的幾天之後，病情轉重。正在廣州的他，急急地被用飛機送回北京。出了機場，他乘轎車直奔北京醫院，住進新蓋的北樓高幹病房。

自知不起，董必武對守在身邊的夫人何芝蓮嘆道：「我這部機器的零件看來已經老了，怕運轉正常很困難了。」

半個多月之後，中央人民廣播電臺播出了哀樂。播音員以沉痛的語調宣布不幸的消息：「偉大的馬克思主義者、傑出的無產階級革命家董必武同志，因肝癌不治，於一九七五年四月二日晨七時五十八分，與世長辭。……」

在中共「一大」代表之中，能夠成為中共領袖，從二十年代直至七十年代的，唯有毛澤東和董必武兩人。

董必武走過了漫長的歷史之路：

中共「一大」之後，他是中共武漢區委執行委員。

國共合作時期，他是國民黨湖北省黨部執行委員。他曾作為國民黨湖北省黨部代表，出席國民黨「二大」，當選為國民黨候補中央執行委員。

一九二七年十二月，他的摯友李漢俊、詹大悲慘死於武漢。董必武成為蔣介石、汪精衛追捕的目標。在袁範宇弟兄的幫助下，在那月黑風高的時刻，他化裝成水手從武漢乘船到上海，前往日本。他剛剛離去，他在武漢的寓所便被查抄，外甥張培鑫被殺害。

在日本，董必武與林伯渠、劉伯垂會合。半年之後，他由海參崴來到莫斯科，成為中國共產主義勞動大學特別班的學生。他的同學之中，有徐特立、吳玉章、林伯渠、何叔衡、葉劍英等。此後，他又轉入列寧學院學習。已經步入不惑之年的他，以「老學生」的姿態孜孜於學習之中。

一九三二年三月，董必武離開莫斯科，秘密回國。經過漫長的旅行，他在中秋節到達江西「紅都」瑞金。從此，他一直與毛澤東共事。

他的最初的職務是紅軍大學上級幹部隊政委。不久，出任中共中央黨校校長、中華蘇維埃中央執行委員兼最高法院院長。

難能可貴的是，當他年近半百之時，參加了舉世聞名的兩萬五千里長征。

來到延安之後，他任中共中央黨校校長。在一九三八年中共六屆六中全會上，他增補為中共中央委員。

在二十世紀四十年代，董必武兩度成為新聞人物：

一是一九四五年四月，他作為中共代表參加了中國代表團，飛往美國三藩市，出席聯合國制憲會議。他在《聯合國憲章》上簽了字。

二是他從美國回來，便被任命為中共代表團成員，在團長周恩來率領下，與國民黨政府進行談判。

一九四九年後，董必武任政務院副總理，最高人民法院院長，全國政協副主席，中華人民共和國副主席、代主席，全國人民代表大會常務委員會副委員長；擔任中共第六屆中央委員、第七至九屆中央政治局委員、第十屆中央政治局常委。

在「文革」中，這位中共元老遭到林彪、江青集團的排斥、迫害。一九六八年春末夏初，他不得不遷出中南海，住在北京六部口附近的一個院子裡。

他和朱德、陳毅等，被加上可怕的莫須有的罪名：所謂「另組中國馬列共產黨」、「裡通外國」……

一九六九年，董必武被「疏散」到廣州。

終於，一九七一年九月十三日，林彪「折戟沉沙」，覆滅於蒙古溫都爾汗。

董必武欣然命筆，賦詩一首：

盜名欺世小爬蟲，
以假亂真變色龍。
日照原形終必露，
巋然牯嶺孰能衝。

一九七五年一月十三日，第四屆全國人民代表大會在北京舉行。雖然已九十高齡，又身患重病，但董必武還是堅持出席了會議。他被選為全國人大常委會副委員長。這是他最後一次參加重大的國事活動。

董必武與毛澤東自始至終有著很好的友情，毛澤東總是稱他為「董老」。

毛澤東離席震撼世界

一九七六年九月九日中午，中央人民廣播電臺反反覆覆播送「下午三時有重要廣播」，人們便眾說紛紜，猜測著即將發布的是什麼重大新聞。

下午三時，中央人民廣播電臺播出了哀樂，用低緩的聲調宣告：

「我黨我軍我國各族人民敬愛的偉大領袖、國際無產階級和被壓迫民族被壓迫人民的偉大導師、中共中央委員會主席、中共中央軍事委員會主席、中國人民政治協商會議全國委員會名譽主席毛澤東同志，在患病後經過多方精心治療，終因病情惡化，醫治無效……」

毛澤東是在九月九日零時十分與世長辭的，享年八十三歲。

巨人離席，世界震驚。一百二十三個國家政府發來唁電。三十多個國家和政黨舉行追悼大會。在中國，三十萬人列隊走過他的靈柩，向他的遺體告別。百萬人聚集天安門廣場，舉行追悼大會。全國九億人民，向他致哀……在所有中共「一大」代表之中，唯有毛澤東的去世引起的人們的心靈震動最為強烈。

毛澤東在中共「一大」上，含而不露。誠如劉仁靜在一九七九年三月答覆中共黨史研究者關於「毛主席在『一大』會議上發言的內容是什麼」所說的：

「在『一大』會議上，毛主席很少發言，但他十分注意聽取別人發言。毛主席在北大圖書館當辦事員時，就與我認識了，我當時覺得他對報紙很重視，無論什麼報紙他都看，不管是反動的或進步的報紙。嘉興南湖會議結束後，毛主席曾對我說，你今後要多做實際工作。他對我講這句話，可能與他當時是搞實際工作並在實際鬥爭中研究馬列主義有關係，也可能是認為我在『一大』的發言有點誇誇其談。」⑭

在中共「一大」上，毛澤東與馬林沒有什麼個人接觸。但是，沒多久，毛澤東便給馬林留下了印象，誠如馬林一九三五年與美國教授伊羅生談話時，回憶當初道：

「另外還有一個很能幹的湖南學生，他的名字我想不起來了。」⑮

這個「能幹的湖南學生」，便是毛澤東。

馬林與毛澤東在一九二三年夏有過直接交談。正因為這樣，迄今在荷蘭的馬林檔案中，還存有一份當時的記錄——《與毛澤東同志的一次談話》。毛澤東贊同、支持馬林關於國共合作的戰略。這樣，毛澤東在中共「三大」上，當選為五位中央局成員之一，並兼任中共中央局秘書，這是毛澤東第一回在中共中央擔任顯要職務。

緊接著，在國民黨「一大」上，毛澤東當選為候補中央執行委員。不久，還成為國民黨中央宣傳部代理部長。

毛澤東重視農民運動。一九二六年十一月，他出任中共中央農民運動委員會書記。

對於中國共產黨來說，一九二七年是一場嚴格的考試。陳獨秀在這場考試中「不及格」，從此失去了他在中共中央的領導地位。毛澤東卻在這場考試中獲優，他領導了湖南農民的秋收起義，進軍井岡山，從此走上了武裝鬥爭的道路。

一九三五年一月，中共中央政治局在長征途中召開的遵義會議，確立了毛澤東在紅軍和中

共中央的領導地位。從此，毛澤東成為中國共產黨的領袖，直至他病逝，達四十一年之久。

毛澤東是在遵義會議上，當選為中共中央政治局常委，而中共中央負總責的是張聞天。嚴格來說，當時毛澤東尚未成為中共第一號人物。在此後不久，在長征行軍途中，組成毛澤東、周恩來、王稼祥三人指揮小組，負責指揮全軍的軍事行動。

毛澤東在中共的領袖地位，在組織上得以確立，那是一九四三年三月二十日，在延安舉行的中共中央政治局會議上。會議通過《中央關於中央機構調整及精簡的決定》，設立中央政治局主席一職。毛澤東被推選為中央政治局主席。另外又決定中共中央書記處由毛澤東、劉少奇、任弼時三人組成，亦設一主席。毛澤東擔任書記處主席。這樣，毛澤東身兼政治局主席、書記處主席兩職，成為中共領袖。「毛主席」之稱，便始於此時。

自一九四五年中共「七大」起，中國共產黨設立中央委員會主席一職。毛澤東被推選為中共中央委員會主席，一直任職至他去世。

一九四九年九月三十日，中國人民政治協商會議第一屆全體會議選舉毛澤東為中華人民共和國中央人民政府主席。

一九五四年，第一次全國人民代表大會召開，通過了《中華人民共和國憲法》。憲法規定，設立中華人民共和國主席。毛澤東當選為中華人民共和國第一任主席。一九五九年，在第二屆全國人民代表大會上，毛澤東希望集中精力考慮重大問題，大會選舉劉少奇為中華人民共和國第二任主席。

此後，毛澤東的職務一直是中共中央委員會主席兼中共中央軍委主席。

對於中國共產黨來說，毛澤東是第一位成熟的領袖。當年圍坐在李公館大餐桌四周的十五位出席「一大」的人中，毛澤東對於中共的貢獻是最大的。

毛澤東是中國現代史上的偉人。即便是他的政敵，也無法否認這樣的客觀事實：毛澤東深刻地影響了中國二十世紀的歷史進程。

毛澤東成功地領導中共戰勝了蔣介石，建立了中華人民共和國。緊接著，他又領導中共進行社會主義革命和建設。

毛澤東是一位久經風霜的政治家，也是一位深諳韜略的軍事家——雖然他沒有軍銜，但是他實際上堪稱大元帥。他不願意像史達林那樣給自己授大元帥之銜。

毛澤東是一位深邃的思想家，一位勤於筆耕的著作巨匠。以他的名字命名的「毛澤東思想」，被視為馬列主義在中國的運用和發展，成為中共的指導思想。就他的思想影響而言，遠遠超出了中共，而且超出了二十世紀。

他也有明顯的失誤。如同鄧小平所說：「總起來說，一九五七年以前，毛澤東同志的領導是正確的，一九五七年反右派鬥爭以後，錯誤就越來越多了。」⑯毛澤東晚年的嚴重失誤，便在於發動了「文革」。

鄧小平說了一句非常生動的話：「毛澤東同志的錯誤在於違反了他自己正確的東西。」⑰關於毛澤東，中國共產黨十一屆六中全會通過的《中共中央關於建國以來黨的若干歷史問題的決議》，作出了對他的一生的評價：

「毛澤東同志是偉大的馬克思主義者，是偉大的無產階級革命家、戰略家和理論家，他

雖然在『文化大革命』中犯了嚴重錯誤，但是就他的一生來看，他對中國革命的功績遠遠大於他的過失。他的功績是第一位的，錯誤是第二位的。他為我們黨和中國人民解放軍的創立和發展，為中國各族人民解放事業的勝利，為中華人民共和國的締造和我國社會主義事業的發展，建立了永遠不可磨滅的功勳。他為世界被壓迫民族的解放和人類進步事業作出了重大的貢獻。」

陳望道脫黨又重新入黨

一九七七年十月二十日，上海高幹醫院——華東醫院裡，正在供應晚餐。晚餐是可口的餛飩。一位八十七歲高齡的瘦弱病人才吃了一個餛飩，便吐了出來。他搖搖頭，輕聲對守在床前的曾是他的研究生的陳光磊說道：「我吃不下。」

他躺了下來。護士走進來收拾碗盤。當護士離去時，他忽地伸出手來輕輕揮動，彷彿向她致謝、告別——這是他入院後從未有過的動作。

就從這個晚上開始，他的病情惡化了，再也說不出話來。醫院的大夫、護士日夜輪流看護著他……

他便是當年《共產黨宣言》第一本中譯本的譯者陳望道，中共最早的黨員之一。

陳望道曾與陳獨秀有過密切的合作。陳獨秀一九二〇年底去廣州時，委託陳望道主持上海《新青年》的編輯工作。然而，沒多久，陳望道與陳獨秀之間發生了激烈的爭執。其中的緣由，如同鄧明以的《陳望道》⑱一文所寫的那樣：

「正當陳望道等積極參與籌備召開黨的『一大』之時，為審批組織活動經費一事，陳獨秀和李漢俊發生了爭執。據李達回憶說：『李漢俊寫信給陳獨秀，要他囑咐新青年書社墊點經費出來，他覆信沒有答應，因此李漢俊和陳獨秀鬧起意見來。』不料這一爭執竟牽連到陳望道身上。陳獨秀曾蠻橫地到處散發書信，誣稱李漢俊和陳望道要奪他的權。

「如尚在日本留學的施存統，在接到陳獨秀的信後，信以為真，竟然為此感到疾首痛心，於是便給李漢俊寫了一封措辭十分激烈的譴責信，把李、陳二人大罵了一通。陳望道見到施的這封來信頓時火冒千丈，認為『陳獨秀此舉實在太卑鄙了』（引者注：陳望道一九五一年寫的思想小結）。於是他堅持要求陳獨秀對事實予以澄清，並向他公開道歉。但陳獨秀不肯這樣做。陳望道一氣之下，就表示今後不願再接受陳獨秀家長式的統治，提出脫離組織的請求，並因此而未去出席黨的第一次代表大會。陳望道雖然沒有出席黨的『一大』，但當時也沒有脫離黨的組織。」

一九二一年十一月，上海成立中國共產黨上海地方委員會，陳望道擔任第一任書記（又稱委員長）。

但是，陳望道仍不滿於陳獨秀家長式作風，再度要求退出中共。中共曾派茅盾勸說當時要求退黨的邵力子、沈玄廬、陳望道三人。

茅盾回憶道：

「黨組織又決定派我去向陳望道、邵力子解釋，請他們不要退出黨。結果，邵力子同意，

陳望道不願。他對我說：『你和我多年交情，你知道我的為人。我既然反對陳獨秀的家長作風而要退黨，現在陳獨秀的家長作風依然如故，我如何又取消退黨呢？我信仰共產主義終身不變，願為共產主義事業貢獻我的力量，我在黨外為黨效勞，也許比在黨內更方便。』」⑲

從此，陳望道脫離了中國共產黨。

陳望道投身於教育事業、文化事業和學術研究。他擔任中共創辦的上海大學中文系主任。一九二七年後，任復旦大學中文系主任。他參加左翼文化運動，與魯迅有著密切交往。一九三四年九月，他在魯迅支持下，創辦進步刊物《太白》。他從事修辭學研究，於一九三二年出版了開山之作《修辭學發凡》。

一九四九年後，陳望道被任命為復旦大學校長。他以民主人士的身分，出現於各種社會活動之中。他擔任中國民主同盟中央副主席兼上海市委員會主任委員。一九六〇年冬起，他擔任修訂《辭海》的總主編。

陳望道畢竟是中共最早的黨員之一，總希望有朝一日回到中共。特別是一九五六年元旦，毛澤東在上海會見了他這位老朋友，談起往事，更使他強烈地希望重返中共。

陳望道向中共上海市委透露了自己的要求。

陳望道的身分、資歷非同一般中共黨員。他要求重新入黨，不是中共上海市委所能決定的。中國復旦大學黨委逐級向上請示，最後把報告送到了中共中央主席毛澤東那裡。

毛澤東主席瞭解陳望道的歷史和為人。他說：「陳望道什麼時候想回到黨內，就什麼時候回來。不必寫自傳，不必討論。可以不公開身分。」⑳

就這樣，陳望道於一九五七年六月，由中共中央直接吸收為中共黨員。

陳望道重新入黨之後，沒有公開中共黨員身分，仍以非中共人士的面目參與社會活動。直至一九七三年八月，他作為中共「十大」代表出席會議，他的名字出現於代表名單之中，人們才驚訝地得知他是中共黨員。

「文革」之初，陳望道在復旦大學曾遭到大字報的猛烈攻擊，說他「執行修正主義教育路線」等等。北京大學校長陸平蒙塵，他作為復旦大學校長亦受重炮猛轟。

陳望道的體質頗好。他自幼練過武功，據云，徒手可對付三四個未曾學過武術的人，有一根棍子則可對付十來個人。陳光磊是他在解放後招收的第一個研究生。據陳光磊回憶，陳望道曾叮囑過他：「我睡著時，有急事，你只可喊我，不可用手拉我。」原來，他睡覺時，總是雙手握拳於胸前，誰拉他一下，他會「條件反射」，那拳頭就會在睡夢中「出擊」！

往常，他若不慎跌跤，用一隻手輕輕一撐，便會一躍站正，然而，一九六八年，有一天參加「抗大清隊學習班」㉑，他在復旦大學教學樓前滑倒而起不來，便嘆道：「功散了，體力大不如前了！」

「文革」的衝擊，加上夫人蔡葵在一九六四年患腦瘤故世，這兩樁事使陳望道老態驟增，頭髮稀疏，精神大不如前。所幸中共中央通知上海要保護陳望道，這才使他免受那些批鬥。他在極度的孤寂之中，仍堅持研究修辭學。他的臥室裡堆滿了書。他日坐書城，埋頭學問。兒子陳振新和兒媳朱良玉照料著他的生活。

他家在二樓。樓下便是語言研究室。他的學生們，也細心照看著他。

陳望道年輕時，性格異常急躁，雅號「紅頭火柴」。歷經磨難，他變成了「黑頭火柴」，變得「安全」起來。人們尊稱他為「陳望老」，雅號「城隍佬」。

老人怕跌。自從他「功散了」之後，他在家中又跌了一次。晚年，他不得不三天兩頭住進醫院。但是，他的頭腦仍很清楚，思維很有條理，仍能清楚地與人談話。

自從一九七七年十月二十日晚病危之後，他變得氣短、氣急，不能言語。經過醫生搶救，呼吸一度恢復正常，雙眼能夠睜開，見到前來看望的熟人尚能頷首致意。

畢竟已是八十七歲高齡。正常的呼吸維持不了多久，又轉急了。

醫生們全力搶救，給他進行人工呼吸。

搶救進行了一個多星期。一九七七年十月二十九日凌晨四時，他的心臟停止了跳動。

一九八〇年一月二十三日，中共上海市委為陳望道舉行了隆重的追悼會。他的骨灰盒上覆蓋著中國共產黨黨旗。

他去世之後，他的遺著由上海人民出版社分四卷出版——《陳望道文集》。其中第四卷為譯著及有關翻譯的文章。他的《共產黨宣言》中譯本收入了第四卷。

「棲梧老人」原來是包惠僧

一九五七年七月一日出版的《新觀察》雜誌，刊載了署名「棲梧老人」的《中國共產黨成立前後的見聞》一文，馬上引起了海外的注意。

這篇文章以當事者親歷的筆調，記述了中國共產黨的誕生。顯然，作者是中共最早的黨員之一。

外國的研究中共黨史的專家們，當即把此文看作是研究中共「一大」的重要新文獻。他們在寫作論文時，引述了這篇文獻，並注意到以「棲梧老人」名義發表的其他著作。

道夫・賓在他的《對〈有關斯內夫利特戰略的中文資料〉一文的答覆》（載《中國季刊》第五十六期。）中指出：

「讓我們首先來談這個棲梧老人。一九五七年他寫了四篇文章和一本書，從互相參照這些材料的內容來看，作者無疑就是包惠僧。周策縱教授和W・郭兩人都證明了這一點。」

這三位海外研究中國共產黨黨史的專家的分析、判斷，完全正確：「棲梧老人」，正是當年中共「一大」代表包惠僧。

包惠僧不用真名而以筆名「棲梧老人」發表回憶文章，是因為他大有「行年五十而知四十九年之非」之感。

他是在一九四九年十一月從澳門回到北京的。如他所言，最初，「我除了學習以外，甚麼事也不敢做。謝覺哉部長常鼓勵我寫點『社會觀感』、『人口問題』之類的文章，其他領導同志也鼓勵我寫有關革命歷史的故事，我都不敢寫。……」

包惠僧，新聞記者出身，寫文章原是看家本領。他如此「不敢寫」，是有著他的重重顧慮……

在中共「一大」之後的最初幾年，他的表現是不錯的。他先是在上海參加編輯《勞動週刊》。自一九二二年起，他歷任中國勞動組合書記部長兼支部主任、中共北京區委員會委員兼

秘書、中共武漢區委員會委員長。

一九二四年，他奉中共之命加入國民黨，出任黃埔軍校政治部主任，與校長蔣介石共事。此後，歷任黃埔軍校高級政治訓練班主任、黃博軍校教導師黨代表兼政治部主任、武漢新聞檢查委員會主席、武漢中央軍事政治學校籌備主任。一九二七年一月，出任獨立第十四師（師長夏斗寅）黨代表兼政治部主任。

在一九二七年「四・一二」政變之後，包惠僧脫離了中國共產黨。他在《包惠僧回憶錄》中，是這樣自述脫黨的經過的（寫於一九六六年四月十一日）：

「我約在（一九二七年）七月二十日前後，奉共產黨中央軍委周恩來同志之命，到南昌待命，並準備接江西省軍委工作。我先到南昌，周恩來同志後到，他告訴我：『不必在江西作長久之打算，要隨軍南征。』派我任《前敵日報》主編。《前敵日報》沒來得及成立，南昌宣布起義。事有湊巧，我又病了，周恩來同志叫我在南昌暫時潛伏，如趕不上隊伍，即到武昌去找組織。他給我寫了介紹信，我在南昌一個表親家裡住了一個多月，才化裝逃出南昌，到九江搭船回了我的故鄉黃岡。

「當時白色恐怖遍地皆是，在鄉下也住不下去，遂到武昌，也沒有找到組織。武漢也待不下去，即帶著妻子逃到江蘇高郵（妻家）暫行避難。在高郵住了兩個多月，風聲不好，才逃往上海。我會見了李達（他此時已脫黨多年）、施存統、馬哲民等。上海的情況很混亂，我遂和這些人一起走了失敗主義的道路，消極脫黨。」

自從脫離中共之後，包惠僧先是在上海賣文為生，辦《現代中國》雜誌，混了三年半。

一九三一年，借助於他與蔣介石在黃埔軍校有過共事關係，當上蔣介石的陸海空軍總司令部的參議。「九．一八」事變後，蔣介石任軍事委員會委員長，任命包惠僧為軍委秘書，兼任中央軍校政治教官。

一九三六年，包惠僧由武官轉為文官，任內政部參事。他在陳獨秀臨死前，去江津看望他，那時他在國民黨政府內務部做事。一九四四年起，任內政部戶政司司長。一九四七年改任內政部人口局局長。

一九四八年，蔣介石政府風雨飄搖，從南京撤往廣州，包惠僧申請遣散，帶著家眷到了澳門。

包惠僧面臨著抉擇：去臺灣？去北平？還是留在澳門？

他終於下了決心，回到當年的中共朋友中去。

他給北平打了電報，表明自己的態度。

如他在回憶錄中所寫：

「約一個星期，接到中央覆電，叫我回來。我於一九四九年十一月回到北京。回北京第二天，董老（引者注：即董必武）請我吃飯。他對我說：『你回來是黨中央作出的決定。』同年十二月二十五日，周總理請我到中南海吃飯。他同我見面之後，對我還是以老朋友相待，我們作了長談。周總理給我的禮遇和溫暖，我幾乎感激得流出淚來。一九五〇年，我在革大（引者注：即「華北人民革命大學」的簡稱，當時設在北京頤和園附近）政治研究院學習一年，十二月初畢業後即分配到內務部研究室任研究員。」

據包惠僧夫人謝縉雲回憶（筆者在一九九〇年六月二十二日訪問了謝縉雲），包惠僧在一九四九年住在澳門柯高馬路八十八號樓上。他在九月上旬，給周恩來發去電報，原文如下：

北京人民政府周總理恩來兄鑒：

兄等以廿餘年之艱苦奮鬥得有今日，良堪佩慰，尚望以勝利爭取和平，以和平與民更始，弔民伐罪，天下歸仁也。南天引頸，曷勝欽遲，一有便船，當來晤教。弟包惠僧叩。」

抵京後，董必武見了包惠僧，埋怨他道：「你那時做了國民黨的官，就不要共產黨的朋友了？」據云，那是包惠僧膽小，做了國民黨的官，生怕特務耳目眾多，不敢再與共產黨老朋友來往，故董必武出此言。

不過，周恩來在重慶，曾去國民黨政府的內務部，會見部長張厲生。那天，周恩來走出張厲生的辦公室，見到包惠僧，向他表示過歡迎他歸來之意。所以，後來他到了澳門，終於下定了決心給周恩來發去電報。

回到北京，周恩來見到包惠僧，作了長談後說道：「你過去不是一個普通的共產黨員。你對黨要有個交代。」

這樣，周恩來安排包惠僧到華北人民革命大學學習。

在「革大」，包惠僧開始清理自己的思想，改造自己的思想。他在學習中十分積極。

有一回，學生們去種樹，他這個「老學生」也參加了。在勞動中他暈倒，被抬到校醫務室檢查，查出心臟病，醫生勸他回家休息。包惠僧說：「我回家，就不能完成周總理交給我的學習任務。」他在學校宿舍裡養病、學習，一直堅持到畢業。

筆者見到了包惠僧的畢業證書：

畢業證書研字第〇〇四二號

學生包惠僧現年五十七歲，系湖北省黃岡縣人。在本校政治研究院第二期第四班修業期滿，准予畢業。

此證。

校長劉瀾濤

教育長侯維煜

一九五〇年十二月

謝縚雲還拿出另兩份證書給筆者看。

其一：

一九五二年八月二十日內務部第二十二次會議任命包惠僧為本部參事。

謝覺哉部長

就這樣，包惠僧從國民黨政府內務部局長，轉為共產黨政府內務部參事。

其二：

任命包惠僧為國務院參事。

總理周恩來

一九五七年四月二十九日

在成為國務院參事之後，包惠僧的心境好了些，從「不敢寫」到開始寫回憶文章。他的筆名「棲梧老人」，出現在《新觀察》上。

筆者問謝縉雲，「棲梧」兩字的含義是什麼？她答道：「包先生從澳門回到祖國大陸，覺得新中國如同一棵茂盛的梧桐，而他只是飛來棲息其間的一隻小鳥。這筆名也反映出他的自卑心理。」

筆者又問及「惠僧」兩字的來歷，謝縉雲說出了鮮為人知的原因：

「他本叫包悔生。跟董必武初識之後，董必武給他寫信，寫成了『包惠僧』。後來，他乾脆就改用『包惠僧』——以至現在流傳於世的名字，就叫『包惠僧』。」

一九五七年，包惠僧曾在國務院黨外人士鳴放座談會上大鳴大放，說過一些話。反右派之後，他沉默了一段時間。

在「文革」中，包惠僧受到了衝擊。

一九七九年七月二日，八十五歲的包惠僧早上起床後說腰痛，叫家屬到北大醫院去拿了點藥。下午，他在家看文件。那時，全國政協開會，發了許多文件。

吃過晚飯後，他看電視。那天播映的是電視劇《伽利略傳》。他覺得很枯燥，看不下去。於是，邀老鄰居三人，在客廳打撲克。打到九點多，他忽然把撲克牌一甩，說腹部不舒服。他朝臥室走去，往床上一倒，就再也沒有起來。

他臉色煞白，那是因為腹主動脈瘤破裂，大量失血。

家屬一連打了八次電話，大夫終於趕來。做人工呼吸，無效。夜十時四十分，包惠僧離世。

在他去世之後，他所留下的大量回憶錄手稿，由人民出版社編輯、整理，夫人謝縉雲協助，於一九八三年出版，全書三十二萬字，成為他留諸後人的親歷史料。

張國燾凍死於加拿大養老院

在毛澤東病逝之際，從加拿大多倫多的老人病院裡，發出一聲長嘆：

「我們都年華消逝！」

這位老人中風在床，已是風中殘燭，自知剩下的時光不多。他說：「我像毛澤東一樣，是個總歸要死的人，而死只不過是個時間問題罷了。」

此人便是張國燾，比毛澤東小四歲。

張國燾晚景淒涼。一九六八年，他和妻子楊子烈雙雙住進加拿大多倫多養老院，仰仗一點微薄的養老金打發殘年……

在中共「一大」會議上，二十四歲的北大哲學系學生張國燾非常活躍，當上了大會主席，當上了第一屆組織主任。

會後，張國燾擔任中國勞動組合書記部主任。

一九二二年七月，在中共「二大」會議上，他當選為中共中央委員兼中央組織部長。

此後，張國燾極其激烈地反對馬林關於國共合作的戰略。在中共「三大」會議上，雖然他出席了，但是落選了——他被擁護馬林戰略的毛澤東所代替。毛澤東成為中共中央執行委員兼中央局秘書，旋任中共中央組織部長。另外，張國燾在黨內組織小集團，也受到中共中央的尖銳批評。

他意識到再堅持反對意見，對他沒有什麼好處。於是，他也以個人身分加入了國民黨。一九二四年一月，在國民黨「一大」上，他當選為候補中央執行委員。

四個月後——五月二十一日凌晨，正在北京的張國燾，落進了北洋軍閥的京師警察廳手中。據當時的《北洋政府京師警察廳呈報拘捕張國燾文》㉒所載：

「在臘庫十六號杏壇學社內，查獲張國燾同一女子楊子烈姦宿，當場搜出中國共產黨第三次全國大會決議宣言書，並信函多件。」

一個星期後——五月二十八日，上海《申報》披露了張國燾受到嚴刑拷打的消息：

「張等被捕後，即拘於鷂兒胡同偵緝隊中，現據偵緝隊中傳出消息，連日對張等嚴訊，惟並無若何口供。故自前日起，偵緝隊已開始拷訊，且每日拷打三四次之多。聞在張室中搜出之文件等，偵緝隊認為關係重大者頗多，中且有派人赴俄護照一紙，上有加拉罕簽字（引者注：加拉罕為當時蘇俄駐華全權代表），偵緝隊對此追究頗嚴，謂此護照係俄國何人接洽得來，然關於此層尚無結果也。」

經過嚴刑拷打，張國燾招供了。據一九二四年五月三十日《京畿衛戍總司令部諮請轉令嚴拿共產黨李大釗等歸案訊辦文》所載：

「案據京師警察廳解送拿獲共產黨人張國燾等一案，業將審訊情形函達在案。茲經派員將張國燾提訊明確，據稱：伊等以私組工黨為名，實行共產主義。陳獨秀為南方首領，有譚銘〔平〕三〔山〕等輔助進行；北方則李大釗為首領，伊與張昆弟等輔助進行。北方黨員甚多，大半皆係教員學生之類，一時記憶不清。時常商量黨務，男黨員有黃日葵、范體仁、李駿、高靜宇、劉仁靜、方洪傑等，女黨員有陳佩蘭、繆佩英等。

「查李大釗充膺北京大學教員，風範所關，宜如何束身自愛，乃竟提倡共產主義，意圖紊亂國憲，殊屬膽玩不法。除張國燾等先行呈明大總統分別依法判決外，其逸犯李大釗等相應諮行貴部查照，轉令嚴速查拿，務獲歸案訊辦，以維治案，而遏亂萌。」

由於張國燾供出了李大釗，京師警察廳派出偵緝隊密捕李大釗。李大釗得知風聲，迅即離開北京銅幌胡同寓所，避往河北樂亭老家。當晚，李寓便遭查抄。然後，偵緝隊又追往河北樂亭。中共中央及時安排李大釗前往蘇俄出席共產國際「五大」，才使他免遭毒手。

不過，當時中共中央並不知道供出李大釗者是張國燾。除了李大釗，京師警察廳根據《張國燾供出在京黨員姓名單》、《張國燾供出各路在黨工人姓名單》，逮捕中國共產黨黨員范體仁等多人。

一九二四年十月，馮玉祥發動北京政變，曹錕政府垮臺，中國共產黨組織趁機營救被捕人員，張國燾獲救。他對自己獄中招供一事守口如瓶，中國共產黨組織亦未察覺。直至一九四九年後，這些當年的審訊文件案落入中共之手，才使張國燾那五個月鐵窗生涯的真相大白。

張國燾出獄不久，出席中共「四大」，當選為中央執行委員兼工農部主任。

一九二七年，在中共「五大」會議上，他當選為中共中央委員、政治局常委兼組織部長。

一九二八年六月，張國燾赴莫斯科出席中共「六大」，當選為中共中央政治局委員。會後，擔任中共駐共產國際代表團副團長，留駐蘇聯。直至一九三一年一月下旬，由莫斯科回到上海。

一九三一年四月，張國燾進入鄂豫皖根據地，擔任鄂豫皖中共中央分局書記兼軍委主席。

一九三五年六月，在長征途中，毛澤東、周恩來所率紅軍第一方面軍與張國燾所率紅軍第四方面軍會師於四川懋功。毛、周主張北上抗日，張國燾以為「長征是失敗」，主張在川西休戰，因此，雙方產生尖銳的分歧。

一九三五年十月，張國燾自立「中共中央」、「中央政府」、「中央軍委」，自封為主席，並宣稱：「毛澤東、周恩來、博古、洛甫（引者注：即張聞天）應撤銷工作，開除中央委員及黨籍，並下令通緝。楊尚昆、葉劍英應免職查辦。」

張國燾南下不得，西進失敗，不得不於一九三六年十月率部北上，與毛澤東所率中央紅軍主力會合。

一九三七年三月，中共中央在延安召開了政治局擴大會議，批判了張國燾的錯誤，通過了《關於張國燾同志錯誤的決定》，指出張國燾「犯了許多重大的政治的原則的錯誤」。張國燾也寫了《我的錯誤》，表示：

「我的錯誤是整個路線的錯誤，是右傾機會主義的退卻路線和軍閥主義最壞的表現，是反黨反中央的錯誤，這錯誤路線不僅在各方面表現它的惡果，使中國革命受到損失，而且造成極大罪惡，客觀上幫助了反革命。」㉓

鑒於張國燾承認了錯誤，中共中央仍任命他為陝甘寧邊區政府代主席。

一九三八年四月四日，清明節前夕，張國燾去陝西黃陵縣城北橋山，祭掃黃帝陵。那裡是國民黨統治區。國民黨西北行營主任蔣鼎文擔任主祭。祭畢，張國燾一頭鑽進蔣鼎文的轎車，從此一去不復返。

四月十七日，張國燾在武漢聲明脫離中國共產黨。

四月十八日，中共中央作出《關於開除張國燾黨籍的決定》。

張國燾在脫離中共之後，在國民黨特務組織「軍事委員會調查統計局」（簡稱「軍統」）主持「特種政治問題研究室」。

一九四八年冬，張國燾帶全家逃往臺北。此時的他，已經「貶值」，「軍統」已經冷落了他。臺北無法落腳，於是他在一九四九年冬遷往香港。在那裡辦雜誌，維持生計。

一九六一年，美國堪薩斯大學看中了他。因為他是唯一一個連續出席中共「一大」至「六大」的人，他的經歷能成為美國教授們研究中共的史料，於是約他寫回憶錄。

張國燾寫下了百萬言的《我的回憶》。這部回憶錄的收入，使他和妻子楊子烈幾年生活費有了著落。

用光了這筆錢，張國燾的日子越來越拮据。

無奈，一九六八年，他和楊子烈遷往加拿大多倫多。不久，進入那裡免費的養老院。

一九七六年，張國燾中風，轉入免費的老人病院。

在包惠僧去世的那一年——一九七九年十二月三日凌晨，張國燾在翻身時，毛毯掉在地上，無力撿起，凍死在病床上，時年八十二歲。

車禍使劉仁靜喪生

在張國燾去世之後，中共「一大」代表只剩下一人健在——劉仁靜。

在十五名中共「一大」出席者之中，劉仁靜最年輕，當時十九歲。倘不是一場飛來橫禍——車禍，使他在一九八七年喪生，也許他今日還活著。

劉仁靜的一生，磕磕碰碰，浮沉無常，也是夠曲折、複雜的。

劉仁靜在中共「一大」上擔任翻譯。他自詡讀過不少馬克思主義英文版著作，在會上常與李漢俊展開論戰。

在中共「一大」之後，劉仁靜回到北京，籌備創辦北京社會主義青年團刊物《先驅》（《THE PIONEER》）。

一九二二年一月十五日《先驅》創刊號問世，定價為「銅元兩枚」。創刊號上注明：「本刊尚未覓定地址，請讀者諸君向該處代派人訂購可也——北大傳達室代售。」

《先驅》由劉仁靜、鄧中夏兩人負責。後來，《先驅》遷往上海，成為中國社會主義青年團機關刊物。

一九二二年十一月，劉仁靜作為中國社會主義青年團代表，與中共代表陳獨秀一起在莫斯科出席了共產國際「四大」。劉仁靜在會上作了發言。就在這次會上，劉仁靜結識了托洛茨基。

會議結束後，陳獨秀先回國，劉仁靜在蘇俄逗留了幾個月。回國後，在廣州列席了中共「三大」。

一九二三年，劉仁靜擔任中國社會主義青年團中央書記。他在《中國青年》、《嚮導》、《民國日報》發表了近百篇文章。他用諧音「競人」（「仁靜」顛倒一下）作筆名。後來，由於他與施存統意見不合，離開了團中央。

一九二六年九月，劉仁靜赴蘇聯，在國際黨校列寧學院學習。這時，他學會了俄語。也就在這時，蘇聯黨內爆發了史達林與托洛茨基的尖銳鬥爭。

一九二七年，托洛茨基被開除黨籍。劉仁靜同情並傾向於托洛茨基。一九二九年六月，劉仁靜回國時，特地用美金買了一張假護照，繞道歐洲回國。

劉仁靜繞道歐洲的目的，是聽說托洛茨基在土耳其，希望一晤托洛茨基。劉仁靜先來到德國，得知托洛茨基準確的位址，便來到土耳其，在一個小島上終於找到托洛茨基。

「中國是一張很重要的牌！」托洛茨基用俄語跟他交談，「我很高興有了來自中國的支持者。」

在那些日子裡，托洛茨基每天上午花半天時間跟劉仁靜交談，有時，下午也交談。他們一起划船、散步。

劉仁靜在那個小島上度過了十幾天。從此，他成了托洛茨基忠實的門徒。

一九二九年八月，劉仁靜坐海輪回到了上海。

托派鄭超麟這麼回憶：

「劉仁靜回國，住在上海法租界一個公寓，我和尹寬（引者注：也是托派）兩人去看他，他公然以反對派立場同我們說話，也同擁護中央（引者注：指中共中央）的人說話。他告訴我們，昨日惲代英來看他，他向代英批評黨的官僚化。仁靜又告訴我們，他此次經過君士坦丁堡，見過『老托』。我同仁靜約好時間，在我家裡會見陳獨秀。」

劉仁靜雖然一回國便與陳獨秀以及中國托派組織站在一起，但是，他又以見過托洛茨基自傲，處處以「托洛茨基代表」、「正統托派」、「欽差大臣」自居，以至在托派之中也弄得相當孤立。他先是加入托派「十月社」。不久，被「十月社」趕出去。他孤家寡人，竟一個人辦起刊物《明天》來！

他脫離了中國共產黨。在托派中，劉仁靜也單槍匹馬。一九三〇年，他與陸慎之結婚。

不久，他在坐火車時被人認出是劉仁靜，國民黨警察逮捕了他，關進了蘇州反省院。在那裡被關了三年。他寫了《資本改良芻議》等文章，發表在反省院的刊物上。

後來，他母親的哥哥出了錢，總算把他保出來。這時，托派組織把他開除了。他找陳獨秀，陳獨秀不見他。

這樣，中共不理他，連托派也不理他。他倒向國民黨，倒向三青團（三民主義青年團）。他在國民黨的刊物上發表文章。尤其是一九四八年，他還發表反共文章《評毛澤東的〈目前形勢和我們的任務〉》。這位中共「一大」代表，已經走得很遠。

上海解放後，劉仁靜審時度勢，自知今後的日子不好過，便給上海市軍管會寫信，要求處理。

不久，他來到北京，中共中央組織部要他寫一份材料，承認錯誤。劉少奇找他談話，要他好好認識錯誤，並表示在他認錯之後會安排一個適當的工作，讓他能夠生活下去。

這樣，一九五〇年十二月三十一日《人民日報》登出了《劉仁靜的聲明》：

「我於一九二一年加入共產黨，在黨的領導下積極工作，至一九二七年，在當時中國大革命失敗後，我在共產國際內部的鬥爭中參加托洛茨基派的組織及活動，一九三七年因意見不同又為托派開除，但托派思想的殘餘支配著我很久，使我不能認識路線之正確。……

「中國革命的勝利使我更清楚的認識我過去政治思想的真面目，即是說我過去是一個小資產階級民主主義者，是一個門什維克（引者注：即孟什維克），而不是一個布爾什維克列寧主義者。……由於我的脫離群眾，不肯服從黨的紀律和代表上層小資產階級的思想，所以我在政治

上長期的和黨對立……

「今後必須向毛主席和中國共產黨學習。我過去犯了嚴重的政治錯誤，以後決心在黨及毛主席的領導下，為建設新中國而努力，謹此聲明。」

與《劉仁靜的聲明》同時刊出的，還有《李季的聲明》。李季是在一九二一年初夏在廣州加入中國共產黨的，後來亦成為托派。

《人民日報》為劉仁靜和李季的聲明，加了「編者按」。內中涉及劉仁靜的，照當時原文摘錄於下：

「劉仁靜曾經加入中國共產黨，在一九二七年時革命失敗後即叛變了革命，一九二九年曾到土耳其去拜訪已經公開叛變革命而被蘇聯政府驅逐出境的托洛茨基，回國後進行托派的組織活動。雖然他自稱在一九三七年已被托派開除，但從那個時期直至一九四九年止他一直都在國民黨反動派組織中繼續進行反革命活動。

「在抗日戰爭期間，他曾在國民黨的『三民主義青年團』的宣傳處，第十戰區政治部，及胡宗南的特務訓練機關『戰幹第四團』擔任職務。抗日戰爭結束後，曾為上海的特務造謠刊物《民主與統一》擔任寫作與編輯；一九四八年，在國民黨的中央黨部和偽國防部工作，寫作誹謗中國共產黨和人民革命的文學，一直到南京解放。……

「劉仁靜和李季現在表示他們開始認識了自己過去的反革命罪惡。但是第一，他們的這種表示還不是誠懇坦白的，特別是劉仁靜竭力不提自己的實際反革命罪惡行為，而只把它們輕描淡寫地說成是簡單的『思想上的錯誤』；第二，無論他們說得怎樣，他們是否確實有所悔悟，仍然有待於他們的行動的證明。」

劉仁靜改名劉亦宇，被安排在北京師範大學教政治經濟學。給蘇聯專家當翻譯。參加過土改。後來，他被調往人民出版社，從事編譯工作，發揮他的一技之長。他翻譯了《普列漢諾夫哲學著作選》等著作，署「劉若水譯」。

在肅托運動中，劉仁靜受到過批判，一度得了精神病。

在「文革」中，劉仁靜被捕，從一九六六年關押至一九七八年。最初被關押在秦城監獄。這消息傳進毛澤東的耳朵。毛澤東說，有些老托派，像劉仁靜，不要關了吧。於是，劉仁靜就從秦城獄中被釋放。不過，有關部門不敢把他放回家，怕紅衛兵會成天鬥他。於是，在別的監獄裡找了間房子，讓他單獨住，可以看書、看報。每月可以進北京城一趟。進城時給他專門派車，由專人陪送。

後來，竟把劉仁靜調到少年犯管教所裡看管果樹！

一九七八年，劉仁靜獲得人身自由，回到家中。這時，他已七十六歲，垂垂老矣。不過，他的身板還硬朗。與妻子、兒子一起生活，安度平靜的晚年。

一九七九年之後，劉仁靜成了唯一健在的中共「一大」代表。許多黨史研究者不斷來訪，給他寂寞的晚年增添了幾分工作的歡樂。不過，回首往事，他常常恍若隔世。

一九八一年「七一」前夕，為了紀念中共成立六十週年，中國新華社記者走訪劉仁靜，特地發了專稿《訪問劉仁靜》。文中記述了劉仁靜關於中共「一大」的回憶之後，也寫了他如何參加托派活動。在結尾處寫道：

「……直到一九四九年新中國成立以後，他才如夢初醒，拋棄反動立場，站到人民方面來。從一九五一年到現在，他一直在人民出版社從事翻譯工作，翻譯了十幾部重要的文獻資料和著作。

「劉仁靜深有感觸地說：『共產黨對我仁至義盡，不管我犯了多大的錯誤，還是沒有拋棄我，給了我生活的出路。』」

劉仁靜的專訪見報以後，來訪者更多了。

一九八六年底，劉仁靜被任命為國務院參事。這時，他已八十四歲，但身體相當不錯。一場意想不到的災禍，在一九八七年八月五日清晨降臨。

照例，那天五點鐘，劉仁靜持劍下樓。他住的宿舍大樓緊靠馬路邊。他每日清早都持劍橫穿馬路，來到對面的北京師範大學操場舞劍，真可謂「聞雞起舞」。

那天他穿著白府綢襯衫，衣袋裡放著北京師範大學出入證。頭髮稀疏，已經灰白。

清早行人稀少，公共汽車的行駛速度很快。劉仁靜橫穿馬路時，一輛二十二路公共汽車飛快駛來。說時遲，那時快，一下子撞倒了劉仁靜，他頓時顱骨碎裂，當場死去。

一位鄰居認得他，急急攔車，直送不遠處的中國人民解放軍二六二醫院搶救。

喧叫聲驚醒了劉仁靜的兒子和妻子，他們從窗口朝下一看，明白了發生什麼事，匆匆奔下樓，奔往醫院。

一到醫院，劉仁靜已咽氣。打了強心針也毫無效果。終年八十五歲。

人民出版社和國務院參事室為劉仁靜開了追悼會。會上沒有悼詞。

《人民日報》為劉仁靜去世發了簡短的消息。

他的骨灰盒安放在八寶山烈士公墓。他屬局級幹部，安放在骨灰盒架子最下面的一層。

注釋

①王乃征、王乃恩：《懷念我們的父親》，載《王盡美傳》，山東人民出版社一九八一年版。

②《黨史資料》叢刊一九八三年第一輯，十四頁，上海人民出版社出版。

③滕堯珍：《憶革命先烈鄧恩銘》，一九八〇年七月十二日《貴州日報》。

④余世誠：《一位忠厚長者》，一九八四年第四期《人物》雜誌。

⑤《共產國際與中國革命資料選輯》，二六一頁，人民出版社一九八五年版。

⑥一九三五年八月十九日馬林與美國伊羅生教授的談話記錄。

⑦李玉貞、杜魏華主編：《馬林與第一次國共合作》，光明日報出版社一九八九年版。

⑧《陳獨秀案開審記》，《國聞週報》第十卷第十七期。

⑨《人民日報》一九八一年七月十六日。

⑩《文匯報》一九八九年六月二十日。

⑪《周佛海先生言論集》，上海中央稅警學校一九四一年六月版。

⑫《周佛海先生言論集》，上海中央稅警學校一九四一年六月版。

⑬王元愼：《此身莫向溝中殞——李達與毛澤東》，《中華英烈》一九八八年第三期。

⑭《「一大」前後——中國共產黨第一次代表大會前後資料選編》（二），二一五頁，人民出版社一九八五年版。

⑮《馬林在中國的有關資料》，廿五頁，人民出版社一九八四年版。

⑯《鄧小平文選》（一九七五——一九八二），二五八至二五九頁，人民出版社一九八三年版。

⑰同上，二六二頁。

⑱《中共黨史人物傳》第二十五卷，陝西人民出版社一九八五年版。

⑲茅盾：《我走過的道路》（上），二四〇至二四一頁，人民文學出版社一九八一年版。

⑳這是毛澤東原話的大意。據陳光磊一九九〇年三月十八日與筆者談話時，回憶陳望道生前曾告訴他毛澤東的這一段話。

㉑「抗大清隊學習班」，指用延安抗日軍政大學那種精神、作風去「清理階級隊伍」。

㉒《歷史檔案》，一九八二年第一期。

㉓原載《黨的工作》第三十一期（一九三七年四月十二日）。轉引自于吉楠著《張國燾和〈我的回憶〉》，四川人民出版社一九八二年版。

尾聲　百年歷程

毛澤東對中國共產黨的成立，曾作過如此評價：

「一九一七年的俄國革命喚醒了中國人，中國人學得了一樣新的東西，這就是馬克思列寧主義。中國產生了共產黨，這是開天闢地的大事變。孫中山也提倡『以俄為師』，主張『聯俄聯共』。總之是從此以後，中國改換了方向。」（〈唯心歷史觀的破產〉，《毛澤東選集》第四卷，一五一四頁，人民出版社一九九一年版。）

對於中國漫長的歷史而言，一九二一年七月二十三日至三十一日，確實是不平常的一周。這一周使「中國改換了方向」，是中國現代史上「紅色的起點」。

雖說那十五位出席中共「一大」的代表，在離開李公館那張大餐桌之後，人生的軌跡各不相同，有人成鋼，有人成渣，然而，中國共產黨卻在八十多年間，從最初的五十多個黨員發展到今日擁有六千七百多萬黨員。中國共產黨不僅是中國第一大黨，也是世界第一大黨。在蘇聯解體之前，中國共產黨黨員的人數，占世界共產黨黨員總數的一半以上。

在蘇聯解體、東歐劇變之後，中國共產黨成為世界共產主義運動的中流砥柱。

如今，每二十個中國人中，就有一位中共黨員。就成年人而言，則每十五個中國人中，就有一位中共黨員！

一百多年間，中國共產黨確實從最初的星星之火，發展到今日燎原之勢。這清楚地表明，一百多年前在上海法租界李公館所召開的中共「一大」，雖只十五個人出席，卻是順應了時代的潮流。

每一次全國代表大會，都標誌著中共歷史上一個新的階段的開始。迄今，中共已召開過十五次全國代表大會。最初的「頻率」差不多每年開一次全國代表大會。但是，從中共「六大」之後，間隔了十七年，才開中共「七大」。然後，又間隔十一年，召開中共「八大」。再隔十三個年頭，召開中共「九大」。此後，轉為正常的「頻率」，即四年左右開一次全國代表大會。

在這十六次全國代表大會之外，還有三次會議，其意義不亞於甚至超過全國代表大會，那便是：

一九二七年的八七會議；

一九三五年的遵義會議；

一九七八年的十一屆三中全會。

就總體而言，宏觀而言，在毛澤東成為中共領袖之前，中共還是幼稚的、不成熟的黨。

大致來說，在一九二七年前第一次國共合作期間，主要是發生陳獨秀的右傾，此後反了右傾，卻轉為瞿秋白、李立三、博古、王明的「左」傾。直至毛澤東成為中共的舵手，才正確把握了航向。只是在他晚年，曾航向偏「左」。到了一九七八年十二月召開的中共十一屆三中全會，才扭轉過來。

以下用條列式描述中國共產黨一百多年的歷程，權且作為本書的尾聲：

一九二一年七月二十三日至三十一日，中共「一大」在上海召開。選出陳獨秀為中央局書記，李達為宣傳主任，張國燾為組織主任。當時黨員五十多人。會議宣告中國共產黨正式成立。

一九二二年七月十六日至二十三日，中共「二大」在上海召開。大會選舉了中央執行委員會，陳獨秀、張國燾、蔡和森、高君宇等人為中央執行委員，推選陳獨秀為委員長。當時黨員一百九十五人。會議確定中共的最低綱領和最高綱領。

一九二三年六月十二日至二十日，中共「三大」在廣州舉行。出席代表三十餘人，代表黨員四百二十人。大會的中心議題是國共合作的問題。大會選舉了新的中央執行委員會，推選陳獨秀為委員長，毛澤東為秘書，羅章龍為會計。當時黨員四百二十人。這次會議確定了國共合作的戰略方針，加快了國共兩黨合作的步伐。

一九二五年一月十一日至二十二日，中共「四大」在上海召開。選出陳獨秀為總書記，陳獨秀、李大釗、蔡和森、張國燾、項英、瞿秋白、彭述之、譚平山、李維漢九人為中央執行委員。當時黨員九百九十四人。會議總結了一年來國共合作的經驗和教訓，為迎接革命新高潮作了準備。

一九二七年四月二十七日至五月九日，中共「五大」在武漢召開。這時形勢急轉直下。會上，有三十八位代表發言批評陳獨秀的右傾錯誤。仍選出陳獨秀為總書記，陳獨秀、瞿秋白、周恩來、任弼時、蔡和森、李立三、蘇兆徵、張太雷、李維漢、譚平山、張國燾等二十九人為中央委員。這時黨員已猛增到五萬七千九百餘人，已成為中國政治舞臺上一支重要的力量。

三個多月後——一九二七年八月七日中共中央在漢口召開緊急會議，史稱「八七會議」。這次會議結束了陳獨秀在中共中央的領導地位，改為瞿秋白主持中央工作。選出瞿秋白、李維漢、蘇兆徵為中共中央政治局常委。陳獨秀的右傾錯誤得以克服，但「左」傾思潮又由此開始抬頭。

中國共產黨在國內處境困難，中共「六大」不得不於一九二八年六月十八日至七月十一日在蘇聯莫斯科召開。此時黨員減至四萬多人。會議繼續批判了陳獨秀右傾錯誤，又批判了瞿秋白「左」傾錯誤。

由於過分強調黨員的工人成分，會議把向忠發選為總書記（三年後被捕叛變）。向忠發、蘇兆徵、周恩來、項英、瞿秋白、張國燾、蔡和森七人為中央政治局委員。李立三為政治局候補委員、候補常委、中央農委書記，在中共中央居領導地位。

一九三〇年六月十一日，中共中央政治局在上海舉行會議。在李立三主持下，通過了《新的革命高潮與一省或數省的首先勝利》。李立三「左」傾冒險錯誤此時登峰造極。

三個月後，中共六屆三中全會在上海召開，結束了李立三在中共中央的領導地位，批判了李立三的「左」傾冒險錯誤。會議由瞿秋白、周恩來主持。

又過了三個多月——一九三一年一月，中共六屆四中全會在上海舉行。中共中央領導權落在王明手中。王明比李立三更「左」。

一九三一年九月下旬，中共成立臨時中央政治局，推選博古（秦邦憲）主持。博古、王明繼續「左」傾。

在陳獨秀之後，短短幾年間，中共中央頻繁地撤換領袖，從瞿秋白到向忠發到李立三到王明到博古，一連換了五人。這表明中共還沒有找到自己成熟的領袖。歷史無情地把那些不成熟者從中共領導崗位上淘汰下去。

一九三五年一月，紅軍強渡烏江，佔領遵義。中共中央在這裡召開了政治局擴大會議，史稱「遵義會議」。會上批評了博古的「左」的錯誤，撤銷了博古、李德（原名奥托·布勞恩，德國人，受共產國際委派來華，擔任中華蘇維埃政府革命軍事委員會顧問）的最高軍事指揮權，改組了中央領導機構，由張聞天在黨內負總責。在行軍途中，組成了毛澤東、周恩來、王稼祥三人指揮小組，負責紅軍軍事指揮。從此確立了毛澤東在紅軍和中共中央的領導地位。

一九三八年九月十四日，中共中央召開政治局會議，王稼祥傳達共產國際指示和季米特洛夫的意見，認為中共中央領導機關要以毛澤東為首解決統一領導問題。此後不久，九月二十九日至十一月六日，中共中央擴大的六屆六中全會在延安召開，張聞天主持開幕式，王稼祥傳達共產國際指示，毛澤東作政治報告《論新階段》。自此，中共中央明確了以毛澤東為首。

一九四三年三月二十日，中共中央召開政治局會議，推選毛澤東為中央政治局主席、中央書記處主席。毛澤東、劉少奇、任弼時三人組成書記處。

一九四五年四月二十三日至六月十一日，中共「七大」在延安隆重召開。這時中共已擁有一百二十一萬黨員。

中共「七大」是中國共產黨黨史上頭一回規模盛大的代表大會。大會由毛澤東作政治報告，劉少奇作修改黨章報告，朱德作軍事報告，周恩來作關於統一戰線的重要發言，顯示了「毛、劉、朱、周、任」體制，顯示了中共有了第一代成熟的領袖和穩定、團結的核心。「七大」為中國共產黨奪得全國勝利作了準備。

中共七屆一中全會選舉毛澤東為中共中央委員會主席兼中央政治局主席，毛澤東、朱德、劉少奇、周恩來、任弼時為中央書記處書記，任弼時為中共中央秘書長，李富春為中共中央副秘書長。

一九四九年十月一日，中華人民共和國宣告成立，中國共產黨成為執政黨。

一九五六年九月十五日至二十七日，中共「八大」在北京舉行。此時中共黨員躍增至一千零七十三萬。

毛澤東致開幕詞，劉少奇作政治報告，鄧小平作修改黨章報告，周恩來作第二個五年計劃報告。

「八大」是中國共產黨執政後召開的第一次全國代表大會，指出今後的主要任務是集中力量發展社會生產力，實現國家工業化。大會還著重提出執政黨的建設問題，強調要堅持民主集中制和集體領導制度，反對個人崇拜，發展黨內民主和人民民主，加強黨和群眾的聯繫。

八屆一中全會選舉毛澤東為中共中央委員會主席，劉少奇、周恩來、朱德、陳雲為副主席，鄧小平為總書記。

此後，一九五八年五月二十五日在北京召開的中共八屆五中全會，增選林彪為中共中央副主席。從此，林彪在中共中央的地位日益重要。

一九六九年四月一日至二十四日，在「文革」高潮中，中共「九大」在北京召開。此時中共黨員約為二千二百萬。毛澤東主持大會。林彪作政治報告，強調「在無產階級專政下繼續革命」，破天荒地把「林彪同志是毛澤東同志的親密戰友和接班人」載入黨章。

九屆一中全會選舉毛澤東為中共中央委員會主席，林彪成為唯一的副主席。毛澤東、林彪、周恩來、陳伯達、康生為中央政治局常委。

一九七三年八月二十四日至二十八日，中共「十大」在北京召開。中共黨員發展到二千八百萬。毛澤東主持大會，周恩來作政治報告，王洪文作修改黨章報告。「十大」重申「九大」的政治路線、組織路線是正確的，但開展了對林彪集團的批判。

中共十屆一中全會選舉毛澤東為中央委員會主席，周恩來、王洪文、康生、葉劍英、李德生為副主席。中央政治局常委除包括主席、副主席外，還有朱德、張春橋、董必武。

一九七五年一月八日至十日，中共十屆二中全會增選鄧小平為中共中央副主席、政治局常委，同意李德生辭去中共中央副主席之職。

一九七六年四月七日，中共中央政治局會議通過《關於撤銷鄧小平黨內外一切職務的決議》和《關於華國鋒任中共中央委員會第一副主席、中華人民共和國國務院總理的決議》。

歷史到了急轉彎的時刻。一九七六年十月七日，中共中央政治局舉行緊急會議，揭發、批

判了江青集團，從此結束了十年「文革」。會議通過《關於華國鋒同志任中共中央委員會主席、中國共產黨軍事委員會主席的決定》，提請中共十屆三中全會予以追認。

一九七七年八月十二日至十八日，中共「十一大」在北京召開。這時，中共擁有三千五百多萬黨員。華國鋒作政治報告，主旨是批判「四人幫」，號召在二十世紀內把中國建設成社會主義現代化強國。葉劍英作修改黨章報告。鄧小平致閉幕詞。

中共十一屆一中全會選舉華國鋒為中共中央委員會主席，葉劍英、鄧小平、李先念、汪東興為副主席。

政治局常委由主席、副主席組成。

著名的中共十一屆三中全會，一九七八年十二月十八日至二十二日在北京召開。這是一次被譽為撥亂反正的歷史性會議。會議著重批判了「兩個凡是」（即「凡是毛主席作出的決策，我們都堅決維護，凡是毛主席的指示，我們都始終不渝地遵循」，這是華國鋒繼續堅持「左」傾錯誤而提出的方針），決定停止使用「以階級鬥爭為綱」和「無產階級專政下繼續革命」的口號，堅決平反冤假錯案，作出了把工作重點轉移到社會主義現代化建設上來的戰略決策。

一個星期後舉行的中共中央政治局會議，確定胡耀邦為中共中央秘書長，免去汪東興的中共中央辦公廳主任職務。

一九八〇年二月召開的中共十一屆五中全會，增選胡耀邦、趙紫陽為中央政治局常委，胡耀邦為總書記。此時中共中央主席仍為華國鋒。

同年八月召開的中共中央政治局擴大會議，決定向全國人大建議：華國鋒不兼總理，由趙紫陽接替。

中共十一屆三中全會是中國共產黨里程碑式的會議，被譽為「新時期的遵義會議」。經過這次全會，鄧小平成為中共第二代領導集體的核心。

一九八一年六月，中共十一屆六中全會選舉胡耀邦為中共中央主席，趙紫陽、華國鋒為副主席，鄧小平為中央軍委主席。

一九八二年九月一日至十一日，中共「十二大」在北京召開。此時黨員已近四千萬。鄧小平致開幕詞，胡耀邦作政治報告，葉劍英、陳雲就新老交替和合作作了重要講話。李先念致閉幕詞。

這次大會決定取消沿用多年的中共中央主席職務，改設總書記。

十二屆一中全會選舉胡耀邦為中央委員會總書記，胡耀邦、葉劍英、鄧小平、趙紫陽、李先念、陳雲為中央政治局常委，鄧小平為中央軍委主席，葉劍英、徐向前、聶榮臻、楊尚昆為副主席，楊尚昆為常務副主席。

華國鋒沒有進入政治局，只被選為中央委員。

一九八五年九月，中共全國代表大會在京舉行。葉劍英、鄧穎超等六十四位元老不再擔任中央委員和候補委員。丁關根、葉選平、李鐵映等一批新人進入中央委員會。

在緊接著召開的十二屆五中全會上，田紀雲、喬石、李鵬、吳學謙、胡啟立，姚依林六人進入政治局。

另外，中共「十二大」還首次設立中央顧問委員會，鄧小平為主任，薄一波、許世友、譚

震林、李維漢為副主任。

一九八七年一月十六日，中共中央政治局舉行擴大會議，一致同意胡耀邦辭去中共中央總書記的職務，推選趙紫陽代理總書記。

中共「十三大」於一九八七年十月二十五日在北京開幕。此時，中共黨員增至四千六百多萬。大會由鄧小平主持，趙紫陽作政治報告。

十三屆一中全會選出趙紫陽為中央委員會總書記，鄧小平為中央軍委主席，陳雲為中央顧問委員會主任，趙紫陽、李鵬、喬石、胡啟立、姚依林為中央政治局常委。

一九八九年六月二十三日至二十四日，中共十三屆四中全會在北京召開。全會通過了李鵬代表中央政治局提出的《關於趙紫陽同志在反黨反社會主義的動亂中所犯錯誤的報告》，決定撤銷趙紫陽的中央委員會總書記、政治局常委、政治局委員、中央委員、中共中央軍委第一副主席的職務。

全會選舉江澤民為中央委員會總書記。增選江澤民、宋平、李瑞環為中央政治局常委，免去胡啟立的中央政治局常委、政治局委員、書記處書記職務。從此，中共開始形成了以江澤民為核心的第三代中央領導集體。

一九八九年十一月六日至九日中共十三屆五中全會舉行。全會通過《中共中央關於進一步治理整頓和深化改革的決定》。全會同意鄧小平辭去中共中央軍委主席職務，決定江澤民為中共中央軍委主席。

一九八九年十一月十日至十二日中央軍委擴大會議舉行。江澤民在會上講話，強調加強黨對軍隊的絕對領導是我們建軍的根本原則。鄧小平在會見與會代表時指出，確定以江澤民為核心的黨中央，是我們全黨做出的正確的選擇。

一九九二年一月十八日至二月二十一日，鄧小平視察武昌、深圳、珠海、上海等地並發表談話，精闢地分析當前國際國內形勢，科學地總結十一屆三中全會以來黨的基本實踐和基本經驗，明確地回答了長期困擾和束縛人們思想的許多重大認識問題。

一九九二年十月十二日至十八日，中共「十四大」在北京召開。這時，中共已經擁有五千一百多萬黨員。江澤民作了題為《加快改革開放和現代化建設步伐，奪取有中國特色社會主義事業的更大勝利》的政治報告。

十四屆一中全會選舉江澤民、李鵬、喬石、李瑞環、朱鎔基、劉華清、胡錦濤為中共中央政治局常委，江澤民為中央委員會總書記。

一九九七年二月二十日，九十二歲高齡的中國改革開放的「總設計師」鄧小平去世。

一九九七年九月十二日至十八日，中共「十五大」在北京召開。

這是在鄧小平去世後召開的全國代表大會。這時，中共黨員已達五千八百多萬。江澤民總書記的政治報告，是中共面向新世紀的政治宣言和行動綱領。大會確立鄧小平理論為中共的指導思想。

中共十五屆一中全會選舉江澤民、李鵬、朱鎔基、李瑞環、胡錦濤、尉健行、李嵐清為中共中央政治局常委，江澤民為中央委員會總書記。

二〇〇〇年二月二十五日江澤民在廣東考察黨建工作，提出「三個代表」重要思想。他指出，中共所以贏得人民的擁護，是因為中共在革命、建設、改革的各個歷史時期，總是代表著中國先進社會生產力的發展要求，代表著中國先進文化的前進方向，代表著中國最廣大人民的根本利益，並通過制定正確的路線方針政策，為實現國家和人民的根本利益而不懈奮鬥。

五月十四日，江澤民在江蘇、浙江、上海黨建工作座談會上講話，進一步指出：始終做到「三個代表」，是中共的立黨之本、執政之基、力量之源。必須把「三個代表」的要求貫徹落實到黨的全部工作中去。

二〇〇一年七月一日，中共中央舉行慶祝中共成立八十週年大會。江澤民在會上講話，系統總結黨八十年來的奮鬥業績和基本經驗，全面闡述「三個代表」重要思想的科學內涵。

二〇〇二年五月三十一日，江澤民在中央黨校省部級幹部進修班畢業典禮上發表講話。指出：「三個代表」同馬克思列寧主義、毛澤東思想和鄧小平理論一脈相承，反映了當代世界和中國的發展變化對黨和國家工作的新要求。貫徹「三個代表」要求，關鍵在堅持與時俱進，核心在保持黨的先進性，本質在堅持執政為民。

二〇〇二年九月二日胡錦濤在中央黨校秋季開學典禮上發表《以扎實的工作迎接十六大召開》的講話。指出「三個代表」重要思想豐富和發展了馬克思列寧主義、毛澤東思想和鄧小平理論，是我們黨理論創新的最新成果，是加強和改進黨的建設、推進我國社會主義制度自我完善和發展的強大思想武器。

二〇〇二年十一月八日至十四日，中共第十六次全國代表大會在北京召開。江澤民代表第十五屆中央委員會向大會作了題為《全面建設小康社會，開創中國特色社會主義事業新局面》

的報告。

他說，中共第十六次全國代表大會，是我們黨在新世紀召開的第一次代表大會，也是我們黨在開始實施社會主義現代化建設第三步戰略部署的新形勢下召開的一次十分重要的代表大會。

江澤民在報告中指出，這次大會的主題是：高舉鄧小平理論偉大旗幟，全面貫徹「三個代表」重要思想，繼往開來，與時俱進，全面建設小康社會，加快推進社會主義現代化，為開創中國特色社會主義事業新局面而奮鬥。

中共十六大勝利完成領導班子新老交替。中共十六屆一中全會選舉胡錦濤、吳邦國、溫家寶、賈慶林、曾慶紅、黃菊、吳官正、李長春、羅幹為中央政治局常委，胡錦濤為中央委員會總書記，江澤民為中央軍委主席。

二〇〇三年七月一日，在中共建黨八十二週年之際，中共中央總書記、國家主席胡錦濤在學習貫徹「三個代表」重要思想理論研討會上發表重要講話。

胡錦濤在講話中強調，「三個代表」重要思想是面向二十一世紀的中國化的馬克思主義，是新世紀新階段全黨全國人民繼往開來、與時俱進，實現全面建設小康社會宏偉目標的根本指標。「三個代表」重要思想的本質是立黨為公、執政為民。興起學習貫徹「三個代表」重要思想新高潮，根本目的就是要推動全黨更好地帶領人民群眾把中國特色社會主義事業推向前進。

在一百多年間，中國共產黨經歷了初創時期，經歷了國共合作的北伐戰爭，經歷了土地革命戰爭，經歷了抗日戰爭，經歷了全國解放戰爭，然後又經歷了七年社會主義改造，經歷了開

始全面建設社會主義的十年，經歷了「文革」十年，又經歷了粉碎「四人幫」和中共十一屆三中全會這樣歷史的轉折，進入社會主義建設新時期。

其中最為嚴峻的考驗是一九二七年四一二反革命政變後的白色恐怖、一九三四年第五次反「圍剿」失敗，而不得不進行二萬五千里長征轉戰到陝北以及十年「文革」、一九八九年春夏之間的政治風波、二〇〇二年中共十六大的新老交替。越過激流，越過險灘，中國共產黨的一百多年是由小到大、由弱到強的一百多年。

回顧中共百年歷程，借用毛澤東的一句名言，作為本書的結束語：

「領導我們事業的核心力量是中國共產黨。」

「指導我們思想的理論基礎是馬克思列寧主義。」

後記

中國共產黨百年誕辰，眼看著就要到來了。

中共是在上海誕生的。在上海作家看來，這是頭等重大的上海題材，可是，悠悠百年間，竟然沒有一部長篇來寫這一重大題材，內中的原因便在於「重大」，使作家們不敢問津——涉及諸多敏感、錯綜複雜的問題。

我曾一次又一次參觀過上海興業路上的中共「一大」會址，不同的歲月，在那裏看到不同的景象：最初，那兒只掛毛澤東像，後來，增加了一幅，即董必武像。再過了些年頭，掛著六幅像，依次為毛澤東、董必武、陳潭秋、何叔衡、王盡美，鄧恩銘。如今，增至七幅，即加上了李達。

另外，照片的尺寸大小以及排列順序，也有嚴格的講究……顯而易見，這是以後來的功過是非，來論定當年中共「一大」代表們的「座次」。倘若依照這樣排「座次」的方法來寫《中共之初》，是無法下筆的。難怪百年間無人敢把筆伸進這一眾所關注的領域。

研究中共「一大」的專家們還告訴我：過去，一提及中共「一大」代表的名單，只寫「毛澤東等」，後來，改為「毛澤東、董必武等」。直至如同照片陳列那樣，改成「毛澤東、董必武、陳潭秋、何叔衡、王盡美，鄧恩銘、李達等。」

直至最近，中共「一大」會址終於掛出一張中共「一大」出席者的名單（不是照片），為了那十五位出席者的排名順序，曾爭得不可開交……

我以為，倘若陷入了這種「以後來論當初」的思維方式，是無法寫作這部《中共之初》的。其實，辯證唯物主義和歷史唯物主義的最基本的觀點便是：事物是發展的，變化的；研究歷史和歷史人物，不能脫離當時當時的歷史條件，筆者決心遵循這樣的觀點，恢復歷史的本來面目，來寫這部《中共之初》。

在我看來，後來是後來，當初是當初，當然，當初與後來之間有著一定的聯繫，但是，「以後來論當初」是絕不可取的。

本書設計了「T」字形結構，即前六章為歷史的橫斷面，著重記述一九二一年前後中共誕生的史實；第七章及尾聲為縱貫線，從一九二一年寫及「後來」。這樣，全書既有「當初」，也有「後來」，給讀者以歷史的縱深感。但是，筆者只是如實展示「當初」如何轉為「後來」，而無意以「後來」的勝敗榮衰去論定「當初」如何如何。

當我進入「角色」，著手於本書的創作時，才深感寫作難度頗大。因為本書不是某一人物的長篇傳記，而是涉及數十位中共早年活躍人物的經歷。我求助於上海中共「一大」會均紀念館、嘉興南湖革命博物館、北京革命博物館、中國社會科學院近代史研究所、上海歷史研究所、中國人民大學，得到中共黨史專家們的熱情幫助。我也走訪了諸多有關人物，其中不少人是九旬長者，都得到熱忱相助。

我也查閱了卷帙浩繁的種種回憶錄和檔案資料，史料是相當豐富的，只是閱讀這些回憶錄時，稍不小心，便會跌入誤區。因為年代久遠，許多當事人在事隔多年以後回憶往事，往往記錯，何況內中有的夾雜著吹噓之詞，或對難言之隱語焉不詳，這番「去偽存真」的功夫頗費時間。

本書終於完稿，我想，誠如本書《卷首語》中所言，「不論你的政見如何」，都會對本書發生興趣。願你讀後給予指教，以求今後有機會修改本書，力爭寫得更客觀、更準確、更翔實、更具有可讀性。

葉永烈

於上海作家協會

補記

在本書完成之後，我偶然從上海電影製片廠導演中叔皇那裏得知，年已耄耋的薛耕莘先生曾在上海法租界巡捕房工作多年，即於一九九〇年七月九日前往薛寓拜訪。

薛耕莘先生在介紹上海租界巡捕房時，談及他的上司程子卿，回憶了一樁重要史實……

一九二一年七月三十日晚，那個闖進李公館的穿灰布長衫的中國偵探究竟是誰？七十年來從未知曉。據薛耕莘先生告知，那人便是程子卿，當時任上海法租界巡捕房的政治探長。

程子卿是江蘇鎮江人，生於一八八五年，米店學徒出身，讀過三年私塾。程子卿不會講法語，但臂力過人。他與黃金榮結拜兄弟，進入上海法租界巡捕房，先是做巡捕，後升為探長，從薛耕莘先生出示他當年穿警服時與上司程子卿的合影，可看出程子卿身體相當壯實。

薛耕莘先生說，程子卿在三十年代末曾與他談及前往李公館偵查中共「一大」之事（當時只知一個外國「赤色分子」在那裏召集會議，不知是中共「一大」）。薛耕莘有個習慣，常把重要見聞記於自己的筆記本。當時，他曾記錄了程子卿的談話內容，中共取得政權後，薛耕莘被捕入獄，他的筆記本被收繳。

倘使檔案部門尋覓，當可查到那個筆記本，查到他當年筆錄的原文。現在他雖已不能回憶原文，但是程子卿所說首先闖入李公館這一事，他記得很清楚。

程子卿在法租界巡捕房工作期間，也做過一些有益的事，這樣，一九四九年後經一位重要人物說明有關情況，程子卿未曾入獄，他於一九五六年病逝於上海。

因全書已經排定，不便做大的增補，而這段史料頗為重要，況且又是首次發現，故補記於全書之末，供讀者參考。

作者

紅色三部曲之1

紅色的起點：中國共產黨原形

作者：葉永烈
發行人：陳曉林
出版所：風雲時代出版股份有限公司
地址：10576台北市民生東路五段178號7樓之3
電話：(02) 2756-0949
傳真：(02) 2765-3799
執行主編：朱墨菲
美術設計：許惠芳
業務總監：張瑋鳳
出版日期：2023年7月新版一刷
版權授權：葉永烈
ISBN ：978-626-7025-51-2
風雲書網：http://www.eastbooks.com.tw
官方部落格：http://eastbooks.pixnet.net/blog
Facebook：http://www.facebook.com/h7560949
E-mail：h7560949@ms15.hinet.net
劃撥帳號：12043291
戶名：風雲時代出版股份有限公司

風雲發行所：33373桃園市龜山區公西村2鄰復興街304巷96號
電話：(03) 318-1378
傳真：(03) 318-1378
法律顧問：永然法律事務所 李永然律師
北辰著作權事務所 蕭雄淋律師

行政院新聞局局版台業字第3595號 營利事業統一編號22759935

定價：480元

國家圖書館出版品預行編目資料

紅色的起點：中國共產黨原形／葉永烈 著. -- 初版. --
臺北市：風雲時代出版股份有限公司，2022.02
面；公分 （紅色三部曲；1）

ISBN 978-626-7025-51-2（平裝）

1.CST：毛澤東 2.CST：中國共產黨 3.CST：歷史
576.25 110022456